CRIMES ET DÉLITS

DE

L'ANGLETERRE

CONTRE LA FRANCE

PROPRIÉTÉ.

LYON. — IMPRIMERIE DE GIRARD ET JOSSERAND,
Rue Saint-Dominique, 18.

CRIMES ET DÉLITS
DE
L'ANGLETERRE
CONTRE LA FRANCE
OU

L'ANGLETERRE JUGÉE PAR ELLE-MÊME

PAR C. CHATELET

CHEVALIER DE L'ORDRE DE SAINT-GRÉGOIRE-LE-GRAND

AUTEUR DE L'ÉGLISE ET LA FRANCE AU MOYEN AGE

Angli, nec in bello fortes, nec in pace fideles.

Peu redoutables sur un champ de bataille, les Anglais sont traîtres pendant la paix.

(GILDAS.)

LYON

GIRARD ET JOSSERAND, IMPRIMEURS-LIBRAIRES

Place Bellecour, 30

1860

PRÉFACE.

Il en est des nations comme des individus : chacune d'elles apporte en naissant un caractère particulier que Dieu imprime sur son front pour lui servir de passeport à travers les siècles qu'elle doit parcourir. En vain deux nations voisines mêleront-elles de loin en loin leur existence, en vain leurs intérêts les appelleront-ils sur les mêmes champs de bataille, en vain les arts tendront-ils à créer entre elles une similitude morale : la paix ni la guerre, la victoire ni la défaite, la souffrance ni la prospérité ne pourront détruire le signe providentiel déposé dans leur berceau ; la main du temps est elle-même impuissante à cette œuvre.

Pendant une captivité de soixante-dix ans, le peuple d'Israël suspend sa lyre et sa cithare aux rameaux qui ombragent les rives de l'Euphrate pour verser de plus amères larmes au souvenir de Jérusalem, et quand il rentre dans sa patrie, il y rapporte le culte d'Abraham, d'Isaac et de Jacob.

Athènes, Carthage et Rome n'ont-elles pas eu entre elles des rapports longtemps prolongés? Rome avait trouvé à Athènes sa science et sa civilisation; Carthage était venue en Italie, s'était endormie dans les délices de Capoue et avait campé aux portes de Rome. Les Athéniens cependant ont conservé l'exquise politesse et l'aimable légèreté de leurs mœurs; les Carthaginois ne se sont dépouillés ni de leur insatiable soif de l'or, ni de leur perfidie devenue proverbiale; les Romains n'ont pas cessé de nous apparaître avec un esprit impitoyablement dominateur dans leurs plaisirs comme dans leurs colères.

Aujourd'hui encore, malgré quarante siècles d'existence, la Chine diffère-t-elle beaucoup de ce qu'elle était sous la dynastie Hia, c'est-à-dire 2207 ans avant l'ère chrétienne? Le Chinois n'a jamais cessé d'être doux et poli; la luxure, l'ivrognerie et la fourberie ont toujours fait ombre dans le tableau de ses qualités.

Le fils de Mahomet ne s'est pas dépouillé du fanatisme aveugle et farouche de ses ancêtres, et cependant il occupe les magnifiques contrées d'où nous est venue la lumière.

Les nations de l'Europe ne sont-elles pas elles-mêmes un exemple de cette indélébilité caractéristique? Pour ne nous occuper que de la France et de l'Angleterre, quels peuples ont été plus souvent mêlés et confondus? Les fils de Clovis ont régné à Londres, ceux de Guillaume le Bâtard ont régné à Paris; ils se sont trouvés sur les mêmes champs de bataille. Nos provinces au moyen âge, nos colonies dans le dernier siècle, ont été arrosées du sang des deux nations. Sur quel point du continent ne nous sommes-nous pas rencontrés? Quels rivages n'ont pas été témoins de nos combats? Quelle mer ne s'est pas épouvantée de nos luttes acharnées? On a vu les deux peuples vivre en paix, et, tranquillement assis l'un à côté de l'autre, s'adonner aux arts, aux sciences, au commerce et à l'industrie; on eût dit, dans ces heureux jours, que, des deux côtés du détroit, les esprits subissaient la même influence, et que les cœurs obéissaient aux mêmes inspirations. Rien cependant n'était commun entre eux, rien, sinon le souvenir; les différences morales qui les séparaient étaient plus profondes que la mer creusée entre leurs rivages.

Qui pourrait se tromper si l'Europe était appelée à mettre un nom au-dessous de chacun des deux tableaux qui suivent?

L'une des deux nations, brave et intrépide jusqu'à la témérité, ne cherche sur un champ de bataille que la gloire; son goût pour les beaux-arts sert de modèle à tous les peuples; ses mœurs légères et douces séduisent les étrangers et les attirent ; l'indépendance et la loyauté de son caractère la portent à défendre partout le malheur et la faiblesse. Cette nation serait Athènes, si elle ne possédait pas plus de puissance et plus de gloire.

L'autre nation estime au-dessus de tout la fortune et les moyens qui y conduisent ; ses vertus et ses vices sont inséparables de l'amour des richesses ; ses guerres sont une spéculation. La divine étincelle qui seule fait les grands artistes semble éteinte au milieu d'elle ; la corruption de ses mœurs s'abrite sous l'épais manteau d'un sévère bigotisme. Tout le monde se rit de la loyauté dont elle se vante à tout propos ; elle parle d'humanité par habitude ou par politique ; elle sème des haines et des dissensions là où sa main est impuissante à répandre le sang. Cette nation serait Carthage, si, avec plus de puissance, elle n'avait pas plus de déloyauté.

Sans nous inquiéter de la perspicacité du lecteur, mais seulement pour confirmer et éclairer une appréciation qui ne nous semble pas douteuse, nous avons recueilli dans les histoires de France et d'Angleterre les faits relatifs à la vie commune des deux nations. Lorsqu'un traité passé entre elles a été déchiré, par laquelle et pour quel motif a-t-il été déchiré ? Lorsque l'adversité a désolé l'un des deux peuples, quelle part l'autre peuple a-t-il prise à cette adversité ? Lorsque des actes cruels et injustes ont été commis, par qui ont-ils été commis? De quel côté la perfidie? de quel côté l'honneur? Dans quel camp, sous quel drapeau une ambition cruellement oublieuse des droits de l'humanité? dans quel camp, sous quel drapeau le chevaleresque héroïsme?

Les faits consignés par les meilleurs historiens, impartialement reproduits dans ce volume, éclaireront la France sur sa situation historique vis-à-vis de sa fière rivale. Dieu nous garde d'exciter de nouvelles haines entre les deux peuples! Mais quand, à Londres, quelques écrivains, aidés, soutenus par d'aveugles et ridicules préjugés, ne craignent pas de calomnier la France, il doit être permis chez nous de répondre en laissant parler la vérité.

Nous n'avons certes pas la prétention de tracer l'histoire complète de nos rapports avec l'Angleterre et d'énumérer un à un les jours où la loyauté a été oubliée. Dans l'immense période qui commence au vi^e siècle pour se terminer au xixe, il y aurait à recueillir des matériaux suffisants pour remplir de nombreux volumes ; nous nous sentons trop faible pour cette pénible tâche, et il nous suffira de nous arrêter aux époques les plus importantes, de mettre en relief les faits qui, soit par eux-mêmes, soit par leurs causes, soit enfin par leurs conséquences, ont eu sur notre pays une influence heureuse ou regrettable.

Ce que nous voulons, c'est qu'en fermant notre livre, le lecteur puisse avoir une idée juste et précise des griefs que depuis longtemps on invoque de part et d'autre, et qu'il prononce en connaissance de cause dans ce grand procès qui s'instruit depuis douze siècles en présence de vingt générations, dont les débats, faute de juges sur la terre, ne seront peut-être clos que par la justice d'outre-tombe. Aussi bien cette conclusion dernière nous paraît-elle seule digne de deux nations qui ont reçu mission de représenter au milieu des sociétés modernes, l'une l'intérêt matériel, et l'autre les aspirations spirituelles, ces deux éléments qui se divisent l'humanité, pour lesquels l'humanité est condamnée à travailler et à souffrir jusqu'au moment où l'esprit restera triomphant de la matière vaincue et emportée par le souffle de Dieu.

AVANT-PROPOS.

Ce n'est pas l'histoire d'Angleterre que nous livrons au public, c'est l'histoire des rapports qui ont existé entre ce pays et le nôtre.

Les rapports politiques entre la France et l'Angleterre n'ont guère commencé qu'avec le règne de Guillaume le Conquérant, c'est-à-dire en 1066, parce qu'à cette époque seulement les rois d'Angleterre devinrent vassaux des rois de France. Ainsi les guerres et les malheurs dont notre patrie a été affligée pendant plusieurs siècles, se rattachent au souvenir du bâtard de Robert et d'Arlette Herbert ou Vert-Pré, un duc et la fille d'un tanneur de Falaise !

Arlette passait souvent sous les fenêtres du palais ; le duc la vit et l'aima ; la jeune fille ne fut point insensible. Un enfant naquit en 1027, et la France pleura longtemps cet amour et ce berceau avec des larmes de sang.

Les plus grands événements dépendent quelquefois d'une cause bien petite et bien ignorée ; un sourire ou une larme peuvent bouleverser un empire, une goutte d'eau déplacée peut occasionner de terribles tempêtes. Qu'il sied mal à l'homme de se croire grand !

Nous pourrions, pour nous renfermer scrupuleusement dans le cadre que nous nous sommes tracé, négliger l'histoire d'Angleterre antérieurement à l'avénement de la race normande. Ce système serait même plus conforme à l'idée qui nous a guidé dans notre travail; mais nous avons pensé que plus d'un lecteur nous saurait gré si nous placions sous ses yeux l'esquisse historique des événements qui se sont accomplis chez nos voisins depuis leur origine connue jusqu'au xie siècle. Au moyen de ce rapide tableau, il lui sera plus facile d'apprécier l'esprit de la nation anglaise, à laquelle il sera moins étranger ; et puis il peut arriver qu'il trouve à connaître le berceau de cette puissante rivale le même intérêt qu'éprouve le voyageur à découvrir la source d'un grand fleuve.

Pour atteindre ce but, nous avons fait, pour cette partie de l'histoire d'Angleterre, un chapitre séparé ne comprenant que les noms, les faits et les dates les plus indispensables. De cette façon, quelques pages faciles à parcourir, plus faciles encore à négliger, nous suffiront pour arriver à Saint-Valery-sur-Somme au moment où, le 29 septembre 1066, Guillaume le Bâtard s'embarque avec 60,000 guerriers sur 3,000 bâtiments pour faire la conquête de la Grande-Bretagne.

CHAPITRE PREMIER.

Depuis l'origine de l'Angleterre, l'an 54 avant J.-C., jusqu'à GUILLAUME LE CONQUÉRANT, l'an 1066 après J.-C.

Il en est de l'Angleterre comme de la plupart des autres royaumes : avant d'en arriver à posséder un gouvernement régulier, des institutions politiques clairement déterminées, elle a subi tous les malheurs d'une longue anarchie engendrée par l'absence de toute homogénéité ; avant d'arriver à la lumière, elle a vécu dans la plus profonde ignorance. Chez elle comme chez nous, la barbarie a précédé la civilisation ; des chefs de tribus parvenus au pouvoir par la violence ou par le crime, renversés le lendemain du trône occupé depuis la veille, ont précédé l'établissement d'une monarchie régulière et d'une dynastie héréditaire.

Les premiers jours de l'Angleterre sont donc environnés de ténèbres, et son nom lui-même a une origine douteuse.

Les anciens Bretons portaient le nom de Briths, parce qu'ils avaient l'habitude de se peindre le corps en bleu pour se distinguer, dit-on, des étrangers qui fréquentaient leur île sauvage. Des huttes leur servaient d'abri, de nombreux troupeaux leur fournissaient le laitage, la chasse leur procurait les autres aliments. Les dépouilles des animaux tués par eux couvraient quelques parties de leurs corps ; le reste, entièrement nu, montrait avec ostentation les piqûres dont ils étaient ornés. L'étain faisait le principal objet de leur commerce : après l'avoir converti en blocs carrés, ils le transportaient à l'île de Wight, d'où il était exporté par les marchands gaulois à l'embouchure de la Seine, de la Loire ou de la Garonne, pour être vendu dans les grandes cités commerçantes de Marseille ou de Narbonne. Leur religion était celle des druides. Par caractère ils étaient querelleurs, rapaces et arrogants ; leurs mœurs étaient, à peu de chose près, celles d'un peuple barbare.

Telle était la situation de l'Angleterre lorsque, le 6 du mois d'août, l'an 55 avant l'ère chrétienne, Jules César s'embarqua à Calais avec l'infanterie de deux légions pour l'assujettir au joug de Rome. On dit que le général romain fut déterminé à cette conquête par le désir de châtier les Bretons, coupables d'avoir osé prêter secours aux Gaulois contre ses agressions et donné un asile à ceux des vaincus dont le juste orgueil préférait l'exil à la servitude. Cette générosité, que nous nous garderons de révoquer en doute, ne fut qu'un acte de reconnaissance ; car, dès l'année précédente, les matelots gaulois avaient refusé à César de lui faire connaître le nombre des habitants de la Bretagne et leur manière de combattre.

<small>Les Gaulois refusent à César les renseignements qu'il demande sur la Bretagne.</small>

Les tribus dont se composait la nation, commandées par Cassibelan, roi des Cassii, peuplade établie entre la Severn et la rive gauche de la Tamise, s'opposèrent à la marche de César ; battues par l'armée romaine, elles abandonnèrent leur défense, cherchèrent leur salut dans la fuite, et la forteresse de Cassibelan, complètement détruite, fit place à la ville de Vérulam, remplacée à son tour par celle de Saint-Albans.

Depuis cette époque jusque vers l'an 40 après Jésus-Christ, les Bretons conservèrent leur liberté au milieu des guerres sans cesse renouvelées par les Romains pour s'établir solidement dans l'île. Sous le règne de l'empereur Claude, les forces épuisées, les divisions intestines rendirent la défense impossible, et l'Angleterre fut soumise.

Sous la domination romaine, il fut permis à la Bretagne de respirer et de se reposer des luttes barbares qui précédemment avaient cruellement décimé sa population. Si les efforts de Caractacus, chef de la tribu des Silures, établie sur les bords de la mer qui sépare l'Angleterre de l'Irlande, ne réussirent pas à sauver l'ancienne liberté, du moins forcèrent-ils les maîtres du monde à adoucir ce que leur administration avait de trop sévère. Les gouverneurs Turpilianus, Trabellius, Bolanus, et surtout Julius Agricola, calmèrent la province par leur justice et leur modération.

On était en 410, et pendant les quatre siècles qui venaient de s'écouler, on avait vu des hordes barbares, se disputant d'abord des provinces, des villes et des villages, répandre partout le sang ; se réunissant ensuite contre les Romains pour la conservation de leur indépendance, obéissant enfin aux lois du vainqueur, et troquant, malgré elles, leur sauvage liberté contre le luxe et les arts : la Bretagne n'était plus, comme les Gaules, qu'une province romaine.

Une quatrième période allait commencer pour l'île bretonne, pendant laquelle le luxe et les arts devaient de nouveau disparaître, épouvantés par le retour de l'anarchie.

Impuissante à se défendre elle-même contre les Goths, les Vandales, les Alains et les Francs, Rome renonça à protéger l'Angleterre contre les Pictes et les Ecossais, et, sous le règne de Valentinien le Jeune, peut-être sous celui d'Honorius (an 411), on rappela les troupes romaines qui s'y trouvaient encore.

Abandonnée à elle-même, la Bretagne se fractionne en plusieurs Etats gouvernés par autant de petits chefs trop faibles contre leurs féroces voisins, assez forts pour affliger le pays par leur aveugle despotisme. Pour se soustraire à la cruauté des Ecossais, et par déférence pour les conseils de Vortigern, le plus puissant de leurs rois, les Bretons conçurent le funeste projet d'appeler à leur aide les Saxons, tribu barbare située entre l'Elbe et l'Eyder (449).

Quinze cents hommes d'abord, cinq mille ensuite, placés sous les ordres d'Hengist et d'Horsa, regardés comme petits-fils d'Odin, débarquèrent en Angleterre, battirent leurs ennemis, et, s'y trouvant mieux que dans leur froide patrie, résolurent d'en devenir les maîtres. La résistance des habitants trompés ne servit qu'à faire naître de nouvelles luttes aussi sanglantes que les anciennes. Après de nombreux combats suivis de nombreuses défaites, les Bretons, vaincus et désespérés, se soumirent aux Saxons. Tous n'acceptèrent pas une humiliante soumission, et beaucoup parmi eux, à l'exemple des Gaulois, préférant la liberté, s'enfuirent et parvinrent heureusement

Les Bretons s'établissent dans l'Armorique. dans l'Armorique, à laquelle ils donnèrent le nom de Petite-Bretagne, afin de conserver quelque chose de leur patrie dont ils pouvaient, sur le rivage, voir briller les blanches falaises.

Anglo-Saxons (488). Devenu seul souverain de l'île par la mort d'Horsa, Hengist établit son frère Octa dans le Northumberland, garda pour lui-même le Kent, le Middlesex et l'Essex dont il fit un royaume, établit le siége de son gouvernement à Cantorbéry, et mourut en 488.

Pendant le règne des races anglo-saxonnes, on distingue la période des Bretwalda, c'est-à-dire celle de la division du pays en sept royaumes, et celle du principe d'unité monarchique.

Les sept royaumes étaient ceux de Kent, de Sussex, de Wessex, d'Essex, de Mercie, de Northumberland et de Wight. Les premiers ou les plus distingués de ces faibles rois sont connus dans l'histoire sous les noms d'OElla, roi de Sussex en 477 ; Ceaullin et Ethelbert, rois de Kent depuis 591 jusqu'en 616 ; Redwald, roi de Mercie ou des Est-Angles en 617 ; Edwin, Oswio et Oswald, rois de Northumbrie depuis 642 jusqu'en 670. S'il était permis de s'en rapporter aux récits fabuleux, nous devrions placer ici le nom du fameux Arthur, roi de Wigth, devenu illustre pour avoir tué de sa main, dans une seule bataille, 440 soldats saxons. Le plus célèbre de tous les rois bretons de cette époque est assurément Ina, roi de Wessex, qui réunissait à la fois les talents militaires, la justice et l'urbanité.

Pour éviter de fastidieuses longueurs, il nous suffira de dire que, sous le gouvernement des Bretwalda, c'est-à-dire depuis 477 jusqu'à 827, la Bretagne, subjuguée par les Saxons, éclairée par le christianisme, subit dans ses lois et dans ses mœurs les plus importantes modifications : les coutumes romaines furent supprimées ; la langue, soit latine, soit celtique, fut remplacée par le saxon ou l'anglais ; les terres furent divisées en comtés dont les noms devinrent saxons. Quand les habitants se furent retirés dans les montagnes en cédant leurs possessions aux vainqueurs, ceux-ci se disputèrent et s'arrachèrent entre eux les lambeaux du sol dont ils étaient si déloyalement devenus les maîtres ; de là des guerres, des batailles et des trahisons sans nombre.

Ce fut au milieu de tant de désordres que le christianisme, parti des Gaules, vint s'établir dans cette contrée que ravageaient des conquérants à demi barbares.

Le christianisme est porté en Bretagne par des prêtres gaulois

Les premiers prêtres descendus dans l'île avaient été cruellement massacrés ; le moine Augustin, envoyé par Grégoire le Grand, hésitait à accepter cette tâche, lorsqu'une circonstance vint fortifier son courage et fixer sa résolution.

Ethelbert, roi de Kent, prince idolâtre, n'avait pu obtenir la

Le roi de Kent épouse Berthe, fille du roi de Paris.

main de Berthe, fille de Caribert, roi de Paris, qu'à la condition qu'elle serait libre de pratiquer sa religion ; l'évêque Luidhard accompagna la jeune reine dans son voyage d'outremer, et célébra les saints mystères dans une église dédiée à saint Martin et bâtie près des murs de Cantorbéry.

Ethelburge, fille d'Ethelbert et de Berthe, introduisit la foi de Clovis dans la Northumbrie, en s'unissant à Edwin qui en était roi.

Le royaume d'Essex dut la vérité religieuse au roi Sebert, neveu de Berthe ; celui des Est-Angles la dut à Sigebert, qui vint occuper ce trône après avoir été élevé en France.

<small>Les Bretons prennent le goût des arts à la cour de Charlemagne.</small>

Egbert, arrière-petit-fils du célèbre Ina, menacé par l'esprit jaloux de Brithric, alors sur le trône du Wessex, se rendit auprès de Charlemagne, et se montra, pendant trois ans, soit sous les drapeaux vainqueurs du grand empereur, soit à sa cour, la plus brillante alors et la plus policée de l'Europe ; il y puisa et en rapporta dans son pays, encore ignorant et grossier, le goût des arts et des connaissances militaires assez étendues pour surpasser les plus habiles de ses compatriotes.

De sorte qu'il est permis de dire que l'Angleterre doit à la France les lumières du christianisme et ses premiers pas vers la puissance et la civilisation. Plût à Dieu que, de l'autre côté du détroit, on n'eût jamais oublié que la reine Berthe était fille de France, et que le roi Egbert, l'un des meilleurs et des plus éclairés de la dynastie saxonne, était l'élève de Charlemagne !

Les talents et les qualités naturelles du jeune prince ne tardèrent pas à le faire triompher des autres rois de l'heptarchie, et quatre cents ans après la première irruption des Saxons en Bretagne, il fut proclamé roi d'Angleterre.

A partir de ce moment, et malgré des révoltes encore fréquentes, mais toujours réprimées, tous ces petits Etats cessèrent d'exister et ne formèrent plus qu'un seul royaume sous le même monarque.

Pendant un règne de trente-six ans, Egbert étendit son pouvoir sur une partie du territoire des anciens Bretons, sur les provinces de Kent et d'Essex, sur la Northumbrie et sur l'île d'Anglesey. Par une victoire éclatante, gagnée en 835, il força les Suédois, pirates aussi intrépides et aussi dangereux que les Normands, à se réfugier sur leurs vaisseaux. Il mourut dans le courant de la même année, et laissa à son fils Ethelwulf une couronne bien lourde pour un front où paraissait encore l'empreinte de celle du cloître.

ETHELWULF. — ETHELBALD. — ETHELBERT. — ETHELRED.
(836 a 871.)

Sous le règne d'Ethelwuf, les Danois réussirent à s'établir dans l'île de Thanet. Ce prince fait le voyage de Rome, traverse la France à son retour, épouse Judith, fille de Charles le Chauve, et rentre en Angleterre, où il trouve un trône qui lui est disputé par son fils Ethelbald. Le royaume est partagé entre le père et le fils; la partie orientale continue à obéir au vieux roi, le rebelle prend possession de la partie occidentale.

A la mort d'Ethelwuf, son royaume écourté passe à son fils Ethelbert, qui n'a que le temps de souiller son trône de crimes épouvantables avant d'être saisi par la mort. Son frère Ethelred lui succède, et meurt glorieusement à la tête de son armée, dans une bataille livrée aux Danois, récemment établis à Reading.

ALFRED LE GRAND. (871 A 901.)

Alfred fut non seulement un guerrier, mais encore et surtout un législateur. A son avénement au trône, les Danois étaient ligués contre lui, les terres étaient sans culture, les églises étaient détruites, les études étaient abandonnées. Pendant un règne de trente ans, ce prince réussit à chasser les Danois, à dompter les Merciens, à rendre les champs aux cultivateurs affamés, à rétablir les temples abandonnés et à donner aux lettres le lustre qu'elles avaient perdu. Pour réussir à opérer ces merveilles, il se montra constamment général intrépide et humain, patient et dévoué, à une époque où la clémence était inconnue. Abandonné des siens en face de l'ennemi, on le vit renoncer à sa grandeur, se couvrir d'un habit de berger, prendre la houlette en main et veiller sur des gâteaux que la femme d'un pâtre faisait cuire au four ; les gâteaux brûlèrent, Alfred fut réprimandé ! Mais le courage revint aux Anglais ; le roi retrouva son trône, et la victoire lui conserva ses faveurs. Disciple des savants qu'il sut attirer dans son royaume, il étudia la grammaire, la rhétorique, la philosophie, l'agriculture, la géométrie et les arts mécaniques ; aussi devint-il poète, historien, philosophe et législateur. Après un long règne entièrement consacré au bonheur de son peuple, Alfred mourut dans la force de l'âge, et laissa une couronne brillante et pure au prince Edouard, son fils.

ÉDOUARD. — ATHELSTAN. — EDMOND. — EDRED. — EDWY. — EDGAR. — ÉDOUARD LE MARTYR. — ETHELRED. — EDMOND CÔTES-DE-FER. (901 A 1016.)

C'est à Edouard que l'université de Cambridge doit son existence ; en même temps que ce prince ouvrait un asile à la science, il réprimait une révolte excitée chez les Northumbres par son cousin Ethelward, il réunissait à sa couronne Londres, Oxford et le Wessex. Ses vertus militaires furent égales à celles de son père.

Il avait épousé la belle Egwina, fille d'un simple berger. Combien de rois voudraient aujourd'hui allier leur sceptre à la houlette ? Peut-être se souvint-il que son illustre père avait été le valet d'un pâtre.

Après sa mort, Athelstan, son fils naturel, fut admis à lui succéder. Les Northumbres danois, soutenus par Constantin, roi d'Ecosse, se soulevèrent contre son autorité ; il les battit à Brumburg. Un règne de seize ans, dont rien ne vint altérer la paix, fut la récompense de la justice et de la fermeté de son caractère.
925.

A peine monté sur le trône, Edmond eut à calmer le Northumberland, toujours prêt à se révolter. Vertueux et actif, ce prince passa pour être trop sévère parce qu'il établit la peine de mort contre les voleurs organisés en bandes de brigands. Pour se venger sans doute d'une sévérité qui l'effrayait, un scélérat du nom de Léolf eut l'audace de le poignarder au milieu de toute sa cour.
941.

Sous le règne d'Edred, qui mourut en 955, ou plutôt sous le gouvernement de Dunstan, abbé de Cantorbéry, de nouveaux troubles, survenus en Northumbrie, furent de nouveau réprimés. Cette tentative fut la dernière dont les Northumbres se rendirent coupables ; des garnisons placées dans les villes de la province réussirent enfin à maintenir l'esprit turbulent et indocile des habitants.

955.

Les plus grands embarras dont Edwy, neveu et successeur d'Edred, eut à triompher, lui vinrent du moine Dunstan, véritable roi sous le règne du dernier souverain. Un mariage contracté avec une princesse sa cousine, du nom d'Egive, excita le zèle plus ou moins sincère de l'abbé, qui se permit de pénétrer dans l'appartement où se trouvaient les époux et de les séparer d'une manière outrageante. Dunstan fut exilé ; le roi fut excommunié par Odon, archevêque de Cantorbéry, et, pour avoir la paix, le souverain consentit à partager son royaume avec son frère Edgar. Sa mort suivit de près cet humiliant partage.

959.

Il est permis à l'histoire de donner à Edgar le nom d'heureux : les guerres civiles apaisées, le royaume à l'abri des invasions étrangères, les princes voisins réduits au plus servile respect, tout contribua à faire de son règne une époque de tranquille prospérité.

La mort de ce prince, arrivée en 975, fit monter sur le trône son fils Edward, surnommé le Martyr.

975.

Le jeune monarque, doué de toutes les qualités du cœur, l'espoir de son peuple, fut assassiné après quatre ans de règne par ordre d'Elfride, sa belle-mère, dont la cruelle ambition plaça ainsi la couronne sur la tête d'Ethelred, son fils et celui d'Edgar. Une inconcevable faiblesse, une sanglante déloyauté, des malheurs sans nombre caractérisent ce règne de trente-sept ans, commencé par un crime.

Vers l'an 994, Suénon II, roi de Danemark, et Olave, roi de Norwége, font en Angleterre une invasion dans laquelle ils triomphent des armées qu'on leur oppose; 16,000 livres sterling leur sont données à la condition qu'ils ne reparaîtront plus sur le sol breton. Olave est fidèle à sa parole ; Suénon manquant à la sienne, reste dans les environs de Southampton et se livre bientôt à de nouveaux pillages. Au lieu de prendre courageusement les armes, Ethelred fait compter 24,000 livres sterling à Suénon, qui cette fois abandonne l'Angleterre. Le malheur voulut qu'une partie de son armée, préférant le pays où il se trouvait à sa patrie, ne voulut plus le quitter, et s'y établit au milieu de la population. Ces étrangers furent-ils plus heureux ou plus aimables que les naturels ? Toujours est-il que, victimes de la sombre jalousie de leurs hôtes, tous les Danois établis en Angleterre furent égorgés et massacrés le même jour dans toute l'étendue du royaume.

A la nouvelle de ce massacre, Suénon accourt en Angleterre, reçoit 30,000 livres sterling, suspend momentanément ses ravages et les renouvelle. Vaincus, divisés, épuisés, les Anglais se soumettent à Suénon, lui jurent fidélité et lui donnent des ôtages. Ethelred se réfugie en Normandie et rentre dans son royaume à la mort de son rival, qui eut lieu six semaines après ; retiré à Londres, il mourut en 1016 sans avoir cherché à réparer les malheurs occasionnés par sa faiblesse et par sa lâcheté.

1013.

1016.

En montant sur le trône, Edmond, surnommé Côtes-de-Fer à cause de sa courageuse énergie, dut prendre les armes pour se défendre contre Canut, nouveau roi du Danemark. Une victoire douteuse, une bataille perdue déterminèrent la noblesse anglaise à imposer à Edmond la triste obligation de partager son royaume avec l'envahisseur : la noblesse se montra lâche, et le souverain manqua de l'énergie qui avait illustré Alfred.

Les provinces septentrionales furent abandonnées à Canut, celles du sud appartinrent à Edmond.

Ce dernier ayant été assassiné à Oxford un mois après le traité, Canut le Danois demeura seul souverain de l'Angleterre.

1016 à 1035.
Canut, devenu roi, sembla vouloir faire oublier aux Anglais son origine étrangère : sa sévérité première fit place à la clémence, son impartialité déguisa son affection pour les Suédois. Pour concilier tous les partis, il épousa Emma, sœur de Richard, duc de Normandie, dont l'affection pour les Anglais n'était pas douteuse.

Olave, roi de Norwége, attaqua la Suède; Canut chassa Olave de son royaume et réunit ainsi sur sa tête les couronnes d'Angleterre, de Danemark et de Norwége.

Pendant un règne de dix-neuf ans, Canut, toujours au-dessus des flatteries de ses courtisans, se montra digne de l'affection et du respect de son peuple. Les trois fils qu'il laissa se partagèrent ses trois couronnes : Sweyn fut roi de Norwége, Hardicnute régna en Danemark, et Harnold conserva l'Angleterre.

HARNOLD PIED-DE-LIÈVRE.

1035 à 1039.
Par suite de contestations soulevées par la reine Emma, la puissance royale fut partagée entre Harnold et Hardicnute : le premier régna sur Londres et sur les provinces situées au nord de la Tamise ; les provinces situées au sud, soumises à Hardicnute, trop jeune encore pour gouverner, furent administrées par la reine Emma, sa mère. Cette princesse ayant fait venir de la Normandie ses deux fils Edouard et Alfred, des-

cendants des anciens rois saxons, Harnold s'empara du jeune Alfred et lui fit crever les yeux ; Edouard échappa au même supplice en se réfugiant avec sa mère auprès de Guillaume le Bâtard, dont il connaissait la cour. La fuite d'Alfred et d'Emma rendit Harnold paisible possesseur de la couronne ; mais Dieu ne lui permit pas de jouir longtemps du bénéfice de sa cruelle perfidie : dès l'année 1039, appelé par la mort, il céda son trône à son frère Hardicnute.

HARDICNUTE.

Un règne de deux ans suffit au nouveau roi pour faire exhumer et jeter dans la Tamise le corps de son frère, pour accabler le peuple d'impôts et mourir au sein des plus honteuses débauches. Le jour de sa mort fut pour ses sujets un jour de bonheur et de joie.

1039 à 1041.

ÉDOUARD LE CONFESSEUR.

Edouard, l'un des fils de la race saxonne, fut reçu avec des transports de joie à son retour de la Normandie, où il avait été élevé ; la douceur de son caractère triompha des antipathies suédoises et mit fin à toutes les invasions qui depuis si longtemps désolaient l'Angleterre.

Toutefois, sa prédilection pour les hommes, les mœurs et les lois de la Normandie lui suscita de puissants ennemis. A

1041 à 1066.

la suite d'une querelle survenue à Douvres entre quelques habitants et le domestique d'Eustache, comte de Boulogne, son beau-frère, Edouard eut à sévir contre Godwin, duc de Wessex, qui se réfugia en Flandre et dont les biens furent confisqués. Soutenu par le comte de Flandre, Godwin parut devant Londres avec une flotte considérable et obtint par la force que ses places lui fussent rendues ; Harold, son fils, héritier de sa puissance, plus habile encore et plus ambitieux que son père, osa porter ses regards jusque sur le trône. Effrayé d'un projet qui lui donnerait pour successeur un homme qu'il haïssait, Edouard désigna Guillaume de Normandie pour hériter de la couronne d'Angleterre ; malgré la haine et les précautions d'Edouard, Harold réussit cependant à monter sur le trône dans le courant de l'année 1066.

Le roi Edouard désigne Guillaume de Normandie pour son successeur.

Le surnom de Confesseur fut donné à Edouard parce qu'il avait fait vœu de garder la continence même dans le mariage. Si l'histoire ne désigne chez ce prince aucune des vertus qui font les grands rois, du moins n'a-t-elle à lui reprocher aucun vice capable de ternir sa mémoire.

HAROLD.

1066.

L'usurpation ne profita pas longtemps à Harold ; à peine sur le trône, il eut à se défendre contre son frère, qu'appuyaient le comte de Flandre d'abord, et puis le roi de Norwége. Vainqueur de ce dernier dans une bataille sanglante, il ne rentra en Angleterre que pour apprendre que Guillaume, duc de Normandie, venait de débarquer à Pevensey, sur la côte de

Conquête de l'Angleterre par Guillaume.

Sussex, avec une armée de 60,000 combattants. Réunir ses troupes et se porter au-devant de Guillaume fut le premier besoin d'Harold ; 120,000 hommes se trouvèrent bientôt en présence sous les murs d'Hastings. De part et d'autre on déploya la plus brillante valeur pour s'arracher une victoire dont le prix était un trône ; la fortune, incertaine depuis le point du jour jusqu'au soleil couchant, se déclara cependant pour les Normands. Harold mourut percé d'une flèche, l'épée à la main, au milieu d'une foule de morts et de mourants ; ses deux frères, luttant héroïquement à ses côtés, eurent le même sort. Avec eux s'éteignit en Angleterre la puissance saxonne, qui durait depuis plus de six cents ans.

CHAPITRE II.

Roi de France: Philippe Ier.

Depuis **GUILLAUME LE CONQUÉRANT** (1066) jusqu'à **RICHARD CŒUR-DE-LION** (1189).

Accepté pour souverain par le peuple, par l'Eglise et même par Edgar Atheling, légitime héritier du trône, couronné à Westminster, Guillaume employa tour à tour la douceur et la fermeté pour affermir sa nouvelle puissance ; puis il retourna sur le continent, où il séjourna peu, rappelé qu'il fut par une révolte à laquelle prirent part des Anglais, des Danois et des Ecossais.

Guillaume s'empare du Maine et assiégea la ville de Dol.
1076.

Ce trouble ne fut pas plus tôt apaisé qu'il traversa de nouveau le détroit, s'empara du Maine et assiégea la ville de Dol. Si Philippe Ier, roi de France, ne réussit pas à recouvrer la province qui venait de lui être enlevée, du moins fit-il lever le siège de Dol et resta-t-il maître de tous les bagages de Guillaume, tant la déroute avait été complète.

Guillaume ne tient pas sa parole donnée à son fils Robert.

Le prince breton eut, la même année, à se défendre contre Robert, son fils aîné. Au moment de son départ pour l'Angleterre, il avait promis, en présence de Philippe, de donner la Normandie et le Maine à son fils, si son entreprise était couronnée de succès. Déjà Robert avait deux fois reçu les hom-

mages des barons ; la conquête était achevée, et rien ne s'opposait à l'accomplissement de la promesse solennellement faite au jeune prince. Toutefois, Guillaume, depuis peu maître de l'Angleterre, refusa de céder la Normandie et rejeta dédaigneusement la demande de son fils, ajoutant que « sa coutume n'était pas de se dépouiller avant que de vou-
« loir se coucher. »

Irrité de ce déloyal refus, Robert passe en France, et, soutenu par les barons normands, déclare la guerre à son père. Après une tentative inutile pour surprendre le château de Rouen, il est forcé de quitter la Normandie et d'errer pendant cinq ans dans les provinces voisines. Recueilli par le roi Philippe, il fixe sa résidence dans le château de Gerberon, où son père vient l'assiéger. Le père et le fils se rencontrent dans une sortie et se battent sans se connaître ; un coup de lance renverse Guillaume. Le vaincu pousse un cri qui lui sauve la vie en le faisant reconnaître ; touché de repentir, Robert se jette aux pieds de son père et sollicite un pardon qui ne lui est pas sincèrement accordé.

1077.
Robert se retire en France.

1079.

Dans cette lutte entre un père infidèle à sa parole et un fils injustement dépossédé, Philippe, en sa qualité de suzerain, offrit un abri au bon droit méconnu ; le monarque anglais résolut de se venger. L'occasion qu'il désirait ne tarda pas à se présenter. Guillaume, devenu excessivement gros, dut se soumettre à un long traitement pour réduire son embonpoint ; Philippe, dont le caractère était railleur, demanda en plaisantant : « Quand donc cet homme accouchera-t-il ? » Guillaume l'apprit et fit répondre que « quand il serait ac-
« couché, il irait faire ses relevailles à Sainte-Geneviève de
« Paris avec dix mille lances en guise de cierges. »

Philippe de France protége le droit méconnu.

Ce prince, naguère infidèle à une parole qu'il aurait dû tenir, se souvint trop de celle que la raison et l'humanité lui

Sanguinaire vengeance de Guillaume.

commandaient d'oublier ; il était à peine guéri qu'à la tête d'une puissante armée, il entra dans l'Ile-de-France, détruisit et brûla, sans aucune résistance, tous les villages qu'il trouva sur sa route, et réduisit en cendres la ville de Mantes. Quelques grains de la poussière tombée des chaumières en feu vinrent arrêter Guillaume au milieu de ses meurtres. Son cheval, dont le pied s'était posé sur une cendre brûlante, s'élança avec violence ; Guillaume se blessa sur le pommeau de la selle, et reprit le chemin de Rouen, où la mort l'attendait.

Incendies et pillages.

On peut dire de lui qu'il fut brave et habile, orgueilleux et cruel, avare et rapace ; la France lui reproche 1° de lui avoir enlevé le Maine, les armes à la main, sans y avoir été provoqué, et 2° d'avoir ravagé le Vexin français pour se venger sur le peuple d'une plaisanterie tombée de la bouche du roi.

Son règne en Normandie fut de 53 ans et de 21 en Angleterre. Robert hérita de la Normandie et du Maine, Guillaume le Roux régna en Angleterre, et Henri reçut 5,000 livres sterling et les biens de sa mère.

GUILLAUME LE ROUX. (1087 A 1100.)

Roi de France : Philippe Ier.

Robert, duc de Normandie, fils aîné de Guillaume le Conquérant, aurait dû succéder à son père ; mais Guillaume, son frère, le prévint et monta sur le trône : heureux encore si ce frère, devenu roi par surprise, lui eût permis de régner paisiblement en Normandie !

1089.

Guillaume s'empare frauduleusement de Saint-Valéry, etc.

Dès l'année 1089, on le vit employer la subornation et la fraude pour s'emparer de Saint-Valery, d'Albemarle et de presque toutes les forteresses de la rive gauche de la Seine; l'année suivante, il fut sur le point de s'emparer de Rouen, que devait lui livrer la perfidie de Conan, l'un des plus riches bourgeois de la ville. Au mois de janvier de l'année 1091, il traversa la mer à la tête d'une nombreuse armée et pénétra dans la Normandie. A son approche, les barons travaillèrent à réconcilier les deux frères, et la paix fut conclue sous la médiation de Philippe, roi de France. Ce traité fut rompu presque aussitôt que signé. Guillaume s'était engagé à rendre à son frère les places dont il s'était emparé, il les garda; il promit ensuite de l'indemniser par un équivalent en Angleterre, il n'en fit rien. Las de cette mauvaise foi, Robert expédia deux hérauts pour déclarer à son frère qu'il était un chevalier félon et parjure. Guillaume se rendit en Normandie, et, pour sauver son honneur, porta la cause devant vingt-quatre barons chargés, lors de la signature du traité, d'en maintenir l'exécution. Les barons décidèrent en faveur de Robert; Guillaume en appela à son épée. Le roi de France vint au secours de son vassal; Guillaume, mis en déroute, laissa 3,000 prisonniers entre les mains du vainqueur et retourna dans ses Etats d'Angleterre.

1090. Perfidie de Conan, bourgeois de Rouen. 1091. Traité de paix entre les deux frères. Guillaume se rend deux fois parjure. Il en appelle aux barons, qui le condamnent. Il refuse de se soumettre.

Arrivèrent enfin les croisades qui, dans le concile de Clermont, sous le pontificat d'Urbain II, furent prêchées par Pierre l'Ermite. Le duc Robert se montra des plus empressés à prendre la croix; mais ses ressources ne lui permettant pas de tenir au milieu des croisés un rang digne de sa naissance, il offrit à son frère de lui abandonner pour cinq ans le gouvernement de la Normandie, en échange de 1,000 marcs que la cupidité de Guillaume se hâta de lui remettre. Les deux frères se séparèrent ensuite, l'un pour se rendre en Palestine, où il allait chercher les dangers et la gloire; l'autre pour descendre en Normandie, dont il lui tardait de prendre possession.

1096. 1re croisade. Robert cède pour cinq ans la Normandie à Guillaume.

Cette réunion de la Normandie à l'Angleterre fut un événement fatal pour les deux nations.

Fâcheuses conséquences de cette cession.

Maître de ces vastes Etats, Guillaume ne tarda pas à demander au roi de France le Vexin français, qu'il prétendait injustement dépendre de ses possessions continentales. Sa puissance put avantageusement lutter contre celle de Philippe et contre la valeur du jeune prince Louis, son fils. Battu dans plusieurs rencontres, il conclut enfin une paix qu'il se proposait de rompre à la première occasion, et rentra en Angleterre, où il fut tué d'un coup de flèche tirée à dessein suivant les uns, au hasard selon les autres.

Injustes prétentions de Guillaume sur le Vexin français.

Traité de paix.

Ce qu'il y a de vrai, c'est que la mort de Guillaume mit fin à un règne déshonoré par la rapacité, la violence et la perfidie du souverain.

1100.

La France n'a pas oublié que ce chevalier faux et parjure, qui déchira les traités, qui mentit vingt fois à son frère et méprisa les sentences arbitrales demandées par lui, ouvrit cette interminable période de guerres pendant laquelle nous avons versé tant de larmes et tant de sang.

Rois de France: Philippe Ier, Louis VI.

HENRI I. (1100 A 1135.)

Quand Robert revint de son voyage d'outre-mer, le trône de Guillaume le Roux était occupé par Henri, le plus jeune des trois frères.

Henri Ier usurpe la Normandie.

Henri Ier, fils de Guillaume, usurpa la Normandie sur Robert, son frère aîné, après avoir usurpé la couronne; devenu ainsi maître d'une des plus grandes provinces de France, oncle du comte de Blois, l'un des plus riches seigneurs du royaume, il le disputait en autorité avec le souverain dont il était vassal. Quand il fallut s'opposer à son ambition toujours croissante, on s'aperçut de la faute qu'on avait faite de souffrir qu'une province continentale appartînt au roi d'Angleterre ; on s'en aperçut trop tard : il fallut prendre les armes pour ne les déposer qu'après de longues années de carnage.

La forteresse de Gisors, située sur la frontière de France et de Normandie, fut le sujet de la première querelle. Il était reconnu qu'en raison de sa position, elle ne serait occupée ni par les Français, ni par les Anglais, ni par les Normands, et que, si elle tombait entre les mains de l'un des deux souverains, elle serait rasée dans l'espace de quarante jours. Gagné par l'or ou intimidé par les menaces du roi Henri, Payan, qui en était le gouverneur, la remit aux Anglais ; ceux-ci, comme on le pense, ne consentirent pas à la démolition d'une place que la trahison leur avait livrée. Louis fit vainement offrir à Henri un combat corps à corps ; il en résulta une bataille sur les bords de l'Epte. Henri fut battu, et, pour se venger de sa honteuse défaite, ne dédaigna pas de susciter la guerre civile en France : Thibaut, comte de Blois, de Chartres et de Champagne, le comte de Poitiers et le duc de Bourgogne se liguèrent contre Louis et furent les plus faibles. Pendant que ces alliés se faisaient battre, Henri s'était retiré à Rouen, d'où il jouissait paisiblement des malheurs qu'il avait semés parmi nous, et se bornait à envoyer quelques troupes aux séditieux.

Un traité décida enfin que Gisors resterait entre les mains de Guillaume, fils de Henri, et que ce prince ferait hommage pour la Normandie. Infidèle à ce traité comme à tous les autres, Henri ne tarda pas à susciter de nouvelles collusions en France : Thibaut se souleva en 1112 ; Louis entra dans la Brie, et, vaincu, demanda la paix.

Convention relative à Gisors.

1110.

La convention est violée par les Anglais.

Henri est battu sur les bords de l'Epte.

Guerre civile excitée en France par le roi d'Angleterre.

1110.
Nouveau traité violé.
Coupables intrigues du roi Henri.
1112.
1113.
1114.

1116.

Les prétentions de l'Angleterre sur la Normandie allument de nouveau la guerre.

Trompeuses promesses du roi Henri.

Félonie de plusieurs seigneurs.

Combat de Brenneville.

Clémence du roi Louis.

Deux années plus tard, les prétentions du roi d'Angleterre sur la Normandie allumèrent encore la guerre. Plusieurs seigneurs normands, le comte de Flandre et le comte d'Anjou s'unirent au roi de France pour mettre fin à la turbulente ambition du monarque anglais. Louis fit demander à Henri la liberté de Robert, duc de Normandie, injustement dépouillé de ses Etats, cruellement détenu en prison ; la liberté de Robert est refusée, et la guerre se rallume. Les troupes françaises s'emparent des Andelys, de la ville de l'Aigle, d'Alençon et d'Evreux. Gagné par les trompeuses promesses du roi d'Angleterre, le duc d'Anjou se détache de l'alliance ; le duc de Bretagne et le comte de Champagne suivent son exemple, et, par cet acte de félonie, rendent à peu près égale la force des deux camps. Les armées se rencontrent à Brenneville près de Noyon, et, à la suite d'un combat où les premiers succès leur appartiennent, les Français, se fiant trop à la victoire, sont mis en déroute malgré l'intrépidité du roi Louis. Ce monarque allait être fait prisonnier, et déjà l'heureux chevalier, saisissant la bride du cheval, avait crié : « Le roi est pris ! » — « Ne sais-tu pas, lui répondit le prince, qu'au jeu des échecs on ne prend jamais le roi ? » Un coup de hache le débarrasse de son adversaire ; il se jette au hasard dans la forêt et rencontre une pauvre femme du pays qui le conduit aux Andelys.

Avec les débris de son armée, le roi s'empara des places de Jury et de Breteuil ; Chartres allait subir le même sort lorsque les habitants de cette ville vinrent au-devant de lui, criant miséricorde, et le conjurant de ne pas venger sur eux l'injure qu'il avait reçue du comte de Champagne, dont ils déploraient la révolte.

Louis, ému jusqu'aux larmes, fit retirer ses troupes.

Cet acte de modération de la part d'un monarque justement

irrité contre un sujet rebelle fait songer à la cruauté du roi Henri envers un frère innocent.

Sur ces entrefaites, l'archevêque de Vienne, appelé au trône pontifical sous le nom de Calixte II, réussit à faire conclure une paix d'après laquelle les prisonniers furent rendus de part et d'autre : Louis rendit les places qu'il avait prises, Henri renouvela son hommage pour la Normandie ; quant à Guillaume, fils de Robert, il demeura à la cour de France, sans qu'il eût été fait aucune stipulation en sa faveur. *Traité de paix.*

Heureux et fier d'avoir assuré à son fils la province de Normandie, Henri s'embarqua à Barfleur, où l'attendait une épouvantable catastrophe. Il était seul sur son bord ; son fils, accompagné d'un grand nombre de princes et de seigneurs anglais et normands, le suivait sur un autre vaisseau nommé *la Blanche Nef*. Trois barils de vin livrés à l'équipage, après une orgie des nobles passagers, firent perdre la raison aux uns et aux autres ; le vaisseau alla se briser contre un rocher, et, au milieu des scènes les plus déchirantes, tout fut englouti sous les flots. *1119.*

Henri put entendre sur le rivage où il venait d'aborder les cris de détresse de son fils et de ses malheureux amis.

Ce malheur et surtout la mort de Guillaume firent renaître l'espoir dans le cœur des fils de Robert et de ses partisans ; les seigneurs normands, aux yeux desquels Henri n'était qu'un usurpateur, se réunirent et s'obligèrent par serment à rétablir le prince dans l'héritage de ses pères. Henri traversa de nouveau les mers et triompha de ses ennemis ; trois seigneurs eurent les yeux crevés, d'autres abandonnèrent leurs biens au vainqueur. *Coalition des barons normands.* *Cruauté du roi Henri.*

Bien que Louis n'eût pas pris part à la ligue des seigneurs normands et qu'il fût demeuré fidèle au dernier traité, Henri se jeta cependant sur les terres de France, et appela à son aide *Violation du dernier traité.* *Coalition contre la France.*

Henri V, empereur d'Allemagne, son gendre ; on vit alors les Anglais, les Lorrains, les Allemands, les Bavarois et les Saxons marcher ensemble sur la ville de Reims, qu'ils s'étaient promis de réduire en cendres.

En une pareille conjoncture, tout devint soldat : seigneurs, bourgeois, prêtres, moines et artisans ; plus de 300,000 hommes vinrent se ranger sous l'étendard royal. L'empereur effrayé repassa précipitamment la Moselle et le Rhin, les Anglais se hâtèrent de gagner la Normandie, et les soldats français, consternés de n'avoir plus les ennemis devant eux, demandèrent vainement à être conduits sur leurs terres pour les punir d'avoir osé envahir la France, « la maîtresse et la reine de l'univers. » Les lois féodales s'opposaient à ce que les désirs de l'armée fussent écoutés : il était à craindre que les seigneurs, armés contre un étranger qui menaçait la patrie, refusassent de marcher contre un vassal rentré dans ses domaines.

Fuite des puissances coalisées.

1127.

A cette époque, pour s'assurer sur le continent une puissante alliance, Henri donna sa fille Mathilde, veuve de l'empereur d'Allemagne, en mariage à Geoffroy, surnommé Plantagenet, fils de Foulques, comte d'Anjou.

Henri soulève l'Alsace contre la France.

Non content de s'attacher cette maison, Henri poussa encore Thierry d'Alsace à réclamer à main armée la possession de la Flandre, que Louis avait donnée à Guillaume, fils de Robert de Normandie, après la mort de Charles de Danemark, tombé sous les coups de misérables assassins.

Guillaume mourut ; Louis disposa de la Flandre en faveur de Thierry, et la France évita une guerre qu'elle aurait due aux déloyales intrigues de l'Anglais.

Mauvaise foi du roi Henri à l'égard du duc d'Anjou, son gendre.

Nous avons vu qu'en mariant sa fille Mathilde au prince Geoffroy d'Anjou, Henri avait compté sur une puissante alliance ; sa déloyauté lui en fit un puissant ennemi. Il avait promis la Normandie aux deux époux, et il la gardait malgré leurs vives réclamations, bientôt changées en violentes menaces. Cette déception fut si cruelle qu'il tomba malade et mourut quatre jours après, ne laissant pas même sa couronne à sa fille Mathilde, qui cependant était son unique héritière.

1135.

Henri est considéré par les historiens anglais comme un roi cruel et injuste; sa dissimulation était si bien connue que ses favoris eux-mêmes se méfiaient de lui. Quand Bloet, évêque de Lincoln, qui avait été pendant plusieurs années un de ses principaux justiciers, apprit que le roi avait parlé de lui dans les termes de la plus haute estime : « Alors, répliqua-t-il, je « suis perdu; car je ne l'ai jamais vu faire l'éloge d'un homme « dont il ne méditât pas la ruine. » L'événement justifia ses appréhensions.

La France, pour le juger, n'a besoin que de se rappeler :

1° Son usurpation de la Normandie sur Robert, et sa cruauté contre ce prince, vassal de la couronne;

2° La place de Gisors dont il s'était emparé à l'aide d'une trahison et au mépris des traités;

3° Les coupables intrigues auxquelles nos pères ont dû, sous son règne, les révoltes de l'Anjou, de la Bretagne, de la Champagne et de l'Alsace.

Usurper, tromper et diviser, tel fut l'esprit de sa politique à l'égard de la France.

ÉTIENNE. (1135 A 1154.)

Rois de France:
Louis VI.
Louis VII.

Il semble qu'après la mort de Henri, sa fille Mathilde aurait dû monter sur le trône et régner sans craindre les tentatives d'un usurpateur, tellement le vieux roi avait pris à cet égard de nombreuses précautions ; toutes les mesures se trouvèrent vaines, toutes les précautions furent trompées. Henri eut à peine cessé de vivre que son neveu Etienne, fils de sa sœur Adéla, qui avait été mariée au comte de Blois, quitta la Normandie, descendit à Londres, et devint roi d'Angleterre aussi facilement que son oncle l'était devenu à la place de son frère Robert. Doué d'un caractère peu énergique, Etienne se trouva dans la nécessité de faire aux seigneurs anglais de nombreuses concessions dont ils n'usèrent que pour élever partout des forteresses d'où ils pouvaient en sûreté braver l'autorité royale et se livrer au plus monstrueux brigandage. Un tel désordre ne pouvait pas manquer de faire un grand nombre de mécontents ; Mathilde se mit à leur tête, et remplaça sur le trône l'usurpateur, honteusement jeté en prison. Mathilde elle-même parut trop sévère ou trop dédaigneuse ; Etienne fut rappelé au pouvoir, qu'il conserva jusqu'à sa mort.

1150.

Louis VII fait la conquête de la Normandie.

Vers l'année 1150, Geoffroy, comte d'Anjou, et Henri, son fils aîné, s'adressèrent à Louis VII pour lui demander justice d'Etienne, dont la perfide ambition leur enlevait à la fois la couronne d'Angleterre et le duché de Normandie. La réclamation des deux princes étant fondée sur l'équité, Louis leva une armée, fit la conquête de la Normandie, et la rendit au jeune Henri ; ce prince, non content de lui faire hommage, voulut encore lui céder le Vexin normand, c'est-à-dire tout le pays situé entre l'Epte et l'Andelle.

Il la rend à Henri d'Angleterre.

Le Vexin normand est cédé à la France.

Rébellion de Henri de Normandie.

Henri, oubliant ses serments, refusa de se soumettre au jugement du roi, qui l'appelait à s'expliquer sur une invasion faite par lui sur le territoire d'un seigneur angevin. Pour punir le parjure du prince, Louis entre dans la Normandie, s'empare de Vernon et de Neuf-Marché ; le duc se soumet alors et restitue les châteaux dont il avait dépouillé l'Angevin.

Sa soumission.

Entre Etienne d'Angleterre et le comte d'Anjou, entre le comte d'Anjou et le seigneur angevin, Louis se montra juste; quand le comte d'Anjou fut infidèle à son serment, Louis ajouta la clémence à la justice.

A cette époque eut lieu entre Louis et Eléonore l'impolitique divorce dont la conséquence fut de faire passer la riche province de Guienne entre les mains du jeune Henri, déjà possesseur de la Normandie, du Maine, de l'Anjou et du Poitou.

Divorce de Louis et d'Eléonore.

Effrayé d'une pareille puissance, le roi de France et celui d'Angleterre se réunirent pour affaiblir un prince devenu trop redoutable. Cette alliance d'un jour n'eut aucun résultat. Henri se réconcilia avec Louis, qui lui accorda une trêve; Etienne, n'ayant pas d'enfant, le reconnut pour son héritier. Ce traité, que personne n'avait pu prévoir, jeta dans le cœur du roi de France une inquiétude facile à comprendre : s'il n'avait pas voulu que le duc de Normandie possédât la Guienne, comment pouvait-il souffrir qu'il y ajoutât un royaume? Avant de reprendre les hostilités, il voulut néanmoins attendre l'expiration de la trêve; ce délai passé, il entra de nouveau dans Vernon.

Les choses en étaient là lorsque la mort d'Etienne appela Henri sur le trône.

1154.

Si nous avons consacré quelques lignes au règne d'Etienne, c'est moins pour constater que ce prince usurpa le trône que pour faire connaître la première félonie dont le comte d'Anjou, bientôt Henri II d'Angleterre, se rendit coupable vis-à-vis de la France.

HENRI II PLANTAGENET. (1154 A 1189.)

1154.
Rois de France:
Louis VII.
Philippe-Auguste.

Traité de paix.

Il n'eût pas été politique à Henri de s'éloigner de la Normandie au moment où cette province était menacée d'être envahie par le roi de France, et cependant il lui tardait de prendre possession de son magnifique héritage. Pour lever cette difficulté, il fit demander la paix, et il l'obtint à condition de payer 2,000 marcs d'argent et de renouveler son hommage.

Intimité entre les deux rois.

Depuis cette époque jusque vers l'année 1159, les deux monarques vécurent en parfaite intelligence. Henri écrivait très-souvent à Louis, et dans ces lettres le reconnaissait pour son seigneur et son maître; plusieurs fois il se rendit à Paris et partagea les plaisirs de la cour. Louis ayant conçu le désir de faire un pélerinage à Saint-Michel, Henri vint le recevoir sur la frontière de la Normandie, l'accompagna pendant tout son voyage, et lui fit rendre partout les honneurs dus au souverain.

Heureuse eût été la France si cette union se fût longtemps prolongée! Malheureusement il ne devait pas en être ainsi, et le moment approchait où de nouvelles divisions allaient amener de nouvelles calamités.

Déloyauté du roi d'Angleterre vis-à-vis de son frère Geoffroy.

Geoffroy, frère du roi d'Angleterre, réclama les armes à la main l'Anjou, la Touraine et le Maine, que lui avait donnés son père. Henri rejeta sa demande et le battit partout. Le prince, dépouillé de ses Etats, se réfugia à Nantes, où les habitants le choisirent pour leur comte. A sa mort, son frère, qui l'avait constamment persécuté, prétendit à sa succession, et marcha contre Conan, déjà en possession du pouvoir. Pour obtenir la paix, ce dernier se vit obligé de donner Constance, sa fille et son unique héritière, en mariage à Geoffroy, troisième fils du roi d'Angleterre. Précédemment ce monarque s'était fait céder Amboise par le comte de Blois et l'administration de l'Alsace par Thierry, comte de Flandre ; de sorte qu'il tenait la France presque entièrement bloquée.

1159.

La guerre, sur le point d'éclater, fut un instant suspendue par le mariage de Marguerite, fille de Louis VII et de Constance, avec Henri au Court-Mantel, fils aîné du roi d'Angleterre. A la mort de Constance, Louis épousa Adèle de Champagne avec l'intention de contracter alliance avec une maison dont la puissance lui vînt en aide contre Henri, qui ne voulait la paix qu'autant qu'elle lui était avantageuse ; de nouvelles querelles vinrent bientôt rompre celle dont on jouissait depuis quelques mois.

L'aïeul d'Eléonore d'Aquitaine se vit forcé, par suite de ses folles prodigalités, à engager ses Etats au comte de Saint-Gilles ; son fils se mit dans l'impossibilité de les racheter, et Louis de France, après son mariage avec la princesse, fit valoir ses droits sur la province ; mais, par suite d'un traité, le comte de Saint-Gilles obtint qu'il en conserverait la possession. Devenu duc de Guienne par son mariage avec Eléonore, Henri éleva des prétentions sur l'Aquitaine, s'empara de Cahors et se dirigea sur Toulouse. Louis marcha au secours de son vassal. Henri se retira en donnant ordre au comte de Blois de ravager les terres de France. Battu par Robert de Dreux et Henri, évêque d'Evreux, le comte ne put pas obéir aux ordres qu'il avait reçus. Plus heureux que son allié, le roi d'Angleterre pénétra dans le Beauvoisis, prit et rasa Gerberon, porta le fer et le feu jusqu'aux portes de Paris, où il consentit à faire un nouveau traité de paix. Henri renouvela son hommage, pro-

Traité entre le roi de France et le comte de Saint-Gilles sur la possession de l'Aquitaine.

Henri d'Angleterre s'empare déloyalement de Cahors.

Ordres barbares de Henri.

Il ravage le Beauvoisis.

Traité de paix.

mit de ne plus inquiéter Toulouse, et Marguerite, fille de Louis, fut donnée en mariage à l'aîné des fils d'Angleterre. Malgré les protestations des seigneurs, cette princesse reçut en dot les villes de Gisors et de Neaufle, à condition qu'elles seraient confiées à la garde de deux chevaliers du Temple jusqu'à la célébration du mariage.

1161. Rupture du traité.

Une année s'était à peine écoulée que cette condition fournit l'occasion de rompre le traité. Bien que le prince et la princesse ne fussent encore que des enfants, le monarque anglais fit clandestinement procéder à leur mariage et envoya sommer les deux chevaliers de lui livrer les places, dont ils s'empressèrent de lui faire la remise. Pour échapper au supplice que méritait leur trahison, les deux gouverneurs se retirèrent en Angleterre, où leur honte fut richement récompensée.

Henri récompense la félonie de deux chevaliers.

1163. Traité de paix.

Louis indigné prend les armes et se jette sur le Vexin normand ; ses attaques, prévues à l'avance, sont reçues avec fermeté, les rencontres sont sans importance comme sans résultat, et une trêve de quelques jours est suivie d'une paix momentanée.

1166. Déloyale querelle du roi d'Angleterre.

Une question de suzeraineté relative au comté d'Auvergne, dont Guillaume, dit le Vieux, avait dépouillé Guillaume VII, son neveu, réveilla des haines à peine assoupies. Suivant l'usage de cette époque, il n'y eut pas de bataille rangée entre les deux monarques, mais les deux Etats furent tour à tour des théâtres d'horreur et de désolation. Ses discussions avec Thomas Becket, archevêque de Cantorbéry, suscitèrent à Henri des embarras qui le forcèrent à faire la paix sur le continent et à rentrer en Angleterre. Une entrevue eut lieu à Montmirail, dans le Maine, le 6 janvier 1168. « Seigneur, dit « Henri en abordant Louis, dans ce jour où trois rois ont offert « des présents au Roi des rois, je me mets sous votre protec-

1168. Soumission du roi Henri.

« tion avec mes enfants et mes Etats. » Le monarque anglais était, en effet, accompagné des princes Henri et Richard, ses deux fils aînés.

Cette nouvelle paix fut conclue aux conditions suivantes : 1° Henri renouvela son hommage pour la Normandie ; son fils aîné en fit autant pour l'Anjou, le Maine et la Bretagne ; Richard imita l'exemple de son père et de son frère pour le duché d'Aquitaine. 2° Un mariage fut arrêté entre ce prince et Alix, fille de Louis et de Constance. 3° Tous les châteaux du domaine royal furent restitués et tous les prisonniers rendus. 4° Tous les vassaux de Henri furent reçus en grâce. 5° Henri fut rétabli dans tous les fiefs dont il avait été déclaré déchu pour avoir pris les armes contre son souverain. 6° On lui rendit la charge de grand-sénéchal de France, héréditaire dans sa maison, dont il avait été privé pour cause de félonie, et qui depuis six ans avait été donnée au comte de Blois.

Conditions de la paix.

Cette paix durait depuis trois ans lorsqu'elle fut troublée par l'inflexible déloyauté de Henri et par l'ambitieuse impatience de son fils aîné.

1172.

Le meurtre de l'archevêque de Cantorbéry fut pour le roi d'Angleterre le signal d'une infortune qui ne se démentit pas jusqu'à la tombe ; sa femme, ses enfants, ses vassaux et les rois voisins, tout sembla conspirer contre le vieux monarque. Dans l'espoir d'échapper aux craintes que lui inspirait la menace de l'excommunication, il déclara renoncer au trône en faveur de son fils aîné, qui fut en effet couronné et reçut l'hommage des seigneurs. Mais lorsque le nouveau roi voulut régner, son père s'y refusa ; le gouvernement même de la Normandie ne lui fut pas cédé, quoiqu'il offrît de s'en contenter en attendant l'héritage d'Angleterre. En présence d'une volonté que rien ne pouvait faire fléchir, pas même le respect dû aux engagements les plus so-

Violation du traité.

Déloyauté du roi Henri envers son fils.

lennels, Henri se réfugia auprès de son beau-père; il en appela à l'honneur, et tout le monde courut aux armes : le roi de France, les comtes de Flandre, de Boulogne et de Blois, un grand nombre de seigneurs normands, Richard, duc de Guienne, et Geoffroy, désigné duc de Bretagne, frères l'un et l'autre du jeune roi d'Angleterre.

<small>Henri appelle une armée de pillards dans la Guienne et la Normandie.</small>

Dans l'impossibilité où il se trouvait de compter pour sa défense ni sur le peuple ni sur les seigneurs de son royaume, Henri appela à son secours et « prit à sa solde 20,000 Braban-
« çons, ou Cottereaux, ou Routiers, gens de compagnie, bri-
« gands, pillards, voleurs, larrons, infâmes, dissolus, excom-
« muniés. Ils ardoient les monastères et les églises où le peu-
« ple se retiroit, et tourmentoient les prêtres et les religieux,
« les appeloient *cantatours* par dérision, et leur disoient quand
« ils les battoient : *Cantatours, cantez*, et puis leur donnoient
« grands buffes et grosses gouces. »

C'était la perfidie et la haine protégées par la barbarie.

Tandis que les princes alliés, franchissant les frontières de la Normandie, s'emparaient de la ville d'Aumale, du château de Drincourt et de la place de Verneuil, les Brabançons mettaient les Bretons en déroute et investissaient Dol. Chaque parti, vainqueur aujourd'hui, battu demain, n'obtenant aucun avantage décisif, on songea à proposer un accommodement. Dans une entrevue ménagée entre Gisors et Trie, Henri consentit à céder à son fils aîné la moitié des revenus du royaume d'Angleterre ou la moitié de ceux de la Normandie et tous ceux de l'Anjou. Richard et Geoffroy étaient également favorisés, l'un pour la Guienne, l'autre pour la Bretagne.

Ces propositions, qui auraient été acceptées avant la campagne, furent dédaigneusement rejetées, et les hostilités furent reprises avec plus de fureur que jamais. La rigueur de l'hiver vint heureusement les suspendre, et, pendant deux ou trois mois de repos, on vit le vieux roi, jusque là d'un orgueil intraitable, se jeter humblement aux pieds du pape Alexandre et se reconnaître son vassal. « Je me jette à vos genoux, lui « dit-il, pour vous demander conseil. Le royaume d'Angle-« terre est de votre juridiction ; et quant au droit féodal, je ne « relève que de vous. Que l'Angleterre éprouve maintenant ce « que peut le souverain pontife ; puisqu'il n'use point des ar-« mes matérielles, qu'il défende le patrimoine de saint Pierre « par le glaive spirituel. »

<small>Henri se jette aux genoux du pape. 1173.</small>

Pour légitimer ses nombreuses infractions aux serments prêtés à son seigneur suzerain, Henri se reconnaît vassal de Rome ; pour manquer de parole à son fils, il met aux pieds du pape une couronne qui ne lui appartient plus. Quelle bassesse et quelle humiliation !

Le Saint-Siége ne manqua pas d'accepter un hommage dont il était flaté, quoique sa sincérité dût lui paraître au moins douteuse. Alexandre menaça d'excommunication les enfants du monarque devenu son vassal ; mais, sans tenir compte des menaces, le jeune Henri souleva l'Angleterre et l'Ecosse. La victoire cette fois se rangea du côté du père, et, à la suite d'avantages obtenus et partagés, de pertes essuyées et vengées, soit en Angleterre, soit dans le Poitou, les deux partis se déterminèrent à convenir d'une trêve.

<small>1174.</small>

Pendant la mauvaise saison de l'année 1173, Henri II s'était réfugié sous la protection de Rome pour conquérir, par cette puissante influence, l'estime que lui avait fait perdre dans l'esprit de son peuple le meurtre de l'archevêque de Cantorbéry. Le résultat de cette étrange soumission n'ayant pas complètement répondu à ses désirs, le monarque mit à profit la nouvelle trêve pour faire une expiation qui cette fois devait satisfaire les esprits les plus difficiles et effacer la tache de sang dont la couronne royale était souillée.

« Il part de Normandie, revêtu d'un sac de pénitent, ar-
« rive à Cantorbéry, marche nu-tête, nu-pieds, jusqu'au
« tombeau de l'archevêque. Là, il se prosterne, le visage collé
« contre terre, crie miséricorde, se dépouille de ses habits, et
« reçoit cinq coups de discipline de la main de chaque évêque,
« de chaque abbé et de chaque moine qui s'y trouvèrent. L'his-
« toire remarque qu'ils étaient en grand nombre. Pendant cette
« cérémonie aussi cruelle qu'humiliante, l'évêque de Londres
« haranguait le peuple et s'efforçait par toutes sortes de raisons
« de lui persuader que le monarque n'était ni auteur ni com-
« plice du meurtre de Becket (1). »

1174.

A partir de ce moment, les Anglais rendirent au roi leur estime, et avec elle les ressources qui lui manquaient ; les princes, mal servis par les circonstances, privés des ressources que
procure toujours aux révoltés la haine du peuple contre le souverain, firent enfin leur soumission ; les alliés, dès lors sans
intérêt dans cette guerre, abandonnèrent le siège de Rouen, et
une nouvelle trêve fut conclue entre Tours et Amboise.

Trêve de Tours.

1177.

Henri désho-
nore Alix de
France, promise
à son fils Ri-
chard.

Après une durée de trois ans, cette paix fut troublée à l'occasion de la princesse Alix, promise à Richard, conduite et
élevée à Londres, dont le mariage n'était pas encore célébré
quoiqu'il dût l'être depuis longtemps. Ce retard, offensant
pour la maison royale de France, le devenait bien davantage
par la cause que lui attribuait l'opinion publique : partout on
disait que le vieux roi était l'amant de celle qui devait épouser
son fils. A la demande du roi de France, l'affaire fut portée
devant le souverain pontife, qui réussit à maintenir la paix au
moyen d'un nouveau traité dont voici le préambule :

Traité de paix.

« Nous voulons, disent les deux souverains, que tout le monde
« sache que telle est et telle sera désormais notre amitié, que
« chacun de nous défendra la vie de l'autre, ses membres, sa

---

(1) Duch., t. IV, p. 538.

« dignité, ses biens. Moi, Henri, j'aiderai de toutes mes forces
« Louis, roi de France, mon seigneur. Moi, Louis, je secourrai
« de tout mon pouvoir Henri, roi d'Angleterre, mon homme et
« mon vassal. Sauf néanmoins la foi que nous devons récipro-
« quement à nos vassaux tant qu'ils nous seront fidèles. »

L'observation de ce traité fut placée sous la sauvegarde de plusieurs arbitres pris dans les deux royaumes : c'étaient, du côté de la France, les évêques de Clermont, de Nevers, de Troyes, le comte Thibaut, Robert de Dreux et Pierre de Courtenay, frères du roi ; du côté de l'Angleterre, les évêques du Mans, de Périgueux, de Nantes, Maurice de Craon, Guillaume Maingot et Pierre de Montrevel.

En dépit des promesses faites et des mesures prises pour éviter les maux de la guerre, Henri, se faisant un jeu de ses serments et des traités et des hommages, troubla presque aussitôt la paix en s'emparant de Châteauroux et en forçant le comte de la Marche à lui vendre sa seigneurie. Las des guerres qu'ils venaient d'éteindre, les signataires du traité n'en réclamèrent point l'exécution, préférant la paix au plaisir de châtier une infraction à laquelle ils s'attendaient peut-être de la part d'un prince habitué à ne consulter que ses intérêts. Aussi Louis VII s'empressa-t-il de lui donner la cédille protectrice que sa conscience peu rassurée lui conseilla de solliciter avant de rentrer dans ses Etats : « Nous, Louis, roi de France, voulons que
« tout le monde sache que nous prenons sous notre garde tou-
« tes les terres du roi d'Angleterre qui sont situées dans notre
« royaume. Ainsi, toutes les fois que ses baillis d'au-delà de la
« mer le requerront, nous leur donnerons conseil et secours
« pour la défense de ces mêmes domaines. »

Deux ans après Louis VII mourut et fut remplacé sur le trône par Philippe II, dit Auguste, alors âgé de quinze ans.

Trompés par la jeunesse du nouveau roi, quelques seigneurs

Violation du traité.

Henri s'empare de Châteauroux et du comté de la Marche.

1181.

favorisés, protégés par la reine-mère, essayent de s'emparer du gouvernement. Détrompés bientôt par la sagesse et la fermeté de Philippe, ils renoncent à leurs coupables projets, et la reine-mère se réfugie à Rouen, où se trouvaient les deux rois d'Angleterre. Les troubles qui surgissaient en France durent satisfaire l'esprit de jalouse ambition de ces princes ; aussi, sous prétexte de venger la reine d'une injure imaginaire dont ils n'avaient aucun droit de s'occuper lors même qu'elle aurait existé, s'empressèrent-ils de mettre sur pied une nombreuse armée. Lorsqu'ils voulurent entrer en France, ils trouvèrent Philippe qui, arrivé en toute hâte à leur rencontre, les attendait fièrement sur les frontières de la Normandie.

Sous un vain prétexte, Henri lève une armée contre Philippe-Auguste.

Grâce à l'intervention du cardinal Chrysogone, cette démonstration n'eut pas de suite, et les anciens traités furent renouvelés.

Les traités sont renouvelés.

Depuis 1181 jusqu'en 1184, il ne se passa rien d'important entre les deux royaumes. Bien que cet événement n'ait rien de remarquable en lui-même, il ne sera cependant pas sans intérêt de se rappeler qu'à cette époque, et quelques mois après la mort de Geoffroy, la duchesse Éléonore de Bretagne accoucha d'un prince nommé Arthus, dont la tutelle, malgré les intrigues du roi d'Angleterre, son aïeul, fut confiée à sa mère, sous la protection du roi de France.

1181.

Les peuples se reposaient depuis cinq ans des fatigues de la guerre, et rien ne pouvait faire supposer que la paix allait être troublée, lorsque Philippe eut à se plaindre de l'injustice et de la déloyauté du gouvernement anglais. 1° Lors de son mariage avec Henri au Court-Mantel, Marguerite, fille de Louis, avait apporté le Vexin en dot, à la condition que cette province ferait retour à la France si Henri mourait sans laisser d'enfants nés de cette princesse ; cette condition s'était accomplie, et le roi Henri ne restituait pas le Vexin. 2° Richard, duc de

1186.

Injustice et déloyauté du gouvernement anglais.

Guienne et de Poitou, se refusait soit à faire hommage au nouveau roi de France, soit à épouser la princesse Alix, envers laquelle, ainsi que nous l'avons dit, le vieux Henri passait pour avoir exercé de honteuses violences.

Philippe fit proposer au monarque anglais de lui abandonner le Vexin à la condition que Richard prêterait hommage et qu'il épouserait enfin Alix. Henri promit tout ce qu'on voulut, et, suivant son habitude, ne tint aucune de ses promesses.

Propositions de Philippe.

Henri les accepte et ne les exécute pas.

Tant de mauvaise foi, soit de la part de Henri, soit de la part de Richard son fils, irrita justement Philippe, et la guerre fut déclarée. Le Berry fut envahi par les Français, et déjà le siége de Châteauroux était formé lorsque les Anglais se présentèrent.

Cette fois encore l'intervention des légats du pape fit conclure une trêve de deux ans. Au lieu de rentrer en Guienne ou dans les possessions de son père, Richard se rendit à la cour de France, cheminant à côté de Philippe, partageant sa table et quelquefois son lit. Arrivés à Paris, les deux princes ne s'occupèrent que de fêtes et de tournois.

Trêve de deux ans.

Lorsque l'archevêque Guillaume de Tyr vint prêcher la croisade, Philippe et Richard, dans l'ardeur de l'âge, s'empressèrent de prendre la croix et d'ajourner encore la décision de leur querelle. Les Français prirent la croix rouge, les Anglais la croix blanche et les Flamands la croix verte.

1188. Croisades.

Un incident de faible importance vint suspendre l'exécution de cette expédition d'outre-mer. Un brigand, né sujet de Raymond V, comte de Toulouse, ravageait l'Aquitaine ; Richard le fit arrêter. Pour exercer des représailles, Raymond fit jeter en prison deux pèlerins appartenant à la Gascogne, en promettant de les rendre en échange du prisonnier retenu par Richard. Philippe intervint comme seigneur suzerain ; Richard refusa d'obéir, et, de plus, réclama le comté de Toulouse comme

Richard Cœur-de-Lion ravage le Languedoc. — une propriété de sa famille. Sans attendre aucune explication le prince anglais inonda la province de ses troupes et la remplit de carnage.

Il est évident que, dans cette circonstance, la justice était du côté de Raymond de Toulouse : Richard avait manqué à l'une des principales institutions de la féodalité en faisant arrêter le sujet d'un prince indépendant; il y avait manqué plus gravement encore en refusant de se soumettre à la décision de son seigneur suzerain, et enfin sa réclamation au sujet du comté de Toulouse n'était aucunement fondée. Telle fut sans doute *Philippe-Auguste prend la défense de Raymond.* l'opinion de Philippe, qui se hâta de prendre les armes, d'entrer dans le Berry et de s'emparer de Châteauroux, de Buzençais et d'Argenton. Henri, de son côté, prit la route de Gisors, et, suivi de Richard, s'enferma dans le château du Trou. Philippe se rendit maître de Vendôme et vint assiéger la place où il espérait s'emparer du roi d'Angleterre et de son fils. Ces *Fuite de Henri et de Richard.* deux princes prirent la fuite et s'arrêtèrent près de Gisors, où les deux armées se trouvèrent en présence. Battus sur ce point par Philippe, repoussés dans les environs de Mantes par le brave chevalier des Barres, les Anglais se retirent et demandent *Traité de paix.* dent une paix qui leur est refusée.

L'hiver suspendit forcément les opérations de la guerre.

1189. Attiré peut-être par le désir de pouvoir bientôt partager les chevaleresques aventures de la croisade, entraîné peut-être par l'ambition de prendre part au gouvernement de son pays, Richard se détermina tout à coup à rétablir la paix en offrant à *Conditions du traité.* Philippe 1° de soumettre à la cour de France les différends qu'il avait avec le comte de Toulouse, 2° d'épouser immédiatement sa sœur Alix, à condition qu'il partagerait le pouvoir royal d'Angleterre, conformément aux traités faits par le roi Henri *Henri refuse d'exécuter le traité.* avec le roi de France.

Henri voulut conserver Alix et refusa de partager son autorité. Richard se plaça sous la protection de la France et fit hommage pour tout ce qu'il possédait dans le royaume, en se conformant aux formules ordinaires : le roi d'Angleterre, duc de Guienne, la tête nue, sans éperons, sans épée, à genoux « tiendra ses mains entre celles du roi de France ; et cil qui « parlera pour le roi de France, adressera ces paroles au roi « d'Angleterre et dira ainsi : Vous devenez homme lige du roi « de France, et lui promettez foi et loyauté porter ? Dites : Voire. « Et ledit roi et ses successeurs ducs de Guienne diront : Voire. « Alors le roi de France recevra ledit roi et duc audit hommage « lige, à la foi et à la bouche, c'est-à-dire au baiser (1). »

1189. Hommage de Richard au roi de France.

En conséquence, Philippe donna à Richard l'investiture qu'il demandait, et le mit en possession de Châteauroux et d'Issoudun. Au mépris de l'excommunication dont ils sont menacés par le cardinal d'Albane, les seigneurs de Normandie, de Guienne, d'Anjou et de Bretagne, fidèles en cette circonstance aux lois de la féodalité, se rangent sous la bannière du suzerain ; le soulèvement est général. Une nouvelle entrevue, fixée à la Ferté-Bernard, est rendue inutile par la coupable obstination de Henri, qui, pour traîner les choses en longueur et tenir plus longtemps entre ses mains l'objet de sa honteuse passion, proposa de donner la malheureuse Alix à Jean-Sans-Terre, son second fils.

Honteuse proposition du roi Henri.

Irrité contre son père, Richard en appelle à Philippe, son seigneur et celui de Henri. Les opérations militaires sont aussitôt reprises : la Ferté-Bernard, Montfort, Malétable et Beaumont sont enlevés par Philippe. Poursuivi jusqu'au Mans, où il est sur le point d'être fait prisonnier, Henri prend la fuite, et, dans sa course rapide, ne trouve le temps de défendre ni Montoire, ni Château-du-Loir, ni Beaumont, ni Roche-Corbon, ni Amboise ; Tours est emporté par escalade.

Reprise des hostilités.

---

(1) Littleton, section 85.

Traité de Colombières.

Tant de revers décidèrent Henri à demander de nouveau une paix qui lui fut accordée à Colombières, entre Tours et Amboise, aux conditions suivantes :

1° Henri fit hommage au roi de France. 2° Alix fut remise entre les mains de l'une des cinq personnes désignées par Richard, et son mariage fut remis à la fin de l'expédition d'outre-mer. 3° Le Vexin fut ajouté à la dot de la princesse. 4° Richard, désigné enfin comme successeur de Henri, fut admis à recevoir l'hommage de tous les vassaux de la maison des Plantagenets. 5° Henri s'engagea à payer 20,000 marcs pour les frais de la guerre. 6° Tous les seigneurs et prélats de son royaume s'obligèrent par serment à l'abandonner s'il manquait de nouveau à ses engagements.

Henri songeait à y manquer lorsque la mort, en mettant fin à tant de déloyautés, vint relever les seigneurs et les évêques du serment qu'ils avaient imprudemment prêté. Après la signature du traité, le monarque anglais voulut connaître les noms des seigneurs conjurés contre lui, c'est-à-dire indignés de sa mauvaise foi. Sur la liste se trouvait Jean Sans-Terre, son fils bien-aimé. Cruellement froissé dans ses plus chères affections, ce malheureux père ressentit une si profonde douleur qu'il en mourut quelques jours après, à Chinon, dans la trente-cinquième année de son règne et la soixante et unième de son âge.

Pour l'Angleterre, Henri fut le plus puissant des souverains qui jusqu'alors eussent régné sur elle, nous pourrions dire encore le plus habile, si le mensonge et la duplicité pouvaient être rangées parmi les vertus d'un roi. Pour la France, il fut constamment un agresseur injuste ; rarement son ami, presque toujours son ennemi, mais toujours déloyal dans ses alliances comme dans ses guerres, il ajouta à son ambitieuse hypocrisie la honte d'une coupable félonie en usant d'une lâche violence pour déshonorer la fille de son suzerain, la fiancée de Richard, son fils. Ambition, déloyauté, débauche, voilà tout ce que l'histoire peut trouver dans le cours du long règne de Henri II.

CHAPITRE III.

Depuis RICHARD Ier CŒUR-DE-LION (1189 à 1199) jusqu'à HENRI III.

Roi de France :
Philippe-Auguste.

Croisade.

La mort du roi Henri parut devoir établir pour longtemps la paix qui existait entre les deux royaumes. Philippe rendit à Richard les deux provinces qu'il avait conquises ; Richard céda à Philippe Cressac, Issoudun et toutes ses possessions d'Auvergne. Ces deux princes étaient l'un et l'autre dans la force de l'âge ; tous deux étaient braves et pleins de feu ; leur âme était également passionnée pour la gloire, la gloire les divisa. Le désir qu'ils éprouvaient de se rendre en Palestine, où les attirait le goût des chevaleresques aventures, les réunit à Vézelay, où furent arrêtées les dispositions de leur lointaine entreprise. Les lettres patentes qui furent dressées se terminent ainsi : « Telles sont les conditions auxquelles nous nous « sommes engagés, moi Philippe, roi des Français, envers Ri- « chard, roi des Anglais, mon ami et mon fidèle vassal ; moi Ri- « chard, roi des Anglais, envers Philippe, roi des Français, mon « seigneur et mon ami. » Cette réunion fut provoquée par Philippe, qui écrivit à Richard, roi des Anglais : « Ta Sérénité saura « que nous ne soupirons qu'après la délivrance de la terre de « Jérusalem. Nous savons que, de ton côté, tu es plein d'ar- « deur pour aller au saint tombeau ; donne-nous l'assurance

« par les messagers, que tu viendras aussitôt, comme nous te
« la donnons par les nôtres, que nous sommes prêts à partir.
« Scellé l'an de Jésus-Christ 1189, au mois d'octobre. »

Richard convoqua les barons anglais dans la grande église de Westminster, et tous jurèrent, les mains nues sur le saint Evangile et l'image peinte de Thomas de Cantorbéry, qu'ils viendraient à Vézelay avec leurs coursiers et leurs armes, pour de là chevaucher dans la Palestine.

Chacun des deux rois se prépara à partir. « Li roi (Philippe),
« qui plus ne veut attendre pour se mouvoir en la besogne de
« notre Seigneur, alla à Saint-Denis en grande compagnie,
« pour prendre congé du glorieux martyr, saisir l'oriflamme
« sur l'autel et la porter avec lui pour garde et défense ; car
« doit être portée devant li roi quand on se doit combattre, dont
« il est aucunes fois advenu, quand leurs ennemis la véoient,
« que ils étoient si durement épouvantés que ils s'enfuyoient
« tristes et confus. »

Richard, de son côté, s'était rendu à Tours, où il reçut le bourdon et la panetière des mains du pieux archevêque de Tyr.

Les deux princes se rencontrèrent à Vézelay, où ils ne restèrent que deux jours pour visiter la châsse de la bienheureuse Madeleine ; puis ils prirent la route de Lyon. Les pélerins formaient trois corps de lances que distinguait la couleur de leur croix ; les Flamands la portaient verte, les Français rouge, et les Anglais blanche. Arrivés au bord du Rhône, les croisés s'étant précipités en foule et sans ordre sur le pont (1), les planches fragiles se brisèrent, et il périt beaucoup de monde, des enfants et des femmes, qui étaient accourus pour voir et saluer l'armée de la croix (2).

(1) Le pont de la Guillotière.
(2) Capefigue, *Philippe-Auguste*.

Afin de ne point épuiser les domaines des ducs de Bourgogne et des comtes de Provence par un trop grand concours de pélerins, on convint que les Anglais iraient s'embarquer à Marseille, tandis que Philippe prendrait la route de Gênes par les Alpes. On se sépara en se promettant de se joindre à Messine le plus tôt possible (1).

Le roi de France arriva le premier au rendez-vous ; celui d'Angleterre ne parut avec sa flotte que le 23 septembre, c'est-à-dire plus de deux mois après son allié. Philippe prit son logement dans l'intérieur de la ville ; Richard fixa sa demeure dans une maison entourée de vignes, sise hors des murs de la cité.

Tancrède, qui régnait en Sicile, avait fait arrêter la reine Jeanne, sœur de Richard et veuve de Guillaume le Bon qu'il avait remplacé sur le trône. Bien que motivée par une conspiration à laquelle la princesse avait pris part, cette mesure ne laissait pas de faire craindre à Tancrède de terribles représailles de la part de Richard ; aussi se hâta-t-il de mettre sa prisonnière en liberté et de rechercher l'amitié du roi de France. Dans cette intention, il offrit de donner l'une de ses filles en mariage au prince Louis. Par considération pour le roi d'Angleterre, Philippe refusa l'offre en s'excusant sur ce que les alliances d'enfants au berceau étaient sujettes à de nombreux inconvénients.

<small>Délicate attention de Philippe vis-à-vis de Richard.</small>

Tancrède ne s'était pas trompé sur le caractère de Richard : à peine arrivé, ce prince fit entendre ses réclamations, s'empara de Messine, la livra au pillage et planta son drapeau sur les murailles. Philippe se montra blessé de ce que son vassal, respectant peu la ville où il résidait, osât faire flotter ses couleurs là où flottaient celles de la France ; l'étendard

<small>Mauvais procédé de Richard vis-à-vis de Philippe.</small>

---

(1) Capefigue, *Philippe-Auguste*.

anglais fut enlevé à regret, et Philippe se rendit médiateur entre Richard et les Siciliens.

Pour se venger de ce que l'union de sa fille avec le prince Louis avait été rejetée, Tancrède supposa des lettres dans lesquelles Philippe l'invitait à se joindre à lui pour attaquer les Anglais pendant la nuit et s'emparer de la personne de Richard. Philippe protesta contre un acte contraire à son honneur. Richard parut convaincu et se vanta qu'il n'épouserait pas la sœur d'un prince capable de former un si noir projet. La vérité était que Richard profitait d'un prétexte pour rompre son mariage avec Alix et se donner ainsi la facilité d'épouser Bérengère, fille de Sanche VI, roi de Navarre.

Fourberie de Tancrède, roi de Sicile.

Protestation de Philippe.

Promesse de Richard.

Discorde entre Philippe et Richard.

Après de nombreuses réclamations et des explications sans cesse renouvelées, on fit un nouveau traité de paix ainsi conçu :

Nouveau traité de paix.

« Au nom de la sainte Trinité, Philippe, par la grâce de
« Dieu roi des Français, je fais savoir que la paix vient d'être
« conclue entre nous et notre ami Richard, illustre roi des
« Anglais.

« Je lui permets de bon cœur de prendre librement la femme
« qu'il voudra, nonobstant les conditions faites entre nous,
« qui l'obligeaient à épouser Alix, ma sœur.

« Je lui abandonne, ainsi qu'aux héritiers mâles qu'il aura
« de sa femme, Gisors, Neufchâteau et le Vexin ; mais s'il meurt
« sans enfant mâle, tous ces fiefs feront retour au duché de
« Normandie ; et si le roi d'Angleterre laissait plusieurs enfants
« mâles, nous voulons que l'aîné tienne personnellement de
« nous tout ce qu'il possède, et devienne notre homme, soit
« pour le duché de Normandie, soit pour l'Anjou, le Maine,
« l'Aquitaine ou le Poitou.

« Et pour toutes ces concessions, le roi d'Angleterre nous a
« promis 10,000 marcs d'argent au poids de Trèves, desquels

« il nous paiera 3,000 à la fête de tous les Saints, et succes-
« sivement d'année en année, à cette même fête.

« Le roi Richard est aussi convenu de remettre, un mois
« après son retour en Angleterre, sans aucun empêchement,
« notre sœur Alix, que nous soyons mort ou vivant.

« Afin que toutes ces conditions soient stables, nous les
« avons confirmées par notre scel.

« Fait à Messine avant Pâques 1190 (1). »

Les deux souverains avaient passé à Messine l'automne de
1190, l'hiver et une partie du printemps de 1191 ; Philippe,
ayant pris toutes ses précautions pour la *voie d'outre-mer*, envoya des messagers au camp du roi Richard, « et il l'admo-
« nesta afin qu'il fît tout aussitôt appareiller et qu'il eût à se
« tenir prêt pour son pélerinage à la mi-mars. » Le roi Ri-

Richard re- chard répondit : « Je ne le puis, j'ai fixé mon départ au pas-
fuse de partir. « sage de la mi-août. » Philippe dit aux messagers qui lui
rapportèrent cette réponse : « Retournez auprès de Richard, et
« annoncez-lui que je le somme de me suivre comme mon
« homme lige. S'il fonde des retards sur son prochain mariage
« avec Bérengère, dites-lui qu'il l'emmène ainsi que la reine
« Eléonore ; il l'épousera dans la cité d'Acre, et il aura tout le
« temps de festoyer ses noces. » Richard répondit : « Je ne le
« veux ni ne le puis. » Alors les messagers crièrent sous la
tente des Anglais : « Nous commandons à tous les barons et
« les riches hommes de Normandie et des fiefs de France de
« suivre Philippe, leur suzerain ; car Richard, son vassal, ne
« veut le faire. » Quelques uns les suivirent malgré les menaces de leur sire ; beaucoup d'autres restèrent dans le camp des
Anglais.

Le 25 mars, la flotte de Philippe sortit de Messine et toucha

(1) Rigord, *De Gest. Phil. Aug.*

aux rivages de la ville d'Acre la veille de Pâques. A peine débarqués, les chevaliers français unirent leurs efforts à ceux de Guy de Lusignan pour serrer la place de plus près. Malgré le vœu de son armée, Philippe refusa de livrer un assaut avant l'arrivée du roi d'Angleterre, voulant, disait-il chevaleresquement, partager avec lui l'honneur du péril et de la victoire. Le roi de France étendait jusqu'à la gloire une des conditions d'un traité qui imposait aux deux souverains l'obligation de partager également leurs conquêtes.

Chevaleresque procédé de Philippe.

La conduite de Richard ne ressemblait guère à celle de Philippe. Ce prince oubliait le saint tombeau parmi les plaisirs de Palerme ; les prédications de l'ermite Joachim, les phénomènes célestes purent seuls l'arracher aux plaisirs et à la débauche. « Dieu le regarda des yeux de sa miséricorde ;
« il convoqua tous les évêques et archevêques, et se présenta
« à eux nu-pieds, portant dans sa main un paquet de verges
« flexibles ; il ne rougit pas de confesser la honte de ses pé-
« chés, il les abjura, et reçut desdits évêques la *pénitence con-*
« *venable.* »

Honteuse conduite de Richard.

La flotte, composée de cent cinquante grands navires et de cinquante-trois galères bien armées, sortit enfin de Messine ; une tempête la dispersa et jeta plusieurs bâtiments sur les rivages de Chypre, où ils furent capturés par Isaac Comnène, qui régnait sur l'île sous les fastueux noms d'empereur et d'auguste. Irrité par cet acte de déloyauté, Richard s'empare de Chypre, se fait prêter serment comme au souverain, et fait monter à son bord l'empereur devenu prisonnier.

1191.

Conquête de Chypre par Richard.

Richard, peu soucieux des traités, ne songeait pas à partager sa conquête avec Philippe.

La flotte anglaise continua sa route vers Saint-Jean-d'Acre, où son arrivée répandit la plus grande joie parmi les croisés. Le siége allait être poussé avec vigueur ; mais au matin, dit l'Arabe Ibn-Alatir, un chrétien demanda à parler à Saladin. Malek-Adhel et Afdal le reçurent au-devant de la tente : « N'a « pas qui veut la faculté de jouir de la vue du sultan ; il faut, « avant tout, qu'il le permette. » Saladin y ayant consenti, on lui présenta le chrétien, qui lui donna le salut du roi d'Angleterre et dit : « Sultan, mon maître désire avoir une entrevue « avec toi ; si tu veux lui accorder un sauf-conduit, il viendra « te trouver et t'instruira lui-même de ses volontés, à moins « que tu n'aimes mieux choisir dans la plaine un lieu situé en- « tre les deux armées, où vous puissiez traiter ensemble de vos « intérêts. »

Plusieurs entrevues eurent lieu entre Richard et Saladin, et de riches présents furent échangés entre eux.

Les deux rois de France et d'Angleterre étaient alors atteints d'une maladie qui les empêchait de s'occuper activement des travaux du siége ; leur santé se trouvant à peu près rétablie, les opérations allaient être reprises avec vigueur, lorsque de nouvelles querelles s'élevèrent entre eux et les détournèrent momentanément de leur entreprise. Un jour Richard fut sermonné par Philippe : « Tu dois me faire raison, lui dit-il, de la « conquête de l'île de Chypre et des trésors de l'empereur « Isaac ; d'après les conditions de notre pélerinage, nous de- « vons partager tous nos acquêts. — Cette conquête n'est point « un pélerinage, répond Richard. Isaac a insulté ma sœur et Bé- « rengère de Navarre, il a pillé mes hommes ; je me suis vengé. « Puisque tu parles de traité, fais-moi raison à ton tour de ce « qu'ont laissé le comte de Flandre et les autres guerriers « qui sont morts et dont tu as profité. Rends-moi d'abord « mon dû ; quant au royaume de Chypre, je le considère « comme mon bien propre. »

Mauvaise foi de Richard. Il est facile de voir que Richard donnait au traité une fausse interprétation : les trésors laissés par le comte de Flandre, tué sous les murs d'Acre, n'étaient pas une conquête, mais une succession qui, par le droit de la féodalité, appartenait à Philippe en sa qualité de seigneur suzerain. Il ne pouvait en être de même de l'île de Chypre, dont Richard s'était emparé à main armée pendant la campagne et en détournant ses forces du but de l'expédition. L'un était héritier, l'autre faisait une conquête, et c'était précisément le partage des conquêtes que stipulait le traité.

D'autres causes vinrent encore irriter les bouillantes discordes de Richard et de Philippe. Sibylle, reine de Jérusalem, étant morte, Guy de Lusignan, son mari, et Conrad de Montferrat, mari d'Isabelle, fille du feu roi Amaury, se disputèrent ce trône éphémère. Philippe prit le parti du comte de Montferrat, Richard épousa celui de Lusignan. Richard reprochait aux Français d'avoir, pendant leur absence, pressé le siège de la ville de façon à avoir seuls la gloire de l'avoir prise ; Philippe se plaignait de ce que, par des moyens peu généreux, Richard lui débauchait ses meilleurs soldats. La noblesse se partagea entre les deux souverains, et tout semblait perdu lorsque des hommes prudents firent ajourner la solution de toutes ces difficultés et hâtèrent ainsi la prise de la place.

Nouvelles querelles de Richard.

Injuste reproche de Richard.

Juste plainte de Philippe.

1191.

Les Francs s'étaient emparés de la Tour-Maudite ; une partie des murailles s'était écroulée ; la faim commençait à presser les assiégés. Sayf-Eddin-Maschtoub, l'émir qui commandait dans Ptolémaïs, se présenta devant le roi de France, et, se prosternant, lui dit : « Tu sais que la plupart des villes du pays
« que nous occupons nous les avons conquises sur les tiens ;
« nous les pressions de toutes nos forces ; mais dès que les ha-
« bitants demandaient la vie, nous la leur accordions. Donne-
« nous à notre tour les mêmes conditions, et nous t'abandon-
« nerons Acre. » Le roi répondit : « Ceux dont tu me parles,
« aussi bien que toi, êtes mes esclaves ; commencez par vous

Siége de Saint-Jean-d'Acre.

« rendre, puis je verrai. — Alors nous ne te remettrons pas la
« ville, roi de France, et tu n'y entreras pas que nous ne soyons
« tués ; et aucun de nous ne périra qu'il n'ait frappé cinquante
« des vôtres. » En disant ces paroles, il secoua sa robe et se
retira.

Prise de Saint-Jean-d'Acre.

Le siége recommença avec une vigueur nouvelle. Malgré la généreuse résolution de Maschtoub, les Sarrasins furent bientôt dans la nécessité d'évacuer la place ; en conséquence, il se rendit de nouveau dans le camp des Francs. Après bien des pourparlers, on convint que les habitants et la garnison sortiraient en toute liberté avec leurs biens, moyennant deux cent mille pièces d'or, et en outre que l'on rendrait au roi deux mille cinq cent soixante chrétiens captifs, dont cinq cents au moins du rang de chevalier. Deux mille pièces d'or devaient en outre être payées au marquis de Tyr, et quatre mille à ses hommes ; on stipula la restitution du bois de la vraie croix.

Le lendemain de la capitulation, Pierre de Melo pour le roi de France, et Hugues Saumay pour Richard, entrèrent dans la cité à la tête de cent chevaliers portant devant eux les bannières et les gonfanons de leurs suzerains ; ils les élevèrent sur les plus hautes tourelles. Léopold d'Autriche avait aussi fait

Léopold d'Autriche est humilié par Richard.

placer sa bannière sur une des tours, en signe de suzeraineté ; Richard la fit arracher avec violence, et la déchira en présence des barons, soutenant que la conquête n'appartenait qu'aux deux rois de France et d'Angleterre, qui, malgré les murmures des autres princes croisés, se partagèrent, *au poids et à la mesure,* le butin recueilli dans Ptolémaïs.

Cette conquête devait être le terme des exploits de Richard et de Philippe en Palestine. L'orgueil du roi d'Angleterre ne connut plus de bornes ; tandis qu'il défendait à ses troupes de

Double déloyauté de Richard.

soutenir les Français dans leurs rencontres avec les Sarrasins, on le voyait chaque jour recevoir des présents de Saladin,

avec lequel il passait pour avoir des intelligences. Sur ces entrefaites, Philippe fut attaqué d'une violente maladie. « En-
« touré d'un petit nombre des siens, possédé d'une forte fiè-
« vre, et souvent accablé d'un pénible tremblement, le roi
« était malade et couché nu sur son lit dans la ville d'Acre.
« De violentes sueurs, des chaleurs terribles firent un si grand
« ravage dans ses os et dans tous ses membres, que les ongles
« tombèrent de tous ses doigts, et les cheveux de sa tête, en
« sorte que l'on crut, et le bruit même n'est pas encore dis-
« sipé, qu'il avait goûté d'un poison mortel (1). »

Maladie de Philippe.

1191.

Philippe se décida à rentrer en France ; ses barons cherchant à le détourner de ce projet, ce prince s'écria : « Eh
« bien ! alors que Richard me donne la moitié de l'île de Chy-
« pre ; elle m'appartient selon notre traité. » — « Il n'aura pas
« ce qu'il demande, dit l'Anglais, il peut partir. » Philippe
partit en effet, laissant à son allié 10,000 hommes placés sous
le commandement du duc de Bourgogne. Le 30 juillet, il
manda tous ses barons qu'il laissait en Palestine, « et leur fit
« un sermon moult secret et moult familier ; moult li pria et
« admonesta de bien faire, et prit congé d'eux en pleurs et en
« soupirs. »

Philippe demande l'exécution du traité.

Richard s'y refuse.

Le lendemain, il s'en alla, triste, sur le rivage, accompagné
d'une multitude de chevaliers. Lui et sa suite montèrent sur
quatorze galères ; on leva l'ancre, les voiles se déployèrent, et
la petite flotte disparut aux yeux des pèlerins consternés. Si
l'histoire a recueilli et célébré les actions héroïques par lesquelles s'illustra la bravoure de Richard après le départ de
Philippe, elle nous apprend aussi que cette brillante valeur
fut stérile : au lieu de marcher rapidement sur Jérusalem,
Richard perd du temps à écouter de trompeuses propositions,

Départ de Philippe.

---

(1) Guillaume le Breton, *Philippide*, ch. IV.

et quand il arrive enfin à quelques lieues de la ville, au moment où Français et Allemands croient être à la veille d'y entrer, il déclare renoncer à son entreprise pour retourner en Angleterre.

Richard trahit la cause des croisés.

Les soupçons de trahison se réveillèrent aussitôt dans les esprits, et des cris de malédiction s'échappèrent de toutes les bouches. Il faut dire aussi que la conduite de Richard était faite pour inspirer peu de confiance aux Français : son indomptable fierté, son extrême avarice dans le partage du butin, avaient éloigné de sa personne la plupart des barons qui n'étaient point liés avec lui par les devoirs rigoureux d'une vassalité féodale et de territoire. On savait dans le camp que Richard était en correspondance intime avec Malek-Adhel, qu'il appelait des noms d'ami et de frère. Il avait offert au prince infidèle de lui donner Jeanne de Sicile, sa sœur, en mariage. La jeune princesse devait apporter en dot les cités conquises par les Francs, et Malek-Adhel aurait reçu de son frère Jérusalem et tout ce que les musulmans avaient pris sur les chrétiens.

Irritation des chevaliers.

On ne peut s'imaginer l'irritation que produisit dans l'esprit des évêques, des prêtres et des pieux chevaliers cette intimité des rapports entre Richard et les Sarrasins. Ils allèrent trouver Jeanne de Sicile, et lui dirent qu'elle serait rebelle au Christ si elle consentait à son union avec Malek-Adhel. On renonça aux projets de mariage, mais on n'en disait pas moins dans tout le camp que Richard avait trahi la cause des chrétiens. La paix qu'il avait conclue avec Saladin paraissait aux yeux des prélats et des chevaliers comme une trahison et une lâcheté. Avant de quitter la Palestine, il acheta de Lusignan le titre de roi de Jérusalem, et lui vendit le royaume de Chypre, qu'il avait déjà vendu aux templiers, et dont il avait touché le prix.

Richard vend Chypre à Lusignan.

Embarqué à Saint-Jean-d'Acre moins d'un an après le roi de France, Richard fait naufrage au fond du golfe de Venise ; il se sauve en Allemagne, où, déguisé en palefrenier, le visage barbouillé de suie, « il tornoit la broche por cuire capon, » allait au marché avec un grand panier, afin de n'être pas reconnu et d'échapper ainsi à la vengeance des Allemands, qu'il avait outragés en jetant dédaigneusement leur étendard dans la boue. Nonobstant ce déguisement peu digne de lui, Richard est reconnu et arrêté dans un cabaret au moment où sa royale main tournait humblement la broche ; lui qui venait de vendre le royaume de Chypre et d'acheter celui de Jérusalem, est vendu à son tour et livré à l'empereur Henri VI, qui le fait jeter en prison.

1192. Retour et naufrage de Richard.

Sa captivité.

Richard n'opposa aucune résistance à son arrestation et fut conduit en présence du duc Léopold : « Quand on est mor-« veux on se mouche, roi d'Angleterre, lui dit le duc. Rien ne « peut te sauver : tu passeras par mes mains. Il me souvient « du déshonneur que tu fis à mon gonfanonier devant Acre ; « tu déchiras ma bannière et la fis porter en vilain lieu. »

De retour en France, Philippe se vengea des infractions aux traités et du honteux trafic des couronnes de Chypre et de Jérusalem dont Richard s'était rendu coupable. Une alliance faite entre le roi de France et Jean-Sans-Terre assurait au premier la possession de la Normandie, au second la couronne d'Angleterre ; le traité qui la consacrait était ainsi conçu :

« Ceci sont les conventions arrêtées entre Philippe, roi, et le « comte de Mortagne. Le comte cède à Philippe toute la par- « tie de la Normandie en deçà de la Seine, vers Paris, excepté « la ville de Rouen et deux lieues de territoire autour de ses « murailles. Le roi possédera dans la Touraine la ville de « Tours, les châteaux de Montrichard, de Loches et de Châ- « tillon. Louis, comte de Blois, aura la seigneurie de la Châ-

Traité entre Philippe et Jean-Sans-Terre.

« tre, Trie, Fréteval et Vendôme. Le comte du Perche rece-
« vra dans la Normandie le château de Moulins. Quant aux
« comtés de Toulouse et du Perche, il est reconnu qu'ils sont
« tout à fait en dehors de la mouvance des rois d'Angle-
« terre. »

1193.   Par suite de ce traité, Philippe entra en Normandie dans le courant du mois d'avril, et fit avec les barons d'Angleterre un traité qui lui assurait tous les avantages accordés précédemment par Jean Sans-Terre, comte de Mortagne.

Pendant que ses Etats étaient ainsi envahis, Richard languissait dans sa prison, où il fut enfin découvert par « un varlet « galant et ménestrel » qu'on appelait Blondel ou Blondiau, et qui avait juré par sa dame de « querrir son seigneur en toute « terre tant qu'il l'averoit trouvé. »

Arrivé dans les Etats de Léopold d'Autriche, Blondiau, « qui « s'étoit hébergié en châtelainie, dit à son hôte : Bel oste, y « a-t-il prisonnier en la haute tor? — Oui, et d'un haut « lignage, car des hommes d'armes veillent nuit et jour. » Le ménestrel *séjorna* pendant tout l'hiver, jouant moult airs sur sa vielle. Or, comme il était en pensée au pied de la tour, et voulant se faire connaître, il se mit à chanter une *cançon* qu'il avait faite autrefois avec Richard. Lorsque le roi eut entendu la voix de son ami, il répondit sur-le-champ par l'autre couplet de la cançon. Blondel, traversant l'Allemagne, vint annoncer à la reine Eléonore dans quel lieu son fils était captif.

1194.
Délivrance de Richard.

Après onze mois de captivité, Richard fut rendu à la liberté, qu'il acheta au prix d'une profonde humiliation personnelle, de l'abandon de ses Etats à l'empereur, qui les lui laissa moyennant l'hommage, et du paiement d'une somme de cent mille marcs d'argent pur au poids de Cologne.

Richard fut à peine rentré dans son royaume qu'un crime

atroce signala son arrivée. Philippe avait cédé la ville d'Evreux à Jean-Sans-Terre et ne s'était réservé que le château, où il avait mis une forte garnison ; Jean-Sans-Terre invita tous les officiers à un festin et les fit égorger au sortir de table ainsi que les autres Français qui se trouvaient dans la ville : trois cents hommes furent ainsi passés au fil de l'épée et leurs têtes sanglantes attachées à des poteaux sur les murailles.

Cet acte de barbarie réconcilia Jean avec son frère.

La fureur de Philippe ne connut aucune borne : sans communiquer à personne son dessein, il part avec quelques troupes d'élite, marche sur Evreux, descend par le château sur la ville, l'épée d'une main et le flambeau de l'autre. Anglais et habitants, tout est massacré ; les maisons et les églises elles-mêmes sont brûlées. Richard assiégeait Arques ; les barons de France vinrent plusieurs fois se mesurer avec ses vassaux. Dans un de ces combats, Jean de Leycester frappa Mathieu de Marles et lui transperça les deux cuisses de sa lance, et Mathieu, le frappant à son tour dans la poitrine de la pointe ferrée de son épieu, le força de marquer, sur la terre fraîchement remuée, l'empreinte de son corps immense, et de subir la captivité en se confessant vaincu.

Les guerres qui eurent lieu à cette époque furent des guerres de destruction : partout où passèrent les deux armées, les châteaux, les villes et les villages furent brûlés et démolis ; partout on vit les habitants passés au fil de l'épée, les campagnes ravagées, les vignes arrachées et les arbres fruitiers abattus.

Dans cette situation, les évêques prièrent à mains jointes pour obtenir qu'une trève fût accordée. Des envoyés arrêtèrent, en effet, une convention au Val-de-Rueil, le 17 juin 1194. Il y fut décidé préliminairement que chacun garderait les châtellenies et terres dont il serait vraiment détenteur, les fortifierait selon qu'il le jugerait à propos ; qu'on pourrait en même temps reconstruire les granges détruites par la guerre et recueillir les moissons comme en pleine paix. Philippe, auquel ces clauses furent portées, répondit : « Puisqu'on veut « suspendre les guerres, que tous mes vassaux et ceux du roi « anglais y soient compris, et qu'ils ne puissent faire bataille « entre eux. » Richard rejeta cette condition et dit : « Je ne le « puis, car les coutumes d'Anjou s'y opposent ; les comtes et « les barons peuvent toujours vider leurs différends par les « combats à outrance, je ne puis l'empêcher. » Non content de ne pas s'opposer aux guerres que ses vassaux auraient pu avoir entre eux ou avec les barons de France, Richard sembla les encourager par la charte suivante, qui fut adressée à l'évêque de Salisbury : « Que tous ceux qui veulent faire des « tournois et des guerres privées sachent que je ne veux point « les empêcher, pourvu qu'ils paient la redevance d'usage. »

<small>Propositions de Philippe.</small>

<small>Refus de Richard.</small>

<small>Richard pousse ses barons à la guerre.</small>

Evidemment Richard ne traitait pas sincèrement, et la paix dont il parlait n'était pour lui qu'un moyen de se préparer à la guerre ; aussi les hostilités furent-elles reprises avec fureur. « Les fils de France allèrent piller une ville puissante en ri- « chesses, nommée Dieppe, et la réduisirent en cendres. » Au retour de cette expédition, entre Blois et Fréteval, Philippe, surpris par le roi d'Angleterre, éprouva une véritable défaite : ses bagages, ses trésors et, ce qui était plus précieux, les titres de la couronne demeurèrent aux mains de l'ennemi.

<small>Nouvelles hostilités.</small>

A quelques jours de là, Philippe se vengea de cet échec en se jetant sur les troupes de Jean-Sans-Terre, qui assiégeait le Vaudreuil. Les assiégeants, attaqués jusque dans leurs retranchements, furent taillés en pièces et abandonnèrent leurs bagages.

<small>Trêve.</small>

Une trêve, rompue aussitôt que signée, fut la suite de cette affaire. Suivant l'une des clauses de ce traité, « si le roi d'An-

« gleterre manque à sa foi envers le roi de France, et le roi de
« France envers le roi d'Angleterre, leurs terres seront mises
« en interdit. » En signant cette clause, Richard se préparait
à manquer à sa foi.

Henri, empereur d'Allemagne, ayant reçu l'hommage de Richard, proposa à ce monarque de joindre ses forces aux siennes pour forcer Philippe à courber aussi son front devant lui. La proposition fut acceptée avec empressement, et Philippe, qui en fut instruit, fit raser plusieurs forteresses dont il s'était emparé avant la trêve, mais qu'il prévoyait ne pouvoir garder à la conclusion de la paix. Richard, après avoir trahi le roi de France pour s'allier avec Henri, voulut user de représailles, et de nouveaux incendies, de nouveaux pillages désolèrent les populations.

Félonie de Richard.

Incendies et pillages.

Le désir de porter du secours aux Espagnols battus par les Maures fit concevoir le projet d'une nouvelle trêve qui n'eut pas même le temps d'être signée. La conférence devait avoir lieu à Verneuil : Philippe s'y rendit à l'heure indiquée et n'y trouva pas Richard ; celui-ci étant arrivé beaucoup trop tôt avait perdu patience et ne revint que le soir. L'évêque de Beauvais, le voyant s'approcher, lui dit : « Richard, ton suzerain te trouve « coupable de parjure ; tu avais promis de venir à l'heure « de tierce (neuf heures du matin), et tu n'arrives qu'à l'heure « de none (trois heures après midi). Voilà pourquoi je te dé- « clare encore la guerre en son nom.—C'est ce que je désire, » répondit Richard.

Conférence de Verneuil.

Mauvaise foi de Richard.

Les conférences furent encore rompues, et des deux côtés on courut aux armes. Selon l'usage de la féodalité, il n'y eut pas de bataille rangée, mais des attaques, des surprises, des rencontres et toujours d'affreux ravages. Les Français brûlèrent les châteaux ; les Brabançons, conduits par Mercader, à la solde des Anglais, désolèrent la Normandie, de telle sorte que

1194.

Meurtres, incendies, pillages.

les blés courbés ne se relevèrent plus. Pressés par leurs barons désireux de retrouver les plaisirs du castel, les rois se réunirent le 5 décembre 1195, entre Gaillon et le Val-de-Rueil, et y signèrent un traité de paix qui, en ordonnant la restitution réciproque de villes, bourgs et villages, fixe ainsi les limites des possessions de France et d'Angleterre en Normandie : « Les bornes seront placées à Moyenville, entre Gaillon et le « Val-de-Rueil. Ce qui sera d'un côté appartiendra à Philippe ; « ce qui sera de l'autre sera la propriété de Richard. » Les deux rois se promirent respectivement de se réunir encore dans le même lieu le 15 janvier suivant ; ils se donnèrent leurs gants et leurs éperons en gage d'amitié. Les hommes d'armes et les vassaux, enfin licenciés, revinrent dans leurs châtellenies pour y passer le temps d'hiver.

Paix de Gaillon.

1195.

La paix était à peine signée depuis trois mois que la guerre se ralluma entre les deux nations. Suivant l'une des clauses du traité, le fief d'Andely demeurait neutre dans la mouvance de l'archevêque de Rouen, comme pour séparer les terres des deux couronnes ; au mépris de cette condition, Richard y fit construire un fort et démolit Vierzon, nonobstant les réclamations qui lui furent adressées.

Richard viole le traité.

A cette nouvelle, Philippe investit Aumale. Richard se précipite à travers les champs de Bayeux et la plaine de Caux, et, suivi de ses plus vaillants, présente la bataille à Philippe. Après un rude combat, pendant lequel le roi d'Angleterre se prit corps à corps avec le chevalier des Barres d'abord, et puis avec Alain, duc de Bretagne, les Anglais prennent la fuite ; « sur tous les points nos Francs sont vainqueurs, et le château « d'Aumale tombe en leur pouvoir. »

Nouvelle guerre.

Les Anglais sont battus.

Pour se venger d'une défaite que lui avait attirée l'oubli des traités, Richard se résolut et réussit à susciter de nouveaux ennemis à son vainqueur. A la mort de Henri VI, Phi-

Mort de l'empereur Henri VI.

lippe de Souabe, frère de ce monarque, et Othon, duc de Saxe, frère de Mathilde d'Angleterre, neveu de Richard, se disputent la couronne. Philippe se déclare pour le premier, dont les droits ne sont pas douteux; Richard prend le parti du second, bien que ses prétentions ne fussent pas fondées, mais parce qu'il était son neveu. Les hostilités recommencent; le roi de France lutte seul contre une partie de l'Allemagne soutenue par l'Angleterre, par les comtes de Champagne, de Flandre et de Boulogne, qu'avaient gagnés l'or, l'intrigue et les menteuses promesses de l'Anglais.

Philippe se déclare pour le légitime héritier. Richard prend parti contre lui.

Hostilités.

Vainqueur, dans un combat, de tous les ennemis qui lui étaient opposés, vaincu ensuite par les eaux des écluses lâchées à propos, Philippe traita avec le comte de Flandre et reprit le chemin de France. Il se retirait en toute sécurité, suivi seulement de quelques soldats d'infanterie et de 300 cavaliers, lorsqu'il rencontra Richard à la tête de nombreuses troupes; quelqu'un des siens lui conseillant de battre en retraite : « Moi, dit-il, que je fuie devant un vassal! On ne me « reprochera jamais une pareille lâcheté. » A ces mots, il s'élance au milieu des bataillons ennemis, les enfonce et gagne Gisors. Au moment d'entrer dans la ville, un pont s'écroule sous ses pas; il est précipité dans l'Epte, où il est sauvé par sa présence d'esprit. Poursuivant sa route, il entre en Normandie, emporte Beaumont-le-Royer et brûle une seconde fois la ville d'Evreux. Rien ne pouvait faire prévoir où s'arrêterait Philippe, qui n'avait plus d'ennemis devant lui, lorsque, résistant aux conseils et aux vœux des barons, il congédia ses troupes. Etait-il las de la guerre? Quelque crainte superstitieuse vint-elle agiter son esprit? Les historiens ont fait à cet égard des suppositions plus ou moins ingénieuses, aucun d'eux n'a osé aller plus loin que le doute.

Guet-apens de Richard.

Courage de Philippe.

Nouvel incendie d'Evreux.

Philippe congédie ses troupes.

Quoi qu'il en soit, Richard profita de ce moment de faiblesse pour se jeter sur le territoire de Beauvais ; Philippe de Dreux, cousin germain du roi, évêque de cette ville, l'attaqua avec bravoure, et fut fait prisonnier après une lutte sanglante.

Richard ravage le Beauvoisis. 1197.

La guerre durait depuis deux ans, lorsque le pape Innocent III commanda aux rois de France et d'Angleterre de faire la paix ou au moins une trêve de cinq ans. Par ses ordres, Pierre de Capoue, cardinal-diacre de Sainte-Marie, vint en France ; il rapprocha les deux rois dans les solennités de Noël, et leur fit conclure une trêve de cinq ans, qui devait durer depuis le 5 janvier 1199 jusqu'à pareille époque de 1204; elle laissait chaque souverain en possession de ses conquêtes.

1199.

Trêve de cinq ans.

Richard profita de la trêve pour aller guerroyer en Poitou contre ceux de ses vassaux dont il croyait avoir à se plaindre. Un jour un messager du vicomte de Limoges arriva dans sa tente avec deux mulets chargés d'argent. « Beau sire, lui dit « le messager, le vicomte a trouvé un trésor dans son champ ; « il t'en envoie une portion qui n'est pas petite. — Je veux le « trésor tout entier, répondit Richard. Va dire au vicomte « qu'il me l'envoie sur-le-champ, autrement j'irai l'assiéger. « — Il n'aura pas davantage, dit le vicomte, car il n'y a que « *fortune d'or* qui appartienne entièrement au suzerain ; *for-« tune d'argent* se partage entre lui et le vassal. » Le roi partit en toute hâte et vint assiéger le château de Chaluz, où il devait trouver la mort. Blessé au bras d'un coup d'arbalète, maladroitement traité par un chirurgien, il ne tarda pas à succomber à sa blessure. Lorsqu'il sut que sa position était désespérée, Richard fit venir auprès de lui l'archer dont l'adresse lui était si fatale, et lui demanda quel motif l'avait porté à lui donner la mort. Ce soldat, nommé Gourdon, lui répondit : « Je vais te le dire, sans aucune crainte des horribles tour-« ments que tu me prépares ; je les souffrirai avec joie, puis-

Cupidité de Richard.

« que j'ai été assez heureux pour venger la mort de mon père
« et de mes frères que tu as tués de ta propre main. »

Tout le bruit que Richard avait fait en Asie vint ainsi s'éteindre sur la borne d'un sillon, au pied d'un obscur et faible château, devant la flèche d'un soldat inconnu, pour une poignée d'or que ce monarque voulait injustement arracher à son vassal.

Mort de Richard.

L'histoire lui a donné le surnom de Cœur-de-Lion, et il l'a bien mérité par une cruauté digne des temps les plus barbares ; il est vrai que quelques nobles actions brillèrent de loin en loin dans sa vie comme les éclairs qui déchirent la nue pendant la tempête. A côté de cette valeur sans frein, de cette implacable audace, plaçons les reproches que la postérité a le droit de lui faire.

Si nous consultions les auteurs contemporains, nous dirions avec le moine de Cantorbéry qui fit l'épitaphe de Richard :
« L'adultère, l'avarice, le désir aveugle ont régné pendant dix
« ans sur le trône d'Angleterre ; une arbalète les a détrônés. »
Nous répéterions ce qu'a dit Guillaume le Breton : « Lui (Ri-
« chard) qui a si souvent violé les traités qu'il a conclus avec
« son seigneur, et qui naguère encore a voulu se saisir de sa
« personne... Je passe sous silence les fraudes par lui commises
« dans le pays de Syrie et dans son séjour à Palerme. »

Il nous paraît préférable de récapituler les actes coupables qui lui sont attribués ; le doute n'est pas permis en présence de faits incontestables : 1° il est cruel quand il ravage Messine, où les croisés reçoivent l'hospitalité; 2° il est déloyal et discourtois quand, au mépris du traité de Colombières et de ses serments plusieurs fois renouvelés, il abandonne Alix de France, sa fiancée; 3° il est rebelle quand, plongé dans les mollesses de la débauche, il refuse d'obéir à Philippe qui lui enjoint de quitter la Sicile en même temps que les autres croisés et de marcher avec eux vers Saint-Jean-d'Acre : par ce refus, il méconnaît les lois de la féodalité et celles de l'honneur ; 4° il montre la plus insigne mauvaise foi quand il s'obstine à regarder Chypre comme son bien propre : par cette singulière prétention, il viole le traité d'après lequel les conquêtes devaient se partager entre les deux souverains ; 5° il est injuste et querelleur lorsque, poussé par le désir de faire de l'opposition à Philippe, il appuie les illégitimes prétentions de Conrad au trône de Jérusalem ; 6° il est traître à son suzerain lorsqu'il cherche à lui débaucher ses meilleurs soldats à prix d'argent ; 7° il est traître envers tous les croisés quand il donne le nom de frère à Malek-Adhel, qu'il dîne avec lui, et qu'enfin il lui offre, avec la main de sa sœur, toutes les places occupées par l'armée chrétienne ; 8° il est atroce et barbare, soit qu'il commande, soit qu'il se borne à récompenser le lâche massacre de la garnison d'Evreux ; 9° il est de mauvaise foi quand, feignant de suivre les conseils des évêques, il traite ostensiblement de la paix, et qu'il invite secrètement ses barons à faire la guerre ; il ne l'est pas moins quand, après un traité de paix solennellement signé, il excite l'empereur d'Allemagne à déclarer la guerre à Philippe ; 10° il se montre petit et déloyal quand il affecte de ne se rendre à la conférence de Verneuil qu'au moment où il sait que Philippe ne doit pas s'y trouver ; 11° il méconnaît le traité de Gaillon lorsqu'il élève des forteresses dans le fief d'Andely, dont la neutralité était reconnue ; 12° il montre une coupable partialité lorsqu'il prend les armes contre la France pour soutenir les injustes prétentions de son neveu Othon au trône d'Allemagne ; 12° enfin il est coupable d'une lâche félonie quand, à la tête de nombreux hommes d'armes, il ne dédaigne pas de préparer un guet-apens à Philippe marchant avec une confiance aveugle au milieu de quelques cavaliers.

Sortez de cette vie l'auréole dont la poésie chevaleresque a entouré de romanesques aventures, et vous aurez l'orgueil, la trahison et la déloyauté au service d'une intrépidité toujours admirable, il est vrai, mais constamment nuisible à la prospérité des peuples.

JEAN-SANS-TERRE. (1199 A 1216.)

Roi de France : Philippe-Auguste.

A la mort du dernier roi, le jeune Arthur, duc de Bretagne, aurait dû monter sur le trône, puisqu'il était fils de Geoffroy, aîné de Jean, et que Richard son oncle l'avait reconnu pour son successeur s'il mourait sans postérité. Toutefois ce fut Jean-Sans-Terre qui, à l'aide de ses intrigues et surtout des intrigues d'Eléonore sa mère, réussit à placer la couronne sur sa tête.

La trève conclue l'année précédente avec Richard allait expirer, et déjà les hommes d'armes se préparaient à de nouvelles batailles, lorsqu'un parlement réunit les deux rois entre Gaillon et Andely. « Roi de France, dit Jean, pourquoi ne me « laisses-tu pas en repos? Je touche à peine la couronne, mes « vassaux d'Angleterre ne sont pas encore domptés, l'Anjou « me refuse la féauté, et déjà tes chevaliers s'avancent pour « soutenir Arthur; faisons paix et alliance durables. — Jean, « répondit Philippe, donne-moi raison de mes fiefs dans la « Normandie et le Berry. »

Philippe profita de ces circonstances pour imposer au prince anglais le traité suivant : « Jean cède à Philippe Evreux et ses « dépendances posées entre cette ville et Neubourg... Tout le « Vexin normand appartiendra désormais à Philippe, sauf « Andely, qui demeure la propriété de l'archevêque de Rouen.

Traité.

« Le roi d'Angleterre promet en mariage au prince Louis, fils
« aîné de Philippe, Blanche de Castille sa nièce, blanche de
« cœur comme de nom... L'Anglais recevra Arthur, jeune
« duc de Bretagne, à l'hommage de bouche et de main... En-
« fin il s'engage à ne secourir ni directement ni indirectement
« l'empereur Othon son neveu, si ce n'est du consentement
« exprès du roi de France. »

Après la signature de ce traité, le fameux évêque de Beauvais, prisonnier depuis trois ans pour s'être battu le casque en tête, fut enfin rendu à la liberté.

<small>1201.</small>

<small>Arthur de Bretagne.</small>

Nonobstant l'opposition du pape Innocent III, qui voulait en faire disparaître la clause relative à l'empereur Othon, le traité reçut sa première exécution au parlement d'Andely, le 27 mai 1201, par le mariage de Louis avec Blanche de Castille ; c'est encore dans ce parlement que le jeune Arthur rendit foi et hommage au roi Jean son oncle pour le duché de Bretagne, fief d'Angleterre. Un héraut lut en sa présence la formule suivante : « Moi Arthur, duc des Bretons, je fais hommage
« lige à mon oncle et à mon sire, sauf les droits du roi de
« France... » Le prince promit et jura de remplir loyalement toutes les conditions imposées à un homme lige ; mais, au lieu de se confier aux Anglais, il demeura « en la gentille cour de France. »

<small>Jean-Sans-Terre à Paris.</small>

Les deux rois se rendirent ensuite à Paris, où les bourgeois fêtèrent leur arrivée et le mariage de Louis par maintes folles joies. Jean quitta la capitale vers le mois de février et se dirigea du côté du Poitou. Un jour qu'il chassait dans le comté de la Marche, Isabelle, héritière du comté d'Angoulême, fiancée à Hugues le Brun, sire de Lusignan, comte de la Marche, vint à traverser la forêt. Bien qu'il fût marié, Jean-Sans-Terre

<small>Enlèvement de la comtesse de la Marche.</small>

enleva la belle comtesse du milieu de ses gardes, l'emmena au château de Guéret, où, dit-on, il eut peu de peine à la séduire. D'après les lois de la féodalité, l'enlèvement de la fille ou de la femme d'un vassal étant un cas de déloyauté, le comte de la Marche, vassal du roi d'Angleterre, porta plainte à Philippe en sa cour de suzerain. Appelé à comparaître devant le roi de France, Jean répondit aux messagers : *Jean est cité devant le roi de France.*

« Que me veut donc encore Philippe ? Les comtes d'Eu et de la Marche ne sont-ils pas mes vassaux immédiats ? Ils doivent d'abord répondre devant leurs pairs à ma cour ; après qu'ils seront jugés, ils pourront en appeler à la cour supérieure du suzerain. » Pressé par de nouvelles instances, Jean répliqua : « Si bien ; je promets d'aller en droit devant lui. — Et quel gage en donnez-vous ? demandèrent les messagers. — Je mettrai dans vos mains, à jour fixe, les châteaux de Rosières et de Boutavant. » Au terme indiqué, le roi Jean ne voulut ni comparaître ni donner ses garanties, et Philippe vint mettre le siége devant les deux châteaux promis. Malgré la vigoureuse défense des assiégés, ces deux places furent entièrement détruites. *Insolente réponse de Jean.*

Promesses mensongères.

Le jeune Arthur, qui venait d'être fiancé à Marie, fille du roi de France, se prononça pour son beau-père et lui fit hommage pour le comté d'Anjou, dont il avait été injustement dépouillé par son oncle. Les chevaliers de cette province et ceux du Poitou, indignés de la lâche conduite de Jean, appelaient le jeune prince et lui promettaient le secours de leurs lances ; mais, épuisés par les croisades, ils ne purent, malgré leur zèle, réunir qu'un petit nombre de barons. En présence de ces faibles ressources, il ne pensa pas que « cette chevalerie fût assez grande pour conquérir terres et domaines. » Les seigneurs, moins prudents, furent d'un avis contraire, et le malheureux Arthur, suivi de cent chevaliers et de quelques centaines de servants, vint mettre le siége devant Mirebeau. *Jean s'approprie l'Anjou.*

Le roi Jean, campé non loin de ce castel, proposa à ses

hommes d'armes d'attaquer et de surprendre les Poitevins pendant la nuit, « alors qu'ils seraient accablés par le som- « meil, chargés de viande et de vin. » Alors Guillaume des Roches lui répondit : « Sire roi, cette nuit même nous te li- « vrerons tes ennemis si tu promets de les épargner. Jure « d'abord que tu ne leur feras aucun mal, ainsi qu'au jeune

Serment du roi Jean.

« Arthur ton neveu. — Je jure, Guillaume, répondit Jean, « qu'il sera fait ainsi que tu l'as demandé; que Dieu soit ga- « rant de ces promesses et me serve de témoin. S'il arrive « que de fait ou de parole je manque à la foi que je te donne « en présence de tant d'illustres seigneurs, qu'il vous soit « permis à tous de méconnaître mes ordres, que nul ne me « tienne plus pour son suzerain légitime. »

Guillaume tint sa parole, et, la même nuit, les barons du Poitou ainsi qu'Arthur de Bretagne furent surpris et chargés

Serment faussé. de chaînes; Jean, selon sa coutume, oublia ou méprisa la sienne. « Tous ceux qui étaient décorés de l'éperon de che- « valier et qui tombèrent dans ses mains, furent jetés dans des

Ordres barbares. « donjons. Jean prescrivit de ne leur donner aucune nourri- « ture, ni même aucune espèce de boisson qui pût humecter « leur gosier desséché, les forçant ainsi à succomber à une

Arthur est je- té en prison. « mort d'un genre inouï. » Arthur, d'abord renfermé dans la haute tour de Falaise, ne devait pas y demeurer longtemps. Un jour que Jean et son neveu avaient mangé ensemble, Jean dit à Arthur :

« Beau neveu, renonce à des couronnes que oncques ne « porteras; je te ferai part d'héritage comme ton bon et « droit seigneur, et t'accorderai octroi de sincère amitié. »

« Bel oncle, mieux me vaudroit la haine du roi de France; « car toujours il y a remède de générosité avec noble chevalier. »

« C'est folie de s'y fier, varlet musard; les rois de France « naissent ennemis des Plantagenets. »

« Philippe est mon parrain de chevalerie, et m'a baillé sa
« fille en mariage. »

« Beau neveu, mes tours sont fortes, et il n'y a ici nul qui
« résiste à ma volonté. »

« Jamais tours ni épées ne me rendront assez couard pour
« renier droit que je tiens de mon père après Dieu. Angle-
« terre, Touraine, Anjou, Guyenne, sont miens de mon chef,
« et Bretagne de l'estoc de ma mère ; jamais n'y renoncerai
« que par la mort. »

« Ainsi sera donc, beau neveu, » dit Jean plein de colère.

Personne à Falaise ne voulant se charger du rôle d'assassin, Jean ne recula pas devant cette sanglante mission. De sa prison Arthur fut transféré dans une antique tour de Rouen. Les projets du roi d'Angleterre étaient tellement connus que Guillaume de Brance, vieux gentilhomme auquel était confiée la garde de la tour et celle du prince, renonça à cette fonction pour n'être pas complice involontaire du meurtre qui se préparait. Les coupables pensées de Jean ne faiblirent pas devant ces nobles exemples. « Il s'éloigna de tous les cheva-
« liers de sa cour, et se cacha pendant trois jours dans les
« vallées ombragées de Moulineaux. La quatrième nuit étant
« arrivée, il monte dans une petite barque, et traverse le
« fleuve en se dirigeant vers la rive opposée. Il se rend à
« Rouen, et s'arrête devant la porte par laquelle on arrive à
« la tour, sur le port, que la Seine inonde du reflux de ses on-
« des, chaque jour deux fois, à certaines heures. Le roi étant
« arrivé sur le port, et se tenant debout, ordonna que son ne-
« veu sortît du château et lui fût amené par un page ; puis,
« l'ayant placé à ses côtés dans sa barque, il s'éloigna tout à
« fait du rivage. L'illustre enfant, déjà placé près des portes
« de la mort, s'écriait : « O mon oncle, prends pitié de ton
« jeune et infortuné neveu ; épargne, mon oncle, mon bon

Meurtre du jeune Arthur.

« oncle, épargne ta race, épargne le fils de ton frère ! » Tan-
« dis qu'il se lamentait ainsi, l'impie, le saisissant par les che-
« veux, au-dessus du front, lui enfonce son épée dans le ven-
« tre jusqu'à la garde, et, la retirant encore humectée de ce
« sang précieux, la lui plonge de nouveau dans la tête et lui
« perce les deux tempes; puis, s'éloignant encore, et se por-
« tant à trois milles environ, il jette le corps privé de vie dans
« les eaux qui coulent à ses pieds. »

Ce crime excita partout la plus vive indignation ; tandis que les trouvères de la Bretagne et de la Normandie consacraient leurs chants aux aventures de la tour de Rouen, Philippe faisait ses préparatifs de guerre contre le perfide et cruel Anglais.

Jean est cité devant la cour des pairs.

La cour des pairs fut réunie à Paris, et des messagers furent envoyés à Londres afin de sommer le coupable de se présenter en personne et de répondre sur le meurtre dont il était accusé. Jean ne déclina pas la compétence de la cour, et envoya à Paris Eustache, évêque d'Hély, et Hubert du Bourg, à l'effet d'y solliciter un sauf-conduit. « Qu'à cela ne tienne, dit
« Philippe, qu'il vienne sans craindre aucune violence. —
« Mais pourra-t-il retourner aussi en sûreté après le juge-
« ment? — Oui; je lui donnerai un sauf-conduit, si le juge-
« ment de ses pairs me le permet. — Et si la cour le con-
« damne, le lui donnerez-vous aussi ? — De par tous les saints
« de France! non; il n'en sera que ce qui sera décidé par les
« pairs. — Tu sens alors que Jean ne peut paraître à ta cour;
« les prérogatives de la couronne d'Angleterre ne permettent
« pas qu'une tête couronnée s'expose à un jugement sur meur-
« tre. D'ailleurs les barons anglais ne le souffriraient pas. —
« Eh! seigneur évêque, qu'est-ce que tout cela me fait? Les
« ducs de Normandie, il est vrai, ont fait la conquête de l'An-
« gleterre; mais, parce qu'un vassal augmente son domaine,

« le suzerain doit-il perdre ses droits? » Les évêques se retirèrent donc sans avoir rien obtenu du roi de France.

Deux mois après, Jean ne comparaissant pas, la cour se réunit dans la tour du Louvre, et rendit contre lui un arrêt par lequel elle prononça la peine de mort et la confiscation au profit de la couronne, pour *meurtre* et *déloyauté*, de tous les fiefs qu'il possédait en France, c'est-à-dire de la Normandie, de l'Anjou et du Poitou. Quant à la Guienne, la confiscation n'en fut prononcée que pour la forme, attendu qu'elle était alors séparément placée sous les ordres de la reine Eléonore.

Jean est condamné à mort.

Confiscation de ses terres de France.

Les armes de Philippe ne tardèrent pas à sanctionner l'arrêt de la cour des pairs; les Français pénétrèrent dans la Normandie et mirent le siége devant Château-Gaillard, qui, par sa forte position, commandait l'entrée de la province. Après un an d'un siége meurtrier, les murailles s'écroulèrent, et les chevaliers devinrent maîtres de la place. « Les défenseurs fu-
« rent trouvés morts dans la poussière; tous étaient blessés à
« la face et à la poitrine : grand sujet de louange et d'honneur
« pour la chevalerie! »

La prise de Château-Gaillard fut bientôt suivie de celle de Falaise et de Caen; les villes de Séez, de Coutances et de Lisieux firent leur soumission; le fort Saint-Michel, construit sous le règne de Richard, fut escaladé par les Bretons. Rouen se défendit pendant quatre-vingts jours et obtint une trève de trente jours afin de donner à Jean le temps de lui venir en aide; mais Jean sacrifia sa ville ducale à ses débauches, il ne vint pas, et Rouen se soumit au roi de France. L'Anjou et le Poitou imitèrent l'exemple de la Normandie; les chevaliers attachés aux intérêts de l'Angleterre ne résistèrent nulle part aux chevaliers français.

Ainsi furent soumises et réunies à la couronne de France trois grandes provinces qui, placées sous la domination anglaise, offraient à nos ennemis un refuge assuré, des ports nombreux et sûrs et d'immenses ressources. Trop heureuse la nation si l'imprévoyante politique de Louis IX n'eût pas séparé encore ce vaste et riche territoire du beau royaume de France!

1205.
Guerre en Anjou et en Bretagne.

Lorsque ses barons déploraient devant lui les conquêtes de Philippe, Jean leur répondait : « Je reconquerrai en un seul « jour ce qu'il me prend petit à petit. » Pour accomplir cette téméraire promesse, il s'embarqua avec une nombreuse chevalerie sur 500 navires bien armés, et vint débarquer à la Rochelle. Quelques seigneurs de l'Anjou et du Poitou fidèles à de vieux souvenirs, quelques comtes bretons toujours prêts à guerroyer, se réunirent à lui; Poitiers, Angers et Dol lui ouvrirent leurs portes. Philippe, qui s'était d'abord retiré devant des forces trop supérieures, se jeta tout à coup dans l'Anjou, poursuivit le vicomte de Thouars, lui enleva Parthenay et vint assiéger Nantes. Effrayé de ces rapides succès, le vicomte signe un traité de paix avec Philippe et se détache des intérêts du roi Jean d'Angleterre.

Défaite de l'armée anglaise.

Malgré cette défection, les Poitevins continuèrent la guerre et s'avancèrent jusqu'à Montauban, où se rencontrèrent les chevaliers ennemis. Après une lutte de quelques heures, Gascons, Poitevins et Anglais fuient et se dispersent devant Philippe et ses barons.

Trêve de deux ans.

Sur ces entrefaites, deux légats du pape se présentèrent, prescrivirent la paix, et n'obtinrent qu'une trêve de deux ans, signée à Thouars au mois d'octobre de l'année 1205.

Pendant cette trêve, des événements de la plus haute importance, survenus en Angleterre à propos de l'investiture de l'évêque de Cantorbéry, vinrent ébranler le trône des Plantagenets et mettre cette dynastie à deux doigts de sa perte.

Thomas Becket.

L'archevêque de Cantorbéry, primat du royaume, dont l'influence était toute puissante, devait-il être élu par le chapitre ou par les moines attachés à la cathédrale? Au décès de chaque archevêque la même difficulté s'était présentée et n'avait jamais été résolue, le roi inclinant vers le clergé séculier et le souverain pontife pour les ordres religieux. L'archevêque Hubert étant mort le 13 juillet 1305, les moines s'assemblèrent clandestinement et appelèrent Réginald, leur sous-prieur, à monter sur le trône pontifical. Cette assemblée ayant eu lieu sans convocation et sans autorisation, il est hors de doute que l'élection devait être considérée comme nulle, soit par le chapitre, soit par l'autorité royale; aussi les moines pressèrent-ils Réginald de partir pour Rome à l'effet d'obtenir l'approbation du pape avant que le roi Jean eût connaissance de l'élection à laquelle ils avaient illégalement procédé. Pendant que Réginald se rendait à Rome, le chapitre, ignorant ce qui s'était passé, se réunit officiellement et élut Jean de Gray, évêque de Norwich, et la ratification de cette nouvelle élection fut demandée au pape, qui, placé entre deux archevêques élus, l'un par le chapitre, l'autre par les moines, se prononça pour les moines. Mais, en considération de ce que ceux-ci ne s'étaient pas conformés aux règles canoniques, Innocent, ne consultant ni le roi ni le chapitre, appela au siége de Cantorbéry le cardinal Etienne Langton, homme éclairé, mais son commensal le plus assidu et le plus intime.

Blessé de cette usurpation d'autorité, Jean refusa de recevoir Etienne. « Seigneur pape, écrivit-il à Innocent, j'affirme
« que jamais Langton ne mettra le pied en Angleterre comme
« légat. »

Sur les ordres du pape, trois évêques invitèrent le roi à la soumission et le supplièrent à genoux de ne pas exposer l'Angleterre à un interdit. « Laissez-moi donc en paix, répondit
« Jean, je me moque de l'interdit. Je jure bien par les dents

« de Dieu que si quelqu'un est assez téméraire pour le gar-
« der dans mes terres, j'enverrai évêques et prélats se nour-
« rir, s'ils le veulent, chez le pape ; et quant à moi, je con-
« fisquerai leurs fiefs, et je réponds que mes hommes d'armes
« m'approuveront. » Les hommes d'armes éclatèrent d'un gros
rire sous la visière de leurs casques.

<small>Jean est ex-communié.</small>

En dépit des menaces et de la colère du roi, l'interdit fut prononcé, et les églises furent fermées le dimanche de la Passion. Quelques jours après pénétra en Angleterre la bulle qui excommuniait le roi lui-même. Jean paraissant mépriser chaque jour davantage l'interdit, le pape « déchargea ses sujets
« de tout serment de fidélité, défendit sous peine d'excom-
« munication aux barons, chevaliers, clercs ou gens du menu
« peuple, de se rapprocher du roi, de manger à sa table, de
« s'asseoir à ses côtés. »

<small>1212.
Haine de l'Angleterre pour le roi Jean.</small>

Malheureusement pour le roi d'Angleterre, cette bulle d'excommunication se trouva en parfaite harmonie avec la haine qu'il avait inspirée à ses sujets. Au moment où l'autorité pontificale prononçait son anathème contre lui, une conspiration se tramait dans son royaume. Profitant donc d'une bulle qui les dispensait d'être fidèles, les barons écrivirent à Philippe pour lui offrir la couronne d'Angleterre. De son côté, le pape

<small>Déposition du roi.

Philippe est déclaré suzerain de l'Angleterre.</small>

déposa le roi Jean en présence des cardinaux, « et afin qu'un
« prince plus noble et plus grand fût appelé sur ce trône, il
« écrivit à Philippe qu'il le lui concédait en suzeraineté ; que
« tous les efforts qu'il pourrait faire pour s'assurer cette con-
« quête seraient comptés en rémission de ses péchés ; qu'enfin
« il pourrait transmettre à ses descendants les terres que la
« volonté pontificale venait de lui assurer. »

<small>1213.</small>

Les bulles du pape furent proclamées en France dans les premiers jours de l'année 1213 ; un parlement fut, peu de temps après, réuni à Soissons, et Philippe y exprima ainsi sa volonté :

« Jean, comme vous le savez, a été frappé par la verge ca-
« tholique ; j'ai résolu dans mon cœur d'envahir l'Angleterre.
« Puis-je compter sur vous? » Tous les seigneurs et barons
présents s'écrièrent : « Nous irons en Angleterre sous votre
« gonfanon royal. »

Pour appuyer l'invasion des Français en Angleterre sur des raisons plus solides que les décisions de la cour de Rome, Philippe fit valoir les droits que son fils Louis tenait de sa femme Blanche de Castille. Le trône des Plantagenets appartenait au jeune Arthur ; Jean avait pris la place de son neveu et l'avait assassiné. Pouvait-il hériter de sa victime? Cet héritage pouvait-il lui être dévolu en présence de la condamnation prononcée contre lui par la cour des pairs? Le roi de France soutenait donc que le monarque anglais, ainsi que sa postérité, était indigne du trône, et que la couronne appartenait à Blanche de Castille, fille d'Alphonse IV et d'Eléonore, fille du roi Henri II ; aussi l'expédition se fit-elle entièrement en faveur de ce prince. *Louis de France devient roi d'Angleterre.*

Toutefois, avant de permettre à son fils de se rendre en Angleterre, Philippe demanda que vingt-quatre barons d'outremer lui fussent remis en ôtage. Les vingt-quatre barons se rendirent à sa cour, et la flotte mit à la voile. Dix-sept cents barques, chargées de quinze cents lances, couvraient l'Océan ; Philippe était à Boulogne et contemplait avec orgueil son armée marchant à la conquête d'une couronne. *Son départ pour l'Angleterre.*

A l'aspect de cette formidable expédition, le roi Jean commença à comprendre le danger dont il était menacé. L'isolement dans lequel il se trouvait augmentant sa frayeur, il descendit jusqu'à solliciter le secours de Mohammed-el-Nafser, chef des musulmans d'Espagne et d'Afrique, auquel il promit d'embrasser l'islamisme. Honteusement dédaigné par Mohammed, le malheureux monarque se met à la disposition du lé- *Jean implore le chef des musulmans.*

gat du pape, jure d'indemniser le clergé des pertes qu'il lui a fait souffrir, et signe la déclaration suivante :

<small>Il donne l'Angleterre au pape.</small>

« Vous saurez que nous avons profondément offensé notre
« sainte mère l'Eglise, et qu'il nous sera bien difficile d'atti-
« rer sur nous la miséricorde de Dieu ; nous avons donc le dé-
« sir de nous humilier. C'est pourquoi, sans y être contraint,
« de notre propre et spontanée volonté, de l'aveu de nos ba-
« rons et hauts justiciers, nous donnons et conférons à Dieu,
« aux saints apôtres Pierre et Paul, à notre mère l'Eglise et
« au pape Innocent III, le royaume d'Angleterre et d'Irlande
« avec tous ses droits et dépendances, afin de gagner l'indul-
« gence de nos péchés. Ainsi donc nous ne tiendrons ces ter-
« res que comme fief et sous l'hommage lige ; et, pour consta-
« ter cette soumission, nous nous engageons à payer, sur nos
« propres revenus, mille marcs sterling au pape notre sei-
« gneur. Afin que tout ceci soit stable, la présente charte a été
« scellée de notre scel et de ceux de nos fidèles. »

Lorsque, un genou en terre, Jean remit cette singulière donation entre les mains du légat, il fit hommage en ces termes :

« Moi Jean, par la grâce de Dieu roi des Anglais, d'aujour-
« d'hui et à l'avenir je serai le fidèle du Seigneur, de son
« Eglise, du souverain pontife Innocent III et de ses succes-
« seurs catholiques ; je ne souffrirai qu'il leur soit fait du mal.
« Si j'apprends que quelque chose se trame contre mon suze-
« rain, je le révélerai à lui ou aux siens ; je suivrai les avis
« qu'il me communiquera ou par lui-même ou par ses légats.
« Enfin je défendrai tous les domaines de saint Pierre, et spé-
« cialement ce royaume qui m'est confié. Que Dieu me soit en
« aide et son saint Evangile. »

Le roi disposait ainsi d'une couronne qui ne lui appartenait pas, dont il n'aurait pas eu le droit de disposer quand même il en aurait été le légitime héritier, et le pape considérait comme sa propriété un trône qu'il venait de donner à Philippe-Auguste. Quel temps, où les hommes se faisaient de telles idées sur la justice et sur les nations !

Satisfait d'un si grand triomphe, le légat se rendit à Boulogne et déclara au roi de France qu'il ne pouvait plus rien tenter contre un royaume devenu le patrimoine de l'Eglise. Philippe, tout bouillant de colère, s'écria : « J'arme des flot- « tes, je réunis mes barons, voilà que j'ai dépensé plus de « soixante mille livres d'argent pour cette expédition, et l'on « m'interdit de la faire ! Je la poursuivrai contre le pape « même ! » Ferrand, comte de Flandre, s'étant permis d'é- « mettre un avis favorable à celui des légats, « Sors de ma « cour, traître et perfide comte ! s'écria Philippe. Par tous les « saints ! ou la Flandre appartiendra à la France, ou la France « à la Flandre. » La guerre, ainsi déclarée, ne fit que changer de théâtre. Les forces destinées à traverser le détroit s'acheminèrent du côté des ports de Flandre. On s'arrêta à Calais, puis à Gravelines, et enfin à Dam ou Damme, petite ville située à dix kilomètres de Bruges, où la cupidité des uns, la licence des autres, et chez tous l'ignorance de l'art maritime, nous préparaient un douloureux événement.

Défense du pape au roi Philippe.

Résolution de Philippe.

Tandis que, dans les terres de Flandre, Cassel et Ypres se rendaient au gonfanon de France et que Philippe faisait le siége de Gand, « le comte de Salisbury et le comte de Boulogne ar- « rivent d'Angleterre sur de longs radeaux et de fortes galères ; « ils débarquent tout à coup près de nous, au point où les « flots de la mer viennent se briser sur le rivage de Dam. Les « habitants du pays se réunissent à eux et à Ferrand, leur droit « sire ;... ils s'emparent de 400 navires, et aucune issue n'est « ouverte pour que le reste de notre flotte puisse s'échapper. »

Guerre en Flandre.

Désastre de Dam.

« Que tous les saints de France damnent cette pauvre che-

« valerie ! s'écrie Philippe en apprenant cette funeste nouvelle ;
« car elle a couru au pillage quand il y avait quelque gloire à
« acquérir. Allons donc empêcher nos affaires de tomber en
« désordre. »

Secours du duc de Bretagne.

Pierre de Mauclerc, duc de Bretagne, accepte la difficile mission de traverser la Flandre avec 500 chevaliers. Marchant nuit et jour, il arrive au secours des marins de la flotte et des chevaliers enfermés dans le port de Dam. Ces 500 hommes suffirent pour tenir les ennemis en échec. Le second jour, « l'é-
« paisse poussière qui s'élevait sur la route annonça que le roi

L'armée française et les Anglais.

« Philippe arrivait en toute hâte avec sa pesante chevalerie.
« Lorsque les Anglais eurent aperçu ces hauts cimiers, ces fo-
« rêts épaisses de lances, ils s'enfuirent à toutes jambes ;... ils ne
« parvinrent pas à se sauver : leurs vaisseaux avaient gagné le
« large, ce qui fut cause que de riches hommes, des servants
« d'armes, tombèrent dans les mains des Français. »

Guerre contre la Flandre.

Ainsi débarrassé des Anglais, le roi songea à faire payer aux Flamands les frais d'une guerre soutenue par eux dans l'intérêt de l'Angleterre. « Vous savez, dit-il à ses barons, que j'ai
« dans la main soixante ôtages de la ville de Bruges et autant
« d'Ypres ; eh bien ! que ces deux cités payent d'abord ce qu'on
« nous a enlevé sur la flotte. Quant à ma flotte, je l'abandonne ;
« il est impossible de la sauver, les Anglais tiennent la mer,
« et nos matelots ne la connaissent pas assez. Je veux voir mes
« barques dans l'Océan, aujourd'hui même, consumées par les
« flammes ; les bourgeois de Flandre m'en indemniseront en-
« core. »

Succès des armes françaises.

Les barons hissèrent encore une fois leurs gonfanons ; Gand, Ypres, Bruges, Oudenarde et Courtray se soumirent au roi. Après trois jours de siége, Lille ouvrit ses portes. Après ces brillants succès, les chevaliers, voyant arriver l'hiver, rentrèrent dans leurs fiefs.

Le roi et ses hommes d'armes étaient à peine arrivés dans leurs castels, que les comtes de Flandre et de Boulogne, soudoyés par Jean d'Angleterre, reprirent les hostilités. Lille donna le signal de la révolte en ouvrant ses portes au comte Ferrand, et, malgré une héroïque défense, la garnison française demeura prisonnière. A cette nouvelle, Philippe quitte son château de Vincennes, et, suivi seulement d'un petit nombre de chevaliers, vole à Lille et brise ses barrières de fer ; les maisons sont abattues et livrées aux flammes ; les habitants prennent la fuite ou périssent sous les décombres ; les fuyards poursuivis tombent sous les coups de lance, ou ne conservent la vie que pour être vendus à tout acheteur et « recevoir la « marque du fer brûlant de la servitude. »

L'or de Jean-Sans-Terre fait naître de nouvelles hostilités.

Révolte de Lille.

Philippe livre aux flammes la ville de Lille.

La ville de Lille périt tout entière dans cette malheureuse circonstance ; les murailles de Cassel furent abattues, et Tournay fut soumise.

Ces nombreux succès effrayèrent quelques uns des grands vassaux, qui se crurent menacés dans leur indépendance féodale, et les mécontents firent bientôt cause commune avec les ennemis de la France. Pour résister à ce qu'on appelait les empiétements de la monarchie, une alliance se forma entre l'empereur Othon, le roi d'Angleterre, Ferrand, comte de Flandre, le duc de Brabant, le comte de Bar, Courtenay, comte de Namur, le comte de Boulogne et le duc de Limbourg. Les membres de cette coalition s'étaient déjà partagé la France : Othon devait posséder en propriété les terres orientales de la monarchie, le roi Jean devait réunir à ses possessions continentales tous les fiefs au-delà de la Loire, le comte de Boulogne se donnait le Vermandois, le comte de Flandre devait se faire proclamer comte de Paris. De cette façon, les Capétiens étaient détrônés et la France cessait d'exister.

Jean-Sans-Terre forme une coalition contre la France.

Partage de la France entre les coalisés.

Les forces dont on projetait d'accabler Philippe-Auguste se

Bataille de Bouvines.

composaient : 1° de 100,000 hommes fournis par Othon, 2° de 20,000 Flamands, 3° de 130,000 Anglais, en tout 250,000 hommes de bonnes troupes, sans compter ce que pourraient fournir les bourgeois des communes situées sur les terres des seigneurs alliés ; le roi d'Angleterre promettait en outre 100,000 livres sterling à partager entre les barons.

Cette nombreuse armée se divisa en deux corps, dont l'un, sous les ordres d'Othon, devait se jeter en Flandre, tandis que l'autre, commandé par le roi d'Angleterre, marcherait sur l'Anjou et le Poitou.

Pour résister à cette formidable coalition, Philippe, abandonné par ses plus puissants barons, ne put réunir à Soissons que 65,000 hommes d'armes ; heureusement les communes, détestées et persécutées par les seigneurs, protégées par le trône, se souvinrent de ce bienfait et lui amenèrent 35,000 hommes sur le champ de bataille. « Les gonfanons, escus ou « bannières municipales étoient reluisants d'or. »

1214.
Le plan adopté par les ennemis indiquait à Philippe celui qu'il avait à suivre. Le prince Louis, à la tête d'un corps de bataille, se porterait dans l'Anjou et le Poitou pour résister au roi d'Angleterre ; Philippe-Auguste devait diriger le second corps en Flandre et attendre l'empereur Othon.

Le roi Jean, débarqué à la Rochelle, s'avança dans le Poitou jusqu'au château de la Roche-aux-Moines, dans les environs de Craon, devant lequel il s'arrêta pendant vingt et un jours.

Grâce à ces longueurs, le prince Louis put arriver avec 7,000 archers et 10,000 lances. Quoique de beaucoup inférieurs en nombre, les Français ne cessaient de défier l'armée anglaise. « Roi Jean, viens combattre ou abandonne le siège, » disaient-ils. Le roi Jean, irrité de ces railleries, s'avisa un jour de répondre : « Si vous venez, vous nous trouverez tous prêts

« à combattre, et plus vous arriverez promptement, plus
« promptement vous vous repentirez d'être venus. »

On riait beaucoup dans le camp français d'une arrogance si peu d'accord avec la couardise bien connue du roi Jean ; il en était de même dans le camp des Anglais, et le comte de Thouars osa dire à ce prince, en présence de ses barons : « Ne persiste « pas, du moins je te le conseille, à assiéger la Roche-aux-« Moines ; les Français pourront te surprendre, et tu verras « tout ce qu'ils osent lorsqu'ils combattent en bataille. » Jean voulut montrer cette fois qu'il avait du cœur ; loin de battre en retraite, il fit sonner les trompettes et disposa son armée dans la plaine. Les Français n'eurent pas plus tôt attaqué ses lignes que, saisi d'une terreur panique, le roi Jean se jeta à la hâte dans une petite barque sur la Loire ; le prince Louis et ses barons se mirent vainement à sa poursuite, il leur fut impossible de courir aussi vite que lui. Quant aux troupes anglaises, elles abandonnèrent le champ de bataille, courant sur les traces de leur fugitif souverain, et se précipitant dans la Loire pour éviter les coups de massue, de lance et de glaive.

Pendant que le prince Louis et ses preux faisaient une seconde fois la conquête de l'Anjou et du Poitou, Philippe-Auguste, les barons et les communes se battaient à Bouvines.

Plus de 200,000 combattants, placés sous 1,500 bannières, commandés par l'empereur Othon, se réunirent dans une vaste plaine, aux environs de Mortagne, où il fut fait une plus complète répartition des provinces de France, car de nouveaux barons étaient arrivés depuis que le premier partage avait eu lieu. Othon procéda de la manière suivante : « Renaud de Bou-« logne, tu auras Péronne et tout le Vermandois ; toi, Ferrand, « comte de Flandre, prends Paris et son comté ; Hugues de « Boves aura la seigneurie de Beauvais ; le comte de Salisbury « deviendra sire de Dreux ; Gérard de Randeradt aura Châ-

« teau-Landon et le Gâtinais ; Conrad, sire de Dortmund, ob-
« tiendra la propriété de Mantes et du Vexin ; la ville de Sens
« et le fertile territoire de l'Yonne, tout le pays qui est situé
« entre Moret et Montargis, appartiendront à sire Hervey, comte
« de Nevers. Chaque noble chevalier recevra des terres, soit
« dans les territoires qui doivent m'échoir, soit dans ceux qui
« reviendront à Jean d'Angleterre, mon allié. »

Les biens de l'Eglise ne devaient pas être plus épargnés que ceux des seigneurs ; roi, princes, barons, évêques, communes, la France entière, hommes et terres, devait subir le joug des confédérés.

En présence du danger qui les menaçait tous, tous se réunirent pour le conjurer. Le rendez-vous général fut fixé à Péronne ; l'armée s'y réunit le 10 juillet ; le 23 elle était à Tournay, où 5,000 chevaliers et 50,000 servants d'armes parurent à la *monstre* ou revue qui y fut passée. Dans cette ville, les communes et leurs bourgeois, conduits par les curés des paroisses, vinrent se réunir aux barons. « Les barons hautains
« riaient sous leurs casques de l'air peu martial de ces vilains
« habillés de vert ou de gris, sans cotte de mailles, armés de
« masses, d'arbalètes, d'arcs et de haches aiguës ; mais ils
« virent bien, au fort de la bataille, qu'il ne fallait pas s'en
« moquer. Les bons bourgeois frappèrent dru et ferme comme
« chevaliers expérimentés. »

Les Français campaient devant Tournay, lorsque les confédérés, étendant leur ligne, débouchèrent par Courtray, Mons et Lille, afin de les envelopper. Persuadé que, sur ce point, il lui était impossible de résister à cette masse de combattants, Philippe battit prudemment en retraite jusqu'à Péronne. « Là,
« dit-il à ses barons, il est de grandes plaines près de Cam-
« bray, derrière le pont de Bouvines ; c'est là que nous livre-
« rons bataille. Le duc de Bourgogne s'est souvent plaint

« de la longueur de la guerre, nous en finirons en un seul
« jour. »

Ce fut là, en effet, qu'eut lieu la bataille. « Tandis que Phi-
« lippe se reposait à l'ombre d'un frêne, tout auprès d'une
« petite chapelle, accourent haletants deux messagers des ba-
« rons qui étaient en la bataille de l'arrière garde : « Sire roi,
« dirent-ils, le vicomte de Melun et les hommes légèrement
« armés sont en grand péril ; les confédérés les ont vivement
« attaqués, le vicomte ne répond pas qu'il puisse résister. »

« A ces mots, le roi dit : « Eh bien ! il faut combattre. » Et
« entrant dans la chapelle auprès du frêne, il s'agenouilla :
« Voici que le Seigneur me donne ce que je désirais ; la ba-
« taille arrive. » Alors les hérauts d'armes crièrent : « Aux
« armes ! barons, aux armes ! » Les deux armées s'étendirent
dans la plaine de Bouvines le dimanche 27 juillet. Othon dé- 1214.
ploya ses lignes embrassant le plus vaste développement ; Guérin, évêque de Senlis, auquel Philippe avait confié l'ordre des
batailles parce qu'il avait étudié Polybe, comprit que, malgré
l'infériorité numérique de ses troupes, il fallait qu'il en étendît
également les ailes pour n'être pas débordé ; il se réserva le
commandement du premier corps et mit la chevalerie en ordre
de bataille.

A l'aile droite, commandée par l'évêque de Senlis, 150 sergents d'armes, venus de la commune de Soissons, commencèrent l'attaque en se jetant sur les chevaliers allemands et
flamands ; tout ce qu'il y avait de nobles barons dans les deux
armées se mêla, se confondit dans une seule mêlée et se prit
corps à corps ; on ne vit plus que « haches d'armes levées se
« pourmenant sur les hauts cimiers. » Le duc de Bourgogne se
précipite sur les Flamands et les renverse ; le comte Ferrand
est fait prisonnier. Au centre, les communes se hâtent d'ac-
courir auprès du roi et de sa chevalerie, alors aux prises avec

le corps d'armée d'Othon et ses Allemands. « Ces communes
« transpercèrent toutes les batailles de chevaliers et se mirent
« devant le roi, à l'encontre d'Othon et de ses hommes, non
« loin de l'enseigne royale au champ d'azur et aux fleurs de
« lis d'or, que portait en cette journée Gallon de Montigny,
« vaillant chevalier, mais peu riche. »

Au milieu de cette affreuse mêlée, quelques sergents des villes de Flandre passent derrière Philippe, le saisissent par les parties saillantes de ses cuissards « et le trébuchent juste « de son cheval. » Averti du danger de son roi, le chevalier des Barres abandonne Othon, qu'il tient par son heaume, pour voler à son secours, « et se fesoit si grand ravage devant lui « que l'on i put mener un char à quatre roues, tant éparpilloit « et abattoit de gens. »

Philippe, que Pierre d'Estaing avait eu l'honneur de relever gisant sur la poussière, était remonté à cheval et donnait des ordres pour continuer la mêlée avec plus d'acharnement.

Othon, armé de sa redoutable hache d'armes, cherchait le roi de France et l'appelait de la voix. Philippe, de son côté, s'efforçait de l'atteindre. Le brave des Barres, qui l'avait épargné une première fois, le rencontra de nouveau, alors qu'aux prises avec Pierre de Mauvoisin, il cherchait en vain à tourner la bride de son cheval. Gérard, surnommé la Truie, l'attaquait d'un autre côté et cherchait à transpercer son épaisse cuirasse avec le poignard de miséricorde. Le cheval est tué; Othon roule dans la poussière et va se rendre, quand, sauvé par l'un de ses barons, il se hâte de prendre la fuite.

A l'aile droite et au centre, la victoire appartenait à la France; à l'aile gauche, le combat était furieux. Celui qui commandait cette partie de l'armée était l'intrépide évêque de Beauvais, le même qui, sous le règne de Richard, avait subi trois ans de captivité en expiation de sa bouillante valeur. La hache d'armes à la main, ce vaillant prélat s'était jeté sur le comte de Salisbury, et d'un seul coup « lui avait fait mesurer « la terre de toute la longueur de son corps. » Le sire de Boves effrayé lui tourna le dos. Renaud, comte de Boulogne, « ren- « fermé dans un cercle de sergents bien armés, joints ensemble « à la circuité, » demeurait inébranlable au milieu des fuyards. Commandés par Guérin de Senlis, 3,000 sergents armés de lances fondent au pas de course sur ces intrépides combattants et les dispersent. Demeuré seul avec six chevaliers, le brillant Renaud remet son épée à l'évêque de Senlis.

700 Brabançonnais, restés au milieu de cette vaste plaine, faisaient des efforts désespérés pour retenir une victoire qui les fuyait. 50 chevaliers et 1,000 sergents à pied, sous les ordres de Thomas de Saint-Valery, « se férirent sur eux « comme le loup affamé se fiert parmi les brebis; ils firent « merveilleuses prouesses sur le champ de bataille, où l'on ne « voyait plus que des fuyards. »

« Les trompettes et buccines se firent alors entendre pour « annoncer la victoire. » Seize chevaux suffirent à peine pour enlever les dépouilles des ennemis. Le char sur lequel Othon avait dressé son dragon, insigne de l'empire, fut brisé à coups de hache ; l'aigle seul fut conservé. Parmi les prisonniers, on compta cinq comtes, vingt-cinq châtelains portant bannière, et une multitude de chevaliers. « Le roi leur donna à tous la « vie, selon la débonnaireté et la grande pitié de son cœur. »

La première pensée de Philippe-Auguste, après cette éclatante victoire, fut de se rendre en Poitou pour achever la défaite du roi Jean qui, déjà battu par le prince Louis, s'était réfugié en Guienne ; il reçut sur sa route la féauté absolue du vicomte de Thouars, des comtes et barons du Poitou et de l'Anjou, et lorsqu'il ne fut plus qu'à une petite distance du monarque anglais, il vit venir dans son camp un légat du pape qui lui imposa une trêve de cinq ans. Ce traité contenait les dispositions suivantes :

<small>Trêve de cinq ans.</small>

<small>1214.</small>

« Philippe, roi de France, à tous ceux qui ces présentes ver-
« ront. Vous saurez que nous avons accordé à Jean, roi d'An-
« gleterre, et à tous ceux qui ont combattu avec lui, une trêve
« de guerre à partir de l'Exaltation de la sainte Croix de sep-
« tembre, pendant cinq ans, excepté pour les prisonniers qui
« sont en notre pouvoir ou dans le sien, sauf encore le ser-
« ment que les villes de Flandre et du Hainaut pourront nous
« faire. Aucun homme banni par le roi d'Angleterre ne pourra
« être reçu dans nos terres que de notre expresse volonté. Si
« un homme dont nous avons saisi les fiefs vient dans nos sei-
« gneuries, il pourra les traverser, mais sans y demeurer, à
« moins qu'il n'en ait l'autorisation, excepté dans un port de
« mer où il pourra attendre un vent favorable. Si un homme
« du comté d'Anjou ou du duché de Bretagne, qui nous aurait
« servi, soit en faisant la guerre à Jean, soit en nous secou-
« rant de toute autre manière, veut entrer dans les domaines
« du roi d'Angleterre, celui-ci donnera des assurances au sé-
« néchal du Poitou pour qu'il ne lui arrive aucun mal... Fré-
« déric, roi des Romains, et le roi Othon seront dans cette
« trêve s'ils le désirent... »

<small>Affaires inté-
rieures de l'An-
gleterre.</small>

Le résultat de la bataille de Bouvines fut, pour le roi Jean, la perte définitive de ses fiefs de France. Après que la trêve eut été signée, ce monarque se hâta de descendre en Angleterre, où l'attendaient les plus graves événements. La race des Plantagenets avait froissé et humilié la race saxonne par son avarice, par son despotisme, et surtout par la préférence accordée aux seigneurs poitevins. Les barons anglais profitèrent de l'absence du monarque pour se réunir en parlement et réclamer les libertés fondées sur la grande charte du roi Henri Ier. Réunis dans l'église de Cantorbéry, les mains dégantées et

tendues vers l'autel, ils jurèrent que « si Jean ne voulait point
« sceller de son scel la charte qu'on lui présentait, on lui ferait
« la guerre ; qu'on irait à son château de Windsor vers Noël,
« afin de lui demander cette concession de priviléges ; qu'en
« attendant on se pourvoirait d'armes, de chevaux, et que,
« pour éviter toute surprise, on s'emparerait, comme garantie,
« des tours et cités dont la possession pouvait servir la cause
« nationale. »

Fidèles à leur serment, les barons vinrent trouver le roi à
Londres, dans la maison des Templiers, et lui dirent : « Roi
« Jean, nous te prions de sceller de ton scel les coutumes con-
« cédées aux barons et aux églises d'Angleterre par le roi
« Edouard, telles qu'elles se trouvent consignées dans la charte
« de Henri Ier ; tu nous l'avais promis lors de ton excommuni-
« cation, et tu t'y es engagé par serment. »

Après des réponses évasives, des délais demandés et vainement accordés, Jean répondit à l'archevêque de Cantorbéry et
à Guillaume, le maréchal d'Angleterre, l'un et l'autre à la tête
du parti national : « Par tous les saints d'Anjou ! ils n'auront
« jamais des priviléges qui me rendraient leur esclave. » Ces
paroles firent éclater la guerre. Evêques et barons, tout se li-
gua contre Jean. Londres ouvrit ses portes aux confédérés pendant le mois de juin, et de cette ville ils écrivirent aux vassaux qui n'avaient point encore adhéré à la ligue :

« Venez nous joindre si vous ne voulez être déclarés ennemis
« publics. Nous dévasterons vos terres, nous brûlerons vos
« châteaux, vos forêts, vos arbres fruitiers, nous détruirons
« vos rivières, et alors que ferez-vous ? comment pourrez-vous
« vivre ? »

Les barons répondirent tous par une adhésion.

Dans l'impossibilité où il était de résister, mais avec l'intention bien arrêtée de violer sa parole, le roi consentit enfin à

1215.

signer la charte qui aujourd'hui encore fait le fondement de la liberté anglaise. Cet acte important était à peine signé que Jean écrivait aux seigneurs poitevins possédant fiefs ou châteaux en Angleterre : « Fortifiez-vous, procurez-vous des vi-« vres, entourez vos murailles de fossés, prenez des chevaliers « à votre solde, et ayez soin surtout qu'on ne puisse s'en aper-« cevoir. » Les barons s'en aperçurent et se plaignirent, le roi les rassura par de fausses protestations ; les soupçons devinrent bientôt des certitudes, et, en présence de murmures qui ressemblaient à des menaces, le roi prit la fuite et se retira dans l'île de Wight, où il se déclara ouvertement contre le mouvement du baronnage d'Angleterre. De son asile il écrivit à toute la chevalerie du continent, et promit à ceux qui lui viendraient en aide les châteaux et les terres des révoltés. Innocent III, devenu suzerain de l'Angleterre, se rangea du côté du roi et ordonna aux barons de se séparer immédiatement. Ceux-ci, pour toute réponse, s'emparèrent du château de Rochester. L'appel de Jean avait été entendu, et une foule d'étrangers, venus surtout de la Provence, du Languedoc, de la Guienne et du Poitou, se disposèrent à envahir l'Angleterre et à partager ses riches domaines. Une colonie de 40,000 hommes, femmes et enfants, partie de Calais, fut submergée sur les rivages de Douvres. Un corps nombreux de Flamands et de Lorrains arriva enfin au secours du monarque ; on reprit Rochester et toutes les places, excepté Londres. « Le pays fut ravagé, les « villes furent pillées,, les châtelains prirent la fuite ; les seuls « hommes de race poitevine, les mercenaires flamands, his-« saient leurs gonfanons sur les anciens manoirs des vassaux « anglais. » Les chevaliers saxons et le cardinal Langton, archevêque de Cantorbéry, venaient d'être excommuniés par le souverain pontife. La race nationale était menacée d'un asservissement général, ses biens allaient passer en des mains

— 87 —

étrangères, et le roi allait dépouiller ses sujets au profit des Provençaux et des Poitevins, lorsque les hauts barons d'Angleterre résolurent de s'adresser à Louis de France. Ils écrivirent, en effet, des lettres dans lesquelles ils offraient la couronne à ce prince. Les messagers se présentèrent à Philippe vers le mois de janvier 1217 ; le jeune Louis accepta la proposition, et répondit aux barons anglais par la charte suivante : *Le baronnage anglais offre la couronne au prince Louis.*

« Louis, fils aîné de Philippe, roi des Français, à tous ses fi-
« dèles et sincères amis qui sont à Londres, salut et satisfac-
« tion. Vous saurez certainement que, vers les approches de
« Pâques, nous serons à Calais, prêts à passer outre-mer. Je
« vous remercie de la manière forte et prompte dont vous avez
« conduit mes affaires. Tout ce que vous m'avez promis, vous
« l'avez exactement tenu. Aussi nous voulons que vous soyez
« très-persuadés des secours que nous nous hâterons de vous
« fournir. Ne faites attention à aucun autre avis qu'on pour-
« rait vous donner, car je pense qu'il vous en sera envoyé de
« faux et de trompeurs. Adieu. »

Innocent III, devenu suzerain d'Angleterre, ne devait pas désirer que le prince Louis montât sur un trône qu'il affranchirait probablement du honteux vasselage où l'avait réduit la lâcheté du roi Jean ; aussi se hâta-t-il d'envoyer en France un légat du nom de Guala, chargé de remettre à Philippe des lettres dans lesquelles il défendait à ce monarque de songer à la couronne d'Angleterre, attendu que ce royaume était un fief de la cour de Rome. *Opposition du pape.*

Philippe se trouvait alors à Lyon ; à la lecture de ces lettres, il s'écria : « Le royaume d'Angleterre n'est pas du patrimoine *Réponse de Philippe - Auguste.*
« de saint Pierre ; il ne l'est point et ne le sera jamais. Jean a
« été plusieurs fois privé de la couronne ; n'en a-t-il pas été
« déclaré indigne déjà sous le règne de son frère Richard,
« pour haute trahison, et par la cour de ses propres barons ?

« Puisqu'il n'a jamais été roi légitime, il n'a pu donner son
« royaume ; ne l'a-t-il pas en outre perdu à tout jamais par la
« mort d'Arthur de Bretagne ? Aucun roi ni prince ne peut
« aliéner sa couronne sans l'assentiment de ses vassaux, qui
« sont chargés de le défendre. Si le pape protégeait un tel
« abus de droit, il donnerait un fâcheux exemple. »

Tous les barons présents s'écrièrent : « Nous combattrons
« jusqu'à la mort pour ces principes ; non, un roi ni un prince
« ne peut donner son royaume ni le rendre tributaire, car on
« ferait alors des nobles hommes de véritables serfs. »

Aux prières, aux menaces du légat Philippe se contenta de répondre qu'il n'avait pas le droit de s'opposer aux projets de son fils, si son fils avait des prétentions légitimes à faire valoir sur le royaume d'Angleterre. Un chevalier prit la parole au nom de Louis et le défendit en ces termes :

« Sire roi, il est connu de tous que Jean, qui se dit roi des An-
« glais, a été condamné à mort par un jugement de votre cour.
« Il a été quelque temps après renversé du trône par les ba-
« rons de son royaume, à cause de ses homicides ; d'où il est
« arrivé que ceux-ci lui ont fait la guerre, et à juste titre. Le
« roi Jean, sans leur consentement, a fait don du royaume d'An-
« gleterre au pape, et s'est engagé à une redevance de trois
« mille marcs. Il est constant que l'on ne peut donner son
« royaume sans l'assentiment de ses vassaux, et puisque néan-
« moins Jean s'en est démis, le trône devient vacant. Or, le trône
« vacant, c'est aux barons à faire un choix ; et ils ont désigné
« le seigneur Louis, à cause de sa femme, qui est la seule en-
« core vivante de la famille des Plantagenets. »

Départ de Louis pour l'Angleterre.

Le légat crut devoir protester ; Louis quitta brusquement l'assemblée, tout rouge de colère, et courut à Calais, où devaient se réunir les barons de France pour se mettre en mer. Six cents navires et quatre-vingts barques bien équipées les attendaient. Jean, qui était à Douvres, ne jugea pas à propos d'attendre cette nombreuse et brillante chevalerie; sa fuite permit à Louis de débarquer tranquillement sur le rivage de Sandwich, le 30 mai, à huit heures du matin. Peu de jours après, le prince fit son entrée à Londres, où il fut reçu avec le plus vif enthousiasme par les seigneurs et le peuple. Tous les barons renouvelèrent leur hommage; le roi d'Ecosse et les grands vassaux de la couronne, sans aucune exception, prêtèrent leur foi au nouveau souverain. Louis, ayant été couronné, jura de maintenir en leur entier les priviléges des barons, de faire rendre à chacun ses terres ainsi qu'il les possédait avant les dévastations commises par les étrangers.

Toute la nation reconnut volontairement et accepta avec joie la souveraineté de Louis. Une partie seule du clergé, celle que Jean avait comblée de faveurs, s'obstina à demeurer fidèle aux Plantagenets. Innocent III, trop intéressé à partager une opinion qui flattait sa puissance, se servit des armes spirituelles pour défendre le monarque déchu. Louis excommunié envoya des ambassadeurs à Rome et les chargea de faire l'exposition de ses droits devant le sacré collège. Pendant la durée de cette conférence, dont le résultat devait naturellement être contraire aux prétentions de Louis, ce prince prenait possession des principales villes du royaume : Douvres et Windsor résistaient encore, bien qu'ils fussent assiégés. De son côté, le roi Jean, suivi de quatre ou cinq mille lances, sans compter les Poitevins ni les Gascons, parcourait et dévastait les provinces les plus éloignées, tandis que le légat dont il était accompagné excommuniait les villes, bourgs et bourgades qui ne se rendaient pas. Le nouveau monarque, principalement occupé du siége de Douvres, opposait peu de troupes au roi Jean, dont le gonfanon paraissait sur presque tous les points de l'Angleterre. Un jour que celui-ci marchait sur Fossdike, il eut à traverser

1216.

La nation anglaise reconnait Louis pour son roi.

Ambassade de Louis à Rome.

Le roi Jean perd ses trésors dans une rivière.

la petite rivière de Wash ; ses chars, ses bêtes de somme, avec son trésor et les précieux joyaux de sa couronne, furent engloutis dans un gouffre formé par le flux de la marée. Le chagrin que lui causa cette perte lui donna une fièvre qu'il eut l'imprudence d'augmenter encore en se livrant, le soir, à quelques excès de femmes et de vin. « Le lendemain le mal re-
« doubla. Le roi voulut, malgré sa faiblesse, se mettre en
« route; mais son état l'empêchant de se tenir debout, il fut

Mort du roi Jean.

« transporté au château de Sleaford, où il mourut le 19 octo-
« bre 1216. »

Nous verrons, dans l'histoire du règne suivant, quelle influence cette mort exerça sur la situation des Français en Angleterre. Quant à présent, il ne nous reste qu'à apprécier le roi qui vient de mourir.

Comme souverain d'Angleterre, il a laissé le renom d'un des plus ineptes tyrans et des plus méchants hommes qui aient jamais existé. « Jean, qui souilla si longtemps l'Angleterre,
« souille aujourd'hui l'enfer même. » Telle fut l'oraison funèbre que lui firent ses propres sujets ; le jugement de la France ne peut pas lui être plus favorable. 1° Avant d'être roi, il répond aux bienfaits de Philippe-Auguste par l'atroce massacre de la garnison d'Evreux. 2° Roi et marié, il enlève la duchesse d'Angoulême, fille de son vassal, et se rend ainsi coupable de félonie. 3° Cité devant la cour des pairs, il promet de s'y rendre, s'engage à remettre deux châteaux pour gage de sa parole ; il ne paraît pas et refuse de livrer les châteaux. 4° Ne pouvant réussir à trouver en Normandie un homme assez cruel pour donner la mort au jeune prince Arthur de Bretagne, il se fait bourreau et poignarde son neveu. 5° Cité une fois encore devant les pairs, il est condamné, comme assassin, à perdre la vie et la couronne. Hardi pour le crime, lâche sur le champ de bataille, il fuit devant le prince Louis, dont les forces sont

inférieures aux siennes. Au lieu de résister à Innocent-III, qui a donné son trône à Philippe, et à Philippe, qui le menace d'une invasion, il offre son royaume et sa conscience au musulman Mohammed, qui n'en veut pas; il les met aux pieds du pape, qui les accepte, et dont il devient ainsi le très-humble vassal. Battu à la Roche-aux-Moines, battu à Bouvines, tremblant au fond de la Guienne où il se cache, il supplie un évêque de demander pardon pour lui auprès de Philippe et de mendier une paix dont il a besoin, et que sa déloyauté se promet de rompre à la première occasion. Traître, lâche et cruel, il vécut assez pour voir sa couronne passer sur la tête du prince Louis de France, et mourut assez tôt pour ne pas donner à la nation anglaise le temps d'oublier son fils.

CHAPITRE IV.

Rois de France:
Philippe-Auguste.
Louis VIII.
Louis IX.
Philippe III.

HENRI III. (1216 à 1272.)

A la mort de Jean-Sans-Terre, Douvres et Windsor se défendaient contre les Français, assez négligents pour ne pas se rendre maîtres de ces places, principalement de celle de Douvres qui assurait les communications avec le continent. Les barons anglais, pensant que, sous la longue minorité d'un roi enfant, il leur serait facile de retrouver et même d'agrandir leur indépendance et leur pouvoir, se détachèrent rapidement du roi Louis, et ce prince, abandonné de ceux qui l'avaient accepté en Angleterre, ne recevant aucun secours du dehors, se vit obligé de rentrer en France, après avoir signé un traité dans lequel il renonçait à une couronne qu'il avait portée pendant dix-huit mois.

<small>Les barons anglais trahissent le roi Louis.</small>

L'administration du royaume fut confiée, pendant la minorité, c'est-à-dire depuis 1217 jusqu'en 1227, à divers seigneurs, dont le plus habile et peut-être le plus vertueux fut le comte de Pembroke, qui prit le titre de protecteur.

<small>1219.</small>

L'expiration de la trêve conclue avec le roi Jean amena la prise de la Rochelle par le prince Louis. Une nouvelle trêve consentie pour quatre années remit presque aussitôt les Anglais en possession de cette ville.

Cette dernière trêve allait expirer, quand la guerre éclata entre les deux royaumes. Philippe-Auguste venait de mourir, et les ministres anglais demandaient à Louis VIII, son successeur, la restitution de la Normandie et des autres provinces confisquées ou conquises sous le règne de Jean-Sans-Terre. Louis offrit de s'en rapporter à la cour des pairs ; les Anglais refusèrent. Aussitôt l'armée française, conduite par le nouveau roi, entra dans le Poitou, défit Savary de Mauléon, qui passait pour être le premier capitaine de l'Europe, s'empara de Niort, de Saint-Jean-d'Angély et de la Rochelle. Ces succès entraînèrent la soumission des vicomtes de Limoges et de Périgord ; Mauléon lui-même prêta à Louis un serment de fidélité qu'il devait bientôt trahir.

Richard, frère du roi Henri, suivi d'une nombreuse armée, débarqua à Bordeaux, s'empara de deux ou trois places sans importance, fut battu à la Réole, et se hâta de mettre la Dordogne entre lui et les Français.

Vaincu et sans espoir de vaincre bientôt, Henri eut recours au pape Honoré III, qui menaça Louis d'excommunication s'il poursuivait la guerre contre les Anglais. Une trêve de quatre ans fut accordée au monarque, auquel on imposa une contribution de 30,000 marcs d'argent dont nos finances avaient le plus grand besoin.

Louis VIII mourut deux ans après la signature de ce traité. Louis IX était à peine sur le trône, qu'au mépris de la trêve jurée, le roi Henri, désireux de reprendre la Normandie, envoya des secours au comte de Bretagne pour l'aider à se rendre indépendant de la couronne de France. Richard, qui commandait en Guienne, aidé du traître Savary de Mauléon, entreprit de sauver le Poitou et s'approcha de la Rochelle. Le duc de Bretagne fortifiait ses places, le comte de Champagne réunissait ses hommes d'armes, tout, en un mot, faisait craindre pour la France, que gouvernaient un roi mineur et une reine jeune encore ; mais il se trouva que la reine, réunissant à la beauté beaucoup de pénétration dans l'esprit, à l'activité dans la conduite beaucoup de souplesse dans le caractère, fut à la hauteur de toutes les difficultés qui l'environnaient. Hardie et courageuse autant que belle, elle se mit à la tête des troupes et s'avança à la rencontre du comte de Champagne, qui, surpris d'une pareille diligence au milieu d'un hiver très-rigoureux, vint se jeter aux pieds du roi et implorer sa clémence. On marcha sans retard vers la Touraine, où le duc de Bretagne et le comte de la Marche, vaincus à leur tour, demandèrent et obtinrent leur pardon, à condition qu'ils ne feraient alliance ni avec le roi d'Angleterre, ni avec le duc de Guienne. Les Anglais résistèrent néanmoins et se firent battre en Gascogne ; ils allaient perdre les provinces qui leur restaient en France, lorsqu'à la sollicitation du pape Grégoire IX, Louis consentit à

Trêve d'un an. leur accorder une trêve d'un an.

Violation de la trêve. Malgré cette trêve, on trouve encore le roi Henri fournissant des secours au comte de Boulogne et au duc de Bretagne, cette

Secours au comte de Boulogne. même année soulevés contre l'autorité royale. Le duc de Bretagne, battu pour la vingtième fois, se vit obligé « de « soy rendre et crier mercy. » La ligue fut ainsi dissoute

Nouvelle trêve. sans avoir obtenu aucun résultat.

1229.

Nouvelle violation. La paix était rétablie depuis dix-huit mois, lorsque le duc de Bretagne, oubliant ses défaites, prit encore les armes ; la

Henri appuie la révolte du duc de Bretagne. main de l'Angleterre appuya cette nouvelle révolte : Richard, duc de Guienne, porta le fer et le feu sur les terres de France.

Incendies et pillages. Cité devant la cour des pairs, il y fut déclaré déchu de tout droit sur ses possessions françaises. Les seigneurs et les communes se réunirent ; on marcha sur l'ennemi, qui fut battu et se hâta de repasser la Manche.

Tandis que le gouvernement de la régente était occupé à pacifier le Languedoc, l'incorrigible duc de Bretagne se souleva, et, comme par le passé, trouva le roi d'Angleterre disposé à lui venir en aide. Cette fois la félonie fut plus criminelle que jamais : Henri traversa la mer en personne ; le Breton, reconnaissant l'Anglais pour son seigneur, consentit à lui faire hommage de son beau duché, et envoya au roi Louis un écrit dans lequel il lui déclarait « qu'il cessait dès ce mo- « ment de se regarder comme son vassal, qu'il ne le recon- « naissait plus pour son seigneur, et qu'il lui déclarait la « guerre. » Cet infidèle vassal s'empressa de remettre toutes ses places à Henri d'Angleterre, qui, débarqué à Saint-Malo, avait traversé la Bretagne et s'était rendu à Nantes. Tandis que ce monarque, si souvent traître et parjure, passait son temps au milieu des fêtes et des divertissements, Louis s'emparait d'Ancenis, d'Oudon et de Chantocé, les barons de France prononçaient un arrêt portant que le duc de Bretagne était déchu de la tutelle de ses enfants et de la possession de ses fiefs.

A l'approche de l'hiver, on suspendit les opérations, et la campagne parut terminée. Au lieu de continuer la guerre contre le roi d'Angleterre, dont tous les moments continuaient à être consacrés aux plaisirs, le roi et la régente réunirent à Compiègne leurs plus puissants vassaux, rétablirent la paix entre eux et reçurent leur serment de fidélité. De son côté, Henri, voulant enfin donner signe de vie, s'éloigna de Nantes, traversa l'Anjou et le Poitou, passa en Gascogne, s'empara de la petite ville de Mirebeau, et revint, après cette longue et stérile promenade, auprès de son allié de Bretagne, qu'il quitta bientôt pour gagner l'Angleterre, traînant après lui les restes d'une armée que l'oisiveté et la débauche avaient complètement ruinée.

1230.
Nouveau secours donné au duc de Bretagne.

Henri est déclaré suzerain du duché de Bretagne.

Félonie du duc. Déloyauté du roi.

Sentence du baronnage.

La nécessité imposa au duc l'obligation de solliciter une trève qu'il obtint de l'extrême bonté du roi de France.

Trève accordée au duc de Bretagne.

1234.
Nouvelle révolte soutenue par Henri.

Encouragé de nouveau par le roi Henri, le duc prit encore les armes en 1234 et se jeta sur les terres de France. Décidé à en finir avec un vassal vingt fois parjure, Louis rassemble une nombreuse armée et pénètre dans la province rebelle. Sur le point d'être accablé, le duc se rendit à Londres pour y solliciter des secours que l'épuisement de ses finances ne permit pas à Henri de lui accorder. Dans cette situation désespérée, ce séditieux vassal vint se jeter aux pieds du roi, « la corde au col, » lui abandonnant tous ses États et sa propre personne, pour en disposer comme bon lui semblerait. Le monarque français le reçut en grâce et lui rendit tous ses biens.

Humiliante soumission du duc.

Étrange bonté de Louis IX.

Ainsi rentré dans l'obéissance, le duc fit déclarer au roi d'Angleterre qu'il révoquait l'hommage qu'il lui avait fait pendant sa révolte.

1241.
Coupables intrigues du roi d'Angleterre.

Sept années s'écoulèrent en trèves fréquemment rompues et renouées, durant lesquelles le roi d'Angleterre eut soin d'entretenir une correspondance suivie avec plusieurs barons français. L'esprit de révolte, ainsi encouragé, éclata en 1241. Le comte de la Marche, beau-père du roi Henri, avait fait hommage à Alphonse, frère de Louis IX, récemment créé comte de Poitou ; à l'instigation d'Isabelle, sa femme, il retourna à Poitiers, où il insulta et défia publiquement Alphonse. La guerre fut aussitôt déclarée, et l'Angleterre prêta son appui au comte révolté. A la tête de 20,000 hommes, Henri débarqua au port de Royan le 19 mai 1242 ; la comtesse Isabelle l'attendait au port, et, selon la chronique de France, « lui alla à l'encontre, le « baisa moult doucement, et lui dit : Biau chier fils, vous êtes « de bonne nature, qui venez secourir votre mère et vos frè- « res, que les fils de Blanche d'Espagne veulent trop malement « défouler et tenir sous pieds. »

Révolte du comte de la Marche.

Secours fournis par l'Angleterre.

1242.

Louis dirigea ses troupes vers le Poitou et chercha à atteindre l'ennemi. Pour arrêter l'impétuosité française, le comte de la Marche brûla les maisons, détruisit les récoltes, boucha une partie des puits et empoisonna les autres ; la comtesse prépara elle-même un poison que quelques uns des siens acceptèrent l'horrible mission de répandre sur les viandes du roi. Ces malheureux furent découverts et pendus. « Quand « la comtesse sçut que sa mauvaistié étoit découverte, de deüil « elle se cuida précipiter et frapper d'un coustel en sa poi- « trine, qui ne lui eût ôté de la main ; et quand elle vit qu'elle « ne pouvoit faire sa volonté, elle desrompit sa guimple et ses « cheveux, et ainsi fut longuement malade de dépit et de « déplaisance. » {.sidenote: Incendies, ravages, poison.}

Malgré les cruels ravages du comte et le monstrueux attentat de la comtesse, Louis vint mettre le siége devant Fontenay, dont les fortifications faisaient alors une des places les plus importantes de la Saintonge et du Poitou. Après quinze jours de travaux, les Français la prirent d'assaut, la détruisirent de fond en comble, et s'avancèrent vers la Charente pour s'emparer de Villiers, « dont le roi fit tous les murs par terre espandre, » du château d'Auterne, « dont les tours et tourelles furent « fraintes et mises à bas, » et de Thoré ou Thoron, « dont les « habitants esbahis et nus sont ensemble à merci venus. » {.sidenote: Guerre en Saintonge et en Poitou.}

Taillebourg ouvrit aussi ses portes au roi Louis, qui s'y logea et fit camper son armée dans une prairie arrosée par la Charente. Sur l'autre rive était établie l'armée anglaise, composée de 1,600 chevaliers, 600 arbalétriers et 20,000 hommes de pied. Les Français, dont l'infanterie était moins nombreuse, avaient le double de cavalerie. Un pont fort étroit séparait les deux armées ; une partie des troupes françaises, placée sur quelques barques, essaya de prendre terre sur le rivage opposé, malgré la résistance des arbalétriers anglais. Le roi lui-même, se {.sidenote: Taillebourg.}

plaçant à la tête des troupes qui lui restaient, met pied à terre, attaque le pont, se jette, l'épée à la main, au milieu de la mêlée, renverse tout ce qui se présente, et pendant quelques instants soutient presque seul tous les efforts de l'ennemi. Arrivé à l'extrémité du pont, il se trouva « que, pour un homme qu'il avoit, « les Anglois en avoient bien cent. » Sa valeur le soutint au milieu du péril jusqu'au moment où ses troupes, ayant réussi à traverser la Charente, purent s'étendre dans la plaine. Les Anglais alors lâchent pied et prennent la fuite ; Henri gagne Saintes à toute bride, croyant avoir les Français derrière lui.

« La même nuitée, dit Joinville, le roi d'Angleterre et le comte « de la Marche eurent grand discord l'un à l'autre. » Il y avait, cette nuit-là, deux hommes, roi et comte, en présence d'une femme autrefois reine d'Angleterre, aujourd'hui comtesse empoisonneuse, qui s'injuriaient pour n'avoir pas été d'assez habiles criminels !

On croyait, dans le camp des Français comme dans celui des Anglais, que tout était décidé, lorsqu'une rencontre fortuite amena, le lendemain, une nouvelle bataille. Un détachement français s'étant trop approché de Saintes, Hugues de la Marche fondit sur lui avec une troupe considérable de Gascons et d'Anglais. Louis, prévenu à temps, vole au secours des siens ; la mêlée devient générale, et alors « eussiez vu lances brandir, « descendre maces, hauberjons à haches d'escourre... targes « percier outre... guisarmes et épées bruire selon que l'on les « desserre, et couvrir çà et là la terre de divers atours dépé- « ciés. Tost il y a tant d'hommes bléciés, les uns ès bras, au- « tres ès testes, que li veoir est deshonneste. Li fourriers trop « bien se défendent. » Anglais et Gascons sont mis en déroute ; maîtres et valets, cavaliers et gens de pied, tout fuit à la débandade. Dans le camp des Français, l'air retentit du cri de *Montjoie Saint-Denis !*

Ces deux victoires eurent pour résultat la soumission de la ville de Saintes, des seigneurs de Mortagne et de Mirebeau, et du comte de la Marche, qui consentit à faire au roi « hommage « lige contre tous les hommes et toutes les femmes qui peuvent « vivre et mourir. »

La paix étant ainsi rétablie de ce côté, Louis résolut de se porter dans le Languedoc pour y châtier le comte de Toulouse, dont il avait à se plaindre. Là encore il rencontra les intrigues et les troupes de Henri. Ce prince, qui s'était réfugié à Bordeaux, avait promis de se joindre au comte de Toulouse contre le roi de France. Le Toulousain, battu par Hugues, évêque de Clermont, et par Humbert, sire de Beaujeu, se soumit enfin et fit avec Louis une paix définitive.

Guerre en Languedoc.

Encore l'armée et les intrigues de l'Angleterre.

Effrayé de se trouver sans argent, sans troupes et sans alliés, Henri fit demander une trêve, offrant de payer 5,000 livres sterling pour les frais de la guerre. Le roi de France aurait pu profiter de ses avantages pour continuer la guerre et chasser les Anglais de la Guienne ; mais une maladie venait de se déclarer dans son armée : la chaleur, la faim, la soif et la fièvre emportaient chaque jour un grand nombre d'hommes ; lui-même était atteint de la contagion. Une trêve de cinq ans fut conclue, des passeports furent délivrés par Louis, et les Anglais, roi, princes, seigneurs et vilains, regagnèrent leur île à la hâte, au milieu des plaisanteries de l'armée française.

Henri demande une trêve.

Trêve de cinq ans.

1242.

Le roi de France, se préparant pour la croisade, envoya des commissaires dans toutes les provinces pour informer s'il n'y avait rien de mal acquis dans ses domaines, et si personne ne se plaignait, ou de prêts forcés, ou d'argent et de vivres extorqués ; le roi d'Angleterre seul profita de la circonstance pour redemander les provinces que Philippe-Auguste avait confisquées et puis conquises sur Jean-Sans-Terre. Louis aurait peut-être cédé aux instances de l'Anglais ; mais la reine-mère, les

Croisade.

1247.

grands de l'Etat et les prélats s'y opposèrent avec tant de force, que la demande fut rejetée.

<small>1248.
1253.
Richard d'Angleterre excite des révoltes en France.</small>

Le roi s'embarqua à Aigues-Mortes le 25 août 1248. En 1253, Richard, duc de Guienne, excita dans le royaume des soulèvements à l'aide desquels il se promettait de s'emparer des provinces dont la restitution avait été refusée à son père. La fermeté et la sagesse de Blanche, régente de France en l'absence de son fils, fit échouer ces projets et maintint la paix malgré de coupables efforts. Débarqué aux îles d'Hyères le 10 juillet 1254, le roi Louis se hâta de se rendre à Paris pour y recevoir le roi d'Angleterre venant de Gascogne et désireux de passer par la France pour se rendre dans ses Etats. Au milieu d'un festin, Henri certifia au roi de France qu'il était et se considérait toujours comme son vassal. Les deux monarques se quittèrent après huit jours passés en fêtes et en réjouissances. L'année suivante, on renouvela pour trois ans la trève sur le point d'expirer. En 1259, la trève conclue en 1255 fut convertie en un traité de paix par lequel une loyauté mal entendue rendit aux Anglais une partie des possessions enlevées à Jean par l'arrêt de la cour des pairs:

<small>1254.
Loyauté de Louis IX.</small>

<small>1255.
1259.
Traité de paix.</small>

« Louis cède au roi d'Angleterre ses droits sur le Limousin,
« le Périgord, le Quercy, l'Agenois et la partie de la Saintonge
« qui est entre la Charente et la Guienne, mais avec réserve
« de l'hommage des princes ses frères, si toutefois Henri peut
« prouver, devant des arbitres dont on conviendra, qu'il a de
« justes prétentions sur la terre que le comte de Poitiers tient
« dans le Quercy du chef de sa femme... Il s'engage à livrer à
« Henri la somme nécessaire pour entretenir pendant deux
« ans 500 chevaliers, que le prince anglais devait mener à la
« suite du saint roi contre les mécréants et ennemis de la foi. »
L'Anglais n'accomplit pas son engagement, quoiqu'il eût reçu ce paiement, évalué à 134,000 francs de la monnaie du temps.

Henri, de son côté, « renonce, tant pour lui que pour ses
« successeurs, à tous les droits qu'il prétendait sur la Norman-
« die, sur les comtés d'Anjou, du Maine, de Touraine, et sur
« tout ce que ses pères pouvaient avoir possédé, terre ou île,
« en deçà de la mer, excepté les choses spécifiées dans les au-
« tres articles. Il s'oblige à faire hommage de tout ce qu'on
« lui rend, comme aussi de Bayonne, de Bordeaux, de toute la
« Guienne, et à tenir ces grands fiefs du roi et de ses succes-
« seurs, comme pair de France et duc d'Aquitaine. Il déclare se
« soumettre au jugement de la cour de France, non seulement
« pour les différends qui s'élèveront sur l'exécution du traité,
« mais pour ceux mêmes qui naîtront entre lui et ses sujets. »

Par suite de ce traité, Henri vint à Paris et prêta le serment
d'usage. On lui dit : « Vous devenez homme lige du roi mon
« sieur qui cy est, et lui promettez foy et loyauté porter ? » à
quoi il répondit : « Voire. »

<small>Serment prê-
té par le roi
Henri.</small>

A cette époque, les troubles les plus graves se produisirent
en Angleterre, et Henri se trouva, vis-à-vis de ses barons, à
peu près dans la position qui, peu d'années auparavant, avait
failli faire perdre la couronne à Jean-Sans-Terre et à sa dynastie. La grande charte fut encore la cause de cette révolte : le
roi Henri avait juré de s'y conformer ; les barons, convaincus
qu'il était infidèle à son serment, se liguèrent contre lui ; les
communes et les bourgeois se réunirent aux barons. Dépouillé de tout pouvoir, le monarque se réfugia dans la tour
de Londres et se fit délier par le pape du serment qu'il avait
prêté. On en vint aux armes ; des deux côtés il y eut des victimes et des prisonniers. La monarchie anglaise allait périr,
lorsque les partis, roi, barons et peuple, en appelèrent à la sagesse du roi de France.

<small>1263.

Révolte en An-
gleterre.</small>

Louis accepta l'arbitrage et convoqua l'assemblée dans la
ville d'Amiens ; le roi et la reine d'Angleterre s'y rendirent ;

<small>Arbitrage du
roi de France.</small>

les barons y envoyèrent des députés. Chacun défendit ce qu'il crut être son droit, et Louis, après avoir écouté les raisons alléguées de part et d'autre, rendit l'arrêt suivant entre Henri, roi d'Angleterre, et la nation anglaise :

1264.
« Au nom du Père et du Fils et du Saint-Esprit, nous an-
« nulons et cassons tous les statuts arrêtés dans le parlement
« d'Oxford, comme des innovations préjudiciables et injurieu-
« ses à la dignité du trône; déchargeons le roi et les barons de
« l'obligation de les observer;... décernons et statuons que le
« roi rentrera dans tous les droits légitimement possédés par
« ses prédécesseurs, que personne ne sera ni recherché ni in-
« quiété; n'entendons pas néanmoins déroger par ces présentes
« aux priviléges, chartes, libertés et coutumes qui avoient
« lieu avant que la dispute se fût élevée. »

Henri et quelques barons se soumirent à cette décision; d'autres la rejetèrent comme trop favorable à la monarchie. Les hostilités recommencèrent. Prisonniers l'un et l'autre, le souverain et le prince Edouard, son fils, furent enfermés dans le château de Simon de Montfort, comte de Leycester. Edouard parvint à s'échapper, livra bataille aux barons révoltés et les mit en déroute. Délivré par son fils, Henri réussit à s'affermir sur le trône et à rétablir enfin la tranquillité dans ses Etats.

1270.
Croisade.

Pendant que le roi d'Angleterre s'occupait à calmer l'irritation de ses barons, Louis IX préparait une nouvelle croisade. Ce fut à Aigues-Mortes qu'il s'embarqua pour aller mourir à Tunis le 25 août de la même année. Le roi d'Angleterre mourut le 16 novembre de l'année suivante. Le trône de France fut occupé par Philippe III, fils de saint Louis; Edouard Ier, fils de Henri, monta sur celui d'Angleterre.

Mort des rois de France et d'Angleterre.
1271.

Le roi d'Angleterre se recommandait, aux yeux de ses sujets, par une grande bonté; le fond de son caractère était une faiblesse qui le portait à une trop grande clémence envers des barons trop souvent révoltés contre son autorité. Vis-à-vis de la France, il est coupable : 1° d'avoir violé, en 1219, la trêve de quatre années conclue depuis quelques mois seulement; 2° d'avoir violé, en 1226, la trêve de quatre ans conclue en 1224; 3° d'avoir, en 1229, malgré la trêve de 1226, prêté secours aux comtes de Champagne et de Boulogne révoltés contre Louis IX; 4° d'avoir, la même année, donné ordre à son fils Richard, duc de Guienne, de dévaster le midi de la France; 5° d'avoir, en 1230, soulevé la Bretagne et reçu l'hommage du duc, qui renonçait ainsi à sa patrie pour se jeter dans les bras de l'Anglais; 6° d'avoir, en 1234, rompu la trêve qu'il avait implorée en 1230; 7° d'avoir, en 1241, violé le traité de 1231, en se mettant lui-même à la tête d'une nombreuse armée pour soutenir dans leur révolte le comte de la Marche, qui avait insulté le frère de Louis, et la comtesse empoisonneuse; 8° d'avoir, en 1242, oublié ses promesses de 1241 pour donner son appui au comte de Toulouse révolté contre le souverain; 9° d'avoir profité de l'absence de Louis, alors en Afrique, pour attaquer le royaume de France en 1253, au mépris de son serment de 1242.

Battu neuf fois, neuf fois soumis, neuf fois parjure, telle fut la conduite du roi Henri d'Angleterre vis-à-vis de Louis IX, qui, toujours vainqueur et toujours clément, répondit à toutes ces déloyautés en remplissant avec impartialité la mission d'arbitre entre Henri et la nation anglaise.

ÉDOUARD Ier. (1272 A 1307.)

Rois de France :
Philippe III.
Philippe IV.

Au moment de la mort de son père, Edouard était en Palestine, où il prit deux petits châteaux, et d'où il ne revint qu'au mois de juillet 1273. Pendant son absence, la tranquillité du royaume ne fut pas troublée, et, à son retour, il fut couronné à Westminster sans aucune opposition de la part des barons.

<small>1284.</small>

Depuis son avénement au trône jusqu'en 1284, Edouard s'occupa exclusivement de la conquête du pays de Galles, et, à cette époque, il passa sur le continent pour servir d'arbitre entre les rois de France et d'Aragon, qui se disputaient la couronne de Sicile; son intervention ne réussit ni à faire cesser les hostilités, ni à empêcher le prince aragonais de dépouiller injustement Charles d'Anjou. Rappelé en Angleterre par la malheureuse situation de l'Ecosse, il fut distrait des affaires du continent jusqu'en 1289 qu'il vint en France pour faire hommage à Philippe IV, dit le Bel, successeur de Philippe III, son père. On profita de cette circonstance pour donner une entière exécution au traité passé entre saint Louis et Henri III. Philippe se montra plus généreux encore que son aïeul en accordant à Edouard des avantages qu'il n'avait pas le droit d'exiger; aussi l'acte qui en fut dressé reçut-il le nom de *grâce faite au roi d'Angleterre*. La paix, ainsi renouvelée entre les deux souverains, fut troublée en 1292, à l'occasion d'une querelle survenue, à Bayonne, entre un Normand et un Anglais. Au milieu d'une rixe sans importance, l'Anglais fit usage de son couteau et tua le Normand; la justice ne poursuivant pas le coupable, les Normands voulurent venger leur compatriote, et surprirent un vaisseau anglais dont ils pendirent le pilote au haut du grand mât. Marine anglaise et marine normande ne se rencontrèrent plus dès lors sans s'insulter et se piller. Jusque là l'affaire paraissait être particulière et ne pas engager les deux gouvernements; mais les matelots anglais, dépassant toutes les mesures, s'introduisirent dans la ville de la Rochelle, massacrèrent quelques habitants et brû-

<small>1289.</small>

<small>1292.</small>

<small>Meurtre d'un Normand par un Anglais.</small>

<small>Meurtre d'un Anglais par les Normands.</small>

<small>Massacres et incendies à la Rochelle.</small>

lèrent les monuments publics : il ne fut plus possible au gouvernement français de garder le silence.

Philippe fit demander à Edouard la restitution des vaisseaux et des marchandises, la liberté des matelots et des marchands, et une juste indemnité pour les ravages exercés dans ses Etats ; sa demande, quoique évidemment juste, fut cependant rejetée. Il menaça d'une citation devant la cour des pairs ; Edouard répondit qu'il avait sa cour en Angleterre, et la citation fut donnée. Après avoir énuméré, dans cette pièce, tous les actes de violence auxquels s'étaient livrés les Anglais, Philippe terminait en disant : « Voilà, roi d'Angleterre, les excès « que vos gens ont commis et ne cessent de commettre, excès « qui n'ont pu échapper à votre connaissance ; vous les avez « ou tolérés ou permis. C'est pourquoi nous vous ordonnons « et commandons, sous les peines de droit, que vous ayez à « vous présenter à notre cour le vingtième jour après la fête « de Noël prochain, pour y répondre sur tous ces griefs, en- « tendre ce que l'équité lui dictera et vous soumettre à ses « arrêts. »

Juste réclamation de Philippe, roi de France.

Refus d'Edouard.

Citation d'Edouard devant la cour.

Edouard ne se présenta pas ; cité une seconde fois, il fit encore défaut. Philippe confisqua la Guienne, et ses troupes s'emparèrent de Bordeaux, de Bayonne et des autres villes alors sous la domination des Anglais. Edouard fit déclarer au roi de France qu'il ne le reconnaissait plus pour son souverain, et qu'il se tenait à jamais quitte de tout hommage.

Nouvelle citation.

Les Français en Guienne.

Félonie d'Edouard.

Des deux côtés on se prépara à la guerre. Adolphe de Nassau, roi des Romains, se vendit aux Anglais au prix de 100,000 marcs d'argent. Henri, comte de Bar, et Jean II, duc de Brabant, tous les deux gendres d'Edouard, entrèrent dans la même ligue, ainsi que le comte de Gueldre, l'archevêque de Cologne et Guy de Dampierre, comte de Flandre. Philippe avait pour alliés Jean de Bailleul, roi d'Ecosse, Eric, roi de

1295.

Guerre.

Coalition contre la France.

Norwége, Albert, duc d'Autriche, Humbert, dauphin de Vienne, Hugues de Longwy, Jacques de Châtillon, quelques villes de Castille avec les communes de Fontarabie et de Saint-Sébastien.

Le roi des Romains envoya des lettres de défi à la cour de France, auxquelles il fut répondu par ces quatre mots : « Cela « est trop allemand. » Le comte de Flandre aurait voulu déguiser ses coupables intrigues sous les dehors d'une scrupuleuse fidélité; mais Philippe, en ayant eu connaissance, l'attira à Paris avec la comtesse sa femme, et les fit arrêter l'un et l'autre. Forcé de capituler, il promit tout ce qu'on voulut, et pour gage de la liberté qui lui était rendue, il laissa en ôtage, auprès de Philippe, sa fille, qu'il avait promise en mariage au fils aîné d'Edouard sans avoir consulté le roi de France, son souverain.

1296. Guerre en Guienne. Ravages.

Les hostilités commencèrent enfin entre les deux rois. A la tête d'une nombreuse armée, Edouard fait une descente à l'île de Ré, où tout est mis à feu et à sang ; de là pénétrant dans la Guienne, il s'empare de Blaye, de Bourg-sur-Mer et de la Réole, sans oser attaquer Bordeaux. Bayonne, traîtreusement livrée par les Gascons, lui offre un port de mer dont il avait besoin pour assurer ses conquêtes.

Renfermé dans la ville de Bordeaux qu'il avait mission de défendre, ayant peu de troupes à sa disposition et comptant peu sur la fidélité des habitants, le connétable Raoul de Nesle attendait pour agir l'arrivée des secours qui lui étaient promis. Charles de Valois, frère du roi, arriva enfin avec des forces imposantes, et mit le siége devant la Réole, où le connétable vint le rejoindre en chassant devant lui, comme un troupeau timide, Anglais et Gascons. Jean de Bretagne, comte de Richemont, et Jean de Saint-Jean, renfermés dans la Réole,

Les Anglais abandonnent les Gascons révoltés.

profitèrent des ténèbres pour prendre la fuite et gagner leurs vaisseaux ; les soldats anglais les suivirent, abandonnant les Gascons à la vengeance du roi qu'ils avaient trahi. La place fut prise d'assaut le lendemain, et, comme il était facile de le prévoir, un grand nombre de Gascons payèrent de leur vie ou de leur liberté la trahison dont ils s'étaient rendus coupables.

En même temps qu'une armée française triomphait des Anglais en Guienne, une autre armée, placée sous les ordres de Mathieu de Montmorency et de Jean d'Harcourt, débarquait au port de Douvres. Au lieu de tenter la conquête de l'Angleterre, alors dépourvue de troupes et de généraux, on se borna à piller et à ravager ce qui se trouvait hors des murs de la place et à rentrer en France sans faire aucune tentative d'invasion. *Descente en Angleterre.*

Cette diversion, si elle eût été sérieuse, aurait forcé le roi d'Angleterre à rappeler ses troupes et à laisser la France en possession de la Guienne ; une simple démonstration ne produisit aucun effet, et la guerre continua à désoler cette vaste province.

Edmond, frère du roi d'Angleterre, fut battu par Charles de Blois et mourut de ses blessures. Le comte de Lincoln, son successeur dans le commandement, présenta la bataille à Robert, comte d'Artois, et son armée fut mise dans une déroute si complète, que la nuit et les forêts voisines purent seules empêcher son entière destruction. *Défaite des Anglais.*

Vainqueur en Guienne, Philippe eut encore à lutter dans les provinces du nord. Le comte de Flandre, auquel on venait de faire grâce, ne fut pas plus tôt en liberté, qu'il contracta une nouvelle alliance avec le roi d'Angleterre, dont l'or devait subvenir aux frais de la guerre. Aussi aveugle que coupable, Guy réclama sa fille laissée en ôtage et fit défier le roi Philippe en son nom personnel. Pour toute réponse, une armée française entra immédiatement en Flandre. *Henri donne des subsides au comte de Flandre révolté.*

Le roi fit en personne le siége de Lille, et forma trois détachements des forces dont il crut n'avoir pas besoin. Le pre- *1297. Guerre de Flandre.*

mier, commandé par le connétable de Nesle, rencontra les Flamands près de Comines, sur la Lys, les mit en déroute et leur fit un grand nombre de prisonniers. Le second, placé sous les ordres du comte Robert d'Artois, s'achemina du côté de Saint-Omer et trouva l'ennemi dans les environs de Furnes. Après le combat le plus opiniâtre, les Flamands battus laissèrent entre les mains des vainqueurs des prisonniers de la plus haute distinction. Cette victoire nous valut Furnes et Cassel, mais elle coûta la vie au prince Philippe, fils unique du roi. Le troisième détachement, confié à Gautier de Crécy, seigneur de Châtillon, marcha contre Henri de Bar, dont les troupes ravageaient la Champagne. Battu à la première rencontre, Henri se retira dans son comté, où il fut suivi par Châtillon et fait prisonnier par la reine Jeanne de Navarre, chargée ce jour-là du commandement en chef. Conduit à Paris, chargé de fers, il n'obtint sa liberté qu'en se reconnaissant vassal de la couronne de France.

Victoire de Furnes.

Tandis que ses généraux étaient partout vainqueurs, Philippe forçait Lille à se rendre au moment où le roi d'Angleterre et le comte de Flandre lui amenaient du secours. Philippe, sachant que ces deux princes étaient à Bruges, s'y dirigea en toute hâte, s'emparant en passant de la place de Courtray; ses orgueilleux vassaux, ne jugeant pas à propos de l'attendre, prirent la fuite et se réfugièrent à Gand, où l'armée française les suivit avec l'espoir de les faire prisonniers. Cet espoir était d'autant plus fondé que la flotte anglaise, pour échapper au danger dont elle était elle-même menacée, avait gagné la haute mer, ne laissant à son souverain aucun moyen de rentrer dans ses Etats.

Fuite du roi d'Angleterre.

1297.

Dans cette position embarrassante, Edouard se résigna à demander humblement une suspension d'armes. Ce fut à Vive-Saint-Bavon, le 9 octobre 1297, que fut convenu entre les deux rois, pour une année seulement, ce qu'on appelait alors « une souffrance de guerre, de royaume à royaume, de « terre à terre, de gent à gent, par mer et par terre. » Par suite de cette convention, la France demeura maîtresse de Lille, de Courtray, de Furnes, de Cassel, de Douai et de Bruges. Cette année de trêves fut employée à faire de vains efforts pour arriver à une paix définitive. Le pape Boniface IV, nommé arbitre entre les deux souverains, rendit une sentence favorable à nos ennemis : les villes conquises sur le comte de Flandre devaient lui être rendues ; sa fille devait être mise en liberté avec le droit de se marier contre le gré du roi de France, son seigneur suzerain ; les Anglais rentraient en possession de la Guienne ; et tout cela sans aucune indemnité de la part des vaincus ! De sorte que le souverain trahi et vainqueur se trouvait humilié devant des vassaux perfides et vaincus.

Trêve.

Négociations inutiles.

Charles de Valois jura que « jamais roi de France ne se soumettrait à des conditions si honteuses. » A l'expiration de la trêve, la Flandre fut inondée de troupes françaises placées sous les ordres de ce prince, dont les talents militaires égalaient l'intrépidité. Tout le pays fut bientôt conquis, et le comte, ne pouvant recevoir de secours ni de Londres, ni de Rome, ni de l'Allemagne, se rendit à Paris avec ses deux fils, se jeta aux pieds du roi et lui demanda pardon de tout le passé. Philippe leur accorda la vie, mais il les fit jeter en prison et confisqua la Flandre que par sa félonie il avait perdu le droit de posséder plus longtemps. Toutefois, par suite de l'inhabileté de Châtillon qui en était gouverneur, cette province échappa à la France en 1302, après la défaite de Courtray.

1299.

Reprise des hostilités.

Soumission du comte de Flandre.

1302.

A cette époque se terminèrent les différends jetés par l'ambition et la mauvaise foi entre Edouard et Philippe. La trêve conclue en 1297 devait expirer le 8 décembre ; par un traité passé le 23 novembre précédent à Groeninge-l'Abbaye, près Courtray, elle fut prolongée « jusqu'au carême prenant. » Le 31 janvier 1298, il fut arrêté, à Saint-Martin-de-Tournai, qu'elle serait maintenue jusqu'au lendemain de l'Epiphanie 1299 ; et enfin, le 19 juin de la même année, les ministres des deux souverains se réunirent à Montreuil-sur-Mer, où, en présence des légats du pape, ils signèrent un traité contenant les conditions suivantes : 1° que le roi Edouard épouserait madame Marguerite, sœur du roi Philippe ; 2° que messire Edouard, fils aîné du monarque anglais, prendrait madame Isabelle de France, fille du roi, « à épouse et à femme, sitôt qu'elle serait « à âge de faire mariage, et lui assigneroit, en lieux convena- « bles et suffisants, un douaire de 18,000 livres petits tournois ; » 3° que les prisonniers seraient remis en liberté, mais avec caution ; 4° que monsieur Bailleul, roi d'Ecosse, allié de la France et prisonnier d'Edouard, serait remis entre les mains du légat du pape, qui ordonnerait de son sort comme il jugerait à propos ; 5° que le monarque anglais « diroit et promettroit en « bonne foy que de ci en avant il seroit bon ami et loyal au roy « de France et à son héritier roy de France ; » 6° que si l'on ne parvenait pas à terminer les différends, les deux rois pourraient poursuivre leur droit en la manière qui leur plairait.

Traité provisoire.

Pour que ce traité, provisoirement conclu, devînt définitif, le pape ordonna qu'une suspension d'armes serait observée depuis le 6 janvier 1300 jusqu'au 7 du même mois de l'année 1301. La princesse Marguerite partit pour l'Angleterre, et son mariage avec Edouard fut célébré à Cantorbéry le 8 septembre 1299 (après la prolongation stipulée le 31 janvier 1298). Quatre fois prorogée, la paix fut enfin signée à Paris le 20 mai 1303. Il fut arrêté que « le roi d'Angleterre rentreroit en la foi « et obéissance du monarque françois ; que, comme duc d'A- « quitaine et pair de France, il lui feroit hommage lige, pure-

Traité définitif.

« ment, simplement, sans condition ; que ses procureurs prê-
« teroient d'abord le serment de fidélité ; qu'il se rendroit en-
« suite lui-même à Amiens pour le prêter en personne ; qu'en
« cas de maladie ou de quelque autre empêchement notoire,
« le prince de Galles son fils seroit tenu de venir en sa place,
« avec plein pouvoir de jurer ladite féauté, sans préjudice de
« l'obligation de s'acquitter lui-même de ce devoir dès qu'il
« seroit en état de le faire ; qu'à ces conditions, il serait remis
« en pleine possession de toutes les cités, châteaux, bourgs,
« villes, terres, rentes, fiefs, hommages, obéissances, seigneu-
« ries, et de toutes autres manières de justices, de tenances,
« de droitures, et d'autres choses non mouvantes, en la duché
« d'Aquitaine. » Cette alliance était contre quiconque « vou-
« droit despointer, empêchier ou troubler les deux rois ès
« franchises, ès libertés, ès priviléges, ès droits, ès droitures, ès
« coutumes d'eux et de leurs royaumes. »

Cette paix fut fidèlement observée jusqu'à la mort d'Edouard, qui eut lieu dans le courant de l'année 1307.

Les Anglais regardent Edouard comme un prince d'une trop grande sévérité, mais ils la lui pardonnent en reconnaissance de ce que, le premier en Angleterre, il a établi une impartiale distribution de la justice ; ils ajoutent qu'il était l'homme le plus habile de son royaume. Les Français traitent sa sévérité de cruauté ; dans sa politique ils ne veulent voir que de la déloyauté.

1° En 1289, il prête serment de fidélité à Philippe le Bel et se reconnaît son vassal. 2° En 1292, des matelots anglais envahissent la Rochelle, massacrent les habitants, pillent les maisons et brûlent les édifices publics. 3° Le roi de France demande la restitution des objets enlevés et une indemnité pour les pertes causées à ses sujets ; en rejetant cette demande, Edouard est évidemment injuste. 4° Deux fois cité à compapaître devant la cour des pairs, il refuse de se présenter et manque deux fois au serment qu'il a prêté en 1289. 5° En 1296 et 1297, il achète à prix d'argent la trahison du comte de Flandre et l'abandonne ensuite à son malheureux sort; en cela il associe la félonie d'un roi à celle d'un comte. Si ce prince s'est moins souvent parjuré que quelques uns de ses prédécesseurs, c'est que, par caractère, il leur était vraiment supérieur, et qu'ensuite ses possessions continentales, considérablement amoindries, ne lui permettaient pas de lutter avantageusement contre un roi aussi fier et aussi habile que Philippe le Bel. Il ne s'est rendu coupable que de trois crimes vis-à-vis de la France ! Si nous l'osions, nous le déclarerions innocent.

Rois de France :
Philippe IV.
Louis X.
Philippe V.
Charles IV.

ÉDOUARD II. (1307 A 1327.)

Injustes plaintes d'Edouard.

Nous avons vu que, par le traité de Montreuil-sur-Mer, il avait été convenu qu'Edouard prendrait « madame Isabelle de « France à épouse et à femme sitôt qu'elle seroit à âge de faire « mariage. » Devenu roi, ce prince éleva des plaintes sur ce que Philippe ne donnait rien en dot à Isabelle et demanda la souveraineté de la Guienne. Cette donation ne se trouvant pas dans le traité, le roi de France répondit qu'il céderait cette province à l'occasion du mariage de sa fille, mais seulement comme un fief mouvant de sa couronne. Le monarque anglais accepta cette condition, et l'année suivante il se rendit à Boulogne, où il épousa la princesse et fit hommage de l'Aquitaine et du Ponthieu.

Pendant un règne de vingt ans, Edouard, prince efféminé et

timide, honteusement dominé par quelques favoris, fut constamment en lutte avec les Ecossais et les Irlandais, devant lesquels il prit la fuite ; avec la noblesse anglaise, qui le dépouilla du pouvoir souverain, l'enferma au château de Berkley, et finit par le faire mourir dans d'horribles supplices.

La France eut peu à se plaindre d'un monarque dont l'esprit, affaibli par la débauche, ne sut défendre contre ses propres sujets ni sa couronne, ni son honneur, ni sa vie. On ne le trouve mêlé à notre histoire que dans deux circonstances :

Une première fois en 1313, alors qu'il voulut se croiser avec Philippe pour le recouvrement de la Terre-Sainte. Il fallut, avant de s'allier pour l'expédition, terminer quelques difficultés relatives à la Guienne ; Edouard fut mandé à Paris, où Philippe reçut son hommage, lui pardonna toutes les *forfaitures* commises par les Anglais en Aquitaine, et renouvela tous les traités de paix conclus entre les deux nations.

1313.

La seconde fois en 1324, sous le règne de Charles IV, dit le Bel, héritier de la couronne de Philippe. Un fort fut construit par le seigneur de Montpezat sur un terrain dont les deux rois prétendaient avoir la possession. Le parlement ayant prononcé en faveur des Français, Charles s'en empara et y mit une garnison. Le duc de Guienne assiégea la place, s'en rendit maître, passa la garnison au fil de l'épée et fit pendre les officiers. Avant de tirer une juste vengeance de cet acte de barbarie, le roi de France demanda pour toute réparation : 1° qu'on lui remît le fort ; 2° qu'on lui livrât le seigneur de Montpezat, le sénéchal de Gascogne et tous leurs complices. Edouard, dissimulant ses véritables intentions, envoya à Paris son frère Edmond avec ordre de paraître se soumettre, mais de traîner l'affaire en longueur. Fidèle à ses instructions, Edmond fit une hypocrite soumission, partit pour la Gascogne avec le sire Jean d'Arablay, auquel il devait remettre les coupables, et,

Le fort de Montpezat nous est injustement enlevé.

Affreux massacre de la garnison.

Duplicité d'Edouard.

arrivé sur la frontière de la province, renvoya le chevalier avec dérision, le menaçant de le tuer s'il osait passer outre. Pour châtier cette nouvelle injure, Charles de Valois s'empara d'Agen et de la Réole, rasa le fort de Montpezat et se rendit maître de la Guienne, excepté de Bayonne et de Bordeaux. Edmond vaincu demanda et obtint une trêve dont le terme fut fixé à l'octave de Pâques.

Profitant de cette trêve, Isabelle, reine d'Angleterre, vint en France, et, le 31 mai, conclut avec le roi Charles un traité de paix dans lequel il fut convenu : 1° que la Guienne serait remise au monarque français; 2° que le roi Edouard se rendrait à Beauvais et y ferait hommage au roi de France ; 3° que, par amitié pour la reine Isabelle sa sœur, ce prince restituerait à Edouard les places saisies en Guienne, sauf l'Agenois, sur lequel les droits de l'Angleterre seraient soumis à l'examen de la cour des pairs ; 4° que, dans le cas où cette décision serait favorable à l'Angleterre, Edouard paierait à la France tous les frais de la guerre. Le roi Edouard ratifia ce traité, mais il ne se rendit pas à Beauvais et ne fit pas l'hommage convenu. La conséquence de cette conduite était la confiscation de la Guienne et du Ponthieu. Pour conserver ces deux provinces, Edouard les céda à son fils aîné, qui prêta serment de fidélité et paya 60,000 livres parisis « par cause de ladite réception. » Cette paix se maintint jusqu'en 1327.

Ainsi, quelque pauvre qu'ait été le règne d'Edouard II sous le rapport politique, on y trouve encore : 1° la violation du traité de 1313; 2° des ordres officiellement conformes à la justice, et des instructions secrètes qui les détruisent ; 3° le massacre d'une garnison française dans une place appartenant à la France ; 4° la promesse de se rendre à Beauvais, violée à l'aide d'un subterfuge indigne d'un prince. Edouard II a menti quatre fois à la France.

ÉDOUARD III. (1327 A 1377.)

Rois de France:
Charles IV.
Philippe VI.
Jean.
Charles V.

Au moment où Edouard monta sur le trône, rien ne pouvait faire prévoir que son règne allait ouvrir pour la France un siècle d'anarchie et de malheurs tels, qu'après avoir longtemps commandé à l'Angleterre, elle serait sur le point de lui être annexée comme une simple province. En effet, si le nouveau roi, mandé à Paris pour faire hommage de la Guienne et du Ponthieu, s'en excusa sur les troubles intérieurs de son royaume, du moins envoya-t-il des ambassadeurs pour traiter d'une paix définitive dont les conditions furent ainsi réglées : 1° la restitution des places conquises de part et d'autre ; 2° l'obligation pour l'Angleterre de payer à la France 50,000 livres sterling pour les frais de la guerre; 3° amnistie générale, dont les Gascons condamnés sont seuls exceptés.

1328.

Traité de paix.

C'est ici qu'il faut placer l'origine de nos revers et le commencement des prétentions des monarques anglais au trône de France. La mort de Charles le Bel en fut le signal. Deux princes aspiraient à cette riche succession : Edouard, en sa qualité de fils aîné d'Isabelle, sœur des trois derniers rois, et Philippe de Valois, fils aîné de Charles de France, leur oncle paternel. En supposant que la loi salique n'eût pas existé, les droits d'Edouard n'étaient pas douteux; car les femmes étant admises à régner, il n'y avait pas de raison pour exclure leurs héritiers; mais la loi salique une fois reconnue, Philippe devait monter sur le trône, puisqu'il était le droit héritier dans la ligne masculine. La cause fut portée « à la cour des pairs

Origine des prétentions des rois d'Angleterre au trône de France.

<small>Sentence des pairs.</small>

« et devant le baronnage assemblé. » Edouard s'y fit représenter par des ambassadeurs chargés de prodiguer à la fois l'or et les promesses pour acheter les suffrages. « Il y eut, dit Jean de « Montreuil, une détermination et jugement des pers, des ba« rons, des prélats et autres sages du royaume de France, et « de tous les habitants dudit royaume. Finalement (ce sont les « propres termes d'un auteur qui écrivait sous Louis XI), par« ties ouïes en tout ce qu'ils voulurent alléguer d'une part « et d'autre, les princes, prélats, nobles gens des bonnes villes « et autres clercs, faisants et représentants les trois Etats « généraux du royaume, assemblés pour ladite matière, dirent « et déclarèrent que, selon Dieu, raison et justice, à leur avis, « le droit dudit Philippe de Valois étoit le plus apparent pour « parvenir à la couronne. » Il importe de ne pas oublier cette décision des Etats généraux pour apprécier convenablement la mauvaise foi avec laquelle les Anglais ont si longtemps persisté à se prétendre souverains du royaume de France, malgré la nation. Il n'en fut pas ainsi lorsque Louis, fils de PhilippeAuguste, défendant les droits qu'il tenait de Blanche de Castille, descendit en Angleterre; prélats, barons, bourgeois et manants, toute la nation anglaise appelait le prince français, tous lui prêtèrent spontanément et librement serment de fidélité. Louis monta sur un trône où l'appelaient tous les vœux; Edouard et ses successeurs ont cherché dans une mer de sang une couronne que leur refusait la France. D'un côté, prétentions légitimes conciliées avec les principes de l'humanité ; de l'autre, usurpation, perfidie et cruautés épouvantables : voilà le caractère distinctif des guerres et des rivalités qui, au moyen âge, ont divisé les deux nations.

<small>1328.</small>

Edouard ne désirait qu'une occasion pour renoncer à la paix récemment conclue; la Flandre devait bientôt la lui donner. Les Flamands, toujours prêts à se révolter, chassèrent le prince

Louis, leur comte; celui-ci implora la protection du roi de France, son seigneur suzerain. Une expédition fut résolue, et l'armée française se dirigea vers Cassel, dont les hautes tours portaient un étendard où figurait un coq avec cette inscription :

> Quand ce coq chanté aura,
> Le roi Cassel conquérera.

Les Flamands vaincus laissèrent 16,000 hommes sur le champ de bataille. « Il n'en échappa nul, dit Froissart ; « aucun ne recula, tous furent tués et morts l'un sur l'au- « tre, sans yssir de la place sur laquelle la bataille com- « mença. » La ville de Cassel fut prise et réduite en cendres.

Après cette victoire, Philippe somma Edouard de lui faire hommage pour la Guienne; Edouard refusa insolemment de se soumettre. Ses revenus furent saisis, et, devenu plus modeste, il écrivit respectueusement à Philippe « qu'il avoit « dessein depuis longtemps de passer en France pour s'ac- « quitter de ce qu'il lui devoit comme à son seigneur, mais « que divers incidents l'en avoient empêché; que ces obsta- « cles n'étoient pas encore entièrement levés; que cependant « il se rendroit incessamment en personne auprès de Sa Gran- « deur pour lui rendre solennellement l'hommage qui affec- « toit tout roi d'Angleterre comme duc de Guienne. » Le fier Anglais tint parole cette fois et comparut le 6 juin dans l'église cathédrale d'Amiens, où, dépouillé de sa couronne, de son épée et de ses éperons, il se mit à genoux devant le roi. Le chambellan lui dit alors : « Sire, vous devenez, comme duc « de Guienne, homme lige du roi mon seigneur qui ci est, et « lui promettez foy et loyauté porter ? » L'orgueil d'Edouard se révolta, et le *voire* ne tomba point de ses lèvres. On discuta sur la forme, et il fut enfin convenu que, sauf plus ample examen des archives, Edouard ferait d'abord hommage en

Edouard refuse de faire hommage pour la Guienne.

1329.

Soumission d'Edouard.

termes généraux. Le chambellan prononça donc la formule suivante : « Sire, vous devenez homme du roi de France mon « seigneur, de la Guienne et de ses appartenances, que vous « reconnaissez tenir de lui, comme pair de France, selon la « forme des paix faites entre ses prédécesseurs et les vôtres, « selon ce que vous et vos ancêtres avez fait pour le même « duché à ses devanciers rois de France. » Edouard répondit : *Voire*. « S'il en est ainsi, reprit le vicomte de Melun, le roi no- « tre sire vous reçoit, sauf ses protestations et retenues. » Le monarque français dit : *Voire*, « et baisa en la bouche ledit roi « d'Angleterre, dont il tenoit les mains entre les siennes. »

Cette fastueuse cérémonie n'établit entre les deux royaumes qu'une paix apparente. Edouard s'obstinait à considérer Philippe comme un usurpateur heureux qui, non content de lui avoir ravi la plus belle couronne de l'Europe, le réduisait encore à un humiliant vasselage. Philippe, devinant les secrètes dispositions de son rival, exigea de lui une explication nette et précise sur la nature de l'hommage qu'il lui avait fait à Amiens. Des députés furent envoyés à Londres pour terminer cette difficulté selon l'ancien droit ou pour déclarer la guerre. Après de nombreuses tergiversations, vaincues un jour, renouvelées le lendemain, Edouard se décida enfin à faire la déclaration suivante : « Edward, par la grâce de Dieu, roi d'Angle- « terre, seigneur d'Irlande et duc d'Aquitaine, astous ceux qui « cestes présentes lettres verront ou orront, salut. Savoir fai- « sons que come nous feissions à Amiens hommage à excellent « prince, notre cher frère et cosin Philippe, roi de France, « lors nous fut dit et requis de par li que nous recognois- « sions ledit hommage, li promissions expressément foi et « loiauté porter, laquelle chose nous ne feimes pas lors, pour « ce que nous n'estions enformés ne certains que ainsi le deus- « sions faire. Feimes audit roi de France hommage par paroles

Hommage lige d'Edouard.

« générales, en disant que nous entrions en son hommage,
« par ainsi comme nous et nos prédécesseurs ducs de Guienne
« estoient jadis entrés en l'hommage des rois de France qui
« avoient été pour le temps; et depuis ençà nous soions bien
« enformés et acertenés de la vérité, recognoissant par ces
« présentes lettres que ledit hommage que nous feimes à Amiens
« au roi de France, combien que nous le feimes par paroles
« générales, fut, est et doit être entendu lige, et que nous li
« devons foi et loiauté porter comme duc d'Aquitaine et per
« de France et comme comte de Ponthieu et de Montreuil; et
« li promettons doresnavant foi et loiauté porter; et pour ce
« que au temps avenir de ce ne soit jamais contens (*contesta-*
« *tion*) ne descors à faire ledit hommage, nous promettons en
« bonne foi pour nous et nos successeurs ducs de Guienne qui
« seront pour le temps, que toutes fois que nous et nos succes-
« seurs ducs de Guienne entreront en l'hommage du roi de
« France et de ses successeurs qui seront pour le temps, l'hom-
« mage se fera par cette manière : le roi d'Angleterre, duc de
« Guienne, tendra ses mains entre les mains du roi de France,
« et cil qui parlera pour le roi de France adressera ces paroles
« au roi d'Angleterre, duc de Guienne, et dira ainsi : Vous de-
« venez homme lige du roi mon seigneur qui ci est, comme
« duc de Guienne et per de France, et li promettez foi et
« loiauté porter; direz : *Voire*, et ledit roi et duc et ses succes-
« seurs ducs de Guienne diront : *Voire*. Et lors le roi de France
« recevra ledit roi d'Angleterre et duc audit hommage lige à
« la foi et à la bouche, sauf son droit et l'autrui.

« Donné à Eltpam. »

Edouard vint ensuite en France et remit lui-même l'acte déclaratif de son hommage à Philippe, qui se trouvait alors à Saint-Christophe-en-Halate; des lettres d'acceptation lui furent délivrées par la chancellerie de France, et, en échange

Edouard en France.

Conventions entre les deux rois.

de cette soumission, le monarque français consentit à lui accorder le rappel des bannis de Gascogne, la dispense de la démolition de leurs châteaux, et 30,000 livres tournois de dédommagement pour la démolition de Saintes. Pour sceller cette paix, il fut convenu qu'une fille de France épouserait le prince de Galles, encore au berceau.

Tout devait faire croire à la durée d'une paix ainsi consacrée, lorsqu'elle fut troublée à l'occasion d'un homme dont la vie coûta des flots de sang à la nation.

Robert d'Artois. Robert, petit-fils de Robert II, comte d'Artois, prétendait avoir des droits sur cette province, à l'exclusion de Mahault, sa tante. La comtesse en ayant été mise en possession, l'affaire fut portée devant Philippe le Bel, qui se prononça contre Robert. A la mort de Mahault, le prince entra à main armée dans l'Artois, et, battu par Philippe, consentit à s'en rapporter au jugement de la cour des pairs. L'arrêt maintint

1331 la comtesse dans ses possessions jusqu'à la mort de Charles le Bel, époque à laquelle Robert eut la fatale pensée de faire revivre ses prétentions, en les appuyant sur de faux titres et de

Il est condamné à mort. faux témoignages. Condamné à mort et à la confiscation de ses biens par arrêt du 8 avril 1331, le comte se réfugia successivement à Bruxelles, à Louvain et à Namur, essaya plu-

Tentatives d'assassinat sur la personne de Philippe. sieurs fois de faire assassiner le roi Philippe VI, et se rendit enfin à Londres, où il ne cessa d'animer Edouard contre la France. Le monarque anglais employa deux ans à faire ses

Il se réfugie à Londres. préparatifs de guerre, laissant croire à Philippe qu'il se joindrait à lui dans la croisade dont on s'occupait alors. Pour

1333.

Duplicité d'Edouard. réussir dans une entreprise aussi grande que celle de la conquête de la France, il fallait avoir des alliés sur le continent;

Intrigues dans les cours étrangères. Edouard s'en procura à prix d'or. De jeunes bacheliers anglais paraissent à la cour du comte de Hainaut, un œil couvert de drap, « ayant voué entre dames de leur pays que ja-

« mais ne verroient que d'un œil jusqu'à ce qu'ils auroient
« fait aucunes prouesses de leur corps au royaume de France. »
Le comte de Hainaut entra le premier dans la confédération,
et accepta la mission de convenir avec les princes et seigneurs
des Pays-Bas et des bords du Rhin des gages, fiefs et pensions
qu'ils exigeaient pour prix de leurs services. Quand, au milieu d'une paix solennellement jurée en 1329, tous ces honteux marchés furent conclus, quand chacun des princes à
vendre eut arrêté le prix que l'Angleterre pouvait mettre à
son acquisition, Edouard envoya à Valenciennes des ambassadeurs chargés de ratifier les marchés. Parmi les hauts personnages ainsi tarifés, on compte : le marquis de Juliers, les
comtes de Hollande, de Gueldre, de Zélande, de Mons et de
Limbourg, le duc de Brabant, les archevêques de Cologne et
de Trèves, le duc d'Autriche, le marquis de Brandebourg, le
comte palatin du Rhin, Louis de Savoie, les comtes de Genève et de Marlhes, de Los et de Chiny. L'archevêque de Trèves reçut en garantie la couronne d'or du roi d'Angleterre ;
l'archevêque de Cologne eut son épée.

1333.

1334.

Coalition.

Princes soldés par l'Angleterre.

Prévenu de ces honteuses négociations, Philippe songea,
de son côté, à s'assurer le secours de ses alliés. Les rois de
Bohême et de Navarre, les ducs de Bretagne et de Bar, et le
comte de Flandre, répondirent à son appel; mais ce dernier
ne pouvait guère être utile à la France, puisque ses sujets
étaient dévoués à la cause d'Edouard, que protégeait à Gand
le fameux Artevelle, raffineur de miel, brasseur de bière et
chef des métiers. Maître Jacques était alors le vrai comte de
Flandre ; « c'étoit tout fait et bien fait, dit Froissart, quand il
« vouloit commander par toute la Flandre, de l'un des côtés
« jusqu'à l'autre. »

1335.

1336.

Edouard ne fut pas plus tôt d'accord avec le brasseur, *son
compère*, qu'il affecta des manières plus hautaines encore que

Edouard se lie avec le brasseur de Gand.

par le passé ; ainsi il réclama la restitution de la Guienne, bien qu'il eût plusieurs fois consenti à ce que la décision de cette question fût laissée au parlement de France ; il maria sa sœur au comte de Gueldre, quoique, d'après les conventions signées à Saint-Christophe, cette princesse eût été promise au duc de Normandie, fils de Philippe. Ces injustes réclamations furent presque aussitôt suivies de menaces, et les menaces d'une invasion en Flandre. Une armée, sous les ordres de Guy, bâtard du comte, voulut s'opposer à la marche des Anglais et fut défaite. Edouard fit saisir toutes les possessions françaises situées dans la province ; Philippe exerça la même mesure sur la Guienne et le Ponthieu. Une flotte commandée par Nicolas Bahuchet ravagea les côtes d'Angleterre et s'empara de Guernesey. Maître Jacques proposa à Edouard de prendre le titre et les armes de roi de France. Cette proposition surprit le monarque anglais, dont l'esprit recula devant la crainte de devenir ridicule à force d'ambition et d'orgueil ; on ajourna le projet pour se donner le temps d'y réfléchir, et, pour la satisfaction du moment, on acheta au prix de 100,000 florins le vain titre de vicaire de l'empire.

Tous ces marchés n'étant pas terminés, tous les préparatifs n'étant pas achevés au mois de mars, la trêve fut prorogée jusqu'au mois de juin. Mais, dès le mois de mai, le roi d'Angleterre, croyant avoir pris toutes ses mesures pour s'assurer la victoire, renonça à la foi jurée et fit déclarer la guerre à Philippe. L'évêque de Lincoln, « qui moult étoit renommé de « sens et de prouesse, » se chargea de porter les *défiances* de son souverain. Ce défi n'étonna personne à Paris, on s'y attendait, et les précautions étaient prises pour y répondre convenablement. Les préparatifs faits pour la croisade furent employés à se défendre contre Edouard et ses nombreux alliés ; la flotte des Génois passa de la Méditerranée dans l'Océan, s'accrut des forces maritimes de la Normandie et de la Bretagne, et attendit le moment des opérations.

Les choses en étaient arrivées à ce point que la guerre était inévitable, lorsque deux événements de peu d'importance la firent soudainement éclater : des pêcheurs de Rouen, échoués sur la plage de Douvres, ne sont secourus par les Anglais que pour en être pillés ; les Normands se plaignent, l'autorité anglaise se prononce contre eux. Rentrés dans leur patrie, ils crient à l'injustice et demandent vengeance. On saisit les vaisseaux anglais dans le port de Calais ; armateurs normands et anglais multiplient les insultes et les représailles. Edouard porte enfin ses plaintes à Philippe, et les vaisseaux saisis sont relâchés sans que l'Anglais donne aucune satisfaction aux pêcheurs de Rouen.

Les Anglais pillent des naufragés de Rouen.
Déni de justice.
Ridicule plainte d'Edouard.
Loyauté de Philippe.
1336.

Le bureau de Langon percevait six sols tournois par chaque tonneau de vin ; les Anglais refusent un jour de payer ce droit, ils sont arrêtés, et leur vin est confisqué. Edouard fait parvenir des réclamations à Philippe, et les Anglais, mis en liberté, rentrent en possession de leur marchandise.

Injustice des Anglais.
Loyauté du roi de France.

Nous aimons à mettre en parallèle le désintéressement et la loyauté de nos rois avec la cupidité et la mauvaise foi des rois anglais ; de telles comparaisons, appuyées sur des faits incontestables, répandent sur l'histoire des deux peuples une lumière qui ne permet ni erreur ni illusion.

Lorsqu'à son retour l'évêque de Lincoln eut fait connaître que « les défiances avoient été dénoncées, » Gautier de Mauny, qui avait « promis en Angleterre entre les dames qu'il seroit « le premier qui entreroit en France et prendroit châtel et « forteresse, » partit à la tête d'une nombreuse chevalerie, traversa le Brabant, entra dans le Hainaut, incendia Mortagne, surprit Thun-l'Evêque près de Cambrai, et rejoignit Edouard à Malines. Les alliés, dont l'armée était alors de 150,000 hom-

Invasion de la France.
Incendies.
1337.

mes, se portèrent vers Cambrai, dont ils ne purent s'emparer, et, conduits par Robert d'Artois, ils entrèrent dans la Picardie, où ils firent d'affreux ravages. « Nos gens, écrivait à Edouard « l'archevêque de Cantorbéry, détruisent communément en « large douze ou quatorze lieues de pays, et tout ce pays est « moult nettement vidé de blés, de bétail et d'autres biens. »

Ravages en Picardie.

Philippe, parti de Saint-Quentin, rencontra les ennemis à Vironfosse. Edouard avait avec lui 120,000 hommes, et le roi de France environ 100,000. Dans cette rencontre, la signification fut faite à Philippe dans les termes suivants : « Le hérault « vint le trouver et lui dit comment le roi des Anglois étoit ar- « rêté sur les champs, et qu'il vouloit et requéroit avoir ba- « taille, pouvoir contre pouvoir. A ce entendit le roi Philippe « volontiers, et accepta la journée au vendredi suivant (22 oc- « tobre 1339). » Les deux armées restèrent en présence jusqu'au soir, et quand la nuit fut venue, Edouard fit trousser son bagage et se retira. Philippe ne leva son camp que le lendemain.

Les deux armées à Vironfosse.

1339.

Fuite des Anglais.

Le roi d'Angleterre se rendit dans le Brabant et employa le reste de l'année à s'attacher définitivement les Flamands, dont il consentit enfin à suivre les conseils en prenant publiquement le titre de roi de France ; il passa ensuite à Londres pour y hâter les levées d'hommes et les contributions dont il avait besoin. Pendant que son rival augmentait chaque jour le nombre de ses alliés, Philippe, à force de soupçons et de sévérité, perdit l'amitié déjà chancelante du comte de Hainaut, qui brûla plusieurs places en se rendant auprès d'Edouard, avec lequel il se lia plus étroitement que jamais.

Edouard prend le titre de roi de France.

Défection du comte de Hainaut.

Incendies.

Il importait au roi de France d'empêcher les troupes levées en Angleterre de débarquer sur le continent ; par ses ordres, cent quarante grosses nefs vinrent se ranger le long du rivage, entre Blankenberge et le port de l'Ecluse pour y attendre la flotte anglaise. La rencontre eut lieu le 23 juin ; on se battit à l'abordage, comme en rase campagne, depuis six heures du matin jusqu'à trois heures de l'après-midi. La victoire était indécise, lorsque les massives carènes des nefs flamandes se montrèrent à la sortie du port de l'Ecluse. La flotte française fut exterminée, et 30,000 hommes périrent dans cette bataille, qui sembla prédire à la France tout le sang qu'elle devait perdre dans ses guerres maritimes.

1340.

Bataille de l'Ecluse.

Vainqueur à l'Ecluse, le roi d'Angleterre se rendit à Gand, où l'attendaient ses alliés avec 120,000 hommes. Après quelques jours de repos, toute cette armée prit la route de Tournay avec l'intention de l'attaquer. Philippe avait prévu les projets de son rival et envoyé dans la place « droite fleur de « chevalerie, » commandée par Godemar du Fay, gentilhomme de Bourgogne, qui sauva alors la France pour la perdre au passage de Blanque-Taque. Placé entre une ville vaillamment défendue et une nombreuse armée que Philippe avait campée entre Lille et Douai, au-delà du pont de Bouvines, Edouard jugea, non sans raison, que sa position était périlleuse, et il résolut d'en sortir en offrant à Philippe un cartel qui ne fut pas accepté.

Les alliés sous les murs de Tournay.

Cartel d'Edouard.

Pendant ce temps, Robert d'Artois était parti avec Artevelle pour mettre le siége devant Saint-Omer, où, battus par Eudes de Bourgogne, les Flamands laissèrent 4,000 hommes sur le champ de bataille. Effrayé de cette défaite, Edouard renonça, mais pour quelques jours seulement, à son indomptable orgueil, à son rôle de provocateur, et sollicita la paix par l'intermédiaire de Jeanne de Valois, sa belle-mère et sœur de Philippe le Bel, religieuse dans l'abbaye de Fontenelles. Les sollicitations de cette princesse ne réussirent qu'à faire conclure une trêve d'un an, prolongée plus tard jusqu'en 1342. Pendant cet intervalle, le duc de Brabant, s'apercevant

Siége de Saint-Omer.

Edouard demande la paix.

Trêve.

qu'il avait été trompé par de fausses promesses, se rapprocha de Philippe ; Louis de Bavière retira à Edouard le titre de vicaire de l'empire, et l'Ecosse se souleva contre l'Angleterre.

Mort du duc de Bretagne.

La trêve n'était pas encore expirée que la mort de Jean III, duc de Bretagne, fit éclater la guerre. Deux héritiers prétendirent à cette riche succession : Jeanne de Penthièvre, épouse de Charles de Blois et nièce du duc qui lui avait légué tous ses biens, et Jean de Montfort, frère de Jean. Le roi de France et son parlement décidèrent en faveur de la princesse; Edouard prit parti pour Montfort, quoiqu'il eût suffisamment reconnu le droit de Jeanne de Penthièvre. Mais Montfort lui offrit de lui faire hommage de son duché de Bretagne et de partager avec lui les trésors de Limoges et de Nantes ; l'or et l'ambition lui firent oublier et sa première opinion sur le droit de Jeanne et la trêve que Philippe lui avait accordée. « La cour de par- « lement, suffisamment garnie de pairs, » eut à peine rendu sa sentence, que le duc de Normandie entra en Bretagne pour en assurer l'exécution. Après avoir pris Chenonceaux, ce prince assiégea Nantes, s'en empara, et Montfort, fait prisonnier, fut envoyé à Paris. Les Français croyaient la guerre finie, mais Jeanne la Flamande, femme du prisonnier, « avoit cou- « rage d'homme et cœur de lion. » Rassemblant à Rennes ses amis et soudoyers, et tenant dans ses bras un petit fils qu'elle avait nommé « Jehan » comme son père : « Ah ! seigneurs, leur « dit-elle, ne vous ébahissez mie de mon seigneur que nous avons « perdu. Voyez ci mon petit enfant qui sera, si à Dieu plaît, « son *restorier.* » Cette héroïque princesse se renferma dans la place d'Hennebon, où elle attendit Charles de Blois, dont la petite armée venait de s'emparer de Rennes malgré les efforts du commandant Guillaume de Cadoudal. Le prince ne tarda pas à se présenter devant la place et à la serrer de près ; les murs menaçaient ruine, la garnison parlait de capitulation malgré

1341.

Edouard soutient les injustes prétentions de Montfort.

L'or de Limoges.

Double déloyauté.

Montfort est prisonnier.

Siège d'Hennebon.

1342.

l'exemple et les prières de la comtesse, « lorsque, regardant « vers la mer par une fenêtre du châtel, cette femme intré- « pide s'écria en grande joie : Voici, voici le secours que j'ai « tant désiré ! » C'était une flotte anglaise portant 6,000 ar- chers ; avec ces 6,000 archers, Mauny mit les assiégeants en désordre et en fit un affreux carnage. *Carnage des assiégeans.*

Louis d'Espagne, qui continuait le siége pendant que Charles était occupé à former celui d'Auray, jugea nécessaire de dé- camper pour s'emparer de Dinan et de Guérande, et parcou- rir avec quelques vaisseaux marchands les côtes de la Basse- Bretagne. Rencontré par Gautier dans les environs de Quim- perlé, il y fut battu, et de 6,000 hommes ne put en ramener que 300. *Combat naval de Quimperlé.*

Ces divers avantages étant peu décisifs, ne possédant plus de ressources, n'obtenant plus rien de l'Angleterre, trop occupée elle-même du soin de se défendre contre l'Ecosse, la comtesse Jeanne demanda une trêve que Charles s'empressa de lui ac- corder. *Trêve en Bre- tagne.*

Il est digne de remarque que l'Angleterre prêtait son se- cours à la comtesse de Montfort contre le roi de France, bien qu'il existât une trêve entre les deux puissances. A l'expira- tion de cette trêve, la guerre fut reprise avec une fureur nou- velle. Une flotte de quarante-cinq vaisseaux, commandée par Robert d'Artois, quitta les rivages de l'Angleterre, et rencontra, à la hauteur de Guernesey, la flotte française placée sous les ordres de Louis d'Espagne. Après un long et terrible combat où les avantages furent égaux, on remit la partie au lende- main ; mais pendant la nuit il s'éleva une si furieuse tempête, que les vaisseaux français furent jetés sur les côtes de Biscaye et les Anglais dans la rivière d'Hennebon. *Violation de la trêve.* *Rencontre à Guernesey.* *Tempête.*

Robert d'Artois fit le siége de Vannes, dont il réussit à s'em- parer, bien qu'il eût à lutter contre le brave Clisson ; quelques *1343. Les Français perdent Vannes.*

jours suffirent au héros pour rentrer dans la place. Dans l'une des attaques, le traître et félon Robert d'Artois fut obligé de s'esquiver *moult navré* par une poterne de derrière; mortellement blessé, du moins n'osa-t-il pas mourir dans la patrie livrée par lui aux Anglais, il s'en alla rendre son dernier soupir à Londres.

Tandis que ce prince traître à la France mourait honteusement sur la terre étrangère, un autre traître, appartenant à la bourgeoisie, allait expier son parjure. Non content d'avoir soulevé les Flamands contre leur comte, le brasseur Artevelle se crut assez puissant pour donner cette province au prince de Galles, fils et héritier de son compère Edouard : vendre ou donner n'était pas difficile; mais quand il fallut obtenir le consentement et la ratification des Flamands, l'indignation fut générale. Artevelle quitta Edouard à l'Ecluse, traversa Bruges et Ypres, et se rendit à Gand, où, sur son passage, le peuple murmurait et disait : « Voyez celui qui est trop grand maître « et qui veut ordonner de la comté de Flandre. »—« Ah! pour « Dieu, disaient les autres, si nous voulons un maître, ne « soyons pas trouvés en telle déloyauté de déshériter notre na- « turel seigneur pour donner son lit au premier compagnon « qui le demande. » La porte de l'hôtel du traître fut forcée, la foule s'y précipita, et, sans égard pour ses larmes, sacrifia son ancienne idole, à la voix de Gérard Denis, chef des tisserands.

A la nouvelle de cette mort, Edouard se hâta de repasser en Angleterre pour y réunir de nouvelles forces. Il reparut en France dans le courant de la même année, et assiégea en même temps Rennes, Vannes, Nantes et Dinan. 40,000 Normands forcèrent le monarque anglais à concentrer toutes ses troupes auprès de Vannes et à s'y retrancher dans son camp. Charles de Valois imita son exemple et attendit l'heure du combat,

De son côté, Louis d'Espagne tenait la mer et empêchait les convois d'arriver aux Anglais. On était alors au mois de janvier, la disette et le froid allaient forcer Edouard à se rendre ou à livrer une bataille qui lui aurait été fatale, lorsque les légats du pape proposèrent de faire une trêve jusqu'à la Saint-Jean ; le duc de Normandie eut la faiblesse d'accorder alors ce qu'il eut bientôt l'occasion de regretter amèrement. *Trêve.*

Edouard, à peine échappé au danger, rompit la trêve pour un motif qui aurait dû lui être entièrement étranger. Le comte de Salisbury, dont l'épouse avait été séduite par Edouard, se vengea de cet affront en révélant au roi de France les noms de quelques seigneurs payés par l'Angleterre pour trahir la France. A la tête de ces conspirateurs se trouvaient Olivier de Clisson, Geoffroy d'Harcourt et neuf autres gentilshommes. Philippe les fit arrêter et exécuter comme traîtres à la patrie ; Geoffroy d'Harcourt réussit à se dérober à la colère du roi et à se réfugier à Londres, où il remplaça par sa trahison le trop fameux Robert d'Artois. *Violation de la trêve. Complot payé par Edouard.*

Le roi d'Angleterre jura de venger la mort des Bretons, que, dans une lettre au pape, il qualifie de « nobles attachés à sa « personne. » Avait-il fait alliance avec eux ? ils avaient mérité la mort. Etaient-ils demeurés fidèles ? il se déclara le vengeur de ceux dont il n'était pas le roi, le réparateur d'un tort dont il n'était pas le juge. A cette occasion cependant il rompit la trêve et fit défier Philippe. *Edouard jure de venger la mort des traîtres.*

Le comte de Derby débarqua à Bayonne et se rendit maître de la Guienne, alors dégarnie de troupes. Montfort, dont Philippe n'avait rompu les fers qu'à la condition qu'il ne rentrerait pas en Bretagne avant l'expiration de la trêve, fut à peine libre qu'il faussa son serment et recommença les hostilités. Charles de Blois prit Quimpercorentin ; Montfort s'empara de Dinan et passa en Angleterre pour en obtenir des secours qui ne purent *Les Anglais en Guienne. Parjure du duc de Bretagne.*

lui être accordés, parce que la guerre de France absorbait toute l'attention et toutes les ressources d'Edouard. Rentré en Bretagne, Montfort y mourut de chagrin, laissant ses prétentions à son fils Jean, placé sous la tutelle de sa courageuse mère. Cette princesse obtint du monarque anglais les secours que n'avait pu obtenir le comte son mari.

<small>Secours d'Edouard à l'usurpateur de la Bretagne.</small>

Philippe avait ainsi à se défendre en Bretagne et en Guienne; son activité fut mise en défaut dans cette dernière province. On donna presque tout l'été au comte de Derby pour fortifier ses places, et quand, au mois de novembre, le prince Louis, duc de Normandie, marcha contre l'ennemi à la tête de 60,000 hommes, il le trouva assez fortement établi pour attendre le secours que lui expédiait le roi d'Angleterre. Il fallut se contenter de prendre Angoulême et d'assiéger Aiguillon ; tous les assauts livrés pendant quatre mois n'ayant pu nous rendre maîtres de cette place, le prince Louis résolut de la prendre par la famine. Edouard, voulant empêcher l'exécution d'un projet qu'il considérait comme funeste, partit du port d'Hantonne sur une flotte chargée de nombreuses troupes commandées par Geoffroy d'Harcourt, l'un des seigneurs échappés au châtiment des traîtres; les vents l'ayant empêché de débarquer en Guienne assez tôt pour conserver Aiguillon, Edouard, conseillé par d'Harcourt, vint prendre terre à la Hogue-Saint-Waast en Cotentin. « Des calamités de cent « nées furent le fruit de l'inspiration du moment et du chan- « gement des vents dans le ciel (1). »

<small>Siège d'Aiguillon.</small>

<small>Edouard prend terre à la Hogue.</small>

<small>1346.
Pillages et incendies.</small>

La ville d'Harfleur fut livrée au pillage; celles de Cherbourg, Valognes, Carentan et Saint-Lô furent réduites en cendres. Pour le récompenser de ses *nobles* services, on chargea Geoffroy d'Harcourt, créé maréchal-général, de marcher à la tête

---

(1) *Etudes historiques*, t. IV, p. 52.

des armées anglaises et de leur apprendre les chemins des villes et villages à piller et à détruire.

La surprise que cette invasion fit éprouver à la cour de France fut extrême. L'ennemi s'approcha de Caen, dont les bourgeois et quelques chevaliers commandés par le comte d'Eu, connétable de France, composaient toute la garnison. Malgré la défense la plus désespérée, cette malheureuse ville fut prise et pillée ; ces prémices de nos dépouilles, chargées sur des vaisseaux, furent transportées à Londres. *La ville de Caen est pillée.*

Après cette facile victoire, Edouard suivit la route d'Evreux, prit et brûla Louviers, le Pont-de-l'Arche, Vernon, Mantes, Meulan, et vint jusqu'à Poissy. A cette nouvelle, Philippe se hâta de revenir de Rouen, où il était allé chercher l'ennemi, le suivit de l'autre côté de la Seine, et entra dans Paris, où sa présence était nécessaire pour calmer la terreur répandue alors dans les esprits. Des détachements anglais dévastèrent les environs de Chartres, Saint-Germain-en-Laye, Nanterre, Ruel, Saint-Cloud et Neuilly. L'étranger était aux portes de Paris, et c'était un Français qui les leur faisait connaître ! *Incendies. Ravages.*

Philippe sortit enfin de Paris avec des forces considérables et ne put atteindre Edouard, dont il ne connut pas la direction, trompé qu'il fut par de fausses indications. Le monarque anglais, ayant pu traverser la Seine sans être inquiété, rencontra et mit en déroute, au-delà du fleuve, les communes de Picardie en marche pour rejoindre l'armée française. Ces braves gens laissèrent 1,200 hommes sur la place. Que pouvaient faire 8,000 bourgeois mal armés et peu habitués aux combats contre 100,000 soldats disciplinés et aguerris? L'armée anglaise ne laissait derrière elle que du sang et des ruines ; il ne servait à rien aux habitants de ne pas résister : les villes et les villages les plus paisibles étaient également pillés et passés au fil de l'épée. *Philippe poursuit les Anglais. Les communes de Picardie sont battues. Meurtres et pillages.*

Trompé pendant deux jours, Philippe atteignit cependant les Anglais sur les bords de la Somme. Les ponts de Pecquigny et de Rémy, occupés par les Français, ne purent être emportés par Edouard, qui aurait voulu s'en servir pour se porter au-delà de la rivière et échapper à l'armée ennemie, dont la cavalerie allait l'atteindre. Sa dernière ressource était de trouver un gué : un traître le lui fit connaître. Un varlet, nommé Gobin Agace, lui indiqua le passage de Blanque-Taque, et il traversa la Somme en présence de 12,000 hommes qui talonnaient son armée de telle façon que l'avant-garde française touchait à l'arrière-garde des Anglais. Une fois hors de danger, Edouard vint asseoir son camp sur une hauteur qui domine le village de Crécy. Tout le monde connaît le résultat de cette funeste bataille : les Anglais furent valeureux et prudents ; les Français, d'un courage au moins égal, se perdirent par leur imprudence. 30,000 hommes perdirent la vie, et parmi eux se trouva l'élite de la noblesse du royaume. Philippe désespéré, n'en pouvant plus de fatigue, se présenta la nuit à la porte du château de Roye, répondant au châtelain, peu pressé d'abord d'abaisser le pont-levis, par ces nobles et belles paroles : « C'est le salut « de la France ! » Le lendemain le roi s'achemina vers Paris ; Edouard, écrasant sur son passage les communes de Beauvais et de Rouen, intrépides et dévouées, mais ne connaissant pas le malheur de la veille, vint mettre le siége devant Calais, que son gouverneur, Jean de Vienne, refusa de livrer.

Le duc de Normandie reçut l'ordre d'abandonner le siége d'Aiguillon, et le comte de Derby se rendit de nouveau maître de toutes les places de la Guienne. Tandis que la France se défendait au nord et au midi, la Bretagne continuait à être en feu. Edouard pressait le siége de Calais ; en vain le sire de Beaujeu offrit-il à ce monarque d'en venir aux mains, en vain les légats du pape sollicitèrent-ils un accommodement, l'An-

glais voulait s'emparer de Calais, et Calais lui appartint bientôt. Réduit à la plus extrême famine, Jean de Vienne monta aux créneaux et fit la communication suivante à Gautier de Mauny : « Chiers seigneurs, vous êtes moult vaillants cheva-
« liers en fait d'armes, et sçavez que le roi de France, que nous
« tenons à seigneur, nous a céans envoyés et commandé que
« nous gardassions cette ville et châtel, si que blasme n'en eus-
« sions et lui nul dommage ; nous en avons fait notre pouvoir.
« Or est notre secours failli, et nous si estrains que nous n'a-
« vons de quoi vivre ; si nous conviendra tous mourir ou en-
« rager de famine, si le gentil roi votre seigneur n'a merci de
« nous, laquelle chose lui veuillez prier en pitié, et qu'il nous
« veuille laisser aller tous ainsi que nous sommes. »

1347.

« — Jean, répondit Gautier, nous sçavons une partie de l'in-
« tention de mon seigneur le roi, car il nous l'a dit : sçachez
« que ce n'est mie son entente que vous en puissiez aller ainsi ;
« mais son intention est que vous vous mettiez tous à sa pure
« volonté, ou pour rançonner ceux qu'il lui plaira, ou pour
« faire mourir. »

Jean ne voulut pas se rendre à discrétion. Mauny implora la pitié d'Edouard en faveur des habitants de Calais ; les seigneurs anglais joignirent leurs prières aux siennes, et le roi consentit à se montrer moins cruel. « Seigneurs, leur dit-il, je
« ne veux mie être tout seul contre vous tous. Sire Gautier,
« vous direz au capitaine de Calais que la plus grande grâce
« qu'il pourra trouver en moi, c'est qu'ils se partent de la ville
« six des plus notables bourgeois, les chefs tous nuds et tous
« déchaussés, les harts au col, et les clefs de la ville et du
« châtel en leurs mains ; et de ceux je ferai à ma volonté, et
« le remanent je prendrai à merci. »

Quand cette nouvelle fut connue dans la ville, Eustache de Saint-Pierre se leva au milieu de la foule désolée et offrit le premier le sacrifice de sa vie : « Seigneurs grands et petits, « s'écria-t-il, grand méchef seroit de laisser mourir un tel « peuple qui ci est, par famine ou autrement, quand on y peut « trouver aucun moyen, et feroit grande grâce devant notre « Seigneur qui les pourroit garder. J'ai en droit moi si grande « espérance d'avoir pardon envers notre Seigneur, si je meurs « pour ce peuple sauver, que je veux être le premier. »

Jean Daire, les frères Jacques et Pierre Wisant, tous parents d'Eustache, deux autres citoyens dont l'histoire a malheureusement oublié les noms, se rendirent au camp d'Edouard, qui, pour honorer sans doute leur sublime dévouement, fit venir

Cruauté d'E-douard.

« le coupe-tête. » Les larmes et les prières de la reine désarmèrent ce cœur de bronze : « Ah ! madame, s'écria-t-il, je « aimasse mieux que vous fussiez autre part que ci. Vous me « priez si à certes, que je ne puis vous éconduire. Si les vous « donne à votre plaisir. » Convenablement vêtus et riches de six nobles chacun, ces hommes à jamais vénérables furent rendus à la liberté.

Prise de Calais.

Le lendemain (août 1347) la population de Calais fut chassée de la ville et remplacée par des familles anglaises accourues pour s'enrichir des dépouilles de la bourgeoisie. On ne retint dans la ville que « trois François, un prêtre et deux autres an- « ciens hommes, bons coutumiers des lois et ordonnances de « Calais ; et fut pour renseigner les héritages, voulant le roi re- « peupler la ville de purs Anglois. Ce fut grand'pitié quand « les grands bourgeois et les nobles bourgeoises et leurs beaux « enfants furent contraints de guerpir leurs beaux hôtels, leurs « héritages, leurs meubles et leurs avoirs, car rien n'empor- « tèrent. »

Trêve.

Après la prise de Calais, une trêve fut accordée jusqu'au 24 juin 1348 ; successivement prorogée, cette trêve fut maintenue jusqu'en 1350, époque de la mort de Philippe VI, et renouvelée, sur les instances du pape, à l'avénement de Jean II, jusqu'en 1351.

Quoique la Bretagne fût comprise dans les trèves, les Anglais ne cessèrent pas d'y exercer les plus affreux ravages : les personnes sans défense étaient exterminées et les terres dévastées ; les cultivateurs abandonnaient les campagnes, où femmes et enfants étaient égorgés. Toutes ces atrocités, en excitant au plus haut degré l'indignation de la noblesse bretonne, donnèrent lieu au fameux combat des Trente. Richard Brembro, capitaine anglais, avait prétendu que les Bretons ne pouvaient pas *se parangonner* aux Anglais. Le chevalier de Beaumanoir étant allé trouver l'Anglais, on s'insulta et on se défia, trente contre trente, « à jouer de fers de glaives pour « l'honneur des dames. » Rendez-vous fut pris pour le samedi veille du dimanche *Lætare* de l'an 1350. Brembro, se ravisant au moment de la lutte, proposa d'y renoncer ; Beaumanoir répondit qu'il était trop tard, et qu'il ne se retirerait pas « sans « mener les mains et sçavoir qui avoit la plus belle amie. » — « C'est folie de combattre, reprit Brembro ; car quand nous se- « rons morts, toute la Bretagne ne recouvrera pas de tels « hommes. » Beaumanoir insista, et la lice fut ouverte. Vainqueurs d'abord, les Anglais furent taillés en pièces.

La trève conclue en 1348, prorogée en 1350, n'était pas encore expirée, que déjà Edouard s'emparait de Guines. Philippe se plaignit de cette infraction ; l'Anglais ne répondit que par d'injurieuses railleries. L'armée française, commandée par le sire de Beaujeu, rencontra les Anglais sous les murs de Saint-Omer et les mit en pleine déroute. Cette victoire coûta la vie au sire de Beaujeu.

Le pape Clément VI réussit alors à faire signer une trève qui se prolongea jusqu'en 1355 ; mais une trève n'était pour Edouard que l'occasion de profiter de nos troubles intérieurs

Violation de la trève.

Massacres et dévastations.

Combat des Trente.

1350.

Violation.

Les Anglais surprennent Guines.

Victoire de Saint-Omer.

Trève.

pour favoriser ses vues ambitieuses. A la mort de Philippe, Charles, roi de Navarre, si justement surnommé le Mauvais, sollicita du roi Jean II la restitution de la Champagne, de la Brie et de la Bourgogne, qu'il prétendait lui appartenir du chef de sa mère, Jeanne de France, fille de Louis le Hutin ; ses instances ne purent lui faire obtenir que l'échange du comté d'Angoulême contre celui de Mantes et Meulan. Le comté d'Angoulême fut donné à Charles d'Espagne, connétable de France. Jaloux d'une faveur qui cependant ne blessait en rien ses intérêts, le roi de Navarre envoya le bâtard de Mareuil, un de ses familiers, surprendre le connétable à l'Aigle avec ordre de l'assassiner. Le bourreau s'acquitta de sa mission, et, rejoignant son maître hors de la ville, il lui cria du plus loin qu'il le vit : « C'est fait, c'est fait, il est mort ! »

Ce crime ne laissant aucun espoir de pardon, Charles s'allia au roi d'Angleterre et se prépara à organiser sa défense au moyen des troupes que lui promit son allié. On ne sera pas surpris de voir en pleine paix Edouard prêter main forte à un sujet révolté, quand on saura que ce prince déloyal venait d'enfreindre la trêve en s'emparant du château de Domfront.

Jean avait à choisir entre deux partis : poursuivre le roi de Navarre en s'exposant alors à voir le meurtrier du connétable livrer la Normandie aux Anglais, ou bien pardonner au coupable et éviter ainsi une invasion étrangère. Assez courageux, mais trop faible pour résister à de nombreux ennemis, le roi Jean prit le parti d'étouffer sa colère et de pardonner. Cette faiblesse, étrangère au caractère du roi, mais inspirée par les circonstances, devait coûter cher à la nation.

Par suite de cette concession, une trêve fut conclue à Avignon entre Edouard et Jean. Ce dernier, instruit que le Navarrais, qui s'était clandestinement introduit dans la ville, avait fait tous ses efforts auprès de l'ambassadeur anglais pour empêcher les négociations de réussir, résolut enfin de lui infliger le châtiment que méritaient ses crimes. Mais Charles, en sûreté dans une des places qui lui appartenaient, recourut de nouveau à l'Angleterre, dont le souverain, nonobstant la trêve, lui promit des secours en hommes et en argent. Le roi de France fut encore obligé de traiter avec un prince rebelle pour n'avoir pas à lutter contre la fourberie d'un roi trop puissant.

Fourberie d'Edouard.

La trêve expira le 24 juin, et, le mois d'octobre suivant, le prince de Galles fit une irruption dans la Gascogne, ravagea les environs de Toulouse, de Narbonne et de Carcassonne. Pendant ce temps, Edouard, débarqué à Calais, s'avança jusqu'à Saint-Omer, refusa la bataille et le duel que lui offrit le roi de France, ravagea les campagnes et retourna en Angleterre.

1355.
Invasion de la Gascogne.
Ravages à Toulouse, etc.

Ravages à Saint-Omer.

Le plus dangereux ennemi pour la France était toujours le roi de Navarre; non content d'arracher à leurs devoirs les personnes les plus dévouées au roi, ce prince osa tenter la fidélité du Dauphin. Chose étonnante! le Dauphin se laissa persuader et consentit à se laisser enlever par les conjurés; il reconnut heureusement son erreur et révéla le complot à son père, qui cette fois jura d'en finir avec Charles. Attiré à Rouen par le Dauphin, le Navarrais assistait à un festin, lorsque Jean pénétra à l'improviste dans le château, vint droit à lui et l'enleva de table en lui disant : « Or sus, traître, tu n'es pas digne « d'être assis à la table de mon fils. » On emmena le roi de Navarre et ses gens, et plusieurs conjurés, au nombre desquels se trouvait le comte d'Harcourt, furent décapités à l'instant par « le roi des ribauds. »

1356.

Intrigues auprès du Dauphin.

Emprisonnement de Charles le Mauvais.

Philippe, frère de Charles le Mauvais, n'eut pas plus tôt appris cette arrestation, qu'il se rendit en Normandie

Edouard fournit un secours à Philippe, frère du roi de Navarre.

10

et se cantonna dans le Cotentin, où il reçut, au mois de juin, 4,000 hommes que lui amena le duc de Lancastre. Ces forces, réunies à celles de Philippe et de Geoffroy d'Harcourt, qui, sous le dernier règne, avait déjà introduit les Anglais en France, marchèrent sur Pont-Audemer et s'emparèrent de Verneuil. De ce côté, les opérations militaires furent momentanément suspendues pour être reprises avec une nouvelle ardeur dans la Gascogne. Le prince de Galles, qui s'y trouvait, pénétra dans l'Auvergne, le Limousin et le Berry ; plus téméraire chaque jour, il osa s'arrêter à faire le siége de Romorantin, quoiqu'il fût prévenu que le roi de France s'avançait avec une armée bien supérieure à la sienne. Les deux armées se rencontrèrent en effet à Maupertuis, village situé à deux lieues de Poitiers. Pressé par une armée quatre fois plus considérable que la sienne, privé de vivres, il se trouva, comme son père à Crécy, dans la nécessité de vaincre ou de périr ; sa prudence et l'aveugle intrépidité de ses ennemis lui donnèrent la victoire. C'était le dimanche 18 septembre ; le prince de Galles s'était retranché, avec ses 12,000 hommes, au milieu d'une vigne, sur une petite hauteur ; pour aller à lui, il n'y avait qu'un chemin creux, bordé de deux haies épaisses, et si étroit qu'à peine trois cavaliers y pouvaient passer de front. Des archers anglais étaient embusqués derrière ces haies. Dans la plaine, 60,000 Français, commandés par « toute la fleur du « royaume, » attendaient impatiemment l'heure du combat. Monté sur un cheval blanc, le roi parcourait les rangs et disait : « Quand vous êtes dans vos bonnes villes, vous menacez « les Anglois et désirez avoir le bacinet en la tête devant eux. « Or y êtes-vous, je vous les montre ; si leur veuillez remon- « trer leurs maltalents et contrevenger les dommages qu'ils « vous ont faits. » L'armée répondit d'une commune voix : « Sire, Dieu y ait part. »

La journée s'écoula en préparatifs et en négociations; la nuit venue, les Français, se fiant dans leur nombre et leur valeur, la passèrent à dormir, les Anglais veillèrent et se retranchèrent. « Le soleil qui devait éclairer un jour si funeste à no-
« tre patrie se leva, et trouva les cœurs bercés de fausses espé-
« rances (1). »

Trois cents cavaliers entrent dans le défilé, s'avancent entre les deux haies et sont arrêtés par les archers; leurs chevaux blessés se cabrent, refusent d'avancer, trébuchent et tombent sur leurs maîtres. La confusion se met dans les rangs et empêche les hommes d'avancer ou de reculer. La terreur s'empare des soudoyers, les hommes d'armes démontés se dispersent, les troupes du duc d'Orléans prennent la fuite avec leur chef. Il ne resta sur le champ de bataille que l'escadron de cavalerie allemande et la division conduite par le roi, à laquelle se joignirent plusieurs chevaliers résolus à mourir plutôt que d'abandonner leur maître. « Ce dernier se faisoit re-
« marquer au milieu des siens par sa haute taille, son air mar-
« tial, et par les fleurs de lis d'or semées sur sa cotte d'armes.
« Il étoit à pied comme le reste de ses chevaliers, et tenoit à la
« main une hache à deux tranchants, arme des vieux Franks.
« A ses côtés étoit son fils, le jeune Philippe, à peine âgé de
« quatorze ans, comme le lionceau auprès du lion. Le choc
« fut rude... La cavalerie allemande, qui avoit bien soutenu le
« premier choc, lâcha pied après avoir perdu tous ses chefs, et
« le captal de Buch, avec les maréchaux d'Angleterre, se
« trouva en face du roi abandonné des deux tiers de son ar-
« mée... Déjà les plus braves avoient été tués; le bruit dimi-
« nuoit sur le champ de bataille. Jean, la tête nue, blessé
« deux fois au visage, présentoit son front sanglant à l'en-

---

(1) Châteaubriand.

« nemi. Incapable de crainte pour lui-même, il s'attendrit sur
« son jeune fils, déjà blessé en parant les coups qu'on portoit
« à son père. Il voulut éloigner l'enfant royal, et le confia à
« quelques seigneurs ; mais Philippe échappa aux mains de
« ses gardes, et revint auprès de Jean, malgré ses ordres.
« N'ayant pas assez de force pour frapper, il veilloit aux jours
« du monarque en lui criant : « Mon père, prenez garde, à
« droite, à gauche, derrière vous ! » L'oriflamme étoit renver-
« sée ; il n'y avoit plus que les fleurs de lis debout sur le
« champ de bataille : la France tout entière n'étoit plus que
« dans son roi. Jean, tenant sa hache des deux mains, défen-
« dant sa patrie, son fils, sa couronne et l'oriflamme, immo-
« loit quiconque l'osoit approcher. Mille ennemis essayoient
« de se saisir du roi et lui disoient : « Sire, rendez-vous ! »
« Jean, épuisé de fatigue et perdant son sang, n'écoutoit rien
« et vouloit mourir.

« Un chevalier fend la foule, écarte les soldats, s'approche
« respectueusement du roi, et lui parlant en françois : « Sire,
« au nom de Dieu, rendez-vous ! » Le roi, frappé du son de
« cette voix, baisse sa hache et dit : « A qui me rendrai-je ?
« à qui ? Où est mon cousin le prince de Galles ? Si je le
« voyois, je parlerois. — Il n'est pas ici, répond le chevalier ;
« mais rendez-vous à moi, et je vous mènerai vers lui. — Qui
« êtes-vous ? repart le roi. — Sire, je suis Denis de Morbec,
« chevalier d'Artois. Je sers le roi d'Angleterre, parce que
« j'ai été obligé de quitter mon pays pour avoir tué un
« homme. »

Le roi Jean est prisonnier.

« Jean ôta son gant de la main droite et le jeta au cheva-
« lier, en lui disant : « Je me rends à vous. » Du moins le roi
« de France ne remit son épée qu'à un François. »

Cette bataille, moins sanglante que celle de Crécy, puisque
la perte n'excéda pas 6,000 hommes, fut cependant plus fu-

neste à la France : le roi était prisonnier, et les 6,000 hommes perdus étaient l'élite du royaume. Le roi Jean fut conduit à Londres, et le Dauphin Charles, duc de Normandie, revint à Paris, où il s'occupa, comme lieutenant général, de donner une forme au gouvernement.

Tandis que les intrigants, qui ont toujours fourmillé dans les cours, s'agitaient autour du Dauphin, la guerre continuait en Normandie, et le trop fameux Geoffroy d'Harcourt perdait la vie dans un combat où périrent la plupart de ses hommes d'armes.

Une conférence préparée à Metz par les soins du pape Clément VI n'obtint aucun résultat, Edouard ne voulant entendre aucune proposition. Mieux disposé que son père, le prince de Galles consentit à une trêve de deux ans par un traité signé à Bordeaux le 22 mars. Nonobstant cette convention, la guerre continua en Bretagne, où le duc de Lancastre forma le siége de Rennes.

Edouard refuse une trêve.

Le prince de Galles l'accorde.

1356.

Hostilités en Bretagne.

C'est pendant ce siége que se fit connaître Du Guesclin, le bon chevalier « dont les merveilleux faits d'armes » devaient relever le drapeau français. Persuadé, après un an d'efforts inutiles, qu'il lui serait impossible de s'emparer de Rennes, Edouard se souvint qu'il existait une trêve et donna ordre au duc de Lancastre de lever le siége. Pendant les deux années qui suivirent, la France fut livrée à la plus épouvantable confusion : parmi les seigneurs, les uns s'attachèrent au Dauphin, les autres au roi de Navarre ; il y en eut qui se rendirent à Edouard. Marcel, prévôt des marchands de Paris, d'accord avec le Navarrais, introduisit les Anglais dans la capitale. A tant de maux il faut encore ajouter la Jacquerie, expression de la colère et de la vengeance du peuple contre des seigneurs qui, non contents de le rançonner et de le dépouiller, se liguaient avec les ennemis de la France. « Ils jurèrent

1357.

1358.

Marcel, prévôt des marchands, introduit les Anglais dans Paris.

« entre eux d'exterminer les gentilshommes, disant que tous
« les nobles honnissoient le royaume de France, et que ce se-
« roit un grand bien qui tous les détruiroit. Honni soit celui
« par qui il demeurera qu'ils ne soient tous détruits. »

<small>Violation de la trêve.</small>

<small>Pillages.</small>

<small>Le Dauphin régent assiége Paris.</small>

<small>Révolte des Parisiens contre les Anglais.</small>

<small>Nouvelle conspiration de Marcel.</small>

<small>Conditions entre Edouard et Charles.</small>

<small>Jean Maillard.</small>

Tandis que les Jacques incendiaient les châteaux et massacraient les seigneurs, les Anglais, sans respect pour la trêve et profitant de nos malheurs, parcouraient et pillaient la Touraine, l'Orléanais, le pays chartrain, le Maine et la Bretagne. Tel était l'état de faiblesse du royaume, qu'au lieu de poursuivre ces bandes dévastatrices, le régent, renfermé à Sens, fut obligé de venir, à la tête de 3,000 hommes d'armes, faire le siége de Paris, dont les portes lui étaient fermées. A l'approche du régent, les Parisiens, honteux enfin d'obéir aux Anglais, les attaquèrent dans les rues et sur les places publiques ; ceux qui échappèrent au danger se réfugièrent auprès du roi de Navarre, et, guidés par ce mauvais génie, surprirent les bourgeois et leur tuèrent 600 hommes. Effrayé d'une position de plus en plus difficile pour lui, Marcel proposa à Charles de lui livrer la capitale, de massacrer tous les partisans du régent et de le faire proclamer roi de France. Le nouveau monarque eût cédé à Edouard les provinces qui se seraient trouvées à sa bienséance et lui eût fait hommage du reste du royaume. Jean Maillard empêcha seul, par son courage et sa fidélité, l'exécution de ces criminels desseins. Il arrive au moment où Marcel va faire ouvrir les portes de la ville, et lui dit : « Etienne, que faites-vous ici à cette heure ? » — « Jean, répondit le prévôt, à vous qu'en monte (*qu'importe*)
« de le sçavoir ? Je suis ici pour prendre garde à la ville dont j'ai
« le gouvernement. — Pardieu ! reprit Maillard, il n'en va mie
« ainsi, ains n'êtes ici à cette heure pour nul bien, et je vous
« montrerai, continua-t-il en s'adressant à ceux qui l'environ-
« naient, comme il tient les clefs de la porte en ses mains pour

« trahir la ville. — Jean, vous mentez, répliqua le prévôt. — « Mais vous, Etienne, mentez, » s'écria Maillard, dont la hache d'armes s'abattit sur la tête du traître. Le peuple se réunit, les factieux sont emprisonnés ou massacrés; une députation se rend auprès du régent, dont le retour à Paris est salué par les acclamations de la ville entière.

Il était temps que les bourgeois fissent justice des traîtres ; quelques jours encore, et l'Angleterre allait recueillir les fruits des déplorables dissensions que son or déloyal faisait naître parmi nos pères.

<small>Rentrée du régent à Paris.</small>

Le 1ᵉʳ août de cette année, un traité signé à Londres par Edouard et les agents de Charles portait que ce dernier aiderait le prince anglais à conquérir la France, et que, la conquête terminée, le roi de Navarre aurait pour sa part les comtés de Champagne, de Brie et de Chartres, ainsi que le bailliage d'Amiens, et que le surplus appartiendrait à l'Angleterre.

<small>1358. Edouard et Charles se partagent la France.</small>

Forcé de renoncer pour le moment à s'emparer de la capitale, Charles le Mauvais, suivi des troupes anglaises, se rendit maître de l'Oise et de la Marne; Melun, Mantes et Meulan tombèrent en son pouvoir ainsi que Mauconseil et Auxerre. La barbarie des Anglais était telle que, dans les provinces tombées en leur pouvoir, les habitants furent obligés de renoncer à la culture de leurs champs ; on ne labourait plus, les terres étaient stériles, et dans les campagnes, dans les bourgs et les villages, on ne rencontrait plus que des bandes de soldats et de brigands, ce qui était à peu près la même chose. A Paris, on n'entendait parler que de conjurations tramées et payées par les Anglais ; les troupes attachées au régent, toujours prêtes à se vendre, n'offraient qu'une fidélité fort incertaine.

<small>Sauvage barbarie des Anglais.</small>

Les forces et les richesses de l'Etat, épuisées par tant de sacrifices et par tant de calamités, permirent à peine au conné-

<small>1359.</small>

table de Fiennes de réunir 14 ou 15,000 hommes avec lesquels il s'empara de Saint-Valery.

Fourberie du roi de Navarre. — Le roi de Navarre, dont l'autorité était impuissante à maintenir dans l'obéissance les bandes dont il se servait, qui comptait d'ailleurs sur Edouard pour recommencer la guerre, fit avec le Dauphin un traité de paix qu'il était décidé à rompre à la première occasion.

Rencontres diverses. — La trêve de deux ans venait en effet d'expirer; Philippe de Navarre, remplaçant son frère Charles à la tête des Anglais, fut chargé de continuer les opérations militaires, ou plutôt les ravages dont se rendaient coupables les ennemis de la France. Pierre d'Andelée, son lieutenant, essaya, mais en vain, de s'emparer de Châlons-sur-Marne. Eustache d'Auberticourt, l'un de ses plus intrépides capitaines et des plus valeureux *robeurs* de son armée, se fit battre à Nogent-sur-Seine par Brocard de Fenestrange et par l'évêque de Troyes.

Le roi Jean essaie de traiter de sa liberté. — Cependant le roi Jean, auquel la captivité commençait à être amère, proposa à Edouard de faire un traité qui le rendît à la liberté. Il espérait que, traitant lui-même de roi à roi avec Edouard, il en obtiendrait de moins lourdes conditions. Hélas! le pauvre Jean, avec sa loyauté toute française, connaissait peu le caractère tout britannique de son adversaire! Pour

Conditions d'Edouard. — rendre la liberté à son captif, Edouard *se contenta* d'exiger les duchés de Normandie et de Guienne, la Saintonge, l'Aunis, Tarbes, le Périgord, le Quercy, le Limousin, le Bigorre, le Poitou, l'Anjou, le Maine, la Touraine, les comtés de Boulogne, de Guines et de Ponthieu, Montreuil-sur-Mer et Calais, pour les posséder en toute souveraineté. Le roi de France devait, en outre, renoncer à la suzeraineté du duché de Bretagne, et enfin payer 4,000,000 d'écus d'or pour sa rançon.

Refus de la nation française. — A la lecture de ce traité, le peuple s'écria « qu'il n'étoit « point passable ni faisable, et que toute la nation étoit ré-

« solue de faire bonne guerre au roi d'Angleterre. » Lorsque cette noble réponse fut connue à Londres, Edouard jura qu'avant la fin de l'hiver il entrerait en France avec une armée si formidable qu'il obligerait le régent à subir les lois qu'il voudrait lui dicter. Avant d'asservir le fils, il resserra les chaînes du père et lui enleva la liberté dont il avait joui jusqu'alors.

<small>La captivité du roi Jean devient plus dure.</small>

Fidèle à sa parole, Edouard vint à Calais vers la fin d'octobre, et y fut rejoint par le duc de Lancastre revenant de la Picardie, qu'il avait livrée aux flammes après l'avoir abandonnée au pillage.

<small>Pillages et incendies.</small>

Dans l'impossibilité de résister à l'armée anglaise, le régent se contenta de placer de fortes garnisons dans les principales villes de la frontière, excepté dans celle de Saint-Quentin, qui fut forcée de capituler. La Bourgogne et le Nivernais se rachetèrent à prix d'argent (400,000 francs), et ne subirent que quelques mois plus tard les horreurs que semaient partout les soldats anglais. Le Dauphin, renfermé dans Paris, négociait vainement avec Edouard, dont l'ambition allait enfin être satisfaite, lorsqu'un violent orage éclata sur le camp de ce ravageur, placé alors dans les environs de Chartres. La frayeur et la superstition obtinrent ce que n'avaient pu obtenir ni la raison ni l'humanité : la paix fut conclue à Brétigny, le 8 mai, aux conditions suivantes : Le Poitou, la Saintonge, la Rochelle, l'Agenois, le Périgord, le Limousin, le Quercy, le Rouergue, l'Angoumois, les comtés de Bigorre et de Gaure, de Ponthieu et de Guines, la ville de Montreuil et celle de Calais étaient cédés au roi d'Angleterre pour lui appartenir en toute souveraineté. La rançon du roi était fixée à trois millions d'écus d'or payables à divers termes. De leur côté, le roi d'Angleterre et son fils le prince de Galles renonçaient à porter dans leur écu les armes de France, au titre de roi de France et à toutes leurs prétentions sur la couronne du royaume, sur la Normandie, la

<small>La Bourgogne et le Nivernais se rachètent à prix d'argent.</small>

<small>1360. Paix de Brétigny.</small>

<small>Rançon du roi.</small>

Touraine, l'Anjou et le Maine ; c'est-à-dire qu'en ravissant à la France le tiers de ses plus riches provinces, ils ajournaient à une autre époque la spoliation complète ; ne pouvant pas tout prendre aujourd'hui, ils comptaient sur le lendemain !

<small>1360.
Le roi est mis en liberté.</small>

Par suite de ce traité, le roi Jean quitta Londres et arriva à Paris le 13 décembre. Parmi les provinces cédées, plusieurs appartenaient à des seigneurs qui refusèrent de remettre à Edouard des places dont ils étaient les seuls souverains, et cette résolution mit un obstacle forcé à l'exécution du traité de Brétigny. Au même moment Edouard ajoutait déloyalement de nouvelles conditions à ce traité en exigeant de nouvelles concessions pour prix de la liberté des ducs d'Anjou, de Berry et d'Orléans. Rejetées par le parlement, les seigneurs et les prélats, ces modifications inspirèrent au roi Jean la volonté de retourner à Londres pour garantir autant qu'il lui était possible l'exécution du traité. Parti de France vers les fêtes de Noël, il mourut à Londres le 8 avril de l'année suivante ; le régent monta sur le trône sous le nom de Charles V.

<small>Nouvelles exigences d'Edouard.</small>

<small>Le roi Jean retourne à Londres.
1363.
1364.
Sa mort.</small>

<small>Violation de la trêve.
Guerre en Normandie et en Bretagne.</small>

La trêve n'empêcha pas les Anglais de se battre contre nous, en Normandie avec le roi de Navarre, et en Bretagne avec le comte de Montfort. Victorieuses en Normandie, les troupes françaises furent battues en Bretagne, où Charles de Blois fut tué à la bataille d'Auray. Après la mort de ce prince, le Dauphin reconnut Montfort en qualité de duc de Bretagne, reçut son hommage et rétablit ainsi la paix dans cette province.

<small>1365.
Traité de paix avec le roi de Navarre.</small>

L'année suivante, un traité passé avec le roi de Navarre mit fin pour quelques jours aux guerres intestines qui désolaient la France. Le nouveau monarque s'occupait paisiblement à réformer la justice et l'administration de son royaume, lorsque l'occasion se présenta pour lui de rappeler au vainqueur de Crécy qu'il était encore le vassal de la France. Le prince de Galles, dont les trésors avaient été épuisés par le faste de la

<small>Vexations du prince de Galles en Guienne.</small>

cour établie à Bordeaux et par les frais d'une guerre entretenue en Espagne, demanda aux seigneurs et députés d'Aquitaine la levée d'un subside de vingt sous par feu sur la province. Ce subside fut refusé, parce que, dirent les seigneurs, « du temps passé qu'ils avoient obéi au roi de France, ils n'a- « voient été grevés ni punis de pareilles impositions. » Les principaux d'entre eux vinrent à Paris et implorèrent la protection du roi, seigneur suzerain de la Guienne ; la prudence imposa à Charles l'obligation d'ajourner sa résolution. Après deux années d'attente, les seigneurs renouvelèrent leurs sollicitations, et le roi, dont les ressources s'étaient accrues, mit d'autant plus d'empressement à leur donner satisfaction que le roi d'Angleterre refusait d'observer la plus grande partie des articles du traité de Brétigny. En conséquence, le prince de Galles fut cité à comparaître devant la cour des pairs « pour « ouïr droit sur lesdites complainctes et griefs esmeus de par « vous (*le prince de Galles*) sur votre peuple qui clame à avoir « et à ouïr ressort en notre cour. Et à ce n'y ait point faulte, « et soit au plus hastivement que vous pourrez avoir ces let- « tres veues. En tesmoing de laquelle chose nous avons à ces « présentes mis notre scel. Donné à Paris le vingt-sixième jour « de janvier. »

Appel des barons au roi de France.

Le prince de Galles est cité devant la cour des pairs.

1368.

Après la lecture de l'ajournement, Edouard demeura quelque temps « pensif, croulant la tête et regardant les François. « Nous irons voulentiers à Paris, dit-il, puisque mandé nous « est du roi de France; mais ce sera le bacinet en tête, et « 60,000 hommes en ma compagnie. » Quant aux envoyés de Charles, le prince anglais se montre vis-à-vis d'eux aussi petit que déloyal ; il leur permet de se retirer, puis les fait arrêter en route, sous prétexte de l'échange d'un cheval dans une hôtellerie où ils ont couché la veille, et les retient prisonniers pendant un an dans le château d'Agen.

Félonie d'Edouard.

Sa déloyauté à l'égard des envoyés du roi.

Bien que cette nouvelle l'eût profondément indigné, Charles hésitait encore à déclarer la guerre, songeant aux malheurs des règnes précédents ; « mais il étoit si fort requis des hauts « barons de Guienne et d'autre part, qui lui montroient les « extorsions et grands dommages qui, à cause de ce, advenoient « et pouvoient advenir dans la suite, que nullement ne pou- « voit dissimuler ; jaçoit que moult lui grevât à penser et con- « sidérer la destruction du pauvre peuple, qui jà si longtems « avoit duré. »

Irritation du haut baronnage.

De son côté, le prince de Galles se préparait à mettre sa menace à exécution ; mais à peine eut-il réuni quelques troupes, que les seigneurs de Périgord et de Comminges se soulevèrent, et que les habitants du Ponthieu témoignèrent le désir de rentrer sous l'obéissance de leur légitime souverain. Le prince de Galles jura de s'en venger ; ses désirs de vengeance furent ajournés par la maladie, et la victoire, qui depuis si longtemps s'atta- chait à ses pas, sembla lui devenir infidèle. Edouard fit de- mander à Charles des réparations pour les *attentats* des sei- gneurs de Guienne ; il exigea « qu'il les remît en son obéissance, « qu'il envoyât ses lettres de renonciation à la souveraineté « des provinces cédées par le traité de Brétigny, et qu'alors le « conseil *pensoit* que le roi d'Angleterre feroit de son côté les « renonciations auxquelles il s'étoit obligé. »

Soulèvement du Périgord contre les An- glais.

Singulière ré- clamation d'E- douard.

Fourberie po- litique de son conseil.

Aux termes du traité, Edouard aurait dû commencer par évacuer les places rendues à la France ; au lieu de s'exécuter, il exigeait que le roi de France lui fît d'abord remettre ses lettres de renonciation à certaines provinces, et, pour com- pensation de cette nouvelle condescendance, le conseil d'An- gleterre pensait que le roi Edouard consentirait peut-être à exécuter le traité. Vit-on jamais une pareille outrecuidance mêlée à tant de dissimulation !

1369. Déclaration de guerre.

La réponse à ces orgueilleuses prétentions fut une déclaration de guerre presque aussitôt suivie des plus actives hostilités. Le Ponthieu chassa les Anglais; Abbeville, Saint-Valin, Rüe et le Crotoy ouvrirent leurs portes aux troupes françaises. Les ducs d'Anjou et de Berry entrèrent en Guienne, le premier du côté de Toulouse, et le second par l'Auvergne.

Edouard croyait la France pour longtemps abattue, et il la trouvait debout devant lui, son épée à la main; il crut tout d'abord à une folie de la part du roi Charles, puis il se ravisa au bruit de nos armes et à nos chants de victoire. La nation française tout entière avait été appelée aux armes pour la défense du royaume; les prélats et les ecclésiastiques, les abbés, prieurs et moines reçurent ordre de s'assembler par compagnies pour former des troupes régulières prêtes à marcher contre l'ennemi. *Enthousiasme général en France.*

Le duc de Lancastre, second fils du roi d'Angleterre, fut chargé du commandement des troupes destinées à débarquer à Calais.

Deux flottes furent réunies dans les ports de France : l'une s'arrêta devant Porstmouth et la livra aux flammes; l'autre, sous les ordres du duc de Bourgogne, allait partir d'Harfleur pour faire une descente en Angleterre, lorsqu'on apprit l'arrivée du duc de Lancastre à Calais. Le prince français marcha contre les Anglais placés à Tournehem, et se retira, sur les ordres du roi, sans avoir combattu. Lancastre reprit la route de Calais avec la résolution de se rendre à Harfleur et d'y détruire la flotte. Le comte de Saint-Pol, devinant son dessein, se jeta dans la place avec 200 hommes d'armes et la préserva du malheur dont elle était menacée. *Portsmouth est brûlé.* *Le duc de Lancastre à Calais.*

Pendant qu'au nord les opérations étaient sans résultat, la guerre se faisait plus sérieusement dans la Guienne. Les places du Quercy, du Rouergue, du Limousin, et plusieurs de *Guerre de Guienne* celles du Périgord ouvrirent leurs portes au duc d'Anjou, malgré les efforts de Chandos et du captal de Buch ; de son côté, la France perdit la Roche-sur-Yon en Poitou et le château de Belle-Perche en Bourbonnais.

1369.

Cette campagne fut d'autant plus funeste aux Anglais qu'ils perdirent l'illustre Chandos, tué dans un combat sur le pont de Leusac, près de Poitiers.

Effrayé du mauvais succès de ses armes, Edouard chercha vainement, par de nouvelles promesses, à se rattacher les seigneurs de Guienne. Trop souvent trompés, les barons méprisèrent les avances d'Edouard.

Reprise des hostilités.

Les Etats de France votèrent les fonds nécessaires pour la continuation de la guerre, et Du Guesclin fut rappelé de Castille, où sa présence était inutile depuis que le comte de Transtamare était monté sur le trône.

1370.

Edouard et son fils sont appelés devant la cour des pairs.

L'inexécution du traité de Brétigny et les plaintes réitérées des populations de la Guienne donnèrent lieu à Charles V d'appeler Edouard et son fils devant la cour des pairs réunie à Vincennes le 14 mai ; ces princes furent condamnés à perdre le duché de Guienne et tous les fiefs qu'ils possédaient en France.

Jugement.

Les armées furent immédiatement mises en marche. Le duc d'Anjou s'empara des villes d'Agen, de Tonneins, de Montpezat et d'Aiguillon ; la ville de Limoges, livrée par son évêque au duc de Berry, retomba bientôt au pouvoir du prince de Galles, qui la fit incendier après avoir ordonné le massacre de tous ses habitants, sans distinction d'âge ni de sexe.

Le prince de Galles fait incendier Limoges.

Hostilités dans le nord.

Vaincus au midi, les Anglais s'efforcèrent d'obtenir la victoire au nord. Robert Knolles, leur plus habile capitaine, débarque à Calais à la tête d'une nouvelle armée, traverse, en les brûlant, les villes d'Arras et de Roye, vient s'établir dans l'Ile-de-France, et présente la bataille entre Villejuif et Pa-

Arras et Roye sont brûlés.

ris. Du Guesclin, depuis peu de jours arrivé de Castille, reçoit du roi l'épée de connétable. « Noble roi, chier sire, lui avait-il dit, si vous prie chièrement que vous me déportiez de cet office, et le baillez à un autre qui plus volontiers le prendra et qui mieux le sçaura faire. » Les Anglais éprouvèrent bientôt que nul « ne le sçavoit mieux faire. » Le nouveau connétable, laissant Knolles aux portes de Paris, va chercher de plus nombreux ennemis dans le Maine et l'Anjou, les rencontre aux environs de Pontvilain, les renverse et les met en pleine déroute; l'armée de Knolles est défaite dans vingt combats, et le fier Anglais va cacher sa honte dans le château de Derval. Le prince de Galles, atteint d'une maladie mortelle, abandonne la Guienne et se rend à Londres. Ne pouvant se décider à renoncer à cette province, Edouard envoie une flotte nombreuse avec ordre de débarquer à la Rochelle. Rencontrée par une flotte espagnole, la flotte anglaise est défaite, et, poursuivie, laisse plusieurs vaisseaux entre les mains de l'ennemi.

Les armes anglaises n'obtinrent pas plus de succès dans le Poitou. Malgré les efforts du fameux captal de Buch, devenu connétable d'Aquitaine, le duc de Bourbon prit d'assaut la place de Montmorillon. Du Guesclin se rendit maître de Montauban, de Saint-Sever et de Poitiers. Dans un combat qui eut lieu à la même époque entre Saint-Jean-d'Angély et la Rochelle, la plupart des Anglais perdirent la vie ou tombèrent entre les mains des Français. Parmi les captifs se trouva le captal de Buch, auquel la liberté ne fut jamais rendue.

Cette nouvelle victoire valut à la France les places de Soubise, Saint-Jean-d'Angély, Angoulême, Taillebourg et Saintes. La Rochelle, encore au pouvoir des Anglais, voulut à son tour secouer un joug odieux, et parvint à y réussir au moyen d'une ruse imaginée par le maire Jean Candorier, qui connaissait le

Le connétable Du Guesclin.

Défaites des Anglais.

1372.
Tentative de débarquement à la Rochelle.

1371.
Opérations militaires dans le Poitou.

Les Anglais sont vaincus.

Les habitants de la Rochelle chassent les Anglais de leurs murs.

commandant Philippe Mancel « pour n'être pas trop mali-
« cieux. » La réduction de cette ville fut suivie de la conquête de la plupart des places de l'Aunis, de la Saintonge et du Poitou.

Du Guesclin fait le siége de Thouars.
Désormais libre de porter ses forces où il le voudrait, Du Guesclin vint au mois de juin faire le siége de Thouars. « De « grands engins » et des canons foudroyèrent la ville, dont les défenseurs désespérés obtinrent du connétable une trêve de trois mois, à la condition qu'ils se soumettraient au roi de France si, avant l'expiration de la trêve (le 29 septembre suivant), Edouard ou l'un de ses fils ne venait les dégager.

A cette nouvelle, Edouard protesta « qu'il entreroit en « France armé si puissamment, qu'il abattroit la puissance du « roi, et qu'il ne retourneroit jamais en Angleterre qu'il n'eût « reconquis ce qu'on lui avoit enlevé ou perdu le demou- « rant (*le reste*). »

Préparatifs de guerre.
Une flotte destinée à débarquer à Calais fut dirigée vers la Guienne, où des deux côtés on réunissait de nombreuses troupes. L'armée anglaise était composée de 5,400 hommes d'armes et de 10,000 archers. Dans le camp des Français, on comptait 10,000 lances et 3,000 arbalétriers. La France s'attendait à une bataille qui rachèterait les malheurs de Crécy et de Poitiers ; les Anglais espéraient qu'une troisième défaite achèverait de leur livrer la France. La mer trompa l'espoir des deux partis. Après avoir lutté pendant neuf semaines contre les vents et les flots conjurés sans avoir pu toucher à un port, Edouard, désespérant de sauver la place, rentra en Angleterre, où, dans sa douleur d'avoir si mal réussi dans une affaire qu'il s'était promis de rendre décisive, il dit en parlant du roi de France : « Il n'y eut oncques roi qui moins se armât, et si n'y eut onc- « ques roi qui tant me donnât à faire. »

Reddition de Thouars.
Thouars ayant ouvert ses portes, les Anglais, qui n'étaient

plus maîtres que de quelques places sans importance dans cette province, se retirèrent à Niort, d'où le connétable se prépara à les chasser lorsque la saison lui permettrait de reprendre les opérations militaires.

L'hiver n'était pas encore fini qu'il rentra dans le Poitou et fit le siége du château de Chizay, à quatre lieues de Niort, où toute l'armée anglaise vint l'attaquer. Après un combat opiniâtre, cette armée dont Edouard était si fier, sur laquelle il avait fondé de si belles espérances, fut mise en pleine déroute. « Aucun n'échappa, tous furent tués ou faits prisonniers. » Niort se rendit, et tout le pays, jusqu'à la Gironde, reconnut l'autorité du roi de France. *Victoire des Français à Niort*

Las d'être battu dans le Poitou, ne pouvant se résigner à accorder quelques jours de repos ni aux siens ni aux autres, Edouard voulut tenter la fortune du côté de la Bretagne, dont le duc, qui lui devait sa puissance, ne devait pas manquer, pour obéir à ses sollicitations, de rompre sans motif la paix conclue avec Charles V. La défection du duc de Bretagne ne lui paraissant pas suffisante pour assurer son triomphe, Edouard essaya de rendre le roi de Castille traître aux serments qui le liaient à la France. Le perfide roi de Navarre fut l'instrument dont se servit l'Anglais. De ce côté les promesses furent vaines ; Henri de Transtamare rejeta avec indignation les propositions dorées de l'Angleterre. L'unique allié que la déloyauté pût donner à Edouard était donc le duc de Bretagne, encore la fidélité des seigneurs bretons vint-elle énergiquement protester contre la honteuse faiblesse de leur souverain. *Coupables intrigues d'Edouard.*

Fidélité du roi de Castille.

Trahison du duc de Bretagne.

« Chier sire, lui répondirent-ils, sitôt que nous pourrons aper-
« cevoir que vous vous ferez partie pour le roi d'Angleterre,
« nous vous relinquerons et mettrons hors de Bretagne. »

La fidélité des seigneurs bretons n'ayant pas empêché le duc de livrer aux Anglais les places de Quimper, Morlaix et *1373. Fidélité des seigneurs bretons.*

11

Lesneven, toute la Bretagne se souleva ; le roi de France fut invité à envoyer des troupes dans la province et à s'opposer à la félonie de son vassal. Avant d'entrer en campagne, Charles épuisa les moyens de conciliation ; le connétable entra en Bretagne, la noblesse bretonne prit les armes, et Montfort, craignant de tomber entre les mains de ses ennemis, prit le parti de se retirer en Angleterre. Ce pays a toujours été l'asile de la perfidie et de la trahison.

Le duc de Bretagne se retire en Angleterre.

Après cette fuite honteuse, le brave Du Guesclin s'empara de Dinan, Vannes, la Roche-de-Rien, Guingamp, Quimpercorentin, Saint-Malo, Ploërmel, Hennebon et Nantes.

Victoires de Du Guesclin.

L'Angleterre, qui avait conseillé, pour ne pas dire imposé, la félonie au duc de Bretagne, ne tint aucune des promesses qu'elle lui avait faites. Au lieu de marcher sur la Bretagne pour la soumettre au duc, Edouard fit débarquer 30 ou 40,000 hommes à Calais et força le traître Montfort à servir dans cette armée sous les ordres du duc de Lancastre. Il quitta bientôt une position dans laquelle il était chaque jour abreuvé d'humiliations ; sa mauvaise fortune lui donnait peu de crédit auprès d'une nation habituée à placer l'or avant l'honneur.

Déloyauté d'Edouard envers le duc de Bretagne.

Les Anglais débarquent à Calais.

Laissant le comte derrière elle, l'armée anglaise traversa la France en suivant la route de la Picardie, de l'Artois et de la Champagne, provinces qui cette fois encore furent incendiées et pillées depuis le château jusqu'à la chaumière. Continullement harcelée par des corps détachés, souffrant en même temps de la disette et du froid, quand cette brillante armée arriva en Guienne, elle ne se composait plus que de 6,000 combattants que le duc de Lancastre, retournant en Angleterre, laissa dans le Languedoc et dans le pays de Foix. Le duc d'Anjou, chargé de résister aux Anglais avec une armée de 15,000 hommes, mit le siége devant la ville de Lourdes, qu'il ne prit pas ; les places de Marsiac, la Réole, Langon et Saint-

Ravages des Anglais.

Opérations dans la Guienne.

Macaire tombèrent en son pouvoir. Comme il se dirigeait sur Bayonne pour l'investir, Lancastre sollicita une suspension d'armes, et des conférences s'ouvrirent à Bruges pour traiter de la paix. Les conférences ne produisirent qu'une trêve qui, du mois de juin de cette année, devait durer jusqu'aux fêtes de Pâques de l'année suivante. Les instances des légats du pape Grégoire obtinrent que cette trêve serait prolongée jusqu'au 24 juin de l'année 1376. Ces dix-huit mois auraient été remplis par les intrigues des Anglais et de Charles de Navarre, si on n'y rencontrait une lâche trahison suivie d'un affreux massacre de prisonniers.

Suspension d'armes.
Conférences de Bruges.
1373.
Trêve.
Prolongation de la trêve.

Perdant l'espoir de s'emparer de Brest que défendait Knolles, le connétable imagina de faire diversion en assiégeant la petite place de Derval, l'une des propriétés du général anglais. Plus soigneux de ses intérêts que de ceux d'Edouard, Knolles capitula à Brest et vola au secours de Derval ; mais avant son arrivée le commandant de cette forteresse, effrayé de la vigueur des attaques de l'ennemi, capitula de son côté, promit de se rendre s'il n'était secouru dans deux mois par une armée en état de livrer bataille, et, pour répondre de sa personne, donna des ôtages au duc d'Anjou. Comptant sur cette parole, Charles V rappela en France la plus grande partie de ses troupes, laissant une poignée d'hommes pour attendre l'expiration du délai fixé par la capitulation. Le jour marqué étant arrivé sans qu'aucune armée anglaise se fût présentée, le duc d'Anjou fit sommer Knolles de se rendre, et en reçut un refus formel fondé sur ce que, pendant son absence, ses gens n'avaient pas eu le droit de conclure le traité ; cette réponse était d'autant plus criminelle qu'elle contenait d'une manière explicite l'abandon des ôtages livrés et la menace d'exercer des représailles sur les prisonniers français, si les ôtages étaient sacrifiés. Clisson, indigné d'une pareille déloyauté, fit exécuter les victimes

Déloyauté d'un général anglais.
Otages sacrifiés.

qu'il avait entre les mains ; les têtes de quatre prisonniers furent jetées dans le camp français. Un sanglant combat eut lieu, et Knolles conserva la place aux dépens de l'honneur. Ainsi, violation d'un traité signé, abandon des ôtages livrés, massacre de prisonniers, rien ne coûta au général anglais pour conserver son château ; c'était la cupidité immolant la gloire et la loyauté. L'histoire d'autrefois diffère-t-elle beaucoup de l'histoire de nos jours ?

Ajoutons à ce déplorable événement quelques autres faits d'une moindre importance, mais dont la nature servira cependant à faire apprécier la loyauté des Anglais au XIVe siècle.

Déloyautés diverses. Dans le courant de l'année 1374, on entend Edouard dire au duc de Bretagne : « Beau fils, je ne ferai paix à François que « vous ne soyez dedans votre bel héritage et que vous le rau- « rez. » On le voit solder pendant six mois 2,000 hommes d'armes et 5,000 archers réunis par le duc déserteur de son propre drapeau. Les plus grands seigneurs anglais tiennent à honneur de prendre part à cette expédition ;

Meurtres et incendies. la garnison de Saint-Mahé est passée au fil de l'épée, Saint-Paul-de-Léon est saccagé, plusieurs villages sont incendiés. Edouard, dans cette circonstance, ne se rendait pas esclave de sa parole, dont il avait souvent fait peu de cas ; il obéissait à sa haine pour la France.

1375.
Violation de la trêve. L'année suivante, malgré la trêve conclue en 1373, prolongée en 1374, Edouard, dont l'ambition regrettait ses belles provinces de l'Aquitaine, fit secrètement solliciter Gaston, comte de Foix, de renoncer à l'alliance du roi Charles V pour

Fidélité de Gaston de Foix. s'unir à l'Angleterre. Heureusement pour la France, promesses et flatteries ne réussirent pas à ébranler la fidélité du comte.

Edouard cherche à exciter la guerre civile. Ne trouve-t-on pas, à la même époque, Edouard donnant la main à Charles le Mauvais et l'envoyant à Cherbourg pour souffler la discorde en France et conclure une alliance avec les mauvaises passions dont notre patrie a depuis si longtemps à gémir? L'or anglais a toujours servi à payer chez nous les révoltes et les révoltés.

A cette époque, l'Angleterre perdit le prince de Galles, l'honneur de sa patrie et l'ami de l'humanité. Seul cet illustre et généreux héros refusa de placer sa signature au bas de toutes les honteuses félonies dont il fut malgré lui le témoin ; il était l'appui de l'Angleterre et n'épousa pas le déshonneur de son gouvernement. La France, juste appréciatrice des sentiments élevés, même lorsqu'ils se rencontrent chez ses ennemis, rendit alors et rend encore aujourd'hui hommage à la mémoire de ce prince. Les généraux anglais venaient de faire égorger des prisonniers français ; le roi Charles V fit célébrer un service en l'honneur du prince de Galles dans l'église de la Sainte-Chapelle, à Paris ; il y assista lui-même, environné des plus grands seigneurs du royaume. Cette noble vengeance convenait à l'âme généreuse de la France.

Mort du prince de Galles.

La trêve conclue dix-huit mois auparavant allait expirer ; de nouvelles conférences, ouvertes pour la proroger, demeurèrent sans résultat, tellement étaient exagérées les prétentions des ministres anglais. D'un jour à l'autre les hostilités pouvaient être reprises, lorsque la mort rétablit momentanément la paix en frappant Edouard dans son château de Richemond. Après un règne de cinquante-deux ans, pendant lequel il fut constamment redouté de ses ennemis et chéri de son peuple, ce prince n'eut qu'un prêtre pour l'assister dans ses derniers moments ; tous les seigneurs étaient dispersés, et sa maîtresse, Alix Pierce, avait pris la fuite, emportant avec elle tout ce qu'elle trouva sous sa main, jusqu'à la dernière bague restée au doigt du mourant !

1376.

Mort du roi Edouard.

1377.

Edouard est, avec raison, considéré par l'histoire comme l'un des plus grands rois qui aient régné sur l'Angleterre.

Sous son règne illustré par les victoires de Crécy et de Poitiers, le pouvoir de la chambre des communes fit des progrès, les Normands et les Saxons ne formèrent qu'un seul peuple, l'industrie fut encouragée, et les lettres furent protégées ; c'est plus qu'il n'en faut pour justifier l'admiration de la nation anglaise pour ce monarque.

La France lui reproche :

<small>Résumé des griefs.</small>

1° D'avoir injustement élevé sur la couronne de saint Louis des prétentions qui ont fait couler des torrents de sang ;

2° D'avoir, en pleine paix, donné asile à Robert d'Artois, condamné à mort comme faussaire et comme conspirateur; de l'avoir admis à sa cour, et d'en avoir fait son conseiller intime ;

3° D'avoir, en pleine paix, clandestinement et traîtreusement formé, à prix d'argent, une coalition destinée à faire la conquête du royaume ;

4° D'avoir, en pleine paix, détaché la Flandre de notre alliance, en se faisant le compère du brasseur Jacques Artevelle de Gand ;

5° D'avoir donné sa sœur en mariage au duc de Gueldre, quoique, dans des conventions signées de sa main, il eût promis cette princesse au duc de Normandie ;

6° D'avoir, malgré une trêve qui devait durer jusqu'au mois de juin, repris les hostilités au mois de mai ;

7° D'avoir refusé de faire droit aux réclamations des pêcheurs de Rouen dépouillés et volés par les matelots de Douvres, tandis que le monarque français lui rendait généreusement les vaisseaux anglais saisis à Calais, pour assurer la réparation demandée par les naufragés normands ;

8° D'avoir, sans autre motif que celui de satisfaire sa haine et son ambition, envahi la France, ravagé cinq ou six provinces, pillé et incendié cent villes, bourgs et villages, en forme de passe-temps et pour son bon plaisir : il est vrai que ce noble monarque marchait entre Robert d'Artois et Gautier de Mauny, deux traîtres qui lui indiquaient les plus riches proies à dévorer ;

9° D'avoir, dans la succession du duc de Bretagne, pris parti contre la France qui venait de lui accorder une trêve, en soutenant les droits de Montfort après avoir reconnu ceux de Jeanne de Penthièvre : il est vrai qu'il partagea avec l'usurpateur les trésors de Limoges et de Nantes! C'était de l'or à prendre; Edouard, roi d'Angleterre, pouvait-il le sacrifier à sa parole et à sa conscience?

10° D'avoir conspiré avec le brasseur Artevelle pour enlever la Flandre à la France et la donner à son fils le prince de Galles;

11° D'avoir rompu une nouvelle trêve qu'il avait instamment sollicitée, afin de venger la mort de quelques seigneurs français exécutés pour crime de trahison : il est vrai qu'il avait payé les traîtres avec l'or des coffres de Limoges et de Nantes!

12° D'avoir créé maréchal-général de son armée Geoffroy d'Harcourt, l'un des seigneurs assez traîtres à leur patrie pour vouloir la lui livrer après l'avoir vendue ;

13° D'avoir brûlé et détruit trente villes dont les habitants lui avaient ouvert les portes pour adoucir son farouche orgueil;

14° De s'être montré cruel et sans entrailles à l'égard des ôtages de Calais, dont l'héroïsme aurait obtenu l'admiration de tout ennemi généreux;

15° D'avoir ravagé la Bretagne en 1350, au mépris d'une trêve qui n'expirait qu'en 1351 ;

16° D'avoir, pendant une autre trêve dont l'expiration était fixée à l'année 1355, pris par trahison le château de Domfront, et de s'être allié contre le roi Jean avec Charles de Navarre, l'assassin du connétable de France ;

17° D'avoir, malgré un traité signé à Bordeaux le 23 mars 1356, ravagé la Touraine, l'Orléanais, etc., etc. : il est vrai que les Jacques incendiaient les châteaux et massacraient les seigneurs ; c'était pour les Anglais une belle occasion de faire du mal à la France !

18° De s'être fait livrer Paris par la trahison de Charles de Navarre et d'Etienne Marcel : il est vrai qu'Edouard et Charles s'étaient partagé la France dans un traité signé à Londres et qu'ils tenaient à en prendre livraison ;

19° D'avoir, au mépris du traité de Brétigny, prêté main forte au roi de Navarre et au comte de Montfort, qui nous faisaient la guerre en Normandie et en Bretagne ;

20° De s'être montré dur, pour ne rien dire de plus, à l'égard du roi Jean, ce captif dont le courage et la loyauté méritaient des larmes d'admiration ;

21° D'avoir, en 1372, engagé le duc de Bretagne et le roi de Castille à trahir la France, à laquelle ils étaient liés par les traités les plus solennels ;

22° D'avoir approuvé le général Knolles, coupable, aux yeux de l'humanité, d'avoir violé une capitulation et massacré des prisonniers sans armes.

Trahisons, félonies et massacres, ces trois mots résument en France le règne d'Edouard III d'Angleterre.

Rois de France.
Charles V.
Charles VI.

RICHARD II. (1377 A 1399.)

Richard, âgé de onze ans lorsqu'il monta sur le trône, dut à son extrême jeunesse les malheurs dont il fut accablé dans les derniers jours de son règne ; sa fin tragique fut le résultat de son inexpérience et l'inévitable suite des intrigues de quelques seigneurs ambitieux ; peut-être aussi dut-il payer de sa vie l'inclination qui le porta plus d'une fois à rechercher l'amitié de la France. Tandis que la nation rendait hommage à sa bonté, les plus hauts barons, obéissant à leur haine aveugle, conspiraient contre lui, et, jusque dans sa famille, lui suscitaient d'implacables ennemis.

A la mort d'Edouard, la dernière trêve étant expirée, Charles aurait pu profiter du désordre et de l'incertitude que jette toujours dans les gouvernements un événement de cette nature, pour reprendre immédiatement les hostilités. En agissant ainsi, le roi de France n'aurait fait qu'user d'un droit incontestable; mais il lui parut plus loyal d'attendre que le nouveau monarque eût pris possession de son trône : alors seulement les flottes françaises insultèrent les côtes d'Angleterre. Pour en tirer vengeance, le duc de Lancastre mit le siége devant Saint-Malo, commit dans les environs le plus de ravages possible, et, après quelques jours, repassa précipitamment le détroit à l'approche d'une armée française. Cette victoire trop facile livra à nos troupes à peu près toute la Bretagne ; Brest nous échappa parce que le comte de Montfort venait de le livrer à Richard en échange d'un domaine situé en Angleterre. Maître de cette province, depuis si longtemps le foyer de révoltes et de guerres, Charles V crut devoir l'annexer définitivement à sa couronne; cette mesure, qu'il croyait sage, lui fit perdre tout le fruit de ses conquêtes. Les Bretons haïssaient les Anglais, ils voyaient avec moins de peine les soldats français au milieu d'eux, mais ils voulaient avant tout demeurer Bretons; aussi coururent-ils aux armes pour conserver leur nationalité. Montfort fut rappelé ; on demanda du secours aux Anglais, et la guerre, un instant assoupie, recommença sur plusieurs points avec une nouvelle violence.

Loyauté du roi Charles.

Reprise des hostilités.

Ravages des Anglais.

Montfort livre Brest aux Anglais.

1378. Mesure impolitique de Charles V.

Montfort et les Anglais sont rappelés en Bretagne.

|1379.

Une flotte anglaise, placée sous les ordres du comte Arundel, n'est pas plus tôt dispersée par la tempête, qu'une seconde, commandée par Buckingham, passe de Douvres à Calais et jette sur le rivage une nombreuse armée dont rien n'arrête la marche à travers la Bretagne. Au moment où les soldats anglais allaient mettre le pied sur le sol de la France, Charles V mourut, et cette perte, si regrettable pour la nation, changea le cours probable des événements. Montfort, assuré qu'il n'avait plus à redouter l'exécution du décret d'annexion, fit la paix avec le régent, et Buckingham, pour se soustraire à l'animosité des Bretons, se hâta de regagner l'Angleterre.

|1380.
Mort du roi de France.

Montfort se soumet au régent.

Fuite des Anglais.
|1381.

Bien loin de le ramener à des vues plus sages, cet échec, auquel il était loin de s'attendre, ne fit qu'irriter davantage l'orgueil du gouvernement britannique et le pousser à de nouvelles entreprises contre la France. Une armée anglaise vint se joindre aux révoltés de la Flandre pour les soutenir contre le prince Louis. Gravelines et Dunkerque furent enlevés; Ypres, dont les richesses excitaient la convoitise des ennemis, fut assiégé avec d'autant plus d'ardeur que le pillage en était promis aux soldats. Heureusement pour cette ville, le roi de France marcha à son secours, et les Anglais, levant précipitamment le siége, se retirèrent à Calais, dont ils détruisirent les fortifications avant de faire voile pour l'Angleterre.

Guerre de Flandre.

|1382.

L'insuccès de cette nouvelle entreprise fit perdre au duc de Lancastre l'espoir de pénétrer jusqu'au cœur de la France. N'osant plus se confier aux Bretons, comptant assez peu sur ses troupes, occupé d'ailleurs à créer des embarras au roi Richard, ce général conclut enfin une trêve qu'il ne respecta pas toujours, mais qu'il respecta plus qu'on ne devait l'espérer de ses antécédents et du caractère de sa nation. Trois années de paix s'écoulèrent au milieu de sourdes hostilités, souvent renouvelées, toujours désavouées par l'Anglais. Cet état, qui n'était, à

|1383.

Trêve de trois ans.

vrai dire, ni la paix ni la guerre, avait imposé à Charles la nécessité de se tenir continuellement prêt à livrer de nouveaux combats et à repousser les attaques les plus imprévues ; aussi arriva-t-il qu'à l'expiration de la trève, la France fut assez forte pour songer à faire une descente en Angleterre. Ce projet ne fut pas plus tôt connu que Richard et son gouvernement furent en proie aux plus vives alarmes. L'image d'un soldat français mettant le pied dans leur île a toujours fait trembler nos braves voisins d'outre-Manche ; il y a des siècles que leur cœur est atteint de cette maladie de la peur, et, bien loin de s'affaiblir, le mal ne fait qu'empirer chaque jour un peu plus. *Expiration de la trève. Projet de descente en Angleterre.*

Quoi qu'il en soit, ils en furent cette fois encore quittes pour la peur ; Charles n'avait voulu leur montrer que le fer de sa lance. Le danger ne fut pas plus tôt passé que Richard, désireux de rendre frayeur pour frayeur, forma le projet de passer en France et d'y faire valoir ce que les rois d'Angleterre ont si ridiculement appelé leurs droits à la couronne. Mais l'Angleterre entrait alors dans une ère nouvelle ; les communes refusèrent de payer le subside, accusèrent le comte de Suffolk de haute trahison, et forcèrent le roi à introduire dans le royaume des modifications d'une tendance hostile au pouvoir royal. En face de cette résistance, le projet de descente, indéfiniment ajourné, fit place aux actes de la plus atroce piraterie. Arundel courut la mer, pillant les navires qu'il rencontrait, brûlant les villes sans garnison, ravageant, jusqu'à une distance de dix lieues des côtes, les campagnes sans défense. Après ces nobles exploits, le général anglais rentra triomphalement avec les dépouilles dont il s'était enrichi. *Richard forme le projet de descendre en France. Les communes d'Angleterre. Ravages et incendies.*

1387.

De 1387 à 1394, l'Angleterre, en proie aux désordres intérieurs qu'elle avait si souvent soldés en France, livrée aux intrigues ambitieuses dont le but était de renverser Richard, ne s'occupa de cette pauvre France que pour ouvrir avec elle des négociations qui aboutirent à une trêve de quatre années. Ce fut pendant cette trêve que Richard, devenu veuf, épousa Isabelle, fille de Charles VI, âgée de huit ans seulement. A l'occasion de cette union, la trêve fut prolongée de vingt-huit ans. Trois ans plus tard, Richard était détrôné et remplacé par le duc de Lancastre, connu dans l'histoire sous le nom de Henri IV.

Malgré la douceur de son caractère, Richard mourut victime de l'ambition des plus puissants seigneurs de son royaume; malgré son inclination pour la France, il se vit plus d'une fois contraint d'appeler la trahison au secours de ses armes. C'est ainsi qu'après avoir soufflé la discorde en Bretagne et en Flandre, il se fit livrer Cherbourg par Charles le Mauvais, auquel, pour récompense de sa félonie, il accorda 500 hommes d'armes et 500 archers que nos troupes battirent. C'est ainsi qu'il acheta du duc de Bretagne la ville de Brest, en promettant à ce vassal félon des secours destinés à porter la guerre en France. C'est, comme on le voit, au moyen de honteuses promesses que l'Angleterre se rendit maîtresse de Calais, Brest et Cherbourg. De tels agrandissements, acquis sans danger, peuvent-ils compenser l'honneur qu'ils enlèvent à une nation? Si forfaiture était gloire, l'Angleterre serait la plus glorieuse nation de l'Europe! Toutefois, ne nous plaignons pas trop du roi Richard: malgré quatre ou cinq déloyautés pendant un règne de vingt-deux ans, ses successeurs nous forceront à le regretter comme un prince équitable et fidèle aux lois de l'honneur.

Marginalia: Trêve de quatre ans. — 1396. — Prolongation. — Le roi Richard. — Résumé des griefs.

CHAPITRE V.

Depuis HENRI IV (1399) jusqu'à HENRI VIII (1509).

Roi de France:
Charles VI.

L'usurpateur, auquel son peuple n'accordait qu'une douteuse obéissance, ne devait pas s'attendre à vivre longtemps en paix avec le roi de France, dont il avait détrôné la fille en détrônant le roi Richard, et cependant le monarque français s'était borné à employer la voie diplomatique pour défendre les intérêts de son malheureux gendre. Peut-être ce moyen eût-il obtenu d'heureux résultats, si la nation française, se souvenant des meurtres et des ravages exercés par le duc de Lancastre, indignée de la trahison qui venait de s'élever sur le trône, ne se fût pas prononcée avec violence en faveur de la guerre. Ce mouvement entraîna le conseil du roi. Les ambassadeurs anglais se présentèrent pour obtenir la continuation de la trêve et ne furent pas écoutés. Déjà nos troupes étaient en marche, lorsque Charles VI apprit la mort de Richard; du moment où cet événement fut connu, la guerre fut jugée inutile et sans but. De nouveaux pourparlers eurent lieu entre Boulogne et Calais, et la paix fut conclue entre les deux royaumes. Cette paix fut conclue à la condition que

1404.
Traité de paix

l'Angleterre rendrait à la France la reine Isabelle, sa dot et ses joyaux; nous verrons plus tard comment cette condition fut accomplie. Disons dès à présent que l'infortuné Richard, gendre du roi de France, fut immolé dans sa prison par ordre de celui qui venait de lui voler sa couronne; Lancastre, devenu Henri IV, le fit mourir de faim! Après s'être montré si cruel envers le mari, le nouveau roi ne pouvait pas être juste envers l'épouse; aussi refusa-t-il, à l'aide d'hypocrites subterfuges, de rembourser sa dot. La reine revint pauvre de l'Angleterre après y être allée riche; on renvoya la fille de France, et on garda son or : c'était tout bénéfice. Nonobstant ce déni de justice, Charles reçut avec bonheur la fille qui lui revenait dépouillée de son apanage; mais la France s'émut de tant de mauvaise foi et d'une si sordide avarice, l'indignation, assoupie depuis un an, se réveilla plus vive, et l'observation d'une trêve servant à voiler de telles iniquités fut considérée comme une insigne faiblesse. Heureusement pour Henri d'Angleterre, Charles VI resta pendant nombre d'années sujet à des accès de folie dont les ducs de Bourgogne et d'Orléans profitèrent pour diviser le royaume et s'en disputer les lambeaux. Il est probable que, sans cette circonstance, Lancastre aurait payé cher son usurpation, son avarice et sa cruauté; ce qui le fait supposer, c'est que, malgré nos divisions intestines, plusieurs seigneurs français se joignirent à Walleran de Saint-Pol, beau-frère de Richard et prince de l'Empire, lorsqu'il envoya un cartel à Henri; c'est que le duc d'Orléans imita cet exemple, bien que, par un traité du 17 juin 1396, il se fût lié d'amitié avec le duc de Lancastre. L'assassinat du duc d'Orléans par le duc de Bourgogne rendit inutiles tous les cartels, tous les reproches et toutes les menaces; il eut de plus pour résultat de livrer la France à l'Angleterre. C'est cette époque qu'il importe d'étudier avec soin pour connaître tous les maux que la

France doit à la haine de l'Angleterre; comme première base d'appréciation, rappelons-nous qu'un armistice existait à cette époque entre les deux nations et que les faits suivants eurent lieu sans qu'il fût dénoncé.

Deux grandes factions divisaient le royaume : l'une des Bourguignons, et l'autre des Armagnacs; la première se montrait hostile au gouvernement du roi, tandis que la seconde paraissait vouloir le soutenir. Il va sans dire que le roi Henri, dont le devoir eût été de conserver la neutralité, se déclara pour la faction bourguignonne, dont le chef l'avait si bien servi en le débarrassant du duc d'Orléans; aussi le voit-on envoyer 1,000 archers et 800 lances à son nouvel allié pour l'aider à pénétrer dans Paris. Toutefois, cette amitié de fraîche date sur laquelle s'appuyait le duc ne devait pas être de longue durée : dès l'année suivante, Henri embrassa le parti de la faction des Armagnacs, dont les propositions lui parurent plus avantageuses que celles du Bourguignon; elles étaient, en effet, de nature à perdre le royaume. Les ducs de Berry, d'Orléans et de Bourgogne, ainsi que le comte d'Alençon, consentirent, pour eux et leurs confédérés, à le reconnaître comme duc légitime d'Aquitaine, à l'aider dans le recouvrement de tous les anciens droits et dépendances de ce duché, à tenir de lui, par hommage et fidélité, tout ce qu'ils possédaient, à lui rendre vingt villes faisant partie des apanages royaux du duché, et à donner caution qu'à la mort des possesseurs actuels, les comtés de Poitou et d'Angoulême retourneraient à lui et à ses héritiers. Henri, de son côté, s'engagea à les assister dans toute querelle juste, comme ses fidèles vassaux et sujets; à ne faire aucun traité avec le duc de Bourgogne, ses enfants, ses frères ni ses cousins, sans leur consentement, et à leur envoyer un secours immédiat de 1,000 hommes d'armes et 3,000 archers, pour servir à leurs frais pendant trois mois.

1407.

Le roi d'Angleterre fournit des secours aux révoltés.

1411.

1412.

Henri abandonne les Bourguignons pour les Armagnacs.

Conditions de ce nouveau marché.

Au moyen de ce secours religieusement fourni, le duc de Berry refusa de livrer Bourges aux armées du roi de France conduites par le duc de Bourgogne. Le chef des Armagnacs avait juré de ne se rendre qu'à la mort du dernier homme, et il aurait tenu parole, si tout patriotisme eût été éteint dans le cœur des officiers de la garnison. Plusieurs d'entre eux se révoltèrent à l'idée de se battre avec les Anglais contre la bannière de France, et placèrent ainsi les Armagnacs dans la nécessité de se soumettre à l'autorité royale. Bourgogne et Orléans jurèrent d'oublier leurs anciennes querelles, et on instruisit Henri d'une réconciliation qui mettait fin à son alliance avec le duc d'Orléans.

La guerre étant finie entre les deux factions, il semblait que l'Angleterre n'avait plus qu'à retirer ses troupes auxiliaires; tout le monde le croyait et s'en réjouissait, tout le monde fut trompé. Les portes de la France avaient été ouvertes à Henri par des alliés infidèles à leur devoir, leur retour à l'honneur fut impuissant à les fermer. Sans aucun motif pour rester sur le sol français, le roi d'Angleterre se joua du duc d'Orléans comme il s'était joué du duc de Bourgogne. Le duc de Clarence, son second fils, débarqua en Normandie et ravagea le pays. Vainement on lui apprit que la paix était faite, le Maine et l'Anjou furent pillés, et, pour résister à cette armée de pillards, le roi fut obligé de réunir à Chartres les troupes dont il pouvait disposer. De son côté, le duc d'Orléans, jaloux de réparer la faute qu'il avait commise en attirant les étrangers dans le royaume, vit le duc de Clarence, s'engagea à lui payer 200,000 couronnes, et les Anglais se retirèrent dans leurs possessions de Guienne. Ils étaient entrés pour piller, on leur donnait des trésors, pourquoi n'auraient-ils pas été satisfaits?

Libre pour quelques jours des soucis de la guerre, Henri voulut assurer sa couronne à ses descendants, et, dans cette circonstance, donna une nouvelle preuve de sa duplicité. Par un acte du 7 juin, il décida que la succession de la couronne d'Angleterre *et de France* appartiendrait à ses fils et à leurs descendants mâles, à l'exclusion des femmes. Quelqu'un lui ayant demandé à quel titre il réclamait la couronne de France, puisque son prétendu droit lui venait d'Isabelle, mère d'Edouard III, il se hâta de retirer l'acte et d'admettre le droit des femmes à la couronne. D'où il suit 1° que ce souverain ne faisait pas des lois parce qu'il les croyait justes, mais parce qu'elles étaient utiles à ses intérêts personnels ; 2° que si la reine Victoria porte aujourd'hui la couronne d'Angletere, c'est parce que ses ancêtres ont voulu porter les mains sur celle de France. Tout profite aux Anglais, même la haine qu'ils éprouvent contre nous, même notre droit, même notre loyauté.

1406.
Duplicité du roi d'Angleterre.

La vieillesse, les douleurs et les inquiétudes que lui donna son fils Henri l'empêchèrent de reprendre les hostilités, au mépris de la trève obtenue du duc de Clarence, et la mort, en le frappant le 19 mars, ne lui donna pas le temps de se parjurer une fois de plus. On dit que, près de mourir, il douta de la certitude de sa maxime favorite, que le succès de l'entreprise était une preuve qu'elle avait l'approbation du ciel.

1413.
Mort du roi d'Angleterre.

Sous son règne, les franchises communales de l'Angleterre prirent de nouveaux accroissements ; mais toutes les classes du royaume furent réduites à la dernière détresse. Dans ses rapports avec la France, il perdit quatre-vingt-seize villes ou châteaux en Guienne. 1° Il détrôna et fit mourir de faim le gendre du roi pour prendre sa place sur le trône ; 2° il garda la dot d'Isabelle, qu'il avait promis de restituer ; 3° il profita de la démence du roi Charles pour s'allier au duc de Bourgogne contre les Armagnacs ; 4° il trahit les Bourguignons pour s'attacher aux Armagnacs ; 5° quand les deux factions, ayant fait

Résumé des griefs.

la paix, lui signifièrent qu'il devait retirer ses troupes, il en envoya de nouvelles pour ravager la Normandie, le Maine et l'Anjou; et tout cela pendant la durée d'un armistice! Pour obtenir de lui qu'il respectât sa royale signature, il fallut lui offrir de l'or; sa loyauté nous fut livrée moyennant 200,000 couronnes! Une usurpation, un meurtre, un vol, trois ou quatre trahisons, le pillage de trois ou quatre provinces paisibles et inoffensives, tels sont les titres du roi Henri IV à l'admiration de la France.

HENRI V. (1413 A 1422.)

Roi de France : Charles VI.

Henri de Monmouth, fils du roi Henri IV, dont la jeunesse avait été fort dissipée, ne fut pas sur le trône qu'il surprit toute la nation par la sagesse et la prudence de sa conduite. Les Lollards, secte qui précéda celle de Luther, furent seuls d'un avis opposé à celui de la nation. Ainsi que leurs successeurs, ils annonçaient qu'en toutes choses il fallait examiner avant d'obéir, que le clergé était l'Antechrist, que le pape était la tête de la bête, les évêques et les prélats les membres, et les ordres religieux la queue. Le roi s'opposa à la prédication de cette doctrine, et les sectaires, révoltés contre l'autorité, formèrent le projet d'enlever le roi à Eltham. 20,000 d'entre eux se réunirent à Saint-Gilles; le peuple se souleva contre eux, et pour cette fois, le bon sens du peuple fit justice des doctrines subversives des sectaires.

Secte des Lollards.

1414.

Malheureuse situation du gouvernement de France.

Quand il eut réussi à rétablir la tranquillité dans ses Etats, Henri V tourna ses vues du côté de la France, dont le trône tentait son ambition. Le moment paraissait bien choisi : le malheureux Charles VI portait encore la couronne. Depuis quelques mois le pouvoir avait passé des mains de Jean-Sans-Peur, duc de Bourgogne, à celles du jeune Dauphin, des mains du Dauphin à celles de la populace, et enfin de celles-ci à celles du duc d'Orléans, ennemi des Bourguignons. Au milieu de ce chaos et des guerres civiles qu'il enfantait, il fut facile à Henri de se préparer à l'invasion depuis longtemps projetée.

Personne en France ne songeait à la guerre étrangère, dévoré que l'on était par les guerres intestines, lorsque tout à coup Henri réclama la couronne avec toutes ses dépendances, comme héritier d'Isabelle, fille de Philippe le Bel. Les prétentions de l'Anglais ayant été rejetées, on les reproduisit avec quelques prétentions de moins, et, pour faire preuve de modération, on se borna à demander en toute souveraineté la Normandie, le Maine, l'Anjou, le duché d'Aquitaine, les villes comprises dans le traité de Brétigny, c'est-à-dire la moitié du royaume. Il est vrai que, pour compensation de ce qu'il ne prenait pas, le roi d'Angleterre exigeait qu'on lui payât les arrérages de la rançon du roi Jean, montant à 12,000,000 de couronnes, et qu'on lui accordât la main de Catherine, fille de Charles VI, avec une dot de 2,000,000 de couronnes ! Pour obtenir la paix que nous étions loin d'avoir troublée, il fallait céder la moitié de la France et donner jusqu'au dernier sou du trésor public et des fortunes particulières. Plus de places fortes, plus d'argent et plus d'armées, telle était la position que nous faisaient nos bons alliés d'Angleterre.

Prétentions du roi d'Angleterre sur la couronne de France.

Le gouvernement français, oubliant sa faiblesse et n'écoutant que la voix de l'honneur, n'accepta pas cette honte. Le duc de Berry offrit, pour satisfaire le dévorant appétit de nos voisins, de céder les territoires anciennement compris dans le duché d'Aquitaine et de donner à la fille de Charles une dot

Généreuse résolution du gouvernement français.

de 600,000 couronnes. Ces propositions furent rejetées ; le roi Henri se procura comme il put les sommes nécessaires à la création d'une nombreuse armée. Cette fois les ministres de Charles eurent peur, et on ouvrit de nouvelles négociations. L'Angleterre, sans rien diminuer de ses prétentions territoriales, accepta cependant une dot de 800,000 couronnes au lieu de 2,000,000 qu'elle avait demandés d'abord. Pour mieux tromper la bonne foi des ministres français, Henri consentit à prolonger la trêve de quatre mois, et cependant se prépara à faire la guerre. L'erreur en effet fut complète. Le gouvernement de Charles VI, se flattant que ses dernières conditions seraient acceptées, envoya l'archevêque de Bourges à Londres pour les renouveler et obtenir enfin un traité de paix, sinon la certitude d'une alliance dont les peuples avaient le plus grand besoin. Bien loin de répondre à l'espoir qu'on avait conçu, cette ambassade mit fin à toutes les négociations en donnant à l'Angleterre l'occasion de faire connaître ses véritables intentions. Henri déclara que la couronne de France était son droit, et qu'il l'arracherait, en dépit de tous ses ennemis, à celui qui en était l'injuste détenteur. Tant de mauvaise foi, jointe à tant d'insolence, indigna l'archevêque de Bourges, qui osa répondre que si le roi d'Angleterre attribuait à la crainte les offres qui avaient été faites, il se trompait. Le trône de France, ajouta le prélat, était le premier de l'Europe; il fallait une force supérieure à celle de l'Angleterre pour l'ébranler. Que Henri, si bon lui semblait, en fît la tentative : ou il serait repoussé au-delà des mers, ou il paierait sa présomption de sa liberté et peut-être de sa vie.

Les négociations étant ainsi rompues, l'armée anglaise, depuis longtemps réunie à Southampton, s'embarqua le 13 du mois d'août, se trouva le 15 dans l'embouchure de la Seine, et le 18 débarqua à Harfleur. 6,000 hommes d'armes et

24,000 archers investirent cette place, et, malgré la plus héroïque défense, la forcèrent à capituler le 22 septembre suivant. Laissons de côté les vaines satisfactions que le roi d'Angleterre voulut donner à son orgueil, et contentons-nous de faire connaître ce qu'il y eut de cruel dans les exigences de Henri V envers une population dont il se vantait d'être le miséricordieux souverain. Il déclara que son bon plaisir était que les hommes d'armes partissent en pourpoint, après avoir prêté serment de se constituer prisonniers, dans un temps donné, aux mains du gouverneur de Calais; que les habitants, hommes, femmes et enfants, quittassent leurs demeures pour toujours, emportant une partie de leurs habits et cinq sols chacun pour leur subsistance; que les richesses de la ville, avec les armes et les chevaux de la garnison, fussent distribués entre les vainqueurs... Harfleur était pour lui un second Calais.

Cruauté du roi d'Angleterre.

De la ville d'Harfleur l'armée anglaise traversa la Normandie, fut arrêtée par le connétable d'Albret au village d'Azincourt, dans le voisinage des plaines de Crécy. Azincourt, comme Crécy et comme Poitiers, devait nous être funeste; le courage de nos troupes les fit courir vite à une sanglante défaite. Là encore l'Anglais fut heureux comme à Crécy, mais il se montra plus cruel qu'à Crécy, et sa cruauté dépassa sa fortune. L'intrépide duc d'Alençon se fraie un passage au milieu de la mêlée; d'un coup il renverse le duc d'York, d'un autre il fend la couronne du casque royal. Mille bras se lèvent contre lui, et il s'écrie : « Je me rends, je suis Alençon ! » Ce cri de détresse ne lui sauve pas la vie; il est égorgé aux pieds de son vainqueur. L'Angleterre sut-elle jamais avoir pitié des prisonniers? La bataille allait finir, une seule division française résistait à l'ennemi; pour se venger de cette héroïque résistance, Henri d'Angleterre donne l'ordre de massacrer

Bataille d'Azincourt.

Meurtre du duc d'Alençon.

les prisonniers, et tous les prisonniers sont massacrés. Le lendemain, 26 octobre, il traverse le champ de bataille et achève à coups de lance ceux des blessés qui donnent encore signe de vie! Massacrer des prisonniers! égorger des blessés! quelle nation voudrait d'une victoire souillée par une telle cruauté? Henri V prétendit que cette bataille avait suffisamment démontré son droit à la couronne de France; n'était-ce pas se moquer de Dieu après avoir insulté à l'humanité? Laissons agir la Providence, bientôt elle protestera contre ce blasphème.

Au lieu de condamner par leur silence de semblables atrocités, les habitants de la bonne ville de Londres préparèrent de magnifiques fêtes au souverain qui leur revenait avec du sang au front, avec du sang sur les mains! Des tapisseries garnissaient les murs des maisons; des spectacles étaient érigés dans les rues; des vins doux coulaient des fontaines; des chœurs d'enfants chantaient sa louange, et toute la population semblait ivre de joie; le parlement partagea l'enthousiasme général.

Pour que rien ne manquât à cette fête du sang, Henri, ayant reçu la visite de Sigismond, roi des Romains, empereur élu, osa se vanter de sa modération; se faisait-il illusion, ou pensait-il faire illusion aux autres? Souvent il s'entretint du traité de Brétigny et en réclama l'exécution de la part de la France, comme si l'Angleterre s'y fût jamais conformée : c'était déguiser sous un voile hypocrite la plus coupable déloyauté.

Ce qui se passa cette même année dans la ville de Calais nous donnera une juste idée de la justice et de la modération de ce souverain. La France continuait à être dévorée par les factions; le duc de Bourgogne, en haine de la famille d'Orléans, avait défendu à ses vassaux de servir dans l'armée française, bien qu'ils y eussent été appelés par Charles VI ; aussi firent-ils défaut lors de la bataille d'Azincourt, ainsi que dans les diverses rencontres qui eurent lieu depuis cette désastreuse journée. Un tel procédé devait mériter et ne manqua pas d'obtenir toute la bienveillance du roi Henri. Une correspondance s'établit entre les deux princes ; le 3 octobre, on se vit à Calais, et il y fut convenu que le duc de Bourgogne, trahissant de nouveau sa patrie, reconnaîtrait Henri pour roi de France et joindrait ses armes à celles de l'Angleterre. Quand ce complot fut bien arrêté, les deux princes se séparèrent et se rendirent, l'un en Angleterre pour obtenir des subsides, l'autre en Bourgogne afin de se préparer à l'exécution des projets récemment arrêtés. Les conspirateurs sont sujets à des retours imprévus, et il arrive quelquefois à la conscience de réparer les erreurs de l'esprit ; ce fut ce qui arriva au duc de Bourgogne. Comme il traversait la Flandre pour regagner ses Etats, ce prince fit à Valenciennes la rencontre du second fils du roi de France, devenu Dauphin depuis la mort de son frère ; l'un et l'autre se jurèrent amitié et s'unirent pour résister à la fois aux prétentions des Armagnacs et à celles de l'Angleterre. Malheureusement pour la France, la mort du Dauphin rompit cette heureuse alliance et entraîna l'inconstant duc de Bourgogne dans de nouvelles et fatales résolutions. Isabelle de Bavière, emprisonnée à Tours, sollicita son alliance, et, après avoir été longtemps son ennemie, fut délivrée par lui, se rendit à sa cour, s'intitula régente de France et le nomma lieutenant général du royaume. Au milieu de cette anarchie, et désirant l'accroître encore pour en tirer un plus grand profit, Henri débarqua en Normandie, dont les habitants, malgré la résistance la plus opiniâtre, furent obligés de le recevoir. Caen fut emporté d'assaut ; Bayeux, l'Aigle, Lisieux, Alençon et Falaise ouvrirent leurs portes. Ces conquêtes étaient d'autant

Le duc de Bourgogne s'attache au jeune Dauphin.

1417.
Il abandonne ce parti pour celui de la reine Isabeau de Bavière.

Henri débarque en Normandie.

plus faciles qu'aucune armée ne mettait obstacle à la marche des ennemis. Le gouvernement se bornait, dans sa fatale impuissance, à ouvrir des négociations pour obtenir des trèves de quelques jours. Pour se les faire payer, Henri demandait la main de Catherine, le titre de régent et la succession au trône après la mort de Charles. Les propositions étaient rejetées, et la guerre continuait, ou plutôt le roi d'Angleterre continuait à s'avancer dans le cœur de la France, sans autre opposition que celle des populations, indignées de se voir envahies, et de ne pouvoir, malgré leur courage, échapper à la domination étrangère. Effrayés eux-mêmes sur les suites que devait nécessairement produire l'indifférence des chefs de partis, les cardinaux des Ursins et de Saint-Marc dressèrent un projet de réconciliation. Accepté par le duc de Bourgogne, le projet fut rejeté par les Armagnacs, alors maîtres de Paris et se croyant bien sûrs de n'en plus sortir. Leurs espérances étaient fausses : les Parisiens, las des malheurs qui les désolaient, retirèrent leur confiance à un parti incapable de faire une concession en faveur de la paix. Une nuit, l'une des portes de la ville fut ouverte aux Bourguignons, les prisons furent forcées, et 60,000 personnes assemblées en armes massacrèrent tous les détenus, sans distinction de rang ni de sexe, d'innocence ou de culpabilité. Le dernier fils du roi dut la vie à Tanneguy du Châtel, qui l'enleva et le porta en lieu de sûreté. Cette nuit, Tanneguy sauva la France. La reine et le duc de Bourgogne régnèrent à Paris; les Armagnacs, retirés à Poitiers, proclamèrent le Dauphin régent du royaume. Henri continua à se laisser marchander par les deux partis et à les tromper tous les deux : aux négociateurs des Armagnacs il reprochait un manque de sincérité, il contestait la validité de leurs pouvoirs et faisait observer que le Dauphin leur maître était trop jeune encore pour donner des garanties suffisantes; à ceux de la reine et du duc de Bourgogne il faisait remarquer que Charles, par suite de son infirmité, et le duc, à cause de son infériorité de sang comme vassal, étaient également incapables de disposer des territoires appartenant à la couronne de France. Tout, de cette manière, se prêtait admirablement à sa duplicité, la jeunesse, la maladie et l'infériorité ; il exploitait la guerre civile chez la nation et la faiblesse chez le souverain. Cette situation lui plaisait d'autant plus que, grâce à elle, ses projets s'accomplissaient sans bourse délier. Il ouvrait des négociations avec la reine Isabeau et s'emparait de Rouen, où 50,000 citoyens perdaient la vie en défendant la place. Il flattait le duc de Bourgogne, et, par de perfides promesses, le rendait infidèle à ses devoirs. Le duc de Bourgogne, que sa conscience ramenait malgré lui aux sentiments d'affection pour la France, traitait avec le Dauphin. Telle était alors la situation des partis et du gouvernement, que tout se fût probablement terminé, pour le roi d'Angleterre, à une stérile invasion, si Jean-Sans-Peur n'eût pas été assassiné sur le pont de Montereau. Ce meurtre plongea la France dans d'inextricables désordres et acheva de la livrer à Henri. Philippe, fils de Jean-Sans-Peur, croyant venger la mort de son père, se jeta dans les bras du monarque anglais et lui ouvrit les portes de Paris. Les habitants de cette ville se hâtèrent de conclure avec lui un armistice, et la reine se mit à sa disposition. Henri consentit à servir toutes les vengeances à condition qu'il serait régent de France pendant la vie de Charles et qu'il lui succéderait à sa mort. Cette fois tout fut accordé. Henri fut reçu à Troyes par Isabeau et Philippe ; son mariage avec la princesse Catherine y fut célébré. Le 18 novembre, le roi et les reines firent leur entrée triomphale à Paris ; tandis que le malheureux roi, relégué dans son palais de Saint-Paul, pleurait, riait ou jouait pour obéir à sa démence, l'infamie d'une

1419. Henri s'empare de Rouen.

Assassinat de Jean-Sans-Peur

Philippe de Bourgogne ouvre les portes de Paris aux Anglais.

20 mai 1420. Mariage de Henri avec Catherine de France.

reine et la vengeance d'un prince livraient la France à la fourberie du roi d'Angleterre.

Après son triomphe de Paris, Henri s'en alla chercher un nouveau triomphe à Londres et une défaite en Ecosse. Revenu en France, il chassa le Dauphin de la ville de Chartres et le força à se renfermer dans la place de Bourges avec la monarchie française, Meaux fut pris et saccagé. La reine Catherine accoucha d'un fils auquel on donna le nom de Charles. On se rendit à Vincennes auprès du vieux roi, et alors on vit l'épouvantable réunion de la folie, de l'enfance, de la perfidie et de l'ambition; c'était le congrès des vices et de la décadence de l'humanité. Tout ce bagage de honteuses misères se transporta à Paris, où les plaisirs succédèrent aux plaisirs, irritant un peuple humilié de l'oppression subie par un roi qu'il n'avait jamais cessé de plaindre et d'aimer. Pendant que les Parisiens murmuraient, la mort s'approchait. Tous les voyages du roi d'Angleterre de Troyes à Paris, de Paris à Vincennes et de Vincennes à Cosne ne l'empêchèrent pas de venir mourir dans le bois de Vincennes le 31 du mois d'août 1422. Ses dernières volontés nous léguèrent encore la guerre civile qu'il avait été si habile à faire naître et à exploiter. Quelques heures avant d'expirer, il défendit aux seigneurs anglais, quoi qu'il pût arriver, de remettre en liberté les princes français durant la minorité de son fils, ou de conclure la paix avec le Dauphin, à moins que la Normandie ne fût cédée en pleine souveraineté à la couronne d'Angleterre. Près de perdre la vie, il laissa la couronne de France tomber de ses mains avides; mais il tint à conserver cette belle province de Normandie, lui dont une pelletée de terre française allait bientôt avoir raison.

Les Anglais vantent le courage, la politique, la justice et la générosité de ce prince; pendant plusieurs siècles, ils ont visité son tombeau à Westminster avec des sentiments de vé-

nération et de regret. Monstrelet s'en exprime ainsi : « Et mes-
« mement luy mort et mis en sépulture, luy ont faict et font
« chacun jour aussi grand honneur et révérences comme s'ils
« fussent acertenez qu'il fût ou soit sainct en paradis. »

Pour nous, Français, qui devons juger les souverains étrangers, fussent-ils des héros, d'après le mal qu'ils nous ont fait ou qu'ils ont voulu nous faire contrairement aux lois de la justice et de l'humanité, nous disons à Henri V d'Angleterre : 1° Pendant une trève et sans déclaration de guerre, vous avez traîtreusement profité de la maladie d'un roi incapable de se défendre : c'était une couardise. 2° Vous avez traité avec tous les partis, reines et ducs, nobles et peuples, et vous les avez tous indignement trompés. 3° Vous n'avez accordé des armistices que pour mieux vous préparer à les violer. 4° Quand vous avez vu, après mille supercheries, que les partis, exaltés et excités par vous, en étaient arrivés au point de préférer la coupable satisfaction de leur vengeance à l'honneur du pays, vous êtes venu, et vous avez demandé tout l'argent et la moitié du royaume. 5° Quand, obéissant à l'amour de la patrie, le parti du jeune Dauphin fit alliance avec les populations et préféra les luttes inégales à la honte de se vendre, vous avez pillé, brûlé et saccagé les villes et les campagnes assez généreuses pour préférer la mort à l'esclavage. 6° Un jour, jour de funeste mémoire pour nous, jour de deuil pour l'humanité, vous étiez vainqueur à Azincourt ; comment vous êtes-vous conduit vis-à-vis des vaincus ou plutôt vis-à-vis de la victoire ? Un noble duc, un vaillant parmi les vaillants, se trouvant seul contre mille, vous crie merci, et il est égorgé à vos pieds. 7° La fortune, trahissant le courage, vous livre trois ou quatre mille prisonniers, et vous les faites massacrer par vos soldats descendus au rôle de bourreaux. 8° Deux ou trois mille braves survivent à leurs blessures et gisent sur le champ de bataille;

Résumé des crimes et griefs.

vous les faites poignarder le lendemain de la victoire, alors que la colère est tombée et que dans le cœur de l'homme il il n'y a plus de place que pour la clémence. 9° Pendant que, le 13 mars 1415, vous consentez à prolonger la trève de quatre mois et que vous ne parlez que de paix, vous réunissez à Southampton une armée destinée à envahir la France. 10° Vous osez vous plaindre de ce que la France n'observe pas le traité de Brétigny, tandis que, pour y être fidèle, son roi va volontairement mourir dans sa prison de Londres, et que vous demeurez en possession des villes que vous deviez évacuer. 11° Vous êtes à la piste de tous les traîtres pour les acheter, de tous les mécontents pour les exploiter ; toutes les hontes vous sont gloires à récompenser, toutes les turpitudes d'une femme sans cœur et sans mœurs vous sont vertus à honorer. 12° Quand vous vous croyez assez fort, appuyé que vous êtes sur cet amas d'infamies, vous prenez la main d'un pauvre père dont l'intelligence est éteinte par la folie, et vous lui faites signer un testament dans lequel il déshérite son fils aîné pour vous donner la couronne de France. 13° Vous entrez triomphalement à Paris à côté d'une femme impudique, d'une mère sans cœur, laissant le malheureux Charles gémir dans la plus profonde détresse; à côté de ce roi sans pain vous donnez des fêtes splendides aux hommes qui l'ont trahi ! N'entendez-vous pas gémir la France ? ne voyez-vous pas les larmes du peuple de Paris couler au pied de votre char de triomphe ? Ce peuple frémit sous votre gantelet de fer; prenez garde, Henri d'Angleterre: quand le peuple de France frémit, c'est de colère, et la colère du peuple de France a toujours été fatale à ses ennemis.

HENRI VI. (1422 A 1461.)

Rois de France :
Charles VI.
Charles VII.

A la mort du roi Henri, son fils n'était âgé que de neuf mois, et le gouvernement se trouvait placé entre les mains d'un ministère divisé, sous la suprême direction du duc de Gloucester, oncle paternel du nouveau souverain. Cette situation politique, peu favorable par sa nature aux intérêts généraux du royaume, offrait de grands dangers dans un moment où l'unité du pouvoir était si nécessaire pour conserver les avantages obtenus par le courage et par l'astuce du souverain qui venait de mourir. En France, Charles VI était toujours ce royal fantôme dont la reine et les grands ne se lassaient pas d'abuser. Le Dauphin son fils, bien que déshérité par son père, avait pour lui une rare prudence, une énergie au-dessus des revers et l'amour du peuple. Nous verrons, sous son règne, ce que peuvent enfanter de merveilles ces trois choses réunies, et ce que la Providence peut faire pour une nation qu'elle veut sauver.

Gloucester était régent d'Angleterre; le duc de Bedford était régent de France, du consentement de Charles VI. Chose singulière! on supposait à ce pauvre roi assez d'intelligence pour nommer un régent, et on le croyait incapable de gouverner! Cette bizarre inconséquence du jugement des hommes ne devait pas avoir une longue durée. On avait assez abusé de la maladie de Charles pour que la mort vînt mettre fin aux douleurs de cette royale agonie. A la mort du roi, la France sembla sortir d'une profonde léthargie et se dépouiller du

Le duc de Bedford est régent de France.

Mort de Charles VI.
22 octobre 1423.

suaire dont elle était couverte. Le dauphin, couronné à Chartres sous le nom de Charles VII, sut réunir autour de lui une grande partie de la noblesse, et la bannière de France se releva pour ne plus s'abaisser devant le léopard britannique.

<small>Situation politique de la France.</small>

Le royaume était ainsi divisé : la Loire formait la ligne de démarcation entre les deux partis ; au sud de ce fleuve, toutes les provinces, à l'exception de la Gascogne, avaient épousé la cause de Charles ; au nord, l'Anjou et le Maine gardaient la neutralité. Les garnisons de quelques forteresses isolées tenaient pour le prince national ; le reste de la population ainsi que les habitants de la capitale reconnaissaient l'autorité du régent, c'est-à-dire que ce dernier commandait pour l'Angleterre aux quatre cinquièmes du royaume, et que le premier n'était plus, comme l'appelaient dérisoirement les Anglais, que le roi de Bourges. Dans les événements qui vont suivre, nous aurons donc le duc de Bedford, représentant Henri VI d'Angleterre, comme souverain de fait, et Charles VII comme souverain de droit.

<small>Le duc de Bourgogne se détache du parti de l'Angleterre.</small>

Les partis se trouvaient tellement épuisés que, pendant trois ans, la guerre se fit sans activité ; des siéges sans importance, des rencontres sans résultat sérieux continuèrent à désoler les habitants sans rien décider sur la situation générale. Un seul événement mérite l'attention du lecteur, parce qu'il déplaça l'un des plus puissants éléments des succès obtenus par l'Angleterre. Jacqueline de Bavière, héritière du Hainaut, de la Hollande, de la Zélande et de la Frise, veuve de Jean, Dauphin de France, avait épousé le duc de Brabant, âgé seulement de seize ans ; cette alliance ne fut pas heureuse, et Jacqueline, abandonnant son époux, se retira en Angleterre, où le duc de Glocester, attiré par ses charmes et plus encore par la richesse de son héritage, voulut s'unir à elle, malgré son mariage avec le duc de Brabant. Cette prétention ne pouvait être agréable au duc de Bourgogne, cousin-germain et héritier présomptif du mari de Jacqueline. Gloucester ne tint aucun compte du mécontentement de son allié ; son mariage eut lieu, et aussitôt les Etats de Jacqueline furent réclamés par son nouveau mari. A partir de cette époque, le duc de Bourgogne se détacha du parti de l'Angleterre.

1424.

En attendant cet heureux événement, le duc de Bretagne, depuis longtemps attaché à la cause anglaise par crainte plus que par affection, parut disposé à soutenir les intérêts de Charles et leva même des troupes pour les mettre à son service. A cette nouvelle, Bedford envahit la Bretagne, ravagea cette province et força le duc à reconnaître le roi d'Angleterre pour son seigneur suzerain. Fier de ce succès, Bedford traversa la Loire et vint assiéger Orléans. La ville allait être prise, et déjà le duc de Bedford et le duc de Bourgogne se disputaient cette riche proie, lorsqu'une bergère de Domrémy, village situé entre Neufchâteau et Vaucouleurs en Champagne, vint sauver la France.

1426.

Loyales dispositions du duc de Bretagne.

Ravages de l'armée anglaise.

Siége d'Orléans.

Cette bergère, du nom de Jeanne d'Arc, avait dix-huit ans ; c'était une belle fille, assez grande de taille, à la voix douce et pénétrante. Nous n'entrerons pas à son égard dans de longs détails historiques, tout le monde les connaît ; quelques mots sur la manière dont sa mission lui fut révélée nous conduiront sous les murs d'Orléans, où elle fit ses premières armes.

Jeanne d'Arc.

A l'époque où apparaît Jeanne d'Arc, la misère et les épidémies ont tué 100,000 âmes dans Paris. En récompense, d'autres habitants y viennent la nuit, les loups insolents, impudents et ne craignant plus rien. Parmi leurs hurlements, des cris funèbres d'agonisants qui crient dans les longues nuits d'hiver : « Je meurs de faim, de froid ! » Des vingt et trente enfants aux coins des bornes, sans parents, sans soins ni secours, couchés sur les ordures, cherchant leur vie dans le fumier...

Triste situation de Paris.

Epidémies, misère et souffrances.

Le laboureur dépouillé laisse là tout, quitte femme et enfants ; qu'ils meurent de faim s'ils veulent ! Il se jette au bois et se fait brigand, prenant pour maître et capitaine le diable, seul roi visible d'une terre maudite.

Hélas ! où Dieu est-il ? et, parmi tant de morts, la pitié aussi est-elle morte ?

Elle vivait au cœur d'une femme ; le cœur de Jeanne était ému « de la pitié qu'il y avoit au royaume de France. »

Au milieu de cette affreuse misère, Jeanne vit, dans le jardin de son père, une clarté divine, et entendit la voix de saint Michel lui disant : « Va au secours du roi de France, et tu lui « rendras son royaume. » Elle répondit toute tremblante : « Messire, je ne suis qu'une pauvre fille ; je ne saurois che- « vaucher ni conduire les hommes d'armes. » La voix lui répliqua : « Tu iras trouver M. de Baudricourt, capitaine de « Vaucouleurs ; il te fera mener au roi. Sainte Catherine et « sainte Marguerite viendront t'assister. »

Les larmes de la pauvre fille coulèrent abondantes, mais elle ne partit pas. L'archange saint Michel vint encore, et, pour l'encourager, lui raconta « la pitié qui estoit au royaume de « France. » Cette fois elle se résolut à partir, malgré la colère et les pleurs de sa famille ; ses voix l'entraînaient en lui parlant des douleurs de la France.

Baudricourt résista d'abord, puis il céda quand elle lui eut déclaré « qu'elle venait vers lui de la part de son Seigneur, « pour qu'il mandât au Dauphin de se bien maintenir, et « qu'il n'assignât point de bataille à ses ennemis, parce que « son Seigneur lui donnerait secours dans la mi-carême... Le « royaume n'appartenait pas au Dauphin, mais à son Sei- « gneur ; toutefois, son Seigneur voulait que le Dauphin devînt « roi, et qu'il eût ce royaume en dépôt (1). »

(1) Michelet.

Les gentilshommes doutaient, les seigneurs et les princes doutaient aussi ; le peuple qui ne doutait pas, lui, pressait le départ de Jeanne. Elle partit en effet, et, arrivée à Chinon, reconnut le roi au milieu de ses courtisans. « Gentil Dau-
« phin, lui dit-elle, j'ai nom Jehanne la Pucelle ; le Roi des
« cieux vous mande par moi que vous serez sacré et cou-
« ronné en la ville de Reims, et vous serez lieutenant du
« Roi des cieux, qui est roi de France... Je te dis de la
« part de Messire que tu es vrai héritier de France et fils du
« roi. »

Le Dauphin était convaincu, les docteurs ne l'étaient pas et voulaient procéder à un examen. « Ecoutez, leur dit-elle, il
« y en a plus au livre de Dieu que dans les vôtres... Je ne sais
« ni A ni B, mais je viens de la part de Dieu pour faire
« lever le siége d'Orléans et sacrer le Dauphin à Reims...
« Auparavant il faut pourtant que j'écrive aux Anglais
« et que je les somme de partir : Dieu le veut ainsi. Avez-vous
« du papier et de l'encre ? Ecrivez, je vais vous dicter :
« A vous, Suffort, Classidas et la Poule, je vous somme
« de par le Roi des cieux que vous vous en alliez en Angle-
« terre. »

Orléans était aux abois et criait au secours ; Dunois envoyait coup sur coup, il n'y avait plus de temps à perdre. On équipa la jeune bergère : son armure était blanche, son cheval était noir ; à son côté brillaient une petite hache et l'épée de sainte Catherine. « Et la veis monter à cheval armée toute en blanc,
« sauf la teste, une petite hache en sa main, sur un grand
« coursier noir... Et lors se tourna vers l'huis de l'église, qui
« estoit bien prochain, et dist en assez voix de femme : *Vous,*
« *les prêtres et gens d'église, faites processions et prières à Dieu.*
« Et lors se retourna à son chemin en disant : *Tirez avant,*
« *tirez avant!* son estendard (blanc fleurdelisé) ployé que

13

« portoit un gracieux paige, et avoit sa hache petite en la
« main (1). »

Ce fut en marchant en avant qu'elle et sa suite arrivèrent sous les murs d'Orléans. Elle entra dans la ville le 29 avril, à huit heures du soir, sans que les assiégeants y missent aucun obstacle, et dès lors sa mission fut considérée, dans les deux armées, comme une manifestation de la volonté divine. Toujours au premier rang et sa bannière déployée, elle conduisit les assiégés contre les ennemis, et, à force d'héroïsme, força Suffolk à lever le siége. Fargeau, Mehun et Beaugency furent escaladés et tombèrent au pouvoir de Charles. Les Anglais prirent la fuite au combat de Patay, et leurs principaux capitaines furent faits prisonniers. Tous ces avantages ouvrirent à Jeanne le chemin de la ville de Reims, où, disait-elle, sa mission était de faire sacrer le roi. On était alors à Gien ; toutes les forteresses situées entre cette place et celle de Reims étaient au pouvoir des Anglais qu'il fallait chasser ou des Bourguignons qu'il fallait ménager. Auxerre refusa de recevoir Charles dans ses murs, les habitants de Troyes résistèrent pendant quatre jours ; les forteresses furent prises, les villes ouvrirent leurs portes, et, après une campagne de deux mois, Jeanne eut la satisfaction d'entrer à Reims et d'y faire sacrer le roi de France le dimanche 17 juillet.

Sa mission se trouvant ainsi accomplie, la jeune fille demanda au roi la faveur de retourner au village : « O gentil
« roi, maintenant est fait le plaisir de Dieu qui vouloit que je
« fisse lever le siége d'Orléans, et que je vous amenasse en vo-
« tre cité de Reims, recevoir votre saint sacre, montrant que
« vous êtes vrai roi, et qu'à vous doit appartenir le royaume

---

(1) Lettre de Guy de Laval à ses mère et aïeule. — Labbe. — Michelet, *Hist. de France*, 5ᵉ vol.

« de France. » Le roi se refusant à son départ, elle dit à l'archevêque de Reims : « Je voudrois bien qu'il plût à Dieu que je « m'en allasse garder les moutons avec ma sœur et mes frè- « res... Ils seraient si joyeux de me revoir... » Charles s'y opposa. Elle battit les Anglais à Senlis et s'empara de Soissons, de Beauvais et de Saint-Denis. Les Anglais et les Bourguignons assiégeaient Compiègne ; la Pucelle vint s'y jeter pour y perdre sa liberté. Dans une sortie contre les assiégeants, elle resta en arrière pour couvrir la retraite des siens : la barrière fut fermée, et, ne pouvant rentrer dans la place, elle fut reconnue, entourée, saisie et tirée à bas de cheval. Un archer picard, qui l'avait prise, la vendit à Jean de Luxembourg, qui la revendit aux Anglais. Ce qu'elle devint alors, l'histoire l'a cent fois répété ; nous devons le redire encore, quand ce ne serait que pour verser une larme de plus sur le bûcher d'une héroïne cruellement immolée pour son pays par des ennemis qu'elle avait vingt fois mis en fuite, et qui ne trouvèrent du courage que pour l'acheter et la torturer !

Victoires de Senlis et de Soissons.

Jeanne est prisonnière.

Elle est vendue et livrée aux Anglais.

La rage des Anglais était telle contre Jeanne, que, pour en avoir dit du bien, une femme fut brûlée vive. Or, cette femme disait « que dame Jehanne estoit bonne. » Cette bonne et douce parole mérita le feu. Pour perdre la Pucelle et consoler l'orgueil anglais, on l'accusa de sorcellerie, comme si une armée française avait besoin de la sorcellerie pour battre une armée anglaise ! Nous avons vu depuis un autre sorcier expier ses sacriléges sur un rocher où la cruauté britannique ne lui fit pas défaut.

Une femme est brûlée vive.

Principale accusation formée contre Jeanne.

Quoi qu'il en soit, la procédure s'ouvrit à Rouen le 9 janvier 1431 ; seule et sans consolation, les fers aux jambes, cette jeune héroïne triompha de l'astuce de ses juges et de la cruauté de ses bourreaux. « De nuyt, elle estoit couchée ferrée par les « jambes de deux paires de fers à chaîne, et attachée moult

1431.

Cruels traitements exercés contre Jeanne.

« estroitement d'une chaîne traversante par les pieds de son
« lit, tenante à une grosse pièce de boys de cinq ou six pieds
« et fermante à clef, par quoi ne pouvoit mouvoir de sa
« place (1). » Un autre témoin dit : *Fuit facta una trabes ferrea, ad detinendam eam erectam.* « On fit une poutre de fer,
« afin de la forcer à se tenir droite. » Dans cette cruelle position, elle voyait encore trois soldats coucher dans sa chambre, trois de ces brigands que l'on appelait *houspilleurs*. Les habits d'homme dont elle était vêtue la défendaient seuls contre les appétits grossiers de ces trois Anglais. Pour lui ravir cette protection, ses juges voulaient qu'elle se servît des plus courts vêtements de femme. Elle demanda une robe *bien longue*; on rejeta la demande que formulait sa pudeur.

Belles réponses de Jeanne à ses geôliers. Ses bourreaux eurent plus d'une fois le misérable courage de lui faire visite dans sa prison. Un jour le comte de Ligny, celui qui l'avait vendue, vint la voir avec un lord anglais et lui dit : « Jeanne, je viens vous mettre à rançon, pourvu que
« vous promettiez que vous ne porterez plus les armes contre
« nous. » Elle répondit : « Ah ! mon Dieu, vous vous moquez
« de moi ; je sais bien que vous n'en avez ni le vouloir ni le
« pouvoir. » Et comme il répétait les mêmes paroles, elle ajouta : « Je sais bien que ces Anglois me feront mourir,
« croyant après ma mort gagner le royaume de France. Mais
« quand ils seroient cent mille *Godden* de plus qu'ils ne sont
« aujourd'hui, ils ne gagneroient pas le royaume. » Le lord anglais fut si indigné qu'il tira sa dague pour la frapper, et il l'aurait fait sans le comte de Warwick.

L'un de ses juges, embarrassé du jugement à rendre sous la menace des Anglais, essaya de l'empoisonner en lui envoyant un poisson ; cette généreuse charité rendit la captive

---

(1) Notices des manuscrits.

malade, et lord Warvick répétait à ses gardiens ces paroles significatives : « Le *roi* ne voudrait pour rien au monde qu'elle « mourût de sa mort naturelle ; le roi l'a achetée, elle lui coûte « cher !... Il faut qu'elle meure par justice, qu'elle soit brû- « lée... Arrangez-vous pour la guérir. » On la guérit en effet ; mais à peine eut-elle retrouvé quelque force que, pour lui arracher des aveux, on soumit son esprit à la torture de nouvelles menaces, on lui envoya même le bourreau pour lui affirmer que la torture était prête à mutiler son corps. La jeune fille resta inébranlable ; comme on voulait à tout prix l'effrayer avant de la faire mourir, on imagina une grande et terrible scène, dans laquelle l'héroïne, à bout de force et de courage, devait enfin succomber. Dans le cimetière et derrière l'église Saint-Ouen fut dressé un échafaud sur lequel siégeaient les juges. Sur un autre échafaud, Jeanne, en habit d'homme, se trouvait placée au milieu des huissiers et des gens de torture ; ses regards apercevaient au pied de l'échafaud le *bourreau* sur la charrette, tout prêt à l'emmener dès qu'elle lui serait adjugée. Un prédicateur nommé Guillaume Erard, chargé d'émouvoir la prétendue coupable, s'écria, en s'adressant à elle, que « le roi « de France était devenu hérétique et schismatique. » A ces mots, l'admirable fille, oubliant tout son danger, s'écria : « Par « ma foi, sire, révérence gardée, j'ose bien vous dire et jurer, « sur peine de ma vie, que c'est le plus noble chrétien de tous « les chrétiens, celui qui aime le mieux la foi et l'Eglise ; il « n'est point tel que vous le dites. » Les juges lui imposèrent silence. Elle en appela au pape ; on lui répondit que le pape était trop loin. Les Anglais menaçaient les juges, qui faisaient trop longtemps attendre la condamnation. Parmi ceux-ci, quelques uns s'émurent, et, touchés de compassion, supplièrent la sublime Jeanne de céder pour échapper à la mort. Tout le monde autour d'elle s'en mêlait. Elle céda, la pauvre fille, et, ne sachant pas écrire, fit un rond au-dessous d'une révocation de six lignes. En récompense d'une concession ainsi arrachée, on lui lut une sentence qui la condamnait, par grâce et modération, à passer le reste de ses jours en prison, au pain de douleur et à l'eau d'angoisse, pour y pleurer ses péchés : les péchés qu'elle avait à expier étaient les victoires que lui devait la France.

Sentence portée contre Jeanne.

La dernière partie de ce drame est la plus triste et la plus douloureuse. Au lieu d'être placée dans les prisons de l'Eglise, comme on le lui avait promis, Jeanne fut menée là où elle avait été prise. Les Anglais, ne se payant pas d'un petit morceau de parchemin, lancèrent des pierres sur les échafauds. Les docteurs faillirent périr en traversant la place, parce que, disait-on, ils ne gagnaient pas l'argent du roi. Pour échapper à la mort, ces malheureux disaient en fuyant : « Ne vous in- « quiétez, nous la retrouverons bien. » Les honnêtes gens, les grands, les lords pensaient et agissaient comme la populace et les soldats ; tous ensemble s'en allaient répétant : « Le roi va « mal, la fille ne sera pas brûlée. » Warwick, l'honnête homme selon les idées anglaises, l'Anglais accompli, le parfait gentleman, ne poursuivait pas moins ardemment la mort d'une femme prisonnière de guerre.

Les Anglais trouvent la sentence trop douce.

Les juges sont insultés et lapidés.

Supplice destiné à Jeanne.

Ignobles attentats.

. Jeanne était donc à l'avance, et malgré la rétractation qu'on lui avait arrachée, condamnée à être brûlée vive ; mais il fallait, avant son supplice, la déshonorer. On avait d'abord attaqué ses mœurs ; quand on sut, par une indécente épreuve, qu'elle était vierge, on voulut la livrer à qui oserait la flétrir. La duchesse de Bedford lui envoya une robe de femme *par un tailleur* qui entreprit de la lui passer, elle le repoussa ; il mit la main sur elle, elle lui appliqua un soufflet. Un gentleman désigné par Bedford entreprit bravement de violer une fille enchaînée, et, n'y parvenant pas, se permit de la charger de coups.

Le dimanche matin, jour de la Trinité, voulant se lever, elle dit aux Anglais, ses gardes : « Déferrez-moi, que je puisse me « lever. » L'un d'eux ôta les habits de femme qui étaient sur elle, vida le sac où était l'habit d'homme, et lui dit : « Lève-« toi. — Messieurs, dit-elle, vous savez qu'il m'est défendu ; « sans faute, je ne le prendrai point. » Il fallut toutefois qu'elle sortît et prît cet habit. Les assesseurs avertis se transportèrent au château pour constater ce changement d'habit, et s'en allèrent en répétant gracieusement aux Anglais courroucés : « Elle est prise ; bonsoir, tout est fini. » Le mardi suivant, elle fut condamnée, et, le 30 mai 1431, elle fut exécutée sur la place du Vieux-Marché. L'échafaud destiné à la victime était de plâtre, chargé et surchargé de bois. On n'avait rien plaint au bûcher ; il effrayait par sa hauteur. Ce n'était pas seulement pour rendre l'exécution plus solennelle ; il y avait une intention : c'était afin que, le bûcher étant si haut échafaudé, le bourreau n'y atteignît que par en bas, pour allumer seulement ; qu'ainsi il ne pût abréger le supplice, ni expédier la patiente, comme il faisait des autres, leur faisant grâce de la flamme. L'impatience des Anglais abrégea la lecture de l'arrêt ; au pied du tribunal, Jeanne fut saisie par les hommes d'armes qui la traînèrent au bourreau, lui disant : « Fais ton office ! » Cette furie de soldats fit horreur ; plusieurs des assistants s'enfuirent pour n'en pas voir davantage. Entre les mains de ces forcenés, elle s'écria : « O Rouen, tu seras donc ma dernière « demeure !... » Liée sur le bûcher, au moment où la flamme montait, elle défendit encore son roi et son Dieu : « Que j'aie « bien fait ou que j'aie mal fait, disait-elle, mon roi n'y est « pour rien... Oui, mes voix étoient de Dieu, mes voix ne « m'ont pas trompée. » On l'entendait, dans le feu, invoquer ses saints, son archange ; elle répétait le nom du Sauveur... Enfin, laissant tomber sa tête, elle poussa un grand cri : « Jé-

Nouvelle condamnation.

Barbare impatience des Anglais.

Dernières paroles de Jeanne.

Mort de Jeanne.

Monstrueuse joie des Anglais.

sus! » Dix mille hommes pleuraient, les Anglais seuls riaient ou tâchaient de rire! Les lâches! ils avaient eu si peur de cette jeune femme quand elle les poursuivait sur un champ de bataille, qu'ils pouvaient bien rire à ses cendres!

Ce supplice, l'un des trois grands crimes que la France ne peut ni oublier ni pardonner, ne ramena pas la fortune sous les drapeaux de l'Angleterre; Jeanne l'avait dit : « Quand ils « seroient cent mille *Godden* de plus qu'ils ne sont aujour- « d'hui, ils ne gagneroient pas le royaume. »

Sacre du roi d'Angleterre à Paris.

Henri VI, âgé de huit mois, fut amené de Londres pour être couronné à Reims; mais le souvenir de Jeanne, sinon celui de son épée, veillait aux portes de la vieille basilique. On renonça à ce projet, et le sacre eut lieu à Paris le 14 novembre. Quelle cérémonie et quel triomphe pour la superbe Angleterre! Un roi de huit mois, des prélats anglais, des seigneurs étrangers pour représenter les princes du sang royal! Le duc de Bourgogne lui-même n'osa pas se présenter, et, sous les voûtes de l'église, il n'y eut ce jour-là aucun Français. Jeanne d'Arc triomphait encore; sa main, avant de tomber en poussière sur le bûcher, avait brisé la couronne de France sur la tête du roi d'Angleterre, et sa voix, avant de s'éteindre au milieu des flammes, avait rappelé la France au sentiment de l'honneur et de la fidélité.

Honteux de cet isolement, les ministres anglais ramenèrent leur petit roi à Londres, et, pendant deux années, renoncèrent à faire chez nous de nouvelles entreprises.

L'année 1432 vit expirer la puissance anglaise sur le continent. Le régent épousa Jacquette de Luxembourg, malgré la défense de Philippe de Bourgogne dont elle était vassale. Charles VII profita de cette circonstance pour rattacher le duc à la cause nationale. Le pape Eugène IV réunit à Arras des négo-

1435.
Paix d'Arras.

ciateurs chargés de traiter de la paix générale. Les ambassadeurs de vingt rois ou princes souverains se rendirent à la conférence et blâmèrent l'orgueilleuse inflexibilité des Anglais. Ceux-ci se retirèrent pour n'être pas témoins d'une transaction qu'ils pensaient devoir les humilier. La paix fut conclue entre Charles de France et Philippe de Bourgogne. Cette fois la paix fit évanouir l'ambitieux espoir que nos ennemis avaient toujours fondé sur nos dissensions et sur leurs intrigues.

L'année suivante, les Parisiens, las de la domination étrangère, chassèrent les Anglais restés au milieu d'eux et ouvrirent les portes de la capitale au roi de France. Les dix années qui s'écoulèrent après cet heureux événement ne comptèrent que des guerres trop peu importantes pour qu'il nous soit permis d'en entretenir les lecteurs. Tout ce que nous en pouvons dire, c'est que les péripéties de revers et de victoires furent favorables à Charles et lui fournirent l'occasion de s'emparer de Pontoise et de plusieurs places fortes en Guienne. Le pape mit à profit ce temps de lassitude pour faire conclure, non pas la paix, mais un armistice de deux ans, pendant lesquels chacun des deux souverains devait chercher les moyens de concilier leurs intérêts réciproques.

1436.
Les Parisiens chassent les Anglais de leurs murs.

1444.
Armistice.

Les deux années s'étant écoulées sans amener aucun changement dans la situation des esprits, Charles forma le projet de chasser les Anglais du sol de la France, et, dans ce but, ne consentit plus qu'à de courtes prolongations de l'armistice; son espoir était que ce système d'attermoiement lui fournirait, un jour ou l'autre, l'occasion de profiter soit des troupes qui lui arrivaient à chaque instant, soit d'une imprudence commise par le gouvernement d'Angleterre.

Les prévisions de Charles se réalisèrent bientôt. Henri VI, qui avait épousé Marguerite, fille de René, roi de Sicile et de Jérusalem, s'était engagé à rendre à son beau-père le Maine et l'Anjou, depuis longtemps au pouvoir des Anglais. En 1448, ces

Déloyauté du roi d'Angleterre.

1448.

deux provinces étaient entre les mains du roi Henri et ne paraissaient pas devoir être bientôt restituées. On hésitait à Londres, et le gouvernement disait que la cession promise ne pouvait avoir lieu, attendu qu'elle entraînerait la perte de la Normandie. Charles, dont les invitations à l'accomplissement de cette clause devenue si gênante demeuraient sans résultat, prit le parti d'investir le Mans, et obtint que cette province lui serait livrée s'il consentait à accorder une trève de deux ans. Cette trève était à peine conclue, que des soldats anglais surprirent et pillèrent la ville de Fougères en Bretagne. Charles demanda, à titre de réparation, une somme 1,600,000 couronnes qui lui fut refusée, et la guerre se ralluma. Cette obstination à garder son or fit perdre à l'Angleterre la moitié de la Normandie et la ville de Rouen ; Somerset, fait prisonnier, paya 56,000 fr. pour sa rançon, et livra les forteresses du pays de Caux ainsi qu'un grand nombre de seigneurs anglais.

Au printemps de l'année suivante, une armée anglaise, rencontrée à Fourmigny par le comte de Clermont, fut mise en pleine déroute, et, dans sa fuite précipitée, livra aux Français les villes de Bayeux, Avranches, Valognes, Caen et Cherbourg. De cette dernière ville Charles se transporta en Guienne, et là, comme en Normandie, les populations revinrent avec enthousiasme à leur légitime souverain. L'empressement fut si grand que, du mois d'août au mois de décembre, tout le territoire des rives de la Dordogne secoua le joug de l'Angleterre. Au mois d'août suivant, la bannière française flotta triomphante depuis l'embouchure de la Garonne jusqu'aux frontières d'Espagne. De toutes ces immenses possessions si brutalement, si injustement et si déloyalement envahies, Calais seul restait à l'Angleterre. Charles offrit alors de traiter à la condition que chacun conserverait ses conquêtes ; Henri rejeta dédaigneusement la proposition, et la guerre continua pendant deux années, avec des chances à peu près égales.

Toutes ces pertes avaient exaspéré l'opinion publique en Angleterre; les généraux, vainqueurs depuis vingt ans, furent soupçonnés et accusés de trahison; les plus illustres d'entre eux furent immolés en expiation de leurs défaites. Une nouvelle armée, sous les ordres de Schrewsbury, fit voile pour la Guienne, s'empara de Bordeaux et vint se faire battre par le comte de Penthièvre dans les environs de Fronsac; Bordeaux fut repris, et, à partir de ce moment, la Guienne fut incorporée au royaume de France. *Nouvelle guerre en Guienne. 19 octobre 1453.*

Tant de luttes suivies de tant de défaites frappèrent l'esprit de Henri VI et épuisèrent ses facultés; réduit à un état voisin de la prostration morale, ce souverain dut ne conserver que le titre de roi et abandonner la conduite des affaires au duc d'York. Si la raison lui revint vers les fêtes de Noël, ce ne fut que pour faire des actes d'autorité auxquels on ne se soumit pas et qui le jetèrent entre les mains du régent, devenu chef de la faction hostile à la couronne. Disons en passant que, pendant les débats qui désolaient le royaume, Warwick attaqua une flotte appartenant aux marchands de Lubeck, bien que depuis longtemps ils fissent leur commerce sous la foi de traités passés avec l'Angleterre. Cet acte de piraterie s'est bien souvent renouvelé depuis. *1454. Piraterie des Anglais. 1458.*

La France respira, libre des attaques de l'Angleterre, jusqu'à la fin du règne de Henri VI; victime des trahisons des grands de sa cour, ce souverain descendit du trône le 4 mars et céda sa couronne à Edouard, comte de March et héritier du feu duc d'York. *1461. Henri VI est détrôné.*

Henri n'était coupable que des malheurs préparés par l'ambition de son père; mais cette ambition faisait l'orgueil de la la nation anglaise, et du moment où la fortune, se mettant du côté du droit, détruisit ce fantôme de royauté si ridiculement ajusté à la royauté de l'Angleterre, les témoignages de respect jusque là prodigués firent place au mépris et à la révolte. Pour mériter l'affection de l'Angleterre, il fallait réussir à égorger la France; Henri VI, malgré ses efforts, ne put empêcher notre drapeau de se relever, notre couronne de briller au front de nos rois, nos provinces conquises de se réunir aux provinces à conquérir; Londres laissa tomber Paris de ses serres sanglantes. Tel fut le crime de Henri VI aux yeux de tout bon Anglais. Ce roi ainsi détrôné avait cependant apporté dans la continuation du grand œuvre toute la sagacité anglaise. 1° N'avait-il pas injustement ravagé la Bretagne? 2° La France ne lui devait-elle pas une grande partie de ses souffrances? 3° N'avait-il pas torturé dans les fers et livré aux flammes sur un bûcher cette jeune et vaillante vierge de Domrémy? Pour une nation grande et loyale comme l'Angleterre, l'immolation de cette fille de dix-huit ans ne devait-elle pas faire oublier qu'elle avait fait fuir l'invincible gendarmerie et les fameux archers, Talbot en tête, à Orléans, à Jargeau et à Patay? Encore trois siècles, et nous verrons cette même nation se faire le bourreau d'un grand homme; elle s'essaie aujourd'hui en immolant une jeune fille. Il est vrai que jeune fille et grand homme ont fait trembler l'Angleterre, et que, dans ce noble pays, la peur trouble la raison au point de faire renier l'humanité. 4° N'est-ce pas Henri VI qui voulut garder le Maine et l'Anjou, malgré les clauses de son mariage avec Marguerite, fille de René? 5° N'avait-il pas violé la trève de 1448? 6° En rejetant les propositions de paix de Charles VII, ne s'était-il pas rendu coupable du sang répandu en Guienne et en Normandie? 7° N'est-ce pas sous son règne que Warwick attaqua et essaya d'enlever une flotte protégée par les traités et par de longues relations commerciales? 8° N'a-t-il pas autorisé ses avides soldats à saccager la ville de

Fougères, au mépris d'une trêve qu'il venait de conclure? De pareils actes auraient satisfait la nation anglaise s'ils eussent coûté plus de sang et plus de larmes à la France, s'ils lui eussent enlevé la dernière pièce de son noble pourpoint si souvent déchiré par les mains cupides des pirates de la Tamise; mais, sous Henri VI, déloyauté ne fut pas profit, et dès lors Henri VI dut faire place à un souverain dont la fortune s'escompterait plus avantageusement. La Rose rouge fut remplacée par la Rose blanche : en changeant de couleur nos voisins d'outre-Manche ne changent ni de mœurs ni de caractère.

ÉDOUARD IV. (1461 A 1483.)

Rois de France :
Charles VII.
Louis XI.

L'usurpation d'Edouard ne fut tranquillement acceptée ni par la nation ni par la famille déchue. Marguerite souleva le nord du royaume et une partie de l'Ecosse; non contente de ce succès, elle se rendit en Bretagne et reçut du duc un présent de 12,000 couronnes. Elle passa en France et trouva Louis XI à Chinon ; le monarque consentit, en recevant Calais en garantie, à lui prêter 20,000 couronnes et 2,000 hommes commandés par Brézé, sénéchal de Normandie. Toutes ces querelles intestines, où d'insatiables ambitions furent mêlées à des cruautés inouïes, se terminèrent en 1465 par la captivité de Henri, tombé par trahison entre les mains du comte de Warwick.

1463.

1465.

Les trois années suivantes furent employées en négociations avec Louis XI, le duc de Bretagne et le duc de Bourgogne; il s'agissait du mariage de Marguerite, sœur d'Edouard, avec Charles, comte de Charollais. Négociations et projets n'eurent aucun résultat, et tandis que la cour s'en occupait, les guerres civiles continuèrent. Edouard fut fait prisonnier par Warwick, de telle sorte que les deux rois rivaux se trouvèrent captifs.

Edouard, mis en liberté peu de jours après son emprisonnement, se réconcilia avec Warwick, et lui fit la proposition d'envahir la France, où ils trouveraient l'appui du duc de Bourgogne. Il va sans dire que la proposition fut acceptée, et que geôlier et prisonnier devinrent compères dès qu'il s'agit de piller les bonnes provinces de France. Louis XI appela tous ses sujets sous les armes; Anglais et Bourguignons eurent peur, et l'invasion n'eut pas lieu. Quand cette proie leur eut manqué, la mésintelligence éclata de nouveau entre Edouard, Clarence et Warwick. Poursuivis par les agents de l'autorité, ces deux derniers s'embarquèrent à Douvres, firent voile vers les côtes de Normandie, et débarquèrent en France, où Louis XI, attaché, comme il devait l'être, à la cause de la maison de Lancastre, les reçut avec les plus grands honneurs. Par ses soins, une réconciliation eut lieu entre Warwick et la reine Margueguerite d'Anjou, à la condition que le fils de cette reine détrônée épouserait la princesse Anne, fille de Warwick, dont les ambitieuses intrigues avaient brisé sa royale couronne.

Cet arrangement ne pouvait convenir au duc de Clarence, qui, en sa qualité de frère d'Edouard, avait la perspective de monter sur le trône à la mort de son frère; il se rapprocha donc d'Edouard et devint l'ennemi secret de Warwick. De son côté, le duc de Bourgogne, beau-frère du roi d'Angleterre, croyant devoir prendre ses intérêts, essaya de bloquer l'embouchure de la Seine par une escadre que la tempête dispersa; ainsi doublement protégés par les éléments et par une flotte française, les exilés levèrent l'ancre, traversèrent la Manche, et débarquèrent soit à Plymouth, soit à Darmouth. Forcé de fuir, Edouard se rendit à la Hogue, se jeta dans les bras du duc de Bourgogne, et laissa la couronne à Henri VI, qu'il avait détrôné en 1461.

Louis XI ne s'était mêlé des différends de l'Angleterre que pour rétablir le souverain légitime, auquel la nation entière était demeurée sincèrement attachée. Cette révolution nouvelle, ou plutôt cette restauration amena entre la France et l'Angleterre un traité de paix et de commerce de quinze années, pendant lesquelles l'union aurait pu se consolider entre les deux nations, s'il eût été possible à Henri de se consolider lui-même sur le trône ; mais Edouard, débarqué à Ravenspur le 14 mars suivant, s'empara de Henri, triompha à Barnet le 14 avril, et retrouva sa couronne parmi les débris du champ de bataille. A partir de ce moment, tout parut favoriser l'usurpateur. Marguerite, femme du roi détrôné pour la seconde fois, débarqua à Weymouth avec un corps d'auxiliaires français, réunit ses partisans, et, le 4 mai, au combat de Tewksbury, tomba ainsi que son fils entre les mains du vainqueur. Le jeune prince fut égorgé aux pieds d'Edouard, et, le 21 mai, le cadavre du père fut exposé dans l'église de Saint-Paul. Quant à la reine, veuve de Henri, renfermée d'abord à la Tour, puis à Windsor et enfin à Wallingsford, avec une allocation de cinq marcs par semaine qui fut supprimée après cinq ans de prison, elle serait morte de faim, si Louis XI, en payant sa rançon, ne l'eût fait rentrer en France, où elle mourut en 1483.

Ainsi qu'il était facile de le prévoir, Edouard ne respecta pas le traité de paix conclu, le 13 février 1471, entre Louis XI et Henri VI ; les supplices, les forfaits et l'exil n'eurent pas plus tôt détruit ou dispersé les partisans de la maison de Lancastre, que le monarque anglais songea à faire la guerre à la France. Charles le Téméraire lui promit son concours ; une alliance offensive et défensive fut conclue entre eux, et il fut décidé que la France serait divisée en deux Etats indépendants,

13 février 1471.

Traité de paix entre la France et l'Angleterre.

Henri est de nouveau détrôné.

Le jeune fils de Henri est égorgé aux pieds d'Edouard.

Henri est assassiné. Marguerite, sa femme, est privée d'aliments.

Violation du traité de 1471.

Alliance entre Edouard et Charles le Téméraire.

La France doit être divisée.

dont l'un, comprenant les provinces du nord et de l'est, appartiendrait au duc de Bourgogne, tandis que l'autre serait possédé par Edouard. La nation anglaise, toujours si heureuse de rêver à la destruction de la France, accorda avec enthousiasme les fonds nécessaires pour mener à bien cette entreprise ; mais la France n'était pas dans la triste position où, sous Charles VI, l'avaient réduite la folie du roi et les ambitieuses rivalités de quelques seigneurs. Depuis Charles VII, elle était devenue plus homogène, ses forces n'étaient plus aussi divisées, et si pour le moment son roi n'était pas un habile guerrier, du moins était-il un profond politique. Le héraut d'armes chargé de lui porter le défi d'Edouard revint en Angleterre sous le charme des caresses de Louis; lord Howard et lord Stanley s'opposèrent à la guerre, et les deux souverains, réunis à Pecquigny, près d'Amiens, se donnèrent la main à travers une grille et firent un traité de paix dont la durée fut fixée à sept années.

Rien n'annonçait que cette paix dût être troublée, lorsque Louis XI fit marier le Dauphin avec Marguerite, fille de Marie de Bourgogne et de Maximilien, archiduc d'Autriche, bien que ce jeune prince eût dû, conformément au traité de 1471, épouser la princesse Elisabeth, fille d'Edouard. Cette injure, si c'était une injure, avait été trop souvent faite à la famille royale de France par la famille royale d'Angleterre pour qu'Edouard n'acceptât pas les explications que lui donna Louis ; mais l'orgueil britannique se révolta, et la guerre allait éclater, lorsque la mort vint terminer le règne d'Edouard.

L'avarice et la cupidité furent les grands mobiles de sa politique intérieure. Prenant le masque de l'ami des classes populaires, il opprima et persécuta la noblesse et le clergé. Grâce à cette tactique, il put amplement satisfaire tout à la fois son avarice et ses habitudes crapuleuses. L'Angleterre lui reproche donc avec justice d'avoir été usurpateur, licencieux, soupçonneux et cruel. Pour la France, deux fois il songea à l'envahir en s'appuyant sur la trahison, comme l'avaient fait ses prédécesseurs, et deux fois ses projets échouèrent. Après avoir fait assassiner Henri VI, il aurait laissé Marguerite d'Anjou, femme de ce malheureux roi, mourir de faim en prison, s'il n'eût trouvé plus avantageux de la rendre à Louis XI moyennant une somme de 50,000 couronnes payée comptant et des pensions considérables tant à lui-même qu'à son entourage. Nous lui reprochons comme crimes 1° deux tentatives d'envahissement faites sans aucun motif légitime; 2° la violation du traité de 1471; 2° la barbare cupidité avec laquelle il nous a extorqué 50,000 couronnes pour ne pas faire mourir de faim une princesse française qu'il avait détrônée et dont il avait fait assassiner l'époux et le fils; 4° son alliance avec Charles le Téméraire pour arriver au démembrement de la France. Si nous n'avons pas à remarquer de nombreuses infractions aux traités, c'est que les guerres intestines et celles de l'Ecosse ne lui donnèrent pas le temps de s'en rendre coupable; c'est encore que l'argent de Louis XI paya plus d'une fois sa prétendue loyauté.

ÉDOUARD V. (DU 9 AVRIL 1483 AU 20 JUIN 1483.)

A peine sur le trône, Edouard, qui n'était âgé que de douze ans, se trouva captif entre les mains de son oncle Richard, duc de Gloucester. Ce fut pour ainsi dire dans les chaînes qu'il fut conduit à la Tour, où la mort l'attendait pour le couronner. A partir de ce moment, Richard, conspirant contre un enfant dont il était le tuteur, prit les titres de protecteur, défenseur,

Les deux fils d'Edouard sont assassinés par le duc de Gloucester.

grand-chambellan, connétable et lord grand-amiral de l'Angleterre. Ces titres pompeux lui facilitèrent les moyens de faire périr Hastings, ami dévoué du jeune roi, et tous ses plus chauds partisans, lord Grey, sir Thomas Vaughan, sir Thomas Hawse, etc., etc. Ajoutant l'hypocrisie à la férocité, ce monstre força un prédicateur à prêcher contre les mœurs d'Edouard et à annoncer que les enfants de ce prince, étant le fruit de son inconduite, n'avaient aucun droit au trône; c'était dire que Gloucester était le légitime souverain de l'Angleterre. Aussi se trouva-t-il des voix soldées qui crièrent: *Vive le roi Richard!* et Richard prit possession de son prétendu héritage.

Le roi Edouard, âgé de douze ans, et son frère Richard, âgé de onze ans, furent enfermés prisonniers à la Tour, où ils périrent deux mois plus tard, étouffés dans leur lit pendant leur sommeil. Sous le règne d'Elisabeth, la Tour se trouvant pleine, on fit ouvrir une chambre fermée depuis longtemps; on y trouva sur un lit deux petits squelettes avec des cordes au cou: c'étaient les restes d'Edouard V et de son frère.

Quoique la France n'ait eu aucune part dans ces coupables intrigues, quoiqu'elle n'ait eu, pendant la durée de ce lugubre drame, aucun rapport avec l'Angleterre, j'ai cru devoir en entretenir le lecteur afin de lui faire connaître l'homme avec lequel nos rois ont eu à se mesurer. Quand on connaît la moralité d'un personnage historique, on apprécie mieux ses actes publics; sa conscience devient un livre ouvert où le regard saisit à son aise les causes qui ont engendré les bonnes ou les mauvaises actions.

Edouard avait douze ans lorsqu'il monta sur le trône de ses pères; il n'en avait que douze lorsqu'il en descendit. Paix et respect à ce malheureux enfant! Son oncle fut hypocritement un usurpateur et un assassin; l'histoire le nomme Richard III. Passons au règne de Richard III.

RICHARD III. (1483 A 1485.)

Rois de France:
Louis XI.
Charles VIII.

Le commencement du règne de Richard fut remarquable par l'affectation qu'il mit à se montrer affable, juste et généreux; il avait été hypocrite pour voler une couronne, pouvait-il ne pas l'être pour la conserver? Encore n'y réussit-il pas; le bon peuple anglais, trompé sans doute par ces dehors caressants que prenait le tigre, applaudissait avec ferveur et bénissait son miséricordieux monarque; mais les amis d'Edouard ne s'y trompèrent pas. Henri de Richmond, fils de Marguerite de Beaufort et d'Edmond Tudor, représentait alors la maison de Lancastre; une députation lui fut envoyée en Bretagne, où il s'était réfugié, afin de lui offrir la couronne. Richard, pour se maintenir sur son trône, offrit au duc François de lui acheter à prix d'argent le jeune prince et ses compagnons d'exil; peut-être cet infâme marché aurait-il eu lieu, si les pauvres bannis n'eussent trouvé auprès de Charles VIII, roi de France, un abri et une sûreté qu'on leur offrit généreusement.

3,000 Normands se joignirent à Henri Tudor, duc de Richmond, et, sous ses ordres, débarquèrent à Milford. Richard, à la tête d'une nombreuse armée, vint les attaquer à Redmore, où il perdit la vie en combattant pour une couronne qui lui avait coûté tant de crimes.

Sur le champ de bataille, on cria : *Vive Henri!* et, grâce à la générosité française, l'Angleterre retrouva les enfants de ses rois, les ancêtres de ceux qui lui ont depuis donné tant de gloire.

Henri de Richmond, l'héritier légitime, est réfugié en Bretagne.

Richard offre au duc de lui acheter le jeune prince.

Il se réfugie à la cour de France.

Richard est battu à Redmore.

Henri monte sur le trône.

HENRI VII. (1485 A 1509.)

Rois de France:
Charles VIII.
Louis XII.

La longue querelle des maisons d'York et de Lancastre est terminée ; Henri Tudor, duc de Richmond, concilie les intérêts des deux Roses par son mariage avec Elisabeth, fille d'Edouard IV, et l'Angleterre va désormais marcher libre des rivalités qui l'ont si longtemps ensanglantée.

Affaires de Bretagne.

Les premières dispositions du nouveau monarque parurent favorables à la France, où il avait été si généreusement et si gracieusement reçu pendant son exil. Pour le porter à oublier les devoirs de la reconnaissance, il fallut que la possession de la Bretagne vînt réveiller des ambitions assoupies et raviver des haines auxquelles chacun des deux souverains aurait désiré demeurer étranger. Cette fois encore l'instinct du peuple anglais força le roi à se déclarer contre la France. Le duc François se faisait vieux ; la main de sa fille Anne était disputée par Maximilien, roi des Romains, par le duc d'Orléans, premier prince du sang, et par le seigneur d'Albret. Aucun de ces prétendants ne pouvait être agréé par Charles VIII, auquel d'anciens titres donnaient des droits à la possession de la Bretagne, et dont les intérêts étaient défendus par sa sœur, Anne de Beaujeu, régente de France. Pour triompher de cette résistance, le duc d'Orléans leva des troupes, marcha contre la régente et se plaça sous la protection du duc François. La cour de France, n'ayant encore aucune raison de douter de l'amitié du roi d'Angleterre, consentit à accepter son arbitrage et à s'en rapporter à sa décision. La politique de ce monarque parut peu sincère à force d'être douteuse, et, las d'espérer et d'attendre une con-

Anne de Bretagne.

1487.
Duplicité du roi d'Angleterre.

clusion sans cesse retardée, Charles VIII continua les opérations militaires. Ploërmel et Vannes, tombés entre ses mains, furent bientôt abandonnés par les troupes françaises obligées de battre en retraite devant les armées allemandes que le duc Maximilien envoya au duc de Bretagne, son futur beau-père. Dans cette circonstance, Henri d'Angleterre, tout en conservant ostensiblement son rôle de médiateur, envoya secrètement des renforts considérables au gouverneur de Calais, avec ordre de se joindre, s'il le fallait, aux généraux de Maximilien, et s'opposer, autant que possible, à ce que les places maritimes de Bretagne tombassent au pouvoir de la France, sans cependant en venir à une rupture ouverte. Ce médiateur, auquel nous avions confiance et qui nous trompait, ne put cependant pas empêcher Charles de se venger en prêtant assistance aux habitants de Bruges et de Gand révoltés contre Maximilien. Tandis que le roi Henri se montrait peu loyal vis-à-vis de la France, il songeait à se jouer de la bonne foi du duc de Bretagne; il promit à ce prince les secours qu'il lui demandait pour se soutenir contre nous, et il fit connaître à Charles que le parlement venait de voter d'immenses ressources pour faire la guerre, mais que son intention n'était pas de s'en servir sérieusement. Pour preuve de sa sincérité, il refusa aux Anglais la permission de prendre du service dans les armées de François. Ainsi le roi d'Angleterre trompait Charles pour favoriser Maximilien, et il trompait François au profit de Charles. Les motifs de Henri pour employer de semblables artifices étaient ceux-ci : ses intérêts demandaient que la princesse Anne épousât Maximilien plutôt que le duc d'Orléans, qui, pouvant un jour monter sur le trône, réunirait dans ce cas le duché de Bretagne à la couronne de France; il fallait donc, avant tout, appuyer le prince allemand. D'autre part, il voulait bien secourir le duc de Bretagne, mais il at-

Déloyauté du roi d'Angleterre.

Henri trompe le duc de Bretagne.

Double déloyauté.

tendait que ce prince eût subi de nouveaux revers afin de le trouver plus disposé à acheter le secours de l'Angleterre aux conditions qu'elle lui prescrirait. Ses calculs, dont on apprécie facilement la moralité, furent déjoués par l'impatience qu'éprouvait son peuple à se ruer sur la nation française. Malgré la royale défense, 400 Anglais, partis en secret, descendirent en Bretagne, et, mêlés aux troupes de la province, se firent tuer à la bataille de Saint-Aubin. D'Orléans fut fait prisonnier ; Saint-Aubin, Dinan et Saint-Malo se rendirent. François signa un traité par lequel il consentit à ce que Charles conservât ses conquêtes, et à ce qu'aucune de ses filles ne se mariât sans son approbation. François et sa fille cadette étant morts peu de jours après la signature de ce traité, Charles voulut user de son droit, réclama la succession et envahit immédiatement la moitié de la Bretagne. A cette nouvelle, l'Angleterre, dont l'orgueil était blessé, se souleva contre ce qu'elle appelait l'apathie de son souverain, et le força à s'occuper énergiquement des affaires de Bretagne.

En conséquence, Henri d'Angleterre et Anne de Bretagne conclurent un traité dont voici les principaux articles : 1° Le roi enverra au secours de la duchesse de 6,000 à 10,000 hommes d'armes pour servir depuis le 6 janvier jusqu'au 1er novembre. 2° La duchesse lui remboursera tous les frais qu'il aura faits. 3° Pour assurer l'exécution de cet engagement, la duchesse remettra aux Anglais, et à leur choix, deux des places suivantes : Concarneau, Hennebon, Auray, Vannes et Guérande. 4° Si la duchesse vient à recouvrer quelques unes des places que la France lui a enlevées, telles que Saint-Malo, il sera libre au roi d'Angleterre de s'en mettre en possession, en échange de l'une de celles qu'il aura choisies d'abord, à condition cependant qu'il ne pourra tenir à la fois Brest et Concarneau. 5° La duchesse ne traitera ni ne prendra aucun engagement, par rapport à son mariage, avec aucun souverain, prince ou seigneur, sans le su, l'approbation et le consentement du roi d'Angleterre, et même elle l'informera de l'objet de toutes les autres négociations qu'elle pourrait entreprendre avec les puissances étrangères. L'intention du roi Henri était alors de forcer la duchesse à renoncer à Maximilien pour épouser le duc d'Albret, qu'elle haïssait mortellement.

1489.

Mais, instruite que ce traité qui la rendait esclave, elle la fière Bretonne, était l'œuvre de ses ennemis, elle se prit à considérer Henri comme le chef de ses persécuteurs, ne lui livra pas les places promises et ne fit aucun préparatif pour recevoir les troupes que lui envoya son nouvel allié. Peu satisfait du côté de la Bretagne, et ne voulant pas que ses nombreux préparatifs lui fussent inutiles, le roi d'Angleterre annonça qu'il allait lui-même s'embarquer, non pour secourir la duchesse, mais pour conquérir les provinces que les rois de France avaient volées à ses prédécesseurs. Ces menaces n'étaient pas sérieuses. Comme toujours, le but du roi anglais était de faire croire à la guerre, de se faire accorder de riches subsides de la part de son peuple, de grosses sommes d'argent de la part des étrangers, et de demeurer dans ses Etats. Ce fut ce qui arriva dans cette circonstance : il employa la moitié des 70,000 livres que lui donnèrent les lords et les communes à lever les 6,000 archers auxiliaires, qui, une fois entrés en Bretagne, ne prirent nulle part l'offensive et rentrèrent dans leur pays à l'expiration de leur engagement.

Indignation de la princesse Anne contre Henri.

Vaines menaces du roi d'Angleterre.

Les choses ne se passèrent pas ainsi en Flandre : Henri exhortait Maximilien à rentrer dans les Pays-Bas pour concerter avec lui les moyens de sauver la Bretagne. Toutes ces avances aboutirent à un traité d'alliance offensive et défensive contre la France. Les lords Daubeney et Morley, à la tête de 2,000 archers et de 9,000 Allemands, surprirent à Dixmude les Fran-

Traité entre Henri et l'empereur Maximilien.

1489.

Défaite des Français et des Flamands.

çais et les Flamands, les mirent en déroute, et, refusant de faire des prisonniers, massacrèrent 8,000 hommes sur le champ de bataille. Cette victoire détermina la duchesse Anne à considérer Maximilien comme son plus ferme appui et à lui faire connaître qu'elle le choisirait pour époux. Le mariage se fit par procuration, et Maximilien se flatta dès lors d'avoir atteint son but en devenant souverain du duché de Bretagne. Pour donner à cet acte une plus grande importance, le roi d'Angleterre conclut avec les rois de Castille et d'Aragon un nouveau traité de ligue offensive et défensive, par lequel les parties contractantes s'engageaient à déclarer de concert la guerre au roi de France, et à ne point poser les armes qu'il n'eût rendu à Ferdinand les comtés de Roussillon et de Cerdagne, et à Henri les provinces de Guienne et de Normandie. Soit qu'il fût effrayé de ces deux ligues formées contre lui par l'Angleterre, l'Allemagne, la Castille et l'Aragon, soit qu'il voulût attendre des circonstances plus favorables, Charles consentit à un traité de paix d'après lequel il s'engageait à rendre à la princesse Anne les villes dont son père était en possession au moment de sa mort, dès que les troupes anglaises se retireraient de la Bretagne et qu'elle lui donnerait des garanties de sa fidélité.

Les intrigues ourdies en Bretagne entre le roi d'Angleterre, Maximilien, le duc d'Albret et les seigneurs bretons, eurent pour résultat de livrer au roi de France la ville de Nantes d'abord, et bientôt après la duchesse, qui, malgré son mariage par procuration avec Maximilien, consentit à épouser Charles VIII à Langey en Touraine.

Par suite de ce singulier événement, le prince allemand perdit la Bretagne, et le prince espagnol dut renoncer au Roussillon. Quant à Henri, ne s'intéressant à cette affaire que pour gagner de l'argent, il eut le bonheur, bien grand pour lui, de remplir ses coffres. Le peuple anglais voulait la guerre et rêvait la conquête de la France ; le roi fit de grands prépatif, reçut des sommes immenses, ajourna son départ et ne mit le siége devant Boulogne que le 18 octobre. Pendant que les Anglais, sûrs de la victoire, se réjouissaient en songeant qu'ils allaient rentrer à Paris, leur roi traitait avec celui de France, et moyennant une somme de 149,000 livres sterling, signait à Etaples un traité dans lequel les deux souverains établissaient entre eux paix, alliance et confédération pendant leur vie et pendant l'année qui suivrait la mort du survivant. Henri rentra ensuite à Calais et repassa en Angleterre, tout joyeux d'emporter avec lui l'or que lui avaient valu les intrigues au moyen desquelles il avait trompé son peuple et tous ses alliés. *Traité d'Etaples.*

On ne voit pas dans l'histoire que ce traité d'alliance ait été violé par l'une des parties contractantes avant l'année 1496. A cette époque, Charles VIII venait d'abandonner sa brillante conquête d'Italie, et, cédant devant la ligue formée contre lui par le pape, le roi des Romains, le roi de Castille, le duc de Milan et la république de Venise, s'était frayé un passage à travers ses ennemis pour rentrer en France. Vainqueur, il aurait reçu les félicitations de son *bon frère* d'Angleterre ; vaincu, il vit ce souverain entrer dans la confédération des Etats italiens et leur promettre l'appui de ses armes. Les historiens anglais, pour justifier cette déloyauté, prétendent qu'Henri n'avait pas d'autre intention que celle d'intimider le roi de France pour le contraindre à payer plus exactement la pension promise dans le dernier traité de paix. En admettant comme exacte cette interprétation, il n'en est pas moins vrai que sa cupidité entraîna Henri jusqu'à oublier ses serments. Déloyauté pour déloyauté, celle qu'inspire la gloire n'est-elle pas préférable à celle qui s'achète ou se vend à prix d'or ? *1496. Violation du traité de paix. Le roi d'Angleterre se ligue contre la France.*

Quoi qu'il en soit, la mort de Charles VIII, qui eut lieu le *Mort du roi Charles VIII.*

7 avril 1498, ne donna pas à Henri le temps de profiter de ses honteux calculs. Louis XII renouvela le traité d'Etaples, et on y ajouta, sur la demande du roi d'Angleterre, cette clause, que, si un traître ou un rebelle à l'un des deux princes cherchait un refuge dans les Etats de l'autre, il serait livré dans vingt jours à la réquisition de la partie lésée.

Louis XII.

Clause ajoutée au traité d'Etaples.

Cette clause, accordée aux prières de Henri, est sans doute abolie; mais les Anglais devraient se rappeler qu'ils l'ont acceptée dans un moment où il était de mode chez eux de conspirer contre la tranquillité publique. Si ce souvenir était quelquefois présent à leur esprit, peut-être ne les verrait-on pas accueillir et protéger les conspirateurs assassins dont les complots, formés sur les bords de la Tamise, viennent éclater sur les rives de la Seine.

Henri, devenu veuf, employa les dernières années de sa vie à marchander une épouse tantôt auprès de la cour de Naples, tantôt auprès de celle de Savoie, ne s'occupant plus de ses sujets que pour créer une multitude de délits passibles d'amende, d'emprisonnement et de confiscation, au moyen desquels la nation était appauvrie, tandis que des flots d'or coulaient dans les trésors du prince et dans ceux de ses ministres.

Sa passion pour les richesses, quoique poussée jusqu'à la dernière limite, ne l'empêcha pas de travailler fort utilement au bonheur de son peuple : il affaiblit la puissance de la noblesse en affranchissant légalement les paysans de toutes les charges féodales ; il favorisa la bourgeoisie en améliorant la législation civile et commerciale ainsi que l'organisation judiciaire. Henri VII est considéré comme l'un des plus sages et des plus habiles souverains d'Angleterre.

1509.

La France qui lui avait sauvé la vie en lui accordant un

asile, des plaisirs et des honneurs au moment où Pierre Landais, ministre breton, allait le vendre à Richard, la France qui lui avait si puissamment aidé à monter sur le trône de ses pères, lui reproche d'avoir oublié ces bienfaits pour s'allier à ses ennemis et lui arracher d'énormes contributions en échange d'une paix toujours douteuse, souvent rompue et toujours rétablie parce qu'elle était toujours achetée. La Bretagne, aux termes de plusieurs traités, devait faire retour à la France à la mort du duc François. Quand François fut mort, Charles VIII réclama ce que les traités lui accordaient : c'était justice. Henri VII s'y opposa cependant, et, par ses alliances avec Maximilien, avec les rois de Castille et d'Aragon, avec le pape, le duc de Milan et la Vénétie, suscita tantôt des embarras, tantôt des guerres sanglantes auxquelles il ne prit part que pour puiser à pleines mains dans nos trésors. Charles VIII, vainqueur en Italie, le trouva fidèle à son alliance; vaincu, il dut le compter parmi ses plus redoutables ennemis. N'a-t-il pas forcé la duchesse Anne à signer un traité destiné à le rendre un jour maître de la Bretagne, sur laquelle il n'avait aucun droit? Ses soldats n'ont-ils pas impitoyablement massacré 8,000 Français à Dixmude? En échange de la vie et du trône qu'il nous devait, Henri VII a trahi notre cause toutes les fois qu'il l'a pu, et chaque fois il nous a fait payer ses trahisons. S'il ne trahissait pas ses serments pour nous égorger, il les trahissait pour nous spolier : c'était la déloyauté mise à l'encan. S'il eût vécu de nos jours, il aurait, comme un certain nombre de ses successeurs, préféré une balle de coton à l'honneur !

En résumé, Henri VII a abusé de l'arbitrage que la France lui avait accordé, en favorisant injustement les prétentions de Maximilien d'Autriche. 1° Il a trompé tour à tour le roi de France et le duc de Bretagne pour avoir l'occasion de satisfaire son insatiable cupidité ; 2° il a lâchement cédé à la haine de son peuple contre la France ; 3° il a traîtreusement fourni des secours à la duchesse de Bretagne révoltée contre la France ; 4° il n'a traité avec la duchesse Anne que pour la livrer, malgré elle, au prince Maximilien ; 5° il a traité avec Maximilien pour nous enlever la Bretagne ; 6° il a traité avec les rois de Castille et d'Aragon pour nous enlever le Roussillon ; 7° enfin il a violé le traité d'Etaples en se liguant avec nos ennemis.

CHAPITRE VI.

Depuis HENRI VIII (1509) jusqu'à JACQUES Ier (1603).

Rois de France :
Louis XII.
François Ier.

Monté sur le trône à l'âge de dix-huit ans, Henri VIII, fils du roi défunt, se montra avec les dehors de tant de vertus que la nation en fut comme éblouie. Sa première pensée fut d'assurer Fuensaldagne, ambassadeur d'Espagne, de son inaltérable attachement pour Catherine d'Aragon ; sa première action fut d'épouser cette princesse et de la faire couronner avec lui.

La paix avec la France ne fut officiellement interrompue qu'en 1511, alors que la plupart des souverains de l'Europe se liguèrent contre Louis XII pour la défense de l'Eglise romaine. A cette occasion, Jules II accorda à Henri VIII le titre de chef de la ligue, et lui promit, en récompense de ses services, le titre de roi très-chrétien que Louis avait perdu en faisant assiéger le pontife dans Bologne, et plus encore en convoquant à Pise un concile qui devait travailler à la réforme de l'Eglise dans son chef et dans ses membres.

Le roi Henri VII étant mort depuis longtemps, son successeur n'était plus lié par le traité d'Etaples ; mais on se demande, malgré soi, si Henri VIII agissait loyalement lorsque, sans aucune provocation, il s'alliait aux ennemis de la France. Pour

1511.

trouver l'occasion de commencer les hostilités, on fit à Louis des propositions qu'il n'accepta pas, parce que l'honneur lui défendait de les accepter. C'était ce qu'attendait l'Angleterre.

Traité entre l'Angleterre et l'Espagne.

Un traité fut conclu entre Henri VIII et Ferdinand d'Espagne, par lequel il était stipulé que, pour le mois d'avril, Henri aurait sur pied une armée de 6,500 hommes, Ferdinand une de 9,000 hommes; que ces troupes combinées envahiraient la Guienne, et que, pour la sûreté de la mer, chaque puissance formerait un armement de force égale, composé de soldats et de marins au nombre de 3,000 hommes. Clarenceau, roi d'armes, réclama de Louis, au nom de son maître, la restitution de l'ancien patrimoine de la couronne d'Angleterre en France; le refus fut suivi d'une déclaration de guerre.

1512.

Le roi de Navarre est détrôné.

Bien que Jean d'Albret, roi de Navarre, fût étranger aux hostilités, les armées anglaise et espagnole envahirent ses Etats, mirent le siége devant sa capitale et le chassèrent de son royaume, qui, depuis cette époque, n'a pas cessé d'appartenir à l'Espagne. Le crime de ce souverain était d'être attaché à la France.

Après avoir travaillé ensemble à la spoliation de Jean d'Albret, les alliés se disposaient à se jeter en Guienne, lorsque l'orgueil naturel à chacune des deux nations vint les diviser. Les Anglais regagnèrent l'Angleterre après s'être vainement mesurés avec la flotte française, commandée par Primauget, et les Espagnols restèrent dans la Navarre, dont ils venaient de faire la conquête avec autant d'injustice que de facilité.

Ces luttes ne donnèrent pas à Henri VIII toute la satisfaction qu'il en attendait, parce que la France n'avait perdu aucune de ses provinces; mais François fut obligé d'évacuer l'Italie, et ce résultat était dû aux armes combinées de l'Angleterre et de l'Espagne: l'alliance avait donc produit une partie de ce qu'on en attendait. C'est peut-être à cette guerre injustement provoquée par Henri VIII que la France doit de n'avoir pas conservé ses possessions d'Italie.

<small>Résultat des hostilités.</small>

Jules II mourut ; Léon X, son successeur, préférait les beaux-arts à la guerre ; Venise se rapprocha de la France ; Ferdinand accepta un armistice ; la paix fut faite. Henri VIII seul voulut continuer les hostilités ; la nation pensait comme lui : laïques et clergé lui offrirent, pour l'accomplissement de cette œuvre de haine, les premiers un dixième, le second un quinzième ; les ouvriers et les domestiques ayant un gain annuel de deux livres donnèrent treize sous, et toutes les autres personnes dont les salaires étaient inférieurs à ceux des domestiques, payèrent quatre deniers. L'Angleterre entière se cotisait pour faire une descente dans cette France dont cependant elle n'avait pas à se plaindre ; c'était une haine générale, une haine de dix siècles qui allait envahir encore pour spolier et égorger ensuite. Selon son usage, l'Angleterre s'adjoignit, pour être plus sûre du succès, un allié dont la puissance servît utilement ses efforts. Cet allié se trouva encore en Allemagne et en Espagne. D'après un traité passé entre eux, chaque prince s'engageait à déclarer la guerre et à envahir sous deux mois le royaume de France. Maximilien et Henri tinrent parole ; Ferdinand renonça à cette alliance pour garder la neutralité.

<small>1513.

Persistance de Henri à nous faire la guerre.

Haine de l'Angleterre contre la France.</small>

Au mois d'avril, 25,000 Anglais, commandés par le roi lui-même, débarquèrent à Calais, et se rendirent devant Térouanne, où ils furent rejoints par 4,000 hommes de cavalerie sous les ordres de Maximilien. La place fut prise, et ses fortifications furent détruites ; car Henri, suivant l'exemple de ses prédécesseurs, commençait la conquête d'un pays qu'il appelait son royaume par la destruction des villes dont il pouvait s'emparer. Tandis que nos troupes combattent en Italie, deux puissants souverains, n'ayant aucun grief à venger, se jettent sur la France et la mettent à feu et à sang. La ville de Tour-

<small>1513.

Destruction de Térouanne et de Tournay.</small>

nay, située sur le territoire d'une autre puissance, subit le sort de Térouanne parce qu'elle était connue pour son attachement à la France. Là se borna la campagne de 1513. Les deux souverains se donnèrent de brillantes fêtes sur des ruines encore fumantes; Maximilien se chargea de garder les frontières, on se promit de reprendre les hostilités le 1er juin de l'année suivante, et Henri rentra à Londres.

En Angleterre, on employa l'hiver à faire les préparatifs nécessaires pour compléter les succès déjà obtenus; en France, Louis XII chercha à rompre l'alliance formée contre lui, et réussit dans cette entreprise par les soins de Léon X. Les souverains alliés se détachèrent peu à peu de la ligue; Henri lui-même, se sentant abandonné, fit la paix avec Louis, et lui donna en mariage la princesse Marie, sa sœur. Le traité d'alliance entre les deux rois devait demeurer en vigueur leur vie durant et une année au-delà; mais il n'y avait pas trois mois que le mariage était célébré, que le roi de France descendit dans la tombe, laissant sa couronne à François Ier.

Le nouveau monarque ayant accepté le traité signé par son prédécesseur, les deux rois se vantèrent d'avoir conclu une paix et une alliance à jamais durables; ils étaient sincères, mais le temps leur apprit qu'ils étaient imprévoyants. L'Ecosse et l'Italie firent naître de nouvelles difficultés. Suivant le dernier traité, le duc d'Albany, alors réfugié en France, ne devait jamais obtenir la permission d'en sortir pour se rendre en Ecosse, où sa présence paraissait être de nature à contrarier les intérêts de l'Angleterre en favorisant trop ceux de la France. La reine Marguerite ayant mécontenté la nation écossaise, une députation se rendit auprès du duc exilé, l'invita à prendre en main le gouvernement du royaume, et Albany, malgré la clause du traité, se hâta de repasser en Ecosse. Henri se plaignit de cette infraction; François s'excusa sur ce

1515.
Traité de paix.

1515.

Mort de Louis XII.

Le duc d'Albany régent d'Ecosse.

Loyauté de François Ier.

que le départ du duc avait eu lieu furtivement. Les plaintes devinrent plus vives, et le monarque français, pour prouver sa loyauté, conseilla aux Ecossais de conclure une paix perpétuelle avec Henri, refusa de ratifier le renouvellement d'alliance avec l'Ecosse, et donna ordre à Albany, devenu régent, de rentrer en France. Le duc obéit, et son obéissance mit fin aux plaintes de l'Angleterre. Il n'est pas certain que le roi de France fût coupable du départ du duc d'Albany, mais il est hors de doute qu'en expédiant au régent l'ordre de quitter l'Ecosse, il agit avec une loyauté dont aucun souverain anglais n'a donné l'exemple.

Cette difficulté levée, il en surgit bientôt une autre en Italie. François venait de gagner la victoire de Marignan, de soumettre Milan et de rétablir au-delà des Alpes l'ascendant de la puissance française. Cette conquête n'était pas une infraction au traité de paix; les prétentions de nos rois sur l'Italie n'étaient pas nouvelles, et bien des titres pouvaient les justifier. Henri aurait donc dû, en pareille rencontre, garder la plus stricte neutralité, au lieu de prendre parti pour l'Espagne; malheureusement il n'en fut pas ainsi. Suivant le système ordinairement suivi par le gouvernement anglais, on voulut d'abord cacher ses intentions et même ses actes sous le voile d'une hypocrite amitié. Après bien des délibérations, on résolut de prendre un terme moyen entre la paix et la guerre, d'éviter toutes hostilités actuelles avec la France, mais d'encourager ses ennemis par des espérances et de les aider par des subsides. On avança quelque argent à l'empereur et aux cantons suisses; on leur en promit davantage. Malgré ces secours clandestinement donnés, malgré ces promesses traîtreusement faites, François se maintint dans le Milanais, et, à force de succès, réussit à désarmer ses voisins. Henri resta seul à montrer des dispositions peu amicales. Pour vaincre cette opi-

Déloyauté du roi d'Angleterre.

niâtreté, Léon X parla au nom des dangers que faisait courir à la chrétienté l'empereur Sélim, et réussit à obtenir qu'une trêve de cinq années serait signée par Maximilien, les rois de France, d'Angleterre et d'Espagne. Les contractants devaient s'aider les uns les autres, et dans tous les cas d'invasion de territoire, soit que l'envahisseur fût ou non des confédérés, unir leurs armes pour la défense de la partie lésée et requérir justice de l'agresseur. En même temps, pour cimenter l'union de l'Angleterre et de la France, le Dauphin, qui ne faisait que de naître, fut fiancé à Marie, fille de Henri, alors âgée de quatre ans, et afin d'ôter tout sujet probable de discussion, Tournay et ses dépendances furent rendus à la France pour la somme de 600,000 couronnes.

Après la mort de Maximilien, Charles, roi d'Espagne, et François Ier se portèrent l'un et l'autre comme candidats à la couronne impériale. Henri essaya de rivaliser avec les deux concurrents, et il échoua. Ne pouvant monter sur le trône d'Allemagne, du moins lui fut-il donné, à force d'intrigues et d'argent, d'en écarter le roi de France. Ce qu'il y a de remarquable dans cette affaire, c'est la duplicité dont il usa à l'égard de « son bon frère « de France. » Dès le début, François avait reçu de la cour anglaise les assurances de l'appui le plus cordial, et en retour il avait exprimé sa reconnaissance à Henri par une lettre de remercîments, et au cardinal Wolsey par la promesse de lui assurer, à la première vacance du Saint-Siége, quatorze voix dans le conclave.

Quand la lutte fut terminée, la haine resta, et chacun des deux rivaux chercha un appui du côté de l'Angleterre. François somma Henri d'exécuter l'article du dernier traité par lequel il était convenu que les deux monarques auraient une conférence sur la frontière de leurs Etats respectifs. L'Espagne s'en alarma, et Henri, tout en se montrant disposé à exécuter le traité, trouva d'artificieuses raisons pour différer la réunion. Il fut enfin convenu avec Wolsey que l'entrevue aurait lieu entre Ardres et Guines. Henri jura devant l'ambassadeur de France de ne plus couper sa barbe qu'il n'eût visité « son « frère. » François fit le même serment. Le premier manqua à sa parole, le second y fut fidèle, et lorsque les longues barbes furent, par suite, devenues à la mode à la cour de France, sir Thomas Boleyn fut forcé d'alléguer, pour excuse de la mauvaise foi de son maître, que la reine d'Angleterre avait une insurmontable antipathie pour les mentons barbus. Tandis qu'il se parjurait si ridiculement, le roi d'Angleterre préparait à Canterbury une entrevue avec le roi d'Espagne, afin d'y concerter avec lui les moyens de rendre illusoire la conférence qu'il ne pouvait plus se dispenser d'avoir avec François.

Dans cette circonstance comme dans les autres, cette fois comme toujours, l'Anglais prodigua d'hypocrites démonstrations, et le roi de France se fit remarquer par une chevaleresque loyauté. Henri est à Guines, François est à Ardres, dix kilomètres environ les séparent. A mi-chemin s'élève un riche pavillon soutenu au sommet par un mât planté au centre et entièrement couvert de drap d'or. Wolsey visite François, reste deux jours avec lui, et signe pour son maître un traité d'après lequel le monarque français s'engage pour lui et ses successeurs à payer au roi d'Angleterre et à ses héritiers, à tout jamais, la somme annuelle de 100,000 couronnes, dans le cas où le mariage entre le Dauphin et la princesse Marie, fille de Henri, serait célébré, et où les enfants issus de ce mariage monteraient sur le trône d'Angleterre. Les affaires d'Ecosse étaient depuis longtemps une source de fâcheuses contestations ; François déclara s'en rapporter à la décision amicale de Louise, sa mère, et du cardinal d'York. Il n'était guère possible au roi-chevalier de témoigner plus de bonne volonté et d'acheter à un plus haut prix, sinon l'amitié, du moins la neutralité du roi Henri : on flattait son orgueil, et on lui donnait de l'argent ! Aussi les deux souverains, se rencontrant pour la première fois dans la vallée d'Andern, s'embrassèrent-ils et entrèrent-ils bras dessus bras dessous dans le pavillon qui leur était préparé. Les fêtes se multipliaient ; au milieu de ces fêtes, l'Anglais croyait voir partout la trahison et ne marchait qu'en tremblant : il avait peur parce qu'il trahissait ! François n'avait pas peur, lui, et se laissant aller à son caractère franc et généreux, il partit un matin sans suite, se rendit à cheval à Guines, surprit le roi d'Angleterre au lit et lui dit : « Je suis votre prisonnier ! » L'Anglais affecta vainement d'imiter son frère de France : la franchise n'allait pas à son caractère, et la crainte s'ajoutait encore à la duplicité. Quand il allait à Ardres, il chevauchait hardiment au milieu de son escorte ; quand il en revenait, il se déguisait lui et les siens afin de n'être pas reconnu. Henri et François représentent ici l'Angleterre et la France : d'un côté, de coupables appétits sous le masque de la vertu, la haine derrière le sourire de l'amitié, l'envie de déchirer la main affectueusement pressée, en un mot la perfidie et la peur ; de l'autre côté, un chevaleresque désintéressement, un laisser-aller plein d'une gracieuse simplicité, un franc et bon sourire, la loyauté sans défiance et sans peur. Avant de se séparer, les deux monarques s'embrassèrent : baiser d'Anglais ! Tandis que François se retirait comptant sur l'amitié de son frère, son frère courait à Waël, où l'attendait le roi d'Espagne. Nous allons voir dans quel but. Henri ambitionnait la couronne de François, qu'il embrassait si fraternellement à Ardres, et, tout en le pressant sur son cœur, il songeait à prendre les armes pour placer sur sa tête cette couronne qu'il s'obstinait à considérer comme son héritage ; mais, seul avec l'Angleterre, que pouvait-il contre la France ? Un allié, le roi d'Espagne, lui était un aide fidèle et dévoué ; s'il désirait pour lui le trône de France, Charles voulait rentrer en possession de la Bourgogne : il fut donc facile de s'entendre. Charles dut épouser la fille de Henri, bien qu'elle vînt d'être promise au Dauphin. On arrêta un projet de confédération pour envahir la France, et on se promit de continuer son rôle d'hypocrisie en attendant une époque favorable. Que devenait le traité d'Ardres, conclu quelques jours auparavant? Que signifiait le baiser du pavillon d'Andern ? Mensonge et perfidie, bassesse et hypocrisie ! *Perfidie du roi d'Angleterre.*

Henri crut, l'année suivante, que le moment de dépouiller François était arrivé. L'envahissement des Pays-Bas par le duc de Bouillon, à la tête d'une armée levée en France, produisit de nouvelles discordes entre Charles et François : l'un et l'autre en appelèrent à Henri, réclamant son assistance en vertu du traité de 1518. Henri accepta la mission de pacificateur entre les deux princes, désigna Wolsey pour arbitre, et l'envoya à Calais avec des instructions de nature bien opposée : le cardinal avait pour mission apparente de réconcilier et d'apaiser; ses instructions secrètes lui commandaient de s'occuper du projet de confédération avec Charles sur les bases arrêtées à Waël l'année précédente. Cette honteuse comédie fut parfaitement jouée; le cardinal se donna un air d'impartialité, les Allemands ne parurent pas éloignés de traiter, les Français crurent à la bonne foi des uns et des autres. Après des discussions assez longues pour donner à Henri et à Charles le temps de s'entendre, quand leurs mesures furent bien prises, la lumière se fit enfin, et l'on apprit que, suivant un traité récemment conclu à Calais, l'empereur et le roi d'Angleterre devaient, au printemps de l'année suivante, envahir la France avec une nombreuse armée ; que si François ne faisait pas la paix avec l'empereur, Henri lui déclarerait la guerre, et que *1521.*

Traité entre le roi d'Angleterre et l'empereur Charles.

le mariage de la princesse Marie aurait lieu avec Charles, quoiqu'elle fût promise au Dauphin de France.

<small>Premières hostilités des Impériaux.</small>

Nous discutions encore dans les conférences de Calais, que déjà les Impériaux s'emparaient de Tournay, que nos troupes étaient chassées de Milan et que l'Italie se livrait à une joie extravagante. Aux yeux des Italiens, nous étions alors des barbares, les Allemands représentaient la civilisation. Depuis, les idées ont pris une direction opposée; demeureront-elles ce qu'elles sont ou peut-être ce qu'elles paraissent être? Le peuple d'Italie nous a si souvent reçus avec enthousiasme, si souvent il a proclamé sa délivrance quand les revers nous forçaient à repasser les Alpes, qu'il ne nous est pas plus permis de compter sur sa reconnaissance que sur la glace « d'une « nuictée. »

<small>1522.

Tentatives de paix de François.

Hostilités de l'Angleterre et de l'Allemagne.</small>

Pendant l'hiver, François se prépara à soutenir les hostilités prévues pour le printemps et à solliciter de Henri l'exécution du traité de 1518. Les avances du monarque français furent dédaignées, et la guerre éclata. Non content de suspendre le paiement de la pension annuelle, le roi de France mit un embargo sur les vaisseaux anglais dans ses ports et saisit tout ce qui appartenait aux négociants de cette nation. Henri, de son côté, fit arrêter l'ambassadeur et tous les Français qui se trouvaient à Londres. Charles débarqua à Douvres, y vit le roi d'Angleterre, et, dans cette entrevue, il fut convenu que chaque puissance ferait la guerre à François, que Charles indemniserait Henri de tout l'argent qui lui serait retenu en conséquence de ce traité, que le roi ne donnerait pas sa fille en mariage, et que l'empereur n'épouserait personne autre avant que la princesse Marie fût nubile, etc., etc.

Pour exécuter le principal article de ce traité, le comte de Surrey, lord-amiral d'Angleterre, rassembla son armée à Calais, et, se trouvant à la tête de 12,000 Anglais à la solde du roi, de 4,000 volontaires et de 1,000 cavaliers allemands et espagnols, il traversa le Bourbonnais et l'Artois jusqu'aux environs d'Amiens, livrant aux flammes les villes et les villages qu'il rencontrait sur sa route.

Issue de la campagne.

Incendies et ravages.

Les Français se bornèrent à harceler par petits corps les envahisseurs ; mais l'inclémence de la saison amena une dyssenterie dont la violence força les Anglais à rentrer en toute hâte dans Calais. Tous les frais, toute la haine et toute l'ambition de Henri ne servirent qu'à enrichir des aventuriers aux dépens des malheureux habitants.

1525.

Nouvelle ligue contre la France.

Peu satisfait d'un résultat sans importance, Henri porta de nouveau son attention sur l'Italie, où la France continuait à guerroyer pour recouvrer les provinces qu'elle y avait possédées ; on opposa à ses efforts une ligue conclue entre l'empereur, son frère Ferdinand, archiduc d'Autriche, les Vénitiens, François Sforce, duc de Milan, le pape, les rois d'Angleterre et de Hongrie, les républiques de Florence, de Sienne et de Gênes. Tous ces ennemis, en grande partie excités et soldés par Henri, n'étaient pas capables d'effrayer la bravoure chevaleresque de François. On lui en suscita un autre qui était plus redoutable, parce qu'il agissait dans l'ombre et que ses projets ne tendaient à rien moins qu'à démembrer la monarchie en détrônant le roi. Le duc de Bourbon, connétable de France, blessé de voir passer entre les mains de Louise, mère de François, les terres qu'il tenait du chef de sa femme, eut le malheur de prêter l'oreille aux suggestions du seigneur de Beaurain et de sir John Russell, envoyés secrets de Charles et de Henri ; ce dernier requit du connétable, comme roi de France, un serment de fidélité qu'il prêta. On arrêta qu'aussitôt que François aurait passé les Alpes, les Anglais envahiraient la Picardie, les Allemands à la solde de l'Angleterre la Bourgogne, et les Espagnols la Guienne, et qu'au même mo-

L'Angleterre décide le duc de Bourbon à trahir sa patrie.

Allemands à la solde de l'Angleterre.

Plan et projets des alliés.

ment Bourbon déploierait son étendard au centre du royaume et appellerait autour de lui les amis de sa famille. Dans la confiance que jamais François ne pourrait tenir tête à une alliance si formidable, chacune des parties contractantes se livra aux plus magnifiques mais aux plus trompeuses espérances. Henri se sentait déjà la couronne de France sur la tête, Charles se voyait en possession de la Bourgogne, et déjà Bourbon gouvernait son duché et le comté de Provence comme prince souverain.

François était à peine à Lyon, se rendant en Italie, que le duc de Bourbon prit la fuite et quitta sa patrie pour se ranger sous les drapeaux ennemis. Le roi marchait à la gloire, le connétable se couvrait de honte, les étrangers croyaient marcher à la conquête de la France. Le duc de Suffolk, se trouvant à la tête de 20,000 hommes, s'éloigna de Saint-Omer dont il faisait le siége, et, pour rejoindre l'armée d'Allemagne qu'il supposait dans les environs de Laon, traversa l'Artois et la Picardie, alarma pendant quelques jours les habitants de Paris, mais il ne rencontra pas ses alliés. Battus par le duc de Guise, ceux-ci avaient évacué le territoire français. Seul au milieu d'une population hostile, surveillé par le duc de Vendôme, découragé par les maladies qui se multipliaient dans son camp, Suffolk se hâta de revenir sur ses pas et de gagner Valenciennes, où il licencia son armée.

Plus heureux au midi qu'au nord, Charles s'empara de Fontarabie. En Italie, nous eûmes le malheur de perdre le brave chevalier Bayard, nos garnisons se rendirent, et bientôt il ne resta pas un Français en armes au-delà des Alpes.

1524.

Henri forme le projet d'envahir la Normandie.

Quelque considérable qu'il fût, ce résultat n'était pas de nature à satisfaire le roi d'Angleterre; ce monarque comptait pour rien nos défaites si elles ne le rendaient pas maître du royaume. Aussi médita-t-il, pendant l'hiver, la conquête de la

Normandie. Bourbon proposa de diriger sur Lyon les bandes d'Italie, Henri consentit à payer la moitié des frais, le marquis de Pescaire prit le commandement de l'armée, et, changeant d'avis, suivit la route de Marseille au lieu de se porter sur Lyon. Tout le monde connaît la belle conduite des Marseillais dans cette circonstance et la fuite honteuse des armées alliées.

Campagne de France.

Lorsque nous eûmes perdu la bataille de Pavie et que François Ier fut prisonnier à Madrid, l'Angleterre se livra aux démonstrations d'une joie qui tenait du délire ; cette joie ne l'empêcha pas de penser que nos revers lui permettraient enfin de faire la conquête de cette France qu'elle torturait en attendant qu'elle pût l'asservir. Tunstall, évêque de Londres, et Wyngfield, chancelier du duché de Lancaster, furent envoyés à la cour impériale avec ordre de mettre tous les obstacles qui seraient en leur pouvoir à la délivrance du royal prisonnier, et de proposer à Charles l'envahissement de la France ; une fois réunis à Paris, les princes n'avaient plus qu'à se partager leur proie ; le roi d'Angleterre monterait sur le trône français, son héritage légitime, tandis que l'empereur recouvrerait la province de Bourgogne.

François est prisonnier à Pavie.

Joie des Anglais.

Nouveau projets d'envahissement.

Heureusement pour la France, le clergé et le peuple d'Angleterre refusèrent à Henri les sommes qu'il avait besoin de leur extorquer pour accomplir son projet, et, de son côté, l'empereur, à bout de ressources, refusa péremptoirement de faire les frais d'une nouvelle expédition. Ne pouvant plus compter sur le concours actif de son neveu, désespérant d'obtenir de la nation anglaise l'or qu'il convoitait, Henri se détermina à faire la paix avec la France, qui seule lui présentait une mine bonne à exploiter. Après les négociations préliminaires, une alliance défensive et offensive fut conclue entre les deux couronnes aux conditions suivantes : La France consentit 1° à payer à Henri une somme de deux millions

Nouveau traité de paix entre l'Angleterre et la France.

Clauses et conditions de ce traité.

de couronnes et une pension de cent mille couronnes sa vie durant; 2° à laisser Marie, sœur de Henri et reine douairière de France, jouir de tous les avantages de son douaire à l'avenir, et à acquitter les arrérages déjà échus par paiements semestriels de cinq mille couronnes; 3° à payer au cardinal, à des échéances régulières, dans le cours de sept ans et demi, trente mille couronnes pour résignation de l'évêché de Tournay, et cent mille couronnes de plus pour prix de ses services envers la famille royale de France. Le régent sanctionna ces conditions, François les approuva dans sa prison; mais le parlement de Paris protesta solennellement contre elles, attendu qu'elles entraînaient la ruine du pays dans un moment où le roi ne pouvait signer librement puisqu'il était au pouvoir de ses ennemis.

1525.
Traité entre Charles-Quint et François Ier.

Fourberie du gouvernement anglais.

L'année suivante, un traité passé avec Charles rendit la liberté à François Ier, et ce traité mit de nouveau en jeu toute la basse fourberie du cabinet anglais. Des ambassadeurs furent envoyés au roi de France, ostensiblement pour le féliciter de sa délivrance, en réalité pour l'exciter à violer le traité qu'il venait de conclure avec Charles, le neveu de Henri, son allié le plus intime, celui avec lequel il avait si souvent trompé François! Son excessive cupidité explique toutes ces trahisons en sens inverses, allant d'un camp à l'autre, traitant avec tous et trompant tout le monde: Henri ne voyait au fond de toutes les questions que l'or et toujours l'or! Quand il traitait, il demandait des millions de couronnes pour prix de sa fidélité; quand il se détachait d'une alliance, il se faisait donner des millions de couronnes pour prix de sa défection! Ainsi ne faisait pas Charles-Quint: quand François Ier lui proposa de renoncer à la Bourgogne moyennant une somme considérable, il répondit avec indignation que l'argent n'étant pas son but, il n'entendait pas vendre la liberté à son captif.

Luther.

A cette époque parut Luther, et, avec Luther, de nouvelles

doctrines qui donnèrent à l'Angleterre une nouvelle direction politique. Nous verrons plus tard, dans la conduite du gouvernement anglais vis-à-vis de la France, ce que le changement de croyances religieuses produisit de haines et d'hostilités entre les deux royaumes. Henri, qui avait tour à tour trompé le roi de France et l'empereur, trompa le pape et le catholicisme ; il trompa depuis quatre concubines qu'il appelait ses femmes, et son parlement, dont il fit le lâche instrument de ses désordres. Quoi qu'il en soit, pendant que les ruines se mêlaient au sang le plus pur de l'Angleterre, la France vécut plusieurs années sans avoir des démêlés avec Henri, devenu pour son peuple l'un des tyrans les plus sanguinaires qu'on eût encore vus dans l'histoire ; ses débauches et son despotisme allèrent toujours croissant jusqu'à sa mort, qui eut lieu le 28 janvier 1546.

L'Angleterre, dit un historien, n'eut aucune obligation directe à ce despote sanguinaire, et, à la honte de l'humanité, il faut ajouter que non seulement cet autre Néron se fit respecter de ses sujets, mais qu'il n'en fut jamais haï. Voici en résumé quels sont les crimes dont il se rendit coupable vis-à-vis de la France :

En 1511, alors que nous étions en pleine paix, Henri fait un traité avec Ferdinand d'Espagne pour l'envahissement de la France. En 1512, Jean d'Albret, roi de Navarre, est détrôné pour expier son attachement à la France ; par suite de cette alliance, nous sommes forcés d'évacuer l'Italie qui aurait pu nous rester. En 1513, quand tous nos ennemis nous accordent la paix, Henri, soutenu par la nation anglaise, se prépare à envahir la France, et, pour atteindre ce but, fait un traité avec l'Allemagne et avec l'Espagne ; nos provinces du nord sont ravagées, les villes de Térouanne et de Tournay sont détruites. En 1515, il fait avec Louis XII un traité de paix que François Ier approuve et que le roi d'Angleterre viole en se liguant contre nous avec l'Allemagne, l'Italie et la Suisse. En 1518, un nouveau traité passé avec nous est violé par l'assistance prêtée à Charles-Quint contre François Ier, assez maladroit pour avoir confiance en la parole de son frère d'Angleterre. En 1520, Henri jure par sa barbe qu'il aura une entrevue avec François, et il fausse son serment. La même année, au camp du Drap-d'Or, il jure amitié à François, et il le quitte pour former avec l'empereur le projet de le détrôner. En 1521, il amuse nos ambassadeurs, et, pendant qu'il les flatte, il arrête avec Charles les moyens d'exécuter son projet d'invasion ; cette cordiale entente nous fait perdre l'Italie. En 1522, on répond aux avances de François Ier par une descente dans le Boulonnais et dans l'Artois, qui sont ravagés. En 1523, l'Angleterre s'unit contre nous avec cinq ou six autres puissances ; elle fait un traître du duc de Bourbon et forme contre nous un nouveau plan d'envahissement ; nous perdons Fontarabie, Bayard meurt, et nous abandonnons encore l'Italie. En 1524, Henri veut nous enlever la Normandie ; ses alliés entrent en France et sont vaincus sous les murs de Marseille ; François est prisonnier à Pavie ; l'Angleterre se livre à une folle joie, prie l'empereur de resserrer les liens du royal captif, et se prépare à partager la France pendant la captivité de son roi. Quand il est abandonné de tous ses alliés, dont aucun ne partage sa haine contre nous, Henri ne donne pas la paix à la France, mais il la lui rend à un prix tellement élevé qu'il entraînait la ruine du royaume. Quand, pour obtenir sa liberté, François traite avec Charles-Quint, il conseille à François de tromper Charles-Quint. Tout compte fait, nous lui devons douze trahisons, la perte de Fontarabie, celle du royaume de Navarre et celle de l'Italie, sans qu'il puisse, lui, nous reprocher ni guerre, ni mensonge, ni déloyauté.

EDOUARD VI. (1546 à 1553.)

Rois de France:
François Ier.
Henri II.

Sous ce roi, à peine âgé de dix ans, le comte de Hereford, proclamé protecteur de la couronne, et un conseil composé des plus hauts personnages de l'Etat, s'occupèrent beaucoup plus de réformer le culte, en détruisant les croyances, que d'améliorer le sort du peuple, en soulageant sa misère, ou en corrigeant les abus d'une fanatique législation. Aussi les rapports du gouvernement anglais avec les puissances étrangères touchèrent-ils peu aux questions politiques dont l'importance avait, sous les règnes précédents, remué et bouleversé l'Europe. Dans une seule circonstance, en 1558, la France fut obligée de recourir aux armes pour défendre ses droits méconnus. L'Ecosse était depuis longtemps en proie aux guerres civiles, fomentées par l'argent et bien souvent soutenues par les armées de l'Angleterre. Lorsque Marie Stuart, âgée de six ans, fut fiancée au Dauphin encore mineur, le roi Henri II, comme représentant de son fils et de sa fille, roi et reine d'Ecosse, demanda que le gouvernement anglais s'abstînt de toute hostilité contre les Ecossais durant la minorité des époux. La demande était d'autant plus juste que l'Angleterre, à part l'ambition d'annexer un royaume à ses possessions, n'avait aucune raison de faire la guerre à l'Ecosse ; le protecteur, devenu duc de Somerset, répondit cependant par un refus, et se flatta de chasser les auxiliaires français. Les rois d'Angleterre avaient rêvé la couronne de France; il rêvait, lui, la couronne d'Ecosse. En conséquence, on proposa à Charles-Quint de lui livrer Boulogne afin d'en obtenir des secours contre la

1558.

Le duc de Somerset excite la guerre civile en Ecosse.

Plaintes de Henri II, roi de France.

Le duc de Somerset offre à Charles-Quint de lui livrer Boulogne.

France; mais l'empereur refusa d'agir contre la foi d'un traité récemment conclu avec Henri. Irrité de cette double déloyauté gratuitement exercée contre une princesse en bas âge et contre la France protectrice du bon droit, le roi Henri II déclara la guerre au gouvernement anglais. Les armées françaises se répandirent dans le Boulonnais et s'en emparèrent. L'empereur, tenté par de nouvelles propositions, demeura fidèle à sa parole, et, le 24 mars, Warvick, pour Edouard VI, traita avec Henri II aux conditions suivantes : 1° qu'il y aurait entre les deux couronnes paix, ligue et union, non seulement pendant leur vie, mais encore *à toute éternité;* 2° que Boulogne serait rendue au roi de France avec les armes et les provisions qui y avaient été trouvées à l'époque de sa capture, et qu'en compensation des sommes dépensées pour les fortifications, Henri paierait à Edouard 200,000 couronnes au moment de sa remise et 200,000 dans les cinq mois qui suivraient, à la condition que les Anglais rendraient Dunglass et Lauder à la reine d'Ecosse, ou que si Dunglass et Lauder n'étaient pas en leur possession, ils raseraient les forteresses de Roxburgh et d'Aymouth ; 3° que l'Ecosse serait comprise dans le traité si la reine y donnait son consentement dans les quarante jours, et qu'Edouard ne ferait la guerre ni à elle ni à ses sujets, à moins qu'il n'en reçût quelque nouvelle offense.

Les discussions religieuses auxquelles l'Angleterre continua à être en proie furent sans doute l'une des principales causes qui empêchèrent ce traité d'être violé avant la mort d'Edouard, arrivée le 6 juillet 1553.

L'histoire ne peut formuler aucune opinion sur un roi de douze ou quatorze ans; les avis qu'il émettait dans le conseil, avec toute la gravité d'un vieux diplomate, étaient des leçons données par des précepteurs et répétées par le royal écolier. Quant au gouvernement du protecteur et de ses ministres, il continua, contre les Anglais fidèles à la foi de leurs pères, les persécutions dont Henri VIII s'était fait une cruelle habitude. A l'exemple de ce despote, il brûlait en masse ceux qui doutaient des mystères prêchés par la Réforme. Ce qu'il y avait de plus odieux, c'est que les persécuteurs se servaient de la main d'un roi enfant pour signer leurs atroces sentences.

Si ces hommes de sang ne troublèrent qu'une fois le repos de la France, ce ne fut pas pour obéir à un esprit de justice et d'humanité, mais parce qu'ils étaient absorbés par leurs plans d'agrandissement personnel ; le fanatisme religieux, la cruauté dans la vie publique, la débauche dans la vie domestique, absorbèrent tellement leur attention, que, sous leur administration, l'Angleterre se vit forcée de descendre de la haute position qu'elle occupait auparavant parmi les nations de l'Europe.

Nous ne signalerons dans leur passage aux affaires que leur injustice vis-à-vis de la jeune Marie Stuart, devenue Française par son mariage avec le Dauphin, et deux infructueuses tentatives qu'ils firent auprès de Charles-Quint pour l'engager à violer le traité passé par lui avec Henri II, roi de France. S'ils ne réussirent pas à l'entraîner dans une guerre contre nous, c'est qu'il se trouva chez lui plus d'honneur et plus de loyauté que chez eux.

MARIE. (1553 A 1558.)

Roi de France :
Henri II.

Le trône d'Edouard fut disputé par sa sœur Marie et par Jeanne Grey, sa cousine. Cette dernière n'avait évidemment aucun droit à la couronne ; aussi ne demandait-elle pas à la porter. Northumberland avait conspiré en sa faveur, et elle eut le malheur de se laisser entraîner par cet ambitieux. Cette conspiration et sa faiblesse lui coûtèrent la vie. Pauvre jeune fille de seize ans, elle ne rêvait pas la gloire, et de dangereux amis la firent monter sur l'échafaud ! De ce trône sanglant, elle commande la pitié à tous les hommes dont le cœur comprend le malheur et sait lui donner une larme.

Sous le règne de Marie, la persécution exercée par les protestants sur les catholiques se fit en sens contraire : catholique, elle persécuta les protestants, et quoique, parmi ses sujets, onze sur douze fussent intérieurement demeurés attachés à la foi de la vieille Angleterre, elle rencontra assez d'opposition, parmi ceux qui s'étaient enrichis des dépouilles de l'Eglise romaine, pour se trouver dans la nécessité de sévir, cruellement quelquefois, contre les prédicateurs effrénés de la nouvelle doctrine; son mariage avec Philippe d'Espagne, fils de Charles-Quint, fut l'authentique consécration de ses principes religieux.

Clauses du mariage.

Cette union, que les ambassadeurs de Henri II combattirent de toute leur influence, se fit à la condition que Philippe n'engagerait pas la nation anglaise dans la guerre entre son père et le roi de France ; on ajouta même qu'il conserverait autant qu'il serait en son pouvoir la paix entre les deux royaumes. La paix fut en effet maintenue jusqu'en 1556 ; à cette époque, Philippe, ayant hérité de son père, se trouvait en possession de l'Angleterre, de l'Espagne, de l'Allemagne et du royaume de Naples ; dominant ainsi toute l'Europe, il voulut ajouter le domaine du Saint-Siége à son vaste empire, et cette étrange prétention fit trembler le souverain pontife. De son côté, le roi de France avait la certitude qu'un jour ou l'autre des forces auxquelles il lui serait difficile de résister se jetteraient sur la Bourgogne et la lui enlèveraient ; ces craintes étaient d'autant

1556.

mieux fondées, que, contrairement aux clauses de son contrat de mariage, la reine Marie avait fait acte d'hostilité en entretenant des espions en France, en surchargeant de nouveaux droits les marchandises importées de France, et enfin en épousant sans nécessité les haines personnelles de son mari.

Le devoir de Henri était de prévenir le malheur dont il était menacé et de l'empêcher pendant qu'il en était encore temps. A cet effet, il essaya, mais sans y réussir, de s'emparer de Ham et de Guines. Cette simple tentative de défense, opposée à la violation d'un traité, fut considérée en Angleterre comme un outrage fait à la reine ; au lieu de retirer les espions, de supprimer les droits nouveaux et de demeurer étrangère, comme elle s'y était engagée, aux querelles qui divisaient la France et l'Espagne, la reine déclara la guerre. Allemands, Espagnols, Savoyards et Anglais, au nombre de 40,000 hommes, menacèrent Rocroy, Marienbourg et Guise, se dirigèrent sur Saint-Quentin et s'arrêtèrent sous ses murs dans l'intention d'en faire le siége. 25,000 Français, sous les ordres du connétable de Montmorency, tentèrent de secourir la place et furent vaincus. Le pillage des habitants servit de récompense aux alliés. Pour obtenir ce mince résultat, il ne valait la peine ni de violer un traité, ni d'armer contre nous la moitié de l'Europe.

La France se vengea, l'année suivante, en s'emparant de Calais, dernière possession que les Anglais eussent conservée sur son territoire. Depuis plus de deux siècles cette place était entre leurs mains ; en moins de trois semaines, le duc de Guise la réduisit ainsi que celle de Guines, d'où les Anglais ne sortaient que pour ravager les provinces voisines. Cette perte fut si sensible à Marie que, pendant sa dernière maladie, elle répéta souvent que si l'on ouvrait sa poitrine après sa

Les clauses ne sont pas respectées.

1557.

Marie déclare la guerre.

1558.

Prise de Calais par le duc de Guise.

mort, on trouverait le mot *Calais* écrit sur son cœur. La nation entière se souleva à cette nouvelle; plusieurs bills ordonnèrent l'arrestation des Français qui se trouvaient en Angleterre. 7,000 hommes, une flotte de 140 voiles, un renfort formidable de Flamands, 5,000 Allemands sous les ordres de Philippe, ne purent rendre à Marie cette ville de Calais, précieux joyau tombé de sa couronne ; quand la mort vint l'enlever le 17 novembre, elle versait encore des larmes sur une perte qu'elle considérait comme un désastre pour la nation, comme une honte pour son règne.

<small>Mort de Marie.</small>

L'opinion des Anglais sur le caractère de cette reine est loin d'être uniforme : les protestants et les catholiques exaltés en font, ceux-ci une femme cruelle et sanguinaire, ceux-là une femme bonne et clémente ; les plus modérés des écrivains réformés ont écrit qu'en matière de foi, elle ne pratiqua que ce qu'enseignaient alors les chefs de tous les partis religieux. « Ce fut son malheur, disent-ils, plutôt que sa faute de ne pas « être plus éclairée que les plus sages de ses contemporains. » A cela près, ils la placent au rang des meilleurs, sinon des plus grands de leurs monarques.

<small>Son caractère.</small>

Pour nous, Français, elle a manqué à ses engagements vis-à-vis de Henri II ; elle a violé les clauses inscrites dans son contrat de mariage, en prenant part à la guerre qui venait d'éclater entre l'Espagne et la France. Malgré cette faute, nous compterons la reine Marie parmi ceux des souverains anglais dont la France eut le moins à se plaindre.

<small>Sa conduite vis-à-vis de la France.</small>

<small>Rois de France :
Henri II.
François II.
Charles IX.
Henri III.
Henri IV.</small>

ELISABETH. (1558 A 1603.)

Laissons de côté, dans ce règne de quarante-cinq ans, toutes les douceureuses cruautés, toutes les puritaines impudicités qui ne concernent que l'Angleterre, pour ne nous occuper que des hypocrisies politiques dont le tartufe couronné s'est rendu coupable vis-à-vis de la France. Notre tâche sera d'autant plus difficile et plus longue que l'Ecosse étant devenue, par le mariage de Marie Stuart avec François II, une espèce d'annexe de notre pays, et que Marie Stuart elle-même s'étant faite Française, nous aurons à placer sous les yeux du lecteur le rôle ignoble joué en partie double par Elisabeth, tous les honteux mensonges que cette reine bâtarde a étendus comme un voile sur les trahisons et sur les perfidies dont le nœud fatal s'est odieusement terminé sur l'échafaud de Fotheringay.

En montant sur le trône, Elisabeth prit, à l'exemple de ses prédécesseurs, le titre de reine de France. Au lieu de s'alarmer contre une prétention que le bon sens public repoussait chaque jour davantage, Henri fit prendre à Marie Stuart, sa belle-fille, le titre de reine d'Angleterre et d'Irlande. Il est certain que les prétentions de Marie étaient mieux fondées que celles de sa rivale, qui ne devait sa couronne qu'à l'union coupable d'Anne Boleyn avec Henri VIII. Elisabeth trouva néanmoins très-mauvais de la part de Marie ce qu'elle se permettait elle-même vis-à-vis de la France; ce mécontentement, habilement dissimulé, fut peut-être l'une des causes les plus actives des malheurs de l'infortunée reine d'Ecosse.

Malgré son irritation, Elisabeth n'hésita pas à conclure un traité de paix avec Henri. Par cet acte signé à Cateau-Cambrésis, le roi de France devait rendre Calais à l'Angleterre dans un délai de huit années, à la condition que, pendant ces huit années, la reine d'Angleterre ne formerait aucune entreprise contre la reine d'Ecosse, belle-fille du roi de France. Ce traité avec Henri fut bientôt suivi de deux autres conventions conclues à Cateau-Cambrésis et à Upsetlington, entre Elisabeth, Marie et son époux, Dauphin de France. Aux termes

Elisabeth prend le titre de reine de France.

Marie Stuart prend le titre de reine d'Angleterre et d'Irlande.

1559.

Traité de paix entre l'Angleterre, la France et l'Ecosse.

mort, on trouverait le mot *Calais* écrit sur son cœur. La nation entière se souleva à cette nouvelle; plusieurs bills ordonnèrent l'arrestation des Français qui se trouvaient en Angleterre. 7,000 hommes, une flotte de 140 voiles, un renfort formidable de Flamands, 5,000 Allemands sous les ordres de Philippe, ne purent rendre à Marie cette ville de Calais, précieux joyau tombé de sa couronne; quand la mort vint l'enlever le 17 novembre, elle versait encore des larmes sur une perte qu'elle considérait comme un désastre pour la nation, comme une honte pour son règne.

Mort de Marie.

L'opinion des Anglais sur le caractère de cette reine est loin d'être uniforme : les protestants et les catholiques exaltés en font, ceux-ci une femme cruelle et sanguinaire, ceux-là une femme bonne et clémente; les plus modérés des écrivains réformés ont écrit qu'en matière de foi, elle ne pratiqua que ce qu'enseignaient alors les chefs de tous les partis religieux. « Ce fut son malheur, disent-ils, plutôt que sa faute de ne pas « être plus éclairée que les plus sages de ses contemporains. » A cela près, ils la placent au rang des meilleurs, sinon des plus grands de leurs monarques.

Son caractère.

Pour nous, Français, elle a manqué à ses engagements vis-à-vis de Henri II ; elle a violé les clauses inscrites dans son contrat de mariage, en prenant part à la guerre qui venait d'éclater entre l'Espagne et la France. Malgré cette faute, nous compterons la reine Marie parmi ceux des souverains anglais dont la France eut le moins à se plaindre.

Sa conduite vis-à-vis de la France.

Rois de France :
Henri II.
François II.
Charles IX.
Henri III.
Henri IV.

ELISABETH. (1558 A 1603.)

Laissons de côté, dans ce règne de quarante-cinq ans, toutes les doucereuses cruautés, toutes les puritaines impudicités qui ne concernent que l'Angleterre, pour ne nous occuper que des hypocrisies politiques dont le tartufe couronné s'est rendu coupable vis-à-vis de la France. Notre tâche sera d'autant plus difficile et plus longue que l'Ecosse étant devenue, par le mariage de Marie Stuart avec François II, une espèce d'annexe de notre pays, et que Marie Stuart elle-même s'étant faite Française, nous aurons à placer sous les yeux du lecteur le rôle ignoble joué en partie double par Elisabeth, tous les honteux mensonges que cette reine bâtarde a étendus comme un voile sur les trahisons et sur les perfidies dont le nœud fatal s'est odieusement terminé sur l'échafaud de Fotheringay.

En montant sur le trône, Elisabeth prit, à l'exemple de ses prédécesseurs, le titre de reine de France. Au lieu de s'alarmer contre une prétention que le bon sens public repoussait chaque jour davantage, Henri fit prendre à Marie Stuart, sa belle-fille, le titre de reine d'Angleterre et d'Irlande. Il est certain que les prétentions de Marie étaient mieux fondées que celles de sa rivale, qui ne devait sa couronne qu'à l'union coupable d'Anne Boleyn avec Henri VIII. Elisabeth trouva néanmoins très-mauvais de la part de Marie ce qu'elle se permettait elle-même vis-à-vis de la France; ce mécontentement, habilement dissimulé, fut peut-être l'une des causes les plus actives des malheurs de l'infortunée reine d'Ecosse.

Elisabeth prend le titre de reine de France.

Marie Stuart prend le titre de reine d'Angleterre et d'Irlande.

Malgré son irritation, Elisabeth n'hésita pas à conclure un traité de paix avec Henri. Par cet acte signé à Cateau-Cambrésis, le roi de France devait rendre Calais à l'Angleterre dans un délai de huit années, à la condition que, pendant ces huit années, la reine d'Angleterre ne formerait aucune entreprise contre la reine d'Ecosse, belle-fille du roi de France. Ce traité avec Henri fut bientôt suivi de deux autres conventions conclues à Cateau-Cambrésis et à Upsetlington, entre Elisabeth, Marie et son époux, Dauphin de France. Aux termes

1559.

Traité de paix entre l'Angleterre, la France et l'Ecosse.

de ces actes, la reine d'Angleterre s'engagea à ne donner *ni assistance ni asile* aux rebelles écossais, et jura sur l'Evangile d'observer fidèlement ses engagements.

<small>Elisabeth viole les deux traités.</small>

Pendant qu'elle jurait ainsi, Elisabeth se préparait à n'observer ni son traité avec la France, ni son traité avec l'Ecosse. Le parti protestant avait formé, dans ce dernier royaume, ce qu'on appelait la Congrégation des Saints, dont le but avoué était de renverser la dynastie régnante, attachée au catholicisme. Cette espèce de confrérie, détestée du peuple, composée de hauts barons ambitieux et avides, constamment en rapports secrets avec l'Angleterre, s'adressa à Elisabeth et lui demanda des secours qu'elle promit avec le plus grand plaisir. Maitland de Lethington, l'un des chefs de la congrégation, souleva une partie de la population écossaise, et passa en Angleterre, où il fut reçu avec la plus grande distinction. Quand Henri se plaignit de cette infraction aux traités récemment conclus, on lui répondit que : « Malgré tous les traités passés, « les Anglais et les Français étaient désormais irréconcilia« bles. » L'Angleterre a proclamé cette haine sans trêve et sans fin qu'elle a vouée à la France ; aussi n'est-ce pas la France qui a trompé l'Angleterre pour ensanglanter son territoire. Sous prétexte de réprimer les désordres commis dans les marches d'Ecosse, Elisabeth envoya des commissaires chargés de pousser les Ecossais à la révolte, de leur fournir de l'argent, de leur promettre toute espèce de secours qui pourraient leur être fournis *sans une manifeste violation de la paix* existante entre les deux reines, et de les engager, s'il était possible, à déposer Marie et à transférer la couronne à la maison de Hamilton. Ces funestes conseils produisirent leur effet. 10,000 hommes, appartenant à la congrégation, se soulevèrent à Leith contre l'autorité de Marie de Lorraine, reine-régente, et furent repoussés par 3,000 Français. Le sang coula : Knox, mi-

<small>Congrégation des saints en Ecosse.</small>

<small>L'Angleterre proclame sa haine contre la France.</small>

<small>Intrigues d'Elisabeth en Ecosse.</small>

<small>Révolte des congréganistes.</small>

nistre protestant, l'un des plus saints parce qu'il était l'un des plus furieux de la congrégation, prêcha le massacre comme un devoir. Une flotte anglaise captura les vaisseaux de la régente et dirigea ses canons contre les Français et les Ecossais demeurés fidèles à la souveraineté nationale.

Il y eût eu quelque dignité à avouer franchement cet acte étrange d'hostilité contre deux nations auxquelles on venait de jurer une complète neutralité ; mais un aveu eût été trop compromettant pour un avenir que préparait le système mensonger admis en principe par le cabinet anglais. Elisabeth eut l'audace d'affecter un grand désir de conserver la paix. Quoique l'amiral Winter eût fait voile de la Tamise dans le but exprès d'aider les Ecossais révoltés, et eût pris à bord 600 arquebusiers pour être opposés aux troupes régulières des royalistes, on prétendit néanmoins qu'il n'avait d'autre objet que de convoyer une flotte de vaisseaux d'approvisionnement à Berwick, que la violence de la tempête les avait poussés dans le Frith, et que la jalousie ou l'erreur des commandants français, qui avaient tiré sur lui des batteries de Leith, l'avaient forcé d'user de représailles pour sa propre défense. Noailles, ambassadeur de France, se récria contre cet impudent mensonge ; le gouvernement anglais promit de faire une enquête, et Henri parut se contenter de cette apparence de justice. Cette longanimité aurait dû exciter quelque honte dans le cœur d'Elisabeth ; il n'en fut rien. Henri II venait de mourir, et François II était monté sur le trône avec Marie Stuart. A partir de ce moment, le but constant d'Elisabeth fut d'exciter la guerre civile en France comme elle l'avait excitée en Ecosse. Antoine de Bourbon, roi titulaire de Navarre, lui parut un instrument propre à l'exécution de ses coupables desseins. Trockmorton, ambassadeur anglais à Paris, et le prince français se rencontrèrent à Saint-Denis le 22 août, à l'heure de minuit ; l'ambas-

Hypocrisie d'Elisabeth.

Intrigues d'Elisabeth contre la France.

sadeur assura le roi, en termes généraux, « de l'estime que « la reine ressentait pour ses vertus, du désir qu'elle avait de « former une alliance avec lui pour l'honneur de Dieu et l'a- « vancement de la religion, et de l'espérance qu'elle nourris- « sait qu'en se soutenant mutuellement l'un l'autre, ils empê- « cheraient leurs ennemis de prévaloir contre Dieu ou sa cause, « ou aucun d'eux, comme ses ministres. »

Ce jargon hypocrite produisit une conspiration formée entre Antoine de Navarre, Louis de Condé, Coligny, d'Andelot, Châtillon et les trois neveux du connétable de Montmorency, tous jaloux du duc de Guise qui les surpassait par son génie et par les services rendus à la France. En le préférant à tous, le roi ne faisait qu'obéir au vœu de la nation, car personne n'était aussi populaire que le duc de Guise.

1560
Conspiration d'Amboise.

L'Angleterre ne manqua pas d'encourager un complot qui était son œuvre. Les conjurés, réunis à La Ferté, délibérèrent pour savoir si l'on se débarrasserait tout à fait de la famille royale et des Guises ; la majorité décida que ces assassinats n'auraient pas lieu, *parce qu'ils discréditeraient leur parti*. L'intérêt seul empêcha cet épouvantable massacre, ce ne fut pas un sentiment d'humanité ! On se borna à décider que les Guises, la reine-mère et le roi seraient enlevés, et que le prince de Condé monterait sur le trône sous le nom de Louis XIII. Tels furent cependant les projets favorisés par Elisabeth, sans qu'elle eût à nous reprocher la plus petite infraction au traité de Cateau-Cambrésis. La conspiration d'Amboise, destinée à immoler la famille royale et la monarchie, nous vint à peu près toute faite de l'Angleterre, notre bonne et fidèle alliée !

Mensongère déclaration d'Elisabeth.

Odieux cynisme.

Le complot ne fut pas plus tôt découvert et déjoué par le duc de Guise, que l'hypocrisie d'Elisabeth fit paraître un mémoire intitulé : *Déclaration de paix*. Dans cet étrange écrit, la reine d'Angleterre distinguait entre le roi et ses ministres : le premier était son ami, les seconds étaient ses ennemis, et c'était contre eux qu'elle avait eu l'intention de prendre les armes ; c'était à cause d'eux qu'elle était déterminée à ne pas les poser qu'elle n'eût chassé jusqu'au dernier soldat français de l'Ecosse. De quel droit l'Angleterre voulait-elle imposer au roi de France le choix de ses ministres? Comprend-on cette femme couronnée, se disant l'amie du roi, et lui faisant la guerre parce que les ministres français ont le malheur de lui déplaire? Le roi était son ami, mais elle aurait voulu le détrôner, sinon le faire assassiner en lui témoignant la plus sincère affection ! Dieu vous préserve, sire, de l'amitié anglaise !

En faisant passer la couronne d'Ecosse sur la tête de Marie Stuart et de François II, la mort de Marie de Lorraine fournit l'occasion de faire avec l'Angleterre de nouveaux traités qui assurassent la paix soit au royaume de France, soit à celui d'Ecosse, réunis maintenant sous le même sceptre. Entre autres clauses contenues dans l'acte relatif à l'Ecosse, on en trouvait une d'après laquelle il était arrêté qu'après que les troupes françaises se seraient retirées, à l'exception d'une faible garnison à Dunbar et d'une autre à Inchkeith, les trois Etats seraient réunis ;... que le roi et la reine ne pourraient ni déclarer la guerre ni faire la paix sans le consentement des Etats; que les membres de la congrégation ne seraient pas inquiétés pour leur révolte, et enfin que les ecclésiastiques (protestants) seraient protégés dans leurs personnes, biens et droits...

1560.

Nouveaux traités de paix.

Il est bien évident que, par cet article, Elisabeth intervenait dans l'administration d'un royaume étranger, et qu'elle transférait aux lords de la congrégation l'autorité royale qui appartenait à François et à Marie. La cour de France accepta néanmoins cette condition, croyant, par cette condescendance, obtenir une paix durable, sinon honorable, après laquelle les peuples soupiraient vainement depuis plusieurs années. Quant au traité qui concernait directement la France, aucune difficulté ne se serait opposée à son immédiate conclusion si l'Angleterre n'eût demandé la restitution de Calais comme une indemnité de l'injure faite à Elisabeth par Marie Stuart, dont l'écusson portait les armes d'Angleterre et d'Irlande. Cette réclamation ayant été retirée, on signa, le 6 juillet, un traité dans lequel François et Marie promettaient « qu'attendu que « les couronnes d'Angleterre et d'Irlande appartenaient de « droit à Elisabeth, ils cesseraient d'en porter les armes ou de « prendre le titre de monarques d'Angleterre et d'Irlande. »

Ce traité, destiné à mettre fin à la guerre d'Ecosse, ne fit que suspendre les hostilités, par suite du droit que s'arrogeait Elisabeth d'intervenir dans les affaires de ses voisins, d'y intriguer clandestinement et d'y porter les sujets à la révolte, bien qu'elle se fût engagée par serment à vivre en parfaite amitié avec le souverain et à refuser toute espèce d'assistance, ouverte ou secrète, à ses ennemis.

Nouvelle révolte des congréganistes d'Ecosse.

Elisabeth les protége.

La paix était à peine signée, les Français n'avaient pas encore quitté l'Ecosse, que les congréganistes, révoltés de nouveau, envoyèrent une ambassade à Elisabeth, qui leur fit le plus favorable accueil. Les traités, la signature et la parole d'Elisabeth ne furent qu'une longue dérision.

François II mourut le 5 décembre. Les liens qui unissaient la France à l'Ecosse furent rompus, et Marie, alors âgée de dix-huit ans, songea à rentrer dans son royaume pour en prendre le gouvernement.

1561.

Départ de Marie Stuart pour l'Ecosse.

Le 15 août, cette reine aussi belle que bonne, aussi bonne qu'infortunée, fit voile de Calais avec deux galères et quatre bâtiments de transport. Tant que les côtes restèrent en vue, elle fixa ses regards sur la terre où elle avait vécu depuis son enfance; puis, étendant les bras, elle s'écria tout en larmes :

« Adieu, France bien-aimée, adieu! » Elle avait raison de regretter la France et de pleurer en s'éloignant de ses rivages ; seule désormais pour lutter contre le sombre et brutal fanatisme des congréganistes et contre la cruelle hypocrisie d'une rivale bassement jalouse de sa beauté, il ne lui restait plus qu'à souffrir et à mourir.

Bien qu'à partir de ce moment l'Ecosse nous soit redevenue presque étrangère, nous n'oublierons pas que la reine de ce royaume a emporté avec elle le titre de reine douairière de France, qu'elle nous a été constamment fidèle plus encore par affection que par politique. Nous continuerons à regarder comme des crimes commis contre nous les crimes qui ont coûté à Marie tout son sang, à nos pères et à nous tant de larmes. Ce drame a ému toutes les nations ; nous en parlerons à mesure que les faits s'accompliront, pour démasquer une fois de plus la sombre et cruelle hypocrisie qui trônait alors en Angleterre.

Quatre jours après son départ, Marie revit la terre de ses pères, malgré les bâtiments anglais chargés de la capturer en mer. Son arrivée fut saluée par le peuple avec enthousiasme ; pour faire ombre à ce touchant tableau, la sainte congrégation ne laissa paraître que les plus hostiles dispositions. Marie faisait le premier pas sur le chemin de son Calvaire : la nation apparaissait portant dans son cœur la vieille fidélité écossaise ; Elisabeth se tenait cachée, comme un tigre épiant sa proie, derrière les lords congréganistes habilement préparés à la trahison.

Elisabeth veut la capturer en mer.

Tandis qu'elle surveillait l'action des éléments de discorde que sa politique machiavélique avait semés sous les pas de Marie, Elisabeth renoua ses intrigues avec les mécontents de France ; au mépris des derniers traités, elle conclut une alliance avec le prince de Condé, sujet révolté contre Charles IX. Pour

1562. Nouvelles intrigues d'Elisabeth en France.

apprécier la moralité de ce honteux arrangement, il est bon de connaître les conditions imposées par la reine, notre alliée, et acceptée par les rebelles :

Articles convenus entre Elisabeth et Louis de Bourbon, prince de Condé.

<small>Nouveau complot.

Elisabeth s'allie avec les rebelles.

Conditions de l'alliance.</small>

« Le Hâvre-de-Grâce sera remis au lieutenant ou député de
« la reine d'Angleterre, avec tous les forts, châteaux, mu-
« nitions, arsenaux, armes et autres choses pouvant servir
« à la défense de cette ville, à condition qu'aucun soldat fran-
« çais ne pourra demeurer dans la ville sans le consentement
« du lieutenant ou député de la susdite reine.

« La susdite reine d'Angleterre fera remettre au prince de
« Condé ou à son député à Strasbourg, Francfort ou ailleurs,
« comme il en sera convenu, cent mille couronnes d'or, sa-
« voir : soixante-dix mille dès qu'on pourra savoir à Stras-
« bourg ou Francfort que le Hâvre-de-Grâce a été livré à la
« susdite reine ou à son lieutenant, et trente mille ensuite
« dans l'espace d'un mois.

« Outre trois mille hommes de garnison pour le Hâvre-de-
« Grâce, la reine enverra trois autres mille hommes pour gar-
« der ou secourir les autres villes, comme Rouen et Dieppe.

« Les troupes anglaises seront reçues et traitées comme amis
« et partisans du prince.

« La susdite reine promet de restituer le Hâvre et ses dé-
« pendances... dès que, par les soins du prince de Condé, Ca-
« lais et ses dépendances auront été remis à la susdite reine
« ou à ses lieutenants, suivant le traité de Cateau-Cambrésis
« entre elle et Henri II...

« Il sera permis au capitaine de la susdite reine d'emmener
« douze vaisseaux français, de ceux qui sont au Hâvre-de-
« Grâce, avec les agrès et munitions qui ne sont pas destinés à
« la défense de la ville, mais seulement aux usages mari-
« times. »

Instruit de cette conspiration, le gouvernement de France demanda, en vertu de l'article 13 du traité de Cateau-Cambrésis, que les agents du prince de Condé lui fussent remis comme traîtres à leur souverain ; il prévint Elisabeth que, d'après l'article 10, elle perdrait, par le premier acte d'hostilité, tous ses droits à la remise de Calais à l'expiration des huit années. Toutes ces observations furent inutiles ; six mille hommes de troupes anglaises débarquèrent dans les ports du Hâvre et de Dieppe, qui furent livrés par les conjurés. L'Angleterre eut de nouveau un commandant en chef de son armée de France. Il en coûte de dire que la nation, qui avait tant souffert pour chasser les étrangers, était condamnée par quelques seigneurs ambitieux à voir ces mêmes étrangers en possession de ses places fortes, de ses ports de mer, de ses villes et de ses provinces.

La France demande des explications.

Les Anglais en France.

Ce qu'il y a de vraiment surprenant, c'est que, nonobstant ces déloyales hostilités, Elisabeth affectait de maintenir la paix entre les deux couronnes et de ressentir une affection sincère *pour son bon frère*, le jeune roi de France. Elle avait déclaré aux habitants de la Normandie, par une proclamation du 24 septembre, que son seul but était de les préserver, comme elle avait dernièrement *préservé les Ecossais* de la tyrannie de la maison de Guise. Quand l'ambassadeur de France demanda, au nom de son souverain, qu'elle retirât son armée, elle refusa de croire que cette demande vînt de Charles, et elle conserva les places que la trahison lui avait livrées.

Langage hypocrite d'Elisabeth.

Tous ces misérables sophismes n'empêchèrent pas de découvrir les véritables intentions du cabinet anglais, et l'opinion publique ne tarda pas à faire une juste comparaison entre le prince qui livrait le sol de sa patrie aux étrangers et le duc de Guise qui les avait chassés de la dernière forteresse qu'ils possédassent en France.

<small>Désolations et misères causées par les Anglais.</small>

Le résultat de l'affection d'Elisabeth pour *son bon frère* Charles est ainsi révélé dans plusieurs auteurs anglais ou favorables à la nation anglaise : « Il y avoit eu, dit Castelnau, tel « désordre par les armées qui étoient en Normandie, que « toutes choses y étoient désolées et tous les pauvres peuples « au désespoir ; de sorte qu'il ne se trouvoit rien par les vil- « lages ni par les maisons qui ne fût caché et retiré dedans « des carrières longues et profondes qu'ils ont en ce pays-là, « où ils sauvoient tous leurs biens et bétail, et eux-mêmes « comme gens sauvages et désespérés. »

Le duc de Guise s'assurait de Paris pour le roi ; le prince de Condé fortifiait Orléans pour les insurgés. Les calvinistes ne formaient pas la centième partie de la France, mais ils avaient avec eux l'Angleterre que réjouissaient nos malheurs. Coligny

<small>La Normandie livrée au pillage.</small>

donnait le pillage de la Normandie à ses auxiliaires allemands. Guise faisait le siège d'Orléans, et la chute de cette ville paraissait inévitable, lorsque Poltrot, soldat de l'armée hugue-

<small>Assassinat du duc de Guise.</small>

note et à la solde de l'amiral, assassina lâchement le sauveur de la France ; caché derrière une haie, il tira sur lui, à la distance de quelques pas, un coup de pistolet chargé de trois balles. Des balles anglaises ou payées par l'or anglais ont traîtreusement assassiné le héros qui avait rendu Calais à la France.

<small>1562. Soumission du prince de Condé.</small>

Toutefois ce crime ne profita pas à nos bons alliés d'outre-Manche : on avait si souvent donné l'ambition du duc de Guise comme l'unique cause de la révolte, que sa mort fut pendant un instant le signal de la paix; le sang de ce grand homme marqua une halte dans la guerre civile dont notre pays était si cruellement déchiré. Dans nos guerres intestines de tous les siècles, nous trouvons toujours la main de l'Angleterre soldant les mécontents et les poussant aux derniers excès de l'anarchie; c'est le rôle qu'elle s'est donné dans le monde, et le monde sait si elle y est demeurée fidèle. Rien ne prouve mieux la vérité de cette assertion que ce qui se passa après la mort de Guise.

Condé aspirait à obtenir dans le royaume une toute puissante influence; les royalistes craignaient de voir les Anglais, aidés de Coligny, faire d'importantes conquêtes en Normandie. L'ambition de l'un, le patriotisme des autres, firent opérer une réconciliation entre la couronne et les seigneurs ligués contre elle. Cette paix réjouit tout le monde et contrista l'Angleterre : il s'agissait pour elle de restituer le Hâvre, qu'elle n'avait occupé, suivant ses déclarations, que comme un dépôt pour le roi de France; elle aurait dû remettre cette place lorsqu'on lui fit connaître que Charles et Condé s'étaient réconciliés; elle voulut la garder, et, pour la délivrer, ceux qui l'avaient vendue se virent obligés de s'unir à l'armée du roi et d'y entrer par les brèches ouvertes dans la muraille; ralliés à la bannière royale, ils retrouvèrent l'honneur qu'ils avaient perdu en trahissant leur patrie. *Elisabeth refuse de rendre le Hâvre.*

Les Anglais, chassés du Hâvre, ne comptant plus sur les révoltes intérieures maintenant apaisées, signèrent à Troyes un traité de paix par lequel la possession de Calais et du Hâvre était laissée à la France. Dans son langage, que la suite se chargeait de démentir, Elisabeth dit à Castelnau et à Paul de Foix, nos représentants à Londres, que, « puisque le roi et la « reine-mère désiraient tant son amitié, *elle ne pouvait mesurer* « *la leur à aucune chose du monde.* » *1564. Traité de paix avec l'Angleterre.*

Intrigues en Ecosse.

Pour se consoler de l'échec qu'elle venait de subir en France, Elisabeth donna plus d'activité aux intrigues qu'elle n'avait pas cessé d'entretenir en Ecosse. Pendant qu'elle affirmait, dans sa déclaration de 1562, « qu'elle avoit visé à dé-« livrer le peuple et subjects de la royne d'Ecosse, et les con-« traindre par tel moyen à l'obéissance de leur royne, de la-« quelle maintenant elle jouit, » l'infortunée Marie, insultée par les prédicateurs de la Réforme et enveloppée comme un jeune oiseau dans les filets du chasseur, se perdait dans un chaos confus de menaces et de promesses, se livrant tantôt au désespoir, tantôt à l'espérance, pleurant et se consolant tour à tour, courant sans s'en douter au supplice que lui préparait sa bonne sœur.

1565.
Honteuse comédie jouée par Elisabeth.

Si les ambassadeurs de France et d'Espagne se plaignent des secours qu'elle donne aux rebelles d'Ecosse et de la constance avec laquelle elle entretient les dissensions dans ce royaume, Elisabeth jure qu'elle est innocente. Kilwening et Murray, les deux grands conspirateurs contre le trône de Marie, sont appelés en sa présence ; elle leur demande si elle a jamais encouragé leur révolte ; ceux-ci, se jetant à ses pieds, protestent solennellement qu'elle est étrangère aux divisions de l'Ecosse. Voilà pour le public et pour le mensonge. Attendez... les deux ambassadeurs ne sont plus là ; Elisabeth, demeurée seule avec les deux criminels qu'elle a publiquement chassés de sa présence, leur donne une retraite à Newcastle, traite Murray avec des égards particuliers, et lui fait remettre par le comte de Bedford, son ami intime, les sommes nécessaires à son entretien et à celui de ses complices.

1566.

Un jour, l'un des conseillers de Marie est massacré à ses pieds ; le sang de la victime couvre le visage, les mains et les vêtements de la reine épouvantée de ce crime. Les assassins se réfugient en Angleterre. Marie écrit à Elisabeth et la prie de

ne point donner asile aux meurtriers. Elisabeth fait complimenter sa *bonne sœur* sur le bonheur qu'elle a eu d'échapper à ce danger; elle envoie aux coupables l'ordre officiel de sortir de son royaume, et secrètement elle leur fait dire que « l'An-
« gleterre est longue et large. » Les assassins comprennent et attendent que le moment soit venu de concourir, par de nouveaux crimes, à l'exécution des funestes projets de leur loyale protectrice.

Nous trouvons, à cette époque, Marie Stuart descendue dans un abîme de malheurs et d'humiliations : Elisabeth, colorant sa haine des apparences de l'équité, méprisant et comblant de bienfaits les coupables sujets de cette infortunée princesse, l'accablant des marques de cette vive indignation qu'on ne doit témoigner qu'aux coupables convaincus, attentant à son repos, à sa liberté, à sa vie, sans autre droit que celui de la force, et peut-être ayant eu part, dans le principe, aux criminelles actions de Murray.

1567.
Triste position faite à Marie par les coupables intrigues d'Elisabeth.

Sa rivale étant désormais perdue et cette proie ne pouvant plus échapper à ses perfides machinations, Elisabeth, oubliant le traité de 1564 comme elle avait oublié tous les autres, vint au secours des sujets rebelles à l'autorité du roi de France. Ceux-ci formèrent une seconde fois le projet de surprendre la cour; ce hardi coup de main devait avoir lieu à Monceaux; le roi s'échappa au milieu d'un corps d'infanterie suisse qui, marchant en carré, repoussa les nombreuses charges des cavaliers conjurés, et le conduisit jusqu'à Paris. L'ambassadeur d'Angleterre, Norris, avait pris une part très-active à l'organisation de cet atroce complot, que rien n'avait en réalité provoqué. Mais quoique la reine parût condamner le complot, Cécil, son confident, n'en recommanda pas moins à Norris de « réconforter les insurgés et de les exhorter à persévérer. » Le roi se vit assiégé dans sa capitale, et ne put être délivré que

Elisabeth viole le traité de 1564 et vient en aide aux rebelles de France.

par la bataille de Saint-Denis, où le connétable de Montmorency perdit la vie.

1568.
Nouvelle pacification et nouveau parjure d'Elisabeth.

Une pacification fut conclue au printemps ; mais dès le mois de septembre de la même année, on voit Elisabeth donner au prince de Condé une somme de vingt mille livres sterling et une grande quantité de munitions de guerre. Le roi de France se plaignit de ce que l'Angleterre fournissait aux besoins de ses sujets rebelles, et de ce que Norris, abusant de sa position d'ambassadeur, était l'un des principaux instigateurs des troubles de ses Etats. On lui fit des réponses évasives, et Norris reçut ordre de persévérer, au mépris des remontrances et des menaces du monarque. Il fallut se battre encore à Jarnac pour triompher de l'obstination du gouvernement anglais, devenu l'auxiliaire avoué des mécontents qui abondent toujours dans un grand royaume.

1572.
Saint-Barthélemy.
Quelle en est la cause ?

Tant de complots formés, sous la protection et avec l'appui de l'Angleterre, pour diviser la France et la réduire à une honteuse impuissance, tant de projets inspirés par nos ennemis pour détrôner Charles et peut-être pour l'assassiner, finirent par irriter le peuple, et cette irritation fit naître l'idée de se débarrasser à jamais d'un parti habitué à trahir et à vendre la patrie. La Saint-Barthélemy eut lieu et dépassa cruellement les intentions du roi, si elle ne fut pas contraire à ses desseins. Quand les passions populaires, longtemps froissées et humiliées, se déchaînent enfin, quelle main se trouve assez forte pour les arrêter sur la limite du juste et de l'injuste? Il y a, dans la vie des peuples, des jours de deuil dont on ne peut accuser personne en particulier, tellement les coupables se rangent pêle-mêle devant l'histoire impartiale, mais sur lesquels tout le monde doit pleurer pour faire amende honorable à l'humanité méconnue et offensée. Toutes ces guerres civiles excitées par l'Angleterre n'ont-elles pas fait couler plus de sang qu'il n'en coula dans ces terribles journées du mois d'août? Ces journées elles-mêmes ne sont-elles pas, au fond, le résultat de toutes les criminelles intrigues de l'Angleterre en France et en Ecosse? Si Elisabeth, observant les traités qu'elle signait avec l'intention de les violer, se fût bornée à gouverner son royaume sans intervenir sans cesse dans nos affaires intérieures, sans fournir aux mécontents des secours qu'ils achetaient en livrant la Normandie, le Hâvre et Dieppe, les populations de ces provinces eussent-elles été réduites à la plus affreuse misère? le gouvernement français se fût-il cru obligé de recourir à la destruction d'un parti pour anéantir le danger toujours croissant d'une invasion du sol de la patrie? Il est probable que la cause n'ayant pas existé, nous n'aurions pas à gémir aujourd'hui sur ses tristes résultats. Nos compatriotes qui trahissaient étaient bien coupables, mais enfin ils se battaient, ils vendaient et ils livraient pour obtenir ce que plusieurs d'entre eux pouvaient, de bonne foi, considérer comme un droit; mais ces étrangers, de quel droit violaient-ils les traités pour semer la discorde parmi nous? de quel droit payaient-ils la trahison après l'avoir ignominieusement marchandée? Ils le faisaient du droit de leur haine contre la France. Elisabeth l'avait dit au commencement de son règne : « Les Anglais sont les ennemis irréconciliables des Français. » Il faut bien qu'il en soit ainsi, puisque partout et toujours sur notre chemin nous avons rencontré l'Angleterre comme un obstacle à notre prospérité; si elle n'a pas empêché la gloire de nous suivre, c'est que la gloire aime la France comme sa patrie, et que, si quelquefois elle se trompe, du moins ne trahit-elle pas son drapeau pour quelques livres sterling.

L'année suivante, Elisabeth consentit à être la marraine de la fille de Charles IX, ce qui ne l'empêcha pas de promettre et d'envoyer des secours aux rebelles réfugiés à la Rochelle,

1573.

dont ils avaient fait leur place d'armes. Les factieux se proposèrent encore de s'emparer de la personne du roi et de proclamer le duc d'Alençon héritier présomptif, au préjudice de son frère le duc d'Anjou, alors en Pologne. Toutes ces conspirations échouèrent et ne servirent qu'à jeter le trouble dans les esprits en détruisant la tranquillité publique. Dans toutes ces intrigues, l'ambassadeur d'Angleterre avait joué un rôle important, bien que clandestin, encourageant les mécontents par l'espoir d'un secours d'Angleterre, et conseillant au duc d'Alençon, au nom de sa souveraine, de se mettre à la tête du mouvement.

A cette même époque, Charles IX mourut d'une maladie de poitrine, et presque aussitôt de nouveaux complots, protégés par Elisabeth, se formèrent dans le Rouergue. Milhau devint le centre des conspirations. Les catholiques formèrent à leur tour une ligue à la tête de laquelle se plaça Henri III; une nouvelle guerre s'ensuivit et se termina, comme toujours, par une paix que rendit éphémère la déloyauté de l'Angleterre.

De 1577 à 1586, Elisabeth donna toute son attention aux affaires intérieures de son royaume, et ses sujets n'eurent pas à s'en féliciter. Les persécutions, les lois pénales et les exécutions se multiplièrent au point que, pendant huit ou neuf années, les populations se crurent revenues aux plus mauvais jours du règne de Henri VIII; le crime qui les couronna fut le meurtre de la reine d'Ecosse.

Les rebelles écossais ayant battu à Langside les troupes demeurées fidèles à la monarchie, il ne resta plus à Marie d'autre ressource que celle de la fuite. Après une marche de plus de soixante milles, cette infortunée passa de Galloway à Dundernan, où elle s'arrêta, épuisée de fatigue et de douleur; de ce point il lui était également facile de prendre la route de France ou celle d'Angleterre. Ses plus fidèles amis lui conseillaient

de se rendre en France ; elle inclinait pour l'Angleterre. Crédule et généreuse, elle crut Elisabeth incapable de violer les lois de l'hospitalité ; pouvant choisir entre la France et l'Angleterre, elle imagina que la reine serait sensible à une préférence honorable. Ses amis se jetèrent à genoux pour l'en détourner ; ils la conjurèrent avec larmes d'abandonner une résolution qui lui serait fatale. Ce fut en vain : elle passa dans une barque de pêcheur avec dix-huit ou vingt personnes, et descendit à Wirkington, dans le duché de Cumberland, à quelque distance de Carlisle, d'où elle écrivit à Elisabeth une lettre pleine de noblesse et d'affection. Elle lui fait connaître les crimes commis autour d'elle, les persécutions dont elle a été l'objet, son emprisonnement, sa délivrance et sa fuite, toutes choses qu'Elisabeth connaissait mieux qu'elle, puisqu'elle était complice et protectrice des coupables ; puis elle termine par les plus touchantes supplications : « Mais Dieu, par
« son infinie bonté, m'a préservée, m'estant sauvée auprès de
« milord Herris, lequel et aultres seigneurs qui sont venus en
« vostre pays, estant assurée qu'entendant leur cruauté et
« comme ils m'ont traitée, que selon vostre bon naturel et la
« fyance que j'ay en vous, non seulement me receurés pour la
« seureté de ma vie, mays m'ayderays et assisterays en ma
« iuste querele, et semondrays les aultres princes fayre le
« semblable. Je vous suplie le plus tost que pourrez m'en-
« voyer quérir ; car je suis en pisteux estat, non pour royne,
« mays pour gentilfemme ; car je n'ay chose du monde que
« ma personne comme je me suis sauvée, faysant soixante
« milles à travers champs le premier jour, et n'ayant despuis
« jamays osé aller que la nuit, comme j'espère vous remon-
« trer, s'il vous plaist avoir pitié, comme j'espère, de mon ex-
« tresme infortune, de laquelle je laisseray à me lamenter
« pour ne vous importuner, et pour prier Dieu qu'il vous

Marie fuit l'Ecosse et se réfugie en Angleterre.

Lettre de Marie à Elisabeth.

« donne en santé très-heureuse et longue vie, et à moy pa-
« tience et la consolation que j'entends recevoir de vous, à qui
« je présente mes humbles recommandations.

1568. « De Wirkington, ce xvii mai.

« Votre très-fidelle et affectionnée bonne sœur
« et cousine, et eschappée prisonnière.

« MARIE, ROYNE. »

<small>Conduite d'E-
lisabeth à l'é-
gard de Marie.</small>

Elisabeth répondit à cette touchante lettre en donnant des ordres pour que sa bonne sœur fût soigneusement retenue à Carlisle. Effrayée d'une mesure qui froissait son âme, Marie écrivit de nouveau à sa chère cousine pour lui demander l'autorisation de s'éloigner de l'inhospitalière Angleterre. « Vous
« me permettrez, dit-elle, comme librement je me suis venue
« jetter entre voz bras à ma *principale amye*, qu'à votre refus
« je cherche mes aultres princes mes amys et alliés pour me
« secourir... Car, Dieu mercy, je ne suis dénuée de bons amys
« ni voisins en ma si juste querelle; par ainsi nulle ne gist pour
« me nuyre que le retardement, qu'à vous parler librement
« comme à moy, j'ay trouvé jà un peu dur et estrange, vu que
« franchement je me suis mise en votre pays sans nulle con-
« dition, ains me fians en votre amytié promise par vos fré-
« quentes lettres, et qu'estant demeurée quasi comme retenue
« prisonnière en vostre chasteau quinze jours, à la venue de vos
« conseillers je n'ay obtenu permission de vous aller lamenter
« ma cause, veu que ma fyance en vous estoit telle, que je ne
« demandois qu'aller à vous pour vous faire entendre mes do-
« léances à la vérité. »

<small>Marie est pri-
sonnière.</small>

Pour toute réponse, on transféra la triste Marie au château de Bolton, où, plus éloignée de la frontière et de ses amis, elle aurait moins de facilité pour recouvrer la liberté qu'elle réclamait les mains jointes. Marie était prisonnière de son affectionnée sœur ! Traînée de prison en prison, elle arriva enfin au château de Fotheringay, où devait se terminer sa captivité de dix-huit ans. De cette dernière prison, elle adressa à Elisabeth des lettres capables d'attendrir les cœurs les plus féroces ; celui de son bourreau demeura insensible. En terminant une lettre où se trouvait le détail des indignes traitements dont elle était l'objet, elle lui disait : « Je vous supplie guarder que personne « ne sasche que je vous ay escrit, car cela me fayra avoir pire « tretemant ; et ils se vantent d'estre advertis par leurs amis « de tout ce que vous dites ou faytes. Croyes ce porteur comme « moi-mesme. Dieu vous préserve d'infortune, et me doint pas- « sience et grace, que je vous pusse un jour lamanter ma for- « tune, et vous dire plus que je n'ose écrire, qui vous serviroit « non peu.

Lettres de Marie à Elisabeth.

« A la royne d'Angleterre, madame ma bonne sœur et « cousine.

« Votre *très-obligée* et affectionnée bonne sœur
« et cousine,
« MARIE, ROYNE. »

Pauvre Marie ! elle ignorait que « ces pires tretemants » étaient l'œuvre de sa bonne sœur et cousine ! Une autre fois, son cœur étant malade, elle lui écrivait : « Je ne puis sinon m'en pren- « dre à vous, et vous prier ou m'envoyer quérir pour vous « faire mes doléances, et m'assister aussi promptement que « la nécessité le requiert, ou me permettre me retirer *en* « *France*... Je ne blasme personne ; mais un verre de terre se « resant quant on lui marsche... Je vous suplye escouter mes « playntes... Montres que n'avez besoygn d'estre par aultre « admonestée de meintenir votre sang, vos pareils, vos voi- « sins et parfets amis ; et ayes souvenance d'escouter et ayder « les affligés... Montres-vous ma sœur aynée en effet, et vous

« verrez si, en reconnoissance et obéissante amitié, je me mon-
« tre de segond...   « Votre bien bonne sœur.

« MARIE, ROYNE. »

Dans une autre lettre, elle invoquait la *loyauté* d'Elisabeth :
« Vous m'avez tant promis d'amitiay de longue main, et de
« faict montray au besoign à Dombarre, quant je me sauvis,
« dont je n'ay perdu la mémoire, ny de toutes vos courtoysies ;
« ayns les redigeray pour vous en aymer et honorer toute ma
« vie sans dissimulation...

« Votre affectionnée bonne sœur et cousine.

« MARIE, ROYNE. »

Dans une cinquième lettre, elle invoque la bonté de son
bourreau et place en lui toute son espérance : « Vous supliant
« qu'encore que je ne vous fasse une nouvelle lamentation de
« jour à aultre, ne laisser à vous souvenir que ma condition
« n'en est pas amandée, sinon de bonne espérance, après Dieu
« en vous, laquelle je vous suplie prandre payne augmenter
« par vos fréquentes et amiables lettres pour conforter l'affli-
« gée et me faire seure de votre santay...

« MARIE, ROYNE. »

Dans une autre circonstance où les larmes venaient de couler abondantes et amères, elle écrit à sa bonne sœur et la prie
de vouloir bien l'écouter comme elle écoute ses ennemis, ou
de lui permettre de se rendre auprès du roi de France : « Cela
« est injuste que votre présance me soit refusée... Je vous
« suplie ne me laysser estre trompée issi à votre deshonneur.

« Donnes-moy congie de me retirer... Si je vous pouvois par-
« ler, vous répantiriés de m'avoir tant diféré. Or, je prie à
« Dieu vous guarder...

« Votre bien bonne sœur.

« Marie, royne. »

Une réponse lui fit connaître que sa *bonne sœur* se trouvait offensée du *ton irrévérentieux* de ses précédentes lettres; ses larmes irritaient les nerfs de la vertueuse Elisabeth! Pour se justifier, la pauvre victime envoya à son affectionnée sœur des excuses où la douleur, la résignation, la détresse et l'effroi se disputent la pitié, déchirent l'âme et font saigner le cœur.

« J'advoue bien que, n'aiant entendu auqune certaynete de
« votre bonne voullontay vers moy, je vous escrivois trop libre-
« ment; si je n'eusse protesté que me pardoneries, si je apeloys
« de vous à vous mesme. Dieu me soit jusge, si jamays je vous
« feus ingrate, si je ne me ressente de vos bons offices... Mays
« vous l'avves pris en trop mauvaise part d'une qui vous a
« choisie entre touts aultres vivants pour se mettre elle et
« tout ce qu'elle a entre les meins. Si je vous ai offencé, je
« suis issi pour vous en fayre amande à votre discrétion... Mays
« je vois bien ce que vous distes est vray; vous tenes du lion,
« qui veult ordonner des autres par amour, et en avoir l'hon-
« neur et le bon gre... Et bien! je le vous donne, je vous ac-
« septe pour grand lion; reconnoissés-moy pour segond de
« ceste mesme race. Or, j'ay tout mis entre vos meins, faytes
« pour moy de fasson que je vous puisse valoir... Oublies le
« passé, si je me suis mespris, et acseptés ma bonne voullontay,
« et m'obligés tant que je ne m'en puisse resvancher...

« Votre bien bonne sœur et cousine.

« Marie, royne. »

1586.
Jugement de Marie.

Pendant que Marie souffrait, pleurait et suppliait, le bourreau aiguisait sa hache; Elisabeth commandait à quarante-sept lords, mylords et juges, vils esclaves de ses caprices ridicules, honteux ou sanguinaires, « d'examiner toutes choses « désignées et imaginées au détriment de sa royale personne « par la royne des Escossois, appelée Marie, royne d'Escosse, « douarière de France. » Les juges eurent assez de lâcheté pour prononcer un arrêt de mort; la bonne Elisabeth eut l'infamie de verser des larmes, et Marie, sans trouble et sans émotion, se trouvant en face de la mort, sollicita et obtint la *faveur* d'adresser ses dernières requêtes à sa bonne sœur : « Je

Derniers moments de Marie.

« vous requiers, en l'honneur de Jésus, de permettre, après que
« mes ennemis auront assouvi leurs désirs de mon sang inno-
« cent, que mes pauvres désolés serviteurs tous ensemble puis-
« sent emporter mon corps pour estre enseveli en terre saincte,
« et avec aucuns de mes prédécesseurs qui sont en France, spé-
« cialement la feue royne ma mère... Je requiers que mes ser-
« viteurs demeurent spectateurs et tesmoins de ma fin en la
« foy de mon Sauveur... et qu'ils se puissent retirer sans qu'on
« leur oste ni meubles, ni ce qu'en mourant je leur puisse lais-
« ser, qui est bien peu pour leurs bons services... Un joyau
« que j'ay reçu de vous, je le vous renvoiray avec mes dernières
« paroles... Et pour fin je prie le Dieu de miséricorde et le
« juste Juge qu'il vous veuille illuminer de son Sainct Esprit,
« et qu'il me donne la grace de mourir en parfaicte charité,
« comme je me dispose de faire, pardonnant ma mort à tous
« ceux qui en sont cause, ou y ont coopéré...

« De Fodringhaye, ce 19 décembre.

« Votre sœur et cousine, prisonnière à tort.

« MARIE, ROYNE. »

Enfin, le 8 février, quelques minutes avant de poser sa tête de reine sur le billot d'une autre reine, sa sœur et sa cousine, adressant pour la dernière fois la parole à son fidèle Melvil, Marie lui dit : « Bon Melvil, sache que ce monde n'est que « vanité et sujet à plus de douleurs que n'en pourrait pleurer « un océan de larmes. Mais je te prie, dis que je meurs en « femme fidèle à ma religion, à l'Ecosse et à la France... » Fondant en larmes, elle dit encore : « Adieu, bon Melvil, « adieu, et prie pour ta maîtresse et ta reine. » Pour mourir, elle choisit son costume de reine douairière de France ; elle avait tant aimé « ce gentil pays » que, sous le costume de sa patrie adoptive, la mort lui sembla moins amère : pour elle, c'était un Anglais qui décapitait une reine de France.

Sa dernière prière ne fut pas exaucée : au lieu de reposer sur les bords de la Seine, sa dépouille fut ensevelie sur ceux de la Tamise, tellement était grande la haine de l'Angleterre pour tout ce qui aimait la France !

L'histoire funèbre de Marie Stuart a plus d'une ressemblance avec celle de Napoléon Ier : même confiance en la générosité britannique, même déception, même sacrifice, mêmes vœux pour le dernier sommeil, et pour chacun d'eux un tombeau sur le sol où l'un et l'autre trouvèrent la mort au lieu d'un asile honoré ! L'Angleterre a martyrisé le génie et la beauté : à qui persuadera-t-on que l'Angleterre ait un cœur et une âme ? Les générations futures, à quelque race qu'elles doivent appartenir, jetteront toujours à la face de ce pays sans foi et sans entrailles les noms sanglants de Jeanne d'Arc, de Marie Stuart et de Napoléon. Henri III déclara dans le temps à Elisabeth qu'il considérait l'exécution d'une reine douairière de France comme une insulte faite à la France ; la nation n'a pas oublié la parole de son roi, et, sans le savoir, instinctivement

1587.
Exécution de Marie.

le Français ressent dans son cœur une invincible répulsion pour les bourreaux de ses rois et de ses reines.

Mort d'Elisabeth.

Cet assassinat juridique ne mit pas fin aux cruautés d'Elisabeth ; des intrigues plus ou moins ridicules ou plus ou moins immorales, des persécutions plus ou moins atroces contre les catholiques, remplirent la fin de son règne et l'occupèrent jusqu'à sa mort, qui eut lieu le 14 mars.

1603.

Pour l'Angleterre Elisabeth est l'un des plus glorieux et des plus heureux souverains qui aient porté le sceptre ; ses efforts pour les progrès du commerce, les brillantes expéditions de Drake et de Raleigh, la fondation de belles colonies, sa courageuse résistance aux tentatives de Philippe II, roi d'Espagne, expliquent cette admiration. Si tous les moyens qui assurent le succès étaient légitimes, nous ne pourrions que partager l'opinion de nos voisins ; mais si, dans la politique aussi bien qu'ailleurs, la probité et la bonne foi doivent servir de base à nos projets ; si la parole donnée doit être respectée ; si les contrats doivent être sacrés ; s'il n'est pas permis à un souverain d'exciter la guerre civile chez des voisins auxquels il donne le nom d'amis, en un mot de ravager leurs provinces et de verser l'or à pleines mains pour faire couler des flots de sang ; si vertu et loyauté sont un peu plus que marchandise et argent, nous sommes dans la nécessité de dire que, malgré ses talents et son orgueil, Elisabeth fut un monarque dont la France et l'humanité doivent déplorer l'existence. Cette femme a violé tous les traités passés soit avec la France, soit avec l'Ecosse ; ni sa parole, ni sa signature, ni ses serments ne furent respectés par elle. En France, trois guerres civiles, cinq complots, des places fortes envahies, la Normandie aux abois, le duc de Guise lâchement assassiné, et, pour couronnement, le massacre de la Saint-Barthélemy ! En Ecosse, des troubles sans fin, de continuelles révoltes, d'épouvantables meurtres, un trône renversé, la captivité de Marie et le billot de Fotheringay! Tous ces crimes honteusement cachés sous d'hypocrites caresses, sous le voile d'un pieux puritanisme et sous de perfides promesses, déguisés sous le doux nom de sœur quelquefois, quelquefois aussi sous des larmes d'attendrissement! Le sourire était hideux, car il dissimulait une haine infernale; les larmes étaient ignobles, car elles n'étaient versées que pour laver la hache d'un bourreau et les sanglantes mains d'une reine coupable. Elisabeth d'Angleterre savait sourire et pleurer tour à tour pour mieux tromper la France et son alliée. Nos pères n'en furent pas surpris; pourquoi serions-nous aujourd'hui plus surpris que nos pères?

CHAPITRE VII.

Depuis JACQUES Ier (1603) jusqu'à JACQUES II (1685).

Rois de France
Henri IV.
Louis XIII.
Louis XIV.

Le nouveau roi, âgé de trente-six ans, était fils de Marie Stuart. Elisabeth avait-elle pensé que le billot où la mère avait posé sa tête serait pour le fils la première marche du trône? Quand il apprit le supplice de la mère, le peuple anglais mêla ses joyeuses acclamations aux joyeuses volées de ses cloches; quand le fils monta sur le trône, le même peuple témoigna sa satisfaction par les mêmes acclamations et par les joyeuses volées des mêmes cloches! Que sont les prévisions des rois? qu'est-ce que la haine ou l'affection, la colère ou la joie des peuples?

Jacques, à qui l'avenir réservait de sévères leçons, réunit sous son sceptre l'Angleterre, l'Ecosse et l'Irlande. Il semble qu'effrayé de cette puissance, à laquelle il ne s'était pas habitué dans ses montagnes, il sentit le besoin d'appliquer tous ses soins et toute sa science à l'administration de ses Etats: car, en montant sur le trône, il forma le projet de se maintenir en paix avec toutes les nations de la chrétienté. Le premier traité qu'il signa fut celui que, par l'intermédiaire de

Traité avec la France
1605

Sully, il conclut avec la France. Ce fut un grand bonheur pour lui d'avoir la France pour alliée : quelques jours après la signature, une conspiration formée dans son royaume et presque sous ses yeux vint échouer devant la loyauté du roi Henri IV. Le comte de Northumberland, auquel sa faveur paraissait précaire, Cobham et Raleigh, dont la disgrâce était complète, écoutèrent la voix de la haine et méditèrent des projets de vengeance ; tous les trois essayèrent d'intriguer avec le conseil français. Des offres furent faites par eux à Beaumont, ministre-résident à Londres, et au duc de Sully, notre ambassadeur extraordinaire auprès du gouvernement anglais ; les offres furent dédaigneusement rejetées, et la France refusa de prêter sa loyale main à la trahison qu'osaient lui proposer les sujets mécontents d'un souverain son allié. Il y a loin de cette loyauté qui rejette les avances des conspirateurs à la déloyauté qui inspire et qui paie les conspirateurs !

Occupé de disputes théologiques avec les docteurs de la Réforme, absorbé par les persécutions de tout genre dont il poursuivit obstinément les catholiques, Jacques réussit, selon ses désirs, à éviter la guerre avec ses voisins. L'alliance contractée, dans les premiers jours de son règne, avec Henri IV, fut renouvelée avec Louis XIII, et, pour lui donner quelque chose de plus solide et de plus intime, il fut convenu, au mois de mars, que la princesse Henriette-Marie, sœur de Louis, épouserait le prince Charles, fils et héritier présomptif du roi d'Angleterre. Les doctrines de la Réforme étant devenues la règle des croyances religieuses du gouvernement anglais, le culte catholique était interdit dans ce royaume, si fier de sa liberté, sous les peines les plus sévères, et la mort était le châtiment ordinairement infligé à quiconque se permettait de conserver la foi de ses pères. Non seulement cette législation ne pouvait être appliquée ni à la princesse Hen-

1624.

Mariage de la princesse Henriette de France avec le prince Charles.

riette, ni aux gens de sa suite, dont les convictions religieuses étaient celles de la France leur patrie, mais il était convenable qu'à l'occasion du mariage projeté, il fût apporté quelque adoucissement aux rigueurs avec lesquelles on traitait ceux des Anglais dont le crime était de partager les croyances de la future reine. C'est ainsi du moins que le comprirent alors les deux gouvernements de France et d'Angleterre : on décida que la princesse et ses serviteurs auraient une église et une chapelle pour le libre exercice de leur religion; qu'aucune des lois pénales relatives à la religion ne serait exécutée; que le culte catholique serait toléré dans les maisons particulières; qu'on ne ferait aucune tentative pour détourner la princesse de la foi de ses pères, et que le roi userait de toute son influence pour obtenir du parlement le rappel des lois pénales. Tous les catholiques emprisonnés pour cause de religion depuis l'ouverture du parlement devaient être mis en liberté; toutes les amendes levées sur eux depuis cette époque devaient être remboursées, et à l'avenir ils ne seraient point molestés à raison de l'exercice privé et paisible de leur culte.

Conditions du mariage.

Les conditions étant ainsi réglées, le mariage allait avoir lieu, lorsque Jacques mourut dans la cinquante-neuvième année de son âge et la vingt-troisième de son règne.

1625. Mort du roi Jacques.

Les écrivains révolutionnaires des règnes suivants ont considéré ce prince comme le plus aveugle champion du droit divin; la postérité s'est accordée à voir en lui un roi faible et prodigue, un pédant vain et bavard. Sully lui avait donné le nom du « plus sage fou de l'Europe. » L'humanité passerait condamnation sur cette folie, si elle n'eût pas plongé l'Irlande dans la plus profonde misère en la dépouillant de ses biens après lui avoir ravi sa liberté. Quant à la France, elle doit lui rendre cette justice qu'il fut constamment étranger aux conspirations, aux révoltes et aux guerres civiles que, sous le règne de Louis XIII, le protestantisme fit plusieurs fois éclater dans les provinces du Languedoc, du Béarn et de la Saintonge. Jacques avait pour principe de ne s'occuper en rien des affaires des autres nations, et ce principe, auquel il demeura fidèle toute sa vie, nous épargna les malheurs et les calamités dont Elisabeth avait été si heureuse de nous voir souffrir pendant un demi-siècle. Il est vrai que Jacques était fils de cette Marie Stuart qui avait tant aimé la France et sur laquelle la France avait versé tant de larmes.

CHARLES Ier. (1625 A 1649.)

Rois de France :
Louis XIII.
Louis XIV.

Trois jours après la mort de son père, Charles ratifia comme roi le traité qu'il venait de signer comme prince ; son mariage avec la princesse Henriette, forcément ajourné pendant quelques jours, fut célébré dans la cathédrale de Paris et renouvelé ensuite dans la grande salle de Canterbury.

Au moment de son avénement au trône, le nouveau monarque eut à lutter contre le fanatisme religieux d'une secte détachée de la Réforme avec l'intention de la réformer à son tour ; sous les noms de *saints*, ou *zélateurs*, ou *puritains*, ces sectaires firent cause commune avec tous les mécontents du royaume, quels que fussent leurs sentiments religieux, et, combattant sous la même bannière, formèrent une phalange assez puissante pour produire de continuelles révoltes, dont la conséquence fut un échafaud. Pour donner un exemple du sombre fanatisme qui animait ces *saints* d'une nouvelle espèce, il nous suffira de dire que, le 21 juin, quelques jours seulement après le mariage de la jeune Henriette,

Faction des puritains.

1625.

Sauvage pétition des puritains.

ils présentèrent au roi « une pieuse pétition » dans laquelle ils le conjuraient de mettre immédiatement à exécution toutes les lois existantes contre les catholiques ; c'est-à-dire que ces honnêtes réformateurs demandaient pieusement la mort de la reine et celle de tous les seigneurs français qui avaient été invités à passer en Angleterre pour honorer les noces royales de leur présence. L'anarchie était si grande dans les esprits, l'autorité se trouvait tellement amoindrie, que le roi crut prudent de faire une gracieuse réponse à cette pétition de cannibales. Raconter une suite non interrompue d'actes de la même nature émanant des mêmes hommes, de concessions trop faciles d'abord, suivies ensuite de vaines résistances de la part du prince, c'est faire l'histoire du règne de Charles Ier.

Première violation du traité.

Nous venons de voir le roi d'Angleterre se montrer bienveillant vis-à-vis de pétitionnaires dont l'insolence égalait la stupide férocité ; cette faiblesse était l'avant-coureur d'une complète abdication de la volonté royale devant le sanguinaire despotisme des factieux. Contrairement aux stipulations écrites dans le contrat de mariage, les magistrats reçurent l'ordre de « veiller à la stricte exécution des lois pénales ; une série de « proclamations enjoignit à tous parents et tuteurs de rappe-« ler leurs enfants et pupilles des maisons d'éducation d'outre-« mer, à tous prêtres catholiques de quitter le royaume dans « un délai fixé, et à tous récusants de se renfermer dans un « rayon de cinq milles de leurs habitations respectives. » Aux représentations faites par le roi de France, on osa répondre que la stipulation consentie en faveur des catholiques n'était qu'un artifice employé pour faciliter le mariage. Ainsi c'était à l'aide d'un lâche mensonge que le roi d'Angleterre avait réussi à obtenir la main d'une fille de France. Au moment où il apposait sa signature à côté de celle de sa jeune fiancée, Charles avait l'intention de ne pas exécuter ses engagements.

Non content de traquer les catholiques de son royaume comme des bêtes fauves, Charles envoya Buckingham en France avec la mission d'armer les protestants contre leur souverain et de préparer avec eux une descente sur les côtes de Bretagne ou sur celles de Normandie. Les personnes attachées au service de la reine, au nombre de soixante, furent injurieusement chassées d'Angleterre et contraintes de repasser en France. L'ordre du roi adressé à Buckingham était ainsi conçu : « Forcez-les, chassez-les comme autant de bêtes sauvages, et « que le diable les accompagne ! » Des femmes protestantes remplacèrent auprès de la reine les femmes catholiques venues de France.

1626. Charles s'entend avec les rebelles de France.

Ce brutal renvoi, si contraire aux stipulations du traité, fut ressenti comme un affront personnel par le roi de France ; il refusa de recevoir les excuses que lui envoya Charles et parla d'une déclaration de guerre. Le maréchal de Bassompierre parvint à dissiper cet orage et fit adopter les conventions suivantes : « On formerait à Henriette un nouvel établissement « composé de Français et d'Anglais ; on accorderait un évêque, « un confesseur et son assistant, et dix prêtres, pourvu qu'ils « ne fussent ni jésuites ni oratoriens. Indépendamment de la « chapelle préparée originairement pour l'infante à Saint-Ja- « mes, on en bâtirait une autre pour l'usage de la reine à So- « merset-House. »

Rétablissement de la paix.

Quand cette difficulté fut vaincue, il en survint une autre dont la gravité produisit entre les deux nations de sanglantes hostilités. En sollicitant la main de la princesse Henriette, Charles avait espéré que Louis XIII se joindrait à lui contre la maison d'Autriche pour obtenir la restitution du Palatinat, récemment enlevé au duc Frédéric, son beau-frère. Cet espoir ne s'étant pas réalisé, il traita de perfidie le refus que lui fit le cabinet français de prêter une assistance qu'il n'avait pas

Nouvelle difficulté.

<small>Alliance de Charles avec les protestants de France.</small>

promise. Pour se venger de l'illusion qu'il s'était faite lui-même, et pour obéir peut-être à l'irritation qui se manifestait dans l'esprit public, il prêta une oreille favorable aux déloyales suggestions des mécontents de France. Devic et Montague furent envoyés en mission auprès des protestants français; Soubise et Brancard furent reçus en Angleterre comme leurs agents accrédités. Le résultat de leurs conseils combinés fut que Charles enverrait une armée à la Rochelle, et que Rohan se joindrait à elle avec 4,000 hommes; que le roi annoncerait sa détermination de protéger les églises réformées, et que le duc sommerait ses frères de se rallier autour de l'étendard de leur libérateur.

En Angleterre comme en France, on fit courir le bruit qu'il s'agissait moins, dans cette affaire, de donner satisfaction au zèle religieux que de créer un établissement protestant entre la Loire et la Garonne, et de la création d'une principauté indépendante en faveur du duc de Buckingham. Quoi qu'il en soit de cette supposition, les deux rois signèrent un ordre de suspension de toutes les relations commerciales entre les deux nations.

<small>Alliance de la France et de l'Espagne.</small>

La France et l'Espagne, justement émues de l'armement considérable rassemblé dans les ports anglais, convaincues qu'il était destiné à agir contre l'une d'elles, conclurent un traité d'alliance offensive et défensive dont l'utilité leur fut bientôt démontrée.

<small>Les Anglais à l'île de Ré.</small>

Buckingham mit à la voile. La flotte se composait de quarante-deux vaisseaux de guerre et de trente-quatre bâtiments de transport; l'armée de terre, de sept régiments de neuf cents hommes chacun, d'un escadron de cavalerie et d'un corps nombreux de protestants français. Après être descendu dans l'île de Ré, l'amiral anglais forma le siège du château de Saint-Martin, dont il ne réussit pas à s'emparer. Comme compensation à son échec, il publia un mémoire dans lequel il disait que Charles avait pris les choses comme allié des protestants de France,... qu'il n'avait pu rester tranquille spectateur de la ruine de ses frères protestants. L'honneur l'obligeait à revendiquer par les armes leurs droits et leurs libertés...

Manifeste de Buckingham.

Il est facile de comprendre tout ce qu'il y avait de faux dans de semblables raisonnements : si l'honneur faisait à Charles un devoir de protéger par les armes la liberté des protestants français, pour lesquels on ne lui avait rien promis, pourquoi Louis XIII ne se serait-il pas cru obligé d'employer les mêmes moyens pour protéger en Angleterre les catholiques français ignominieusement expulsés et les catholiques anglais cruellement persécutés, contrairement aux engagements solennellement consacrés dans un traité ? Le bon sens admet difficilement qu'un souverain, n'ayant aucune raison de se plaindre, ait le droit de faire alliance avec les sujets révoltés d'une puissance voisine. Nous avons vu que depuis longtemps ce principe était mis en pratique par l'Angleterre ; malheureusement pour nous, elle y a renoncé depuis peu, si toutefois elle y a renoncé.

Rohan, l'un des chefs du protestantisme, s'arma de cette déclaration et visita les églises réformées du midi de la France; sa présence et ses harangues excitèrent parmi les rebelles un enthousiasme général. Tous ceux qui refusèrent de jurer de vivre et mourir avec les Anglais furent proclamés traîtres à leur religion, et Rohan reçut l'autorisation de lever des troupes et de les employer pour les avantages de la cause commune. L'étendard de la révolte flotta sur les murs de la Rochelle. Après un siége de onze mois, le génie du cardinal de Richelieu força Buckingham à abandonner les rebelles qu'avait exaltés sa malheureuse proclamation ; mais pour partir il fallait suivre, sous les yeux de l'armée française, une étroite chaussée qui

Proclamation de Rohan en faveur des Anglais.

Buckingam abandonne les Rochellois.

conduisait du camp au lieu de l'embarcation ; dans ce court trajet, les Anglais perdirent près de 3.000 hommes, parmi lesquels la plus grande partie trouva la mort dans les flots où ils furent jetés en fuyant pêle-mêle au milieu d'un indescriptible désordre.

Cette honteuse fuite ne manqua pas d'exciter les plaintes des Rochellois. C'étaient, disaient-ils avec raison, à la prière de Charles qu'ils avaient pris les armes contre la France, leur patrie ; son devoir était donc de les protéger contre l'armée française rassemblée sous leurs murs. L'Angleterre s'émut, et Charles promit de nouveaux secours ; il s'obligea par un acte solennel à ne conclure aucun traité dont les Rochellois ne feraient pas partie, et à n'accepter aucune condition qui ne leur assurerait pas une pleine et entière liberté.

Singulier temps où les habitants d'une ville ou d'une province en révolte ne croyaient pas se déshonorer en appelant les baïonnettes étrangères pour les protéger contre le roi marchant avec la nation entière ! Singulière alliance que celle d'un roi oppresseur de ses peuples avec une ville en révolte contre les lois de son pays ! Quel triste spectacle que celui d'une nation cruellement persécutrice prenant les armes, au nom de Dieu, pour protéger chez nous un culte dont l'exercice était à peu près libre, et des religionnaires chez lesquels on ne voulait réprimer que cet esprit turbulent qui les portait à créer un Etat dans l'Etat, ou plutôt à former une nation indépendante de la nation française !

Pour justifier le roi d'Angleterre, des historiens ont écrit que ce monarque tenait à passer pour le protecteur du protestantisme en France, afin de satisfaire les fanatiques passions des puritains, qui s'intitulaient « le parti du pays. » C'était un gage d'orthodoxie qu'il leur donnait. Selon nous, il ne faisait que flatter et exciter un appétit que sa tête put seule rassasier quelques jours plus tard.

Richelieu avait résolu de réduire une race d'hommes qui, depuis un demi-siècle, bravait l'autorité du souverain ; le roi en personne assiégeait la Rochelle. Charles fit partir de Plymouth, sous les ordres de Denbigh, une nombreuse flotte chargée de défendre les Rochellois. Malheureux Rochellois! après être resté sept jours en présence de l'armée française, Denbigh retourna en Angleterre sans avoir tiré un seul coup de fusil. Londres tourna cette expédition en ridicule; de nouvelles troupes commandées par Buckingham allaient partir pour la Rochelle, lorsque Buckingham fut assassiné par un protestant du nom de Felton, dont la main s'était armée pour venger la cause de Dieu trop mollement défendue par le noble duc. *Nouvelle expédition et nouvel échec.* *Mort de Buckingham.*

Le comte de Lindsay remplaça le lord grand-trésorier dans son commandement. On mit à la voile, et la flotte, après cinq jours d'inutiles tentatives pour pénétrer dans le port, revint à Spithead. Découragés en présence de ces inutiles et ridicules démonstrations, ne comptant plus sur l'efficacité d'un secours qu'on ne leur montrait que pour leur donner la douleur de le voir s'évanouir, les Rochellois ouvrirent enfin leurs portes au roi de France. Si le lecteur veut savoir de quelle importance il fut pour le royaume que les armes de l'Angleterre ne missent pas un plus long obstacle à la réduction de cette place, il lui suffira de connaître à cet égard l'opinion des historiens anglais : « Cette réduction mit fin à l'espèce de république indépen- « dante que ceux qui professaient la foi réformée avaient érigée « au cœur de la France, et elle mit le roi à même de former de « ses vastes États un puissant empire. » *Encore une expédition.* *La Rochelle ouvre ses portes.*

Entraîné par un sentiment de générosité envers un ennemi chaque jour menacé d'être débordé par son parlement, Louis renvoya à Charles tous les prisonniers faits dans l'île de Ré. L'ambassadeur d'Angleterre à Venise crut voir dans cette mesure une disposition à oublier les torts que s'était donnés l'infidèle allié de *Louis renvoie les prisonniers anglais.*

la France, et il proposa à Louis d'accepter un traité de paix entre les deux couronnes. On éleva quelques difficultés que la loyauté française surmonta facilement, et les relations d'amitié furent rétablies entre l'Angleterre et la France. Par suite du traité de paix, Louis renonça à sa demande en restitution du *Saint-Esprit*, vaisseau de guerre de quarante-six canons construit à ses frais dans le Texel et capturé illégalement dans le port même par sir Sackville Trevor. Charles se contenta d'une promesse conditionnelle en faveur de ses alliés, les protestants français. Toutes les conquêtes faites de part et d'autre furent rendues; en conséquence, le Canada et l'Acadie, conquis et spoliés par les deux frères David et Lewis Kirk, furent rendus à la France. Ce qu'il y eut de remarquable dans une circonstance où le roi Louis, vainqueur de la coalition appuyée sur les forces de l'Angleterre, aurait pu limiter à volonté la liberté des protestants, c'est que le cardinal de Richelieu, n'imitant point le fanatique bigotisme des patriotes anglais, n'imposa aucune restriction au culte nouveau et ne frappa d'aucune incapacité ceux qui le professaient. Selon l'expression des historiens, ils pouvaient rester calvinistes orthodoxes, mais ils furent forcés de devenir sujets soumis.

L'année ne s'était pas écoulée que, pour complaire à la farouche piété des zélateurs et pour apaiser la violence de leurs murmures, Charles eut la faiblesse de violer encore les articles du contrat de mariage qu'il venait de ratifier pour la troisième fois : il exclut soigneusement tous les catholiques de la chapelle de la reine à Somerset-House; il offrit une récompense de 100 livres pour l'appréhension du docteur Smith, évêque catholique, et il ordonna à plusieurs reprises aux magistrats, juges et évêques protestants de mettre en vigueur les lois pénales contre les prêtres. Beaucoup furent arrêtés, plusieurs furent condamnés; les uns périrent en prison, et d'autres furent bannis. Quant aux laïques, on crut les traiter avec beaucoup de douceur en leur permettant de se soustraire aux peines prononcées par la loi, en payant annuellement une somme à l'échiquier. Par le sacrifice d'un dixième et quelquefois d'un tiers de leur revenu, les catholiques achetèrent, non la liberté de servir Dieu selon leur conscience, mais la permission de ne point assister aux cérémonies religieuses qu'ils désapprouvaient.

Telle était donc la conduite des deux monarques. Louis XIII, qui n'avait rien promis sous serment, mais dont la parole était engagée conditionnellement, permettait aux protestants l'exercice de leur culte sans leur demander la plus légère contribution. Charles, que plusieurs traités et plus d'un serment obligeaient à se montrer tolérant à l'égard des catholiques, leur interdisait l'exercice de leur culte sous peine de mort, d'exil ou de prison; il exigeait d'eux le tiers de leurs revenus pour les dispenser d'assister aux offices du culte réformé.

Loyauté de Louis comparée à celle de Charles.

Il est inutile de demander de quel côté se trouvait la loyauté.

Malgré ce manque de foi dont il aurait dû se plaindre, le roi de France détermina, par ses sollicitations, Gustave-Adolphe, roi de Suède, à prendre les armes en faveur du prince palatin, beau-frère de Charles.

1(3).
Louis épouse la cause du beau-frère de Charles.

Peu reconnaissant de cet appui désintéressé, impolitique peut-être, le roi d'Angleterre arme une flotte de soixante voiles et lui donne l'ordre de couler bas tout vaisseau étranger qui refuserait de saluer le pavillon anglais. Cette première manifestation des prétentions britanniques à la domination des mers fut le résultat d'une alliance secrète entre l'Espagne et l'Angleterre contre la France et la Hollande ; c'est dire assez que, de la part de Charles, c'était trahir un ancien allié pour un nouvel allié destiné à être bientôt trompé.

1635.
Charles donne ordre de couler bas no, vaisseaux.

Quatre années s'écoulèrent sans que, dans les rapports in-

1639.

ternationaux, il se manifestât des symptômes bien marqués de haine ou de déloyauté. Charles n'avait eu assez ni de tout son temps ni de toute son adresse pour lutter contre les violences des covenantaires de l'Ecosse, autres réformés rejetant la réforme de l'Eglise d'Angleterre. Plus que jamais irrité contre les Ecossais, ses compatriotes, Charles résolut de mettre fin à leur résistance en leur faisant, s'il le fallait, une guerre d'extermination. Ceux-ci, bien convaincus de leur faiblesse, se souvinrent du roi de France et implorèrent son appui. Sept des principaux covenantaires signèrent une lettre dans laquelle on exposait à Louis XIII et à Richelieu la véritable condition de l'Ecosse. Leycester, ambassadeur en France, reçut une copie de la lettre, avec ordre de la lire au roi, qui alors se trouvait à Chantilly. Après l'avoir lue plus d'une fois, le monarque répondit qu'il n'assisterait jamais des rebelles contre leur souverain, des rebelles surtout qui faisaient servir la religion de masque à leurs mauvais desseins.

Louis refuse son appui aux révoltés écossais.

Charles avait équipé plusieurs flottes pour soutenir les protestants français révoltés contre l'autorité du roi; Louis refusa de prêter main-forte aux Ecossais révoltés contre Charles. Lequel des deux se montrait le plus fidèle aux traités signés, aux serments prêtés et à la parole donnée?

Grâce à la sage modération du gouvernement français, il fut permis à Charles de rétablir la tranquillité par le déploiement d'une force imposante et par la punition des coupables. On ordonna que chaque ecclésiastique ferait, quatre fois par an, à ses paroissiens une instruction sur le droit divin des rois et le péché damnable de la résistance à l'autorité.

1640.

Dernières années du règne de Charles.

La paix imposée aux Ecossais eut le sort de toutes celles qui sont l'œuvre de la compression, quelques jours suffirent pour la faire disparaître. L'année suivante, l'Ecosse se souleva de nouveau, mit en déroute une armée anglaise et envahit l'Angleterre ; les rebelles protestaient qu'ils étaient envoyés de Dieu pour châtier « les perturbateurs d'Israël, les tisons de l'enfer, les « Kora, les Balaam, les Doëg, les Rabshaka, les Aman, les To- « bie et les Samballat de l'époque. » Les vainqueurs, précédés de leurs ministres, Bible en main, désignaient par ces dénominations les prélats et le clergé de l'Eglise réformée du royaume d'Angleterre.

Les efforts de Charles pour obtenir les ressources nécessaires dans une circonstance si critique vinrent échouer devant l'opposition du parlement que faisaient trembler les puritains ou radicaux, alliés naturels des covenantaires quand il s'agissait de renverser le monarque et la monarchie. Impuissant à faire prévaloir la loi sur la révolte, le monarque traita avec les rebelles et les satisfit momentanément en leur remettant une somme de 300,000 livres, sous la dénomination de « secours « amical pour les pertes et besoins des bons frères d'Ecosse. » Les choses touchaient à leur fin : les communes votaient au profit des rebelles écossais, envahisseurs du sol anglais, des subsides qu'elles refusaient depuis longtemps aux besoins de l'Etat ; le trône tombait pièce par pièce, la couronne royale n'était plus qu'une couronne d'épines, et le roi, au pied de l'échafaud, attendait que le bourreau eût aiguisé sa hache. Tout cela se faisait pieusement par les saints du culte nouveau ; dans le camp de Cromwell, on lisait la Bible, on s'agenouillait pour prier, on chantait des cantiques, et on choisissait en même temps les victimes dont le sang devait être offert au Dieu de miséricorde.

Après une année de sanglantes révoltes en Irlande, les zélateurs d'Angleterre, honteux et repentants d'avoir, par lassitude, accordé quelques mois de répit à l'ordre public, donnèrent un nouveau cours à leurs fanatiques fureurs : les communes envoyèrent à la Tour le confesseur de la reine, supprimèrent le

Le confesseur de la reine est envoyé à la Tour.

service de sa chapelle et formèrent bientôt après le projet d'accuser Henriette elle-même. Heureusement pour elle, cette princesse avait pu fuir une horde de sauvages et se réfugier dans sa patrie, où l'attendait, sinon le bonheur perdu, du moins le calme après l'orage.

<small>Projet d'accuser la reine de papisme.</small>

<small>1642.</small> Les covenantaires s'armaient et menaçaient; les puritains d'Angleterre imitaient en cela les covenantaires de l'Ecosse; le roi, de son côté, se préparait à la guerre. Les conspirations ressemblent à une traînée de poudre dont rien ne saurait arrêter la marche : l'Irlande à son tour fut bientôt en feu. Le parlement vota une levée de 16,000 hommes destinés à lutter contre les troupes qui seraient tentées de demeurer fidèles à l'étendard royal. Il fallut céder une fois encore, et, par malheur, cette concession, faite après une longue lutte, n'inspira aucune confiance à la nation.

<small>1645.</small> Trois années de discussions et de révoltes, de paix et de trèves suivies de nouvelles révoltes et de nouvelles concessions, aboutirent enfin aux guerres religieuses et à toutes les horreurs qu'elles entraînent après elles. L'armée royale fut battue à Naseby par celle des saints du Covenant. Charles se réfugia au milieu des Ecossais, qui, après un jeûne solennel, le livrèrent aux puritains de l'Angleterre, moyennant une somme de 400,000 livres. Le pays se trouva dès lors livré aux indépendants, c'est-à-dire à toutes les sectes réformistes nées de la réforme opérée par Henri VIII ou renouvelées par elle : brownistes, millenaires, antinomiens, anabaptistes, arméniens, libertins, familistes, enthousiastes, chercheuses, perfectistes, sociniens, arianistes, anti-trinitaires, anti-scripturaires et sceptiques se ruèrent à qui mieux mieux sur le trône et sur le roi. Cromwell, organe des religionnaires mécontents, établit le gouvernement de la sainte Bible, et le roi Charles, condamné

<small>1649.</small> par les factions réunies, porta sa tête sur l'échafaud.

Elisabeth, aveuglée par la haine, invoquant toujours le nom de Dieu, fit tomber la tête de Marie Stuart, aïeule de Charles et reine douairière de France. Quelques fanatiques, usurpateurs de la volonté nationale, préalablement sanctifiés par le jeûne et la prière, firent tomber celle de Charles, beau-frère de Louis XIII, oncle du jeune Louis XIV. Les bourreaux de Charles et tous ceux de leur parti ont écrit et proclamé qu'il était un tyran. Les hommes indépendants, même parmi les catholiques si cruellement persécutés, pensent que les actes tyranniques qu'on peut lui reprocher furent la suite de la résistance qu'il trouva dans la bonne administration des affaires de son royaume. Bien loin d'avoir été un tyran, ce monarque fut toujours dominé et entraîné par le despotisme des partis dont la Réforme avait inondé l'Angleterre; ses résistances éphémères furent moins le produit de sa volonté que le résultat obligé de la violence des factions dont il fut l'esclave.

C'est donc moins au roi qu'aux dominateurs de la volonté royale que la France reproche les griefs suivants : 1° Les puritains ont demandé la mort de la princesse Henriette et celle des seigneurs français, sans que le roi ait osé punir cet acte sauvage. 2° Le roi a violé, en 1625, le traité compris dans son acte de mariage. 3° Il a fait alliance, en 1626, avec les rebelles français, pour leur prêter main-forte contre l'autorité du souverain. 4° La paix fut faite en 1626 ; il la viola la même année en excitant la guerre civile en France. 5° Il forma le projet, en 1627, de démembrer le royaume pour créer une principauté indépendante en faveur du duc de Buckingham, son favori. 6° La même année, il envoya une flotte de quarante-deux voiles au secours de la Rochelle révoltée contre le roi et la volonté nationale. 7° Une autre flotte fut encore expédiée en 1628, avec les mêmes instructions. 8° Une troisième flotte se rend encore devant la Rochelle dans le courant de la même année, avec ordre de faire cause commune avec les rebelles. 9° La paix est faite en 1629; Charles fausse encore ses serments et punit de mort les catholiques attachés au service de la reine. 10° En 1635, il ordonne de couler bas ceux de nos vaisseaux qui ne consentiront pas à s'humilier devant les vaisseaux anglais. 11° La même année, étant en paix avec nous, il se ligue secrètement contre nous avec l'Espagne.

L'Angleterre a donc, pendant le règne de Charles Ier, manqué onze fois à la parole donnée à la France et aux traités revêtus de sa signature ; elle a demandé la tête de Henriette de France en 1625 ; elle l'aurait prise en 1649 si à cette époque cette malheureuse femme ne se fût pas trouvée dans sa patrie. Guerres civiles et déloyautés, voilà ce que nous devons à Charles d'Angleterre, ou plutôt, comme nous l'avons dit, aux factions qui lui forcèrent la main en lui donnant à choisir entre des actes injustes et quelques jours de plus sur un trône dont elles avaient juré la perte.

Roi de France : Louis XIV.

RÉPUBLIQUE. 1649 A 1653.

Situation intérieure de l'Angleterre.

On avait si souvent dit au peuple anglais qu'il serait esclave et malheureux tant que durerait le règne de l'infortuné Charles, qu'il avait considéré la mort de ce prince comme le moment de sa délivrance. Cette erreur a été partagée depuis par plusieurs nations : entraînées d'abord par le même aveuglement, elles sont revenues ensuite, à travers une mer de sang, au principe monarchique dont elles avaient eu le malheur de s'écarter.

La lutte entre le trône et la révolte étant terminée, l'ancienne forme de gouvernement fut remplacée par une république constituée suivant les intérêts des agitateurs, qui partagèrent entre eux tout le pouvoir, le patronage et les émoluments des places. Cromwell, Ireton, Bradshaws et Marten furent les principaux acteurs du changement; quarante-un membres formèrent un conseil chargé du maintien de la tranquillité intérieure, de l'emploi des forces militaires et de la négociation des traités avec les puissances étrangères.

A partir de ce moment jusqu'à la restauration de la monarchie, le sang inonda l'Irlande et l'Ecosse ; la misère atteignit un tel degré, que, dans plusieurs provinces, un grand nombre de personnes moururent de faim, et que, dans celle de Cumberland, 30,000 familles n'avaient ni semences, ni blé, ni moyens de s'en procurer.

Il y aurait à faire de cette époque de l'histoire d'Angleterre un épouvantable tableau : le sang de 100,000 victimes égorgées par des hommes qui, la Bible à la main, se donnaient pour les protecteurs de la liberté ; la honteuse servitude de la nation, l'hypocrisie des uns et la bassesse des autres jetteraient dans une singulière stupéfaction les esprits habitués à n'étudier que les révolutions dont la France a été la victime. Mais nous laisserons de côté les horreurs dont les Anglais seuls ont eu à gémir, pour ne nous occuper que des événements ayant un rapport plus ou moins direct avec l'histoire de notre pays.

L'Irlande et l'Ecosse, fidèles à leurs vieux souvenirs, rappelèrent de son exil le prince Charles, fils du roi décapité. Cromwell, devenu lord-lieutenant d'Irlande, triompha successivement des royalistes irlandais et des royalistes écossais. Charles, fugitif, caché sous des haillons, manquant souvent d'asile et de pain, réussit à traverser la mer et à débarquer à Fécamp le 17 octobre.

1651.

La France offrit une généreuse hospitalité au fils du monarque qui l'avait plus d'une fois trahie ; elle accueillit dans son infortune le souverain auquel l'Angleterre allait bientôt rendre sa couronne. Nos pères tendaient une main loyale au proscrit sans demander le prix de leur loyauté.

Patriotique refus des vaudois.

Les vaudois prouvèrent à cette époque, par une conduite pleine de patriotisme, que le gouvernement français se montrait alors peu sévère pour les doctrines condamnées par l'Eglise. Pour triompher de l'héroïsme chrétien des Irlandais, Cromwell prit la barbare résolution de chasser de l'Irlande tous ceux des habitants dont la conscience résistait à l'enseignement des ministres de la Réforme. Suivant les historiens anglais, on déporta 100,000 jeunes garçons et femmes, et on les vendit comme des esclaves. Invités à se transporter en Irlande pour y prendre possession des terres devenues désertes, les vaudois refusèrent d'accepter une part dans cette honteuse et cruelle spoliation ; nos Français préférèrent une vie pauvre, sous la prétendue oppression des tyrans catholiques, à la richesse et aux avantages qu'ils pouvaient tirer des soins paternels d'un gouvernement si singulièrement épris de l'amour de la liberté.

1653.

Quand toutes ces victimes eurent été chassées, vendues ou égorgées, Cromwell se fit déclarer protecteur de la république, avec tous les pouvoirs autrefois accordés à la royauté. Les congrégations des saints « glorifièrent le bras du Seigneur, « qui avait brisé les puissants et substitué à la domination « d'hommes mortels la cinquième monarchie, règne du « Christ. »

Certaines idées passent pour avoir servi l'indépendance des peuples, tandis qu'elles n'ont souvent enfanté que la servitude.

Pendant que le républicain Cromwell cherchait à se faire roi, le roi Charles résidait à Paris, d'où il entretenait une correspondance suivie avec les amis de sa famille restés en Angleterre. Louis XIV, lié par la parenté avec le roi détrôné, consentait à traiter avec le président d'une république envers laquelle il était sans doute mal disposé, non seulement en raison des principes anti-monarchiques sur lesquels elle s'appuyait, mais encore parce qu'il avait eu récemment plusieurs griefs à lui reprocher. En 1651, Cromwell osa tenter la fidélité de d'Estrades, gouverneur de Calais et le protégé de Mazarin, alors banni de France; on lui offrit une somme considérable, à condition qu'il livrerait la forteresse aux Anglais. D'Estrades se plaignit de l'insulte faite à son honneur, et fit entendre que, si les Anglais voulaient acheter Dunkerque, la proposition devait être adressée à son souverain. La proposition, faite au conseil du roi, fut rejetée avec mépris, et, pour se venger de cette patriotique résolution, Cromwell accorda aux Espagnols, avec lesquels nous étions en guerre, la faculté de faire en Irlande les levées dont ils se servirent pour s'emparer de Gravelines et assiéger Dunkerque. Non content d'avoir fourni des soldats à nos ennemis, Cromwell donna ordre à la flotte anglaise de poursuivre une flottille française de sept voiles, portant de vingt à trente canons chaque, chargée de munitions et de vivres, qui s'avançait le long du rivage au secours de la place investie; la flottille entière fut capturée, et le lendemain Dunkerque ouvrit ses portes. Ainsi, sans provocation ni excuse, les soldats anglais s'unissaient contre nous à la marine espagnole; ils capturaient les bâtiments de notre marine, et nous forçaient à laisser sans défense des ports de mer que nous avions commis le crime de n'avoir ni livrés par trahison, ni vendus à prix d'argent. Pour obtenir les bonnes grâces du gouvernement anglais, il fallait être traître ou lâche!

1654. Projet de traité entre la France et l'Angleterre.

Cromwell tente de s'emparer de Dunkerque par trahison.

Cromwell nous enlève une flottille.

Gravelines et Dunkerque.

Nouvelles propositions de Louis XIV.

Malgré cette insigne déloyauté, Louis, cédant à la crainte de voir l'Angleterre joindre ses armes à celles de l'Europe liguée contre lui, fit proposer au protecteur un traité de paix par lequel toutes les lettres de marque seraient révoquées, et les dommages essuyés par les négociants soumis à des arbitres étrangers. Les intrigues de l'Espagne et l'ouverture d'un nouveau parlement ajournèrent la signature du traité verbalement convenu entre les deux gouvernements.

Cette situation n'était pas précisément la paix, puisque le traité n'était pas signé ; mais elle était encore moins la guerre, puisque, de part et d'autre, les paroles avaient été données. Ce fut donc pour Louis un grand étonnement d'apprendre que l'amiral Blake capturait, dans la Méditerranée, les bâtiments français, tant les vaisseaux marchands que les vaisseaux de guerre. Aux plaintes du roi on répondit par de mensongères explications. L'époque de la signature du traité fut fixée ; en France, tout le monde crut à la paix, et cet espoir fut encore trompé par Cromwell. Les vaudois, révoltés dans les hautes montagnes de la Savoie, furent battus et dispersés par les troupes ducales. L'Angleterre, exaltée par un jeune général, emportée par ses passions religieuses, s'empressa de contribuer de sa bourse à la défense des protestants savoisiens. Stouppe, ministre de l'Eglise calviniste de France, passa à Londres et travailla à empêcher la conclusion de la paix, en insinuant faussement que la Savoie étant l'alliée de la France, les souverains des deux pays avaient également contribué à la défaite des vaudois insurgés. Ces coupables intrigues furent couronnées de succès : Cromwell déclara qu'il ne signerait le traité que lorsqu'il connaîtrait l'opinion de Louis au sujet des troubles de la Savoie. Vainement Bordeaux, l'ambassadeur de France, exposa-t-il que cette question n'avait aucun rapport avec le sujet du traité ; que le roi de France n'intervien-

1654. Bâtiments français capturés par les Anglais.

La France croit à la paix.

1655. Mauvaise foi de Cromwell.

drait jamais dans l'administration intérieure d'un Etat indépendant ; que le duc de Savoie avait aussi bien le droit de faire des lois pour ses sujets protestants que le gouvernement anglais pour les catholiques des trois royaumes : Cromwell persista dans sa résolution. Déjà l'ambassadeur songeait à son départ, lorsqu'on reçut la nouvelle qu'une amnistie accordée aux vaudois avait rétabli la tranquillité dans les vallées de la Savoie, et que protestants et catholiques avaient juré, en versant des larmes, de vivre perpétuellement amis.

Cette difficulté de mauvaise foi étant levée, l'espoir d'une prochaine paix se réveilla plus vif dans les esprits ; mais Cromwell, dont les politiques démonstrations étaient loin d'être sincères, souleva une nouvelle difficulté aussi étrangère que l'autre à la politique du cabinet de Versailles. Au mépris d'un traité de paix depuis longtemps existant avec l'Espagne, le gouvernement anglais ne craignit pas de faire contre Hispaniola la plus injuste et la plus déloyale tentative. Il fallait, avant de s'engager avec la France, connaître l'impression qu'une pareille injure avait produite sur l'esprit du roi d'Espagne. Si ce monarque était assez oublieux de l'honneur national pour ne pas demander vengeance, on conserverait un allié si facilement résigné aux plus sanglants affronts, et alors la guerre continuerait avec la France ; mais le roi d'Espagne se récria contre la mauvaise foi de Cromwell, son ambassadeur à Londres prit son congé, ses passeports lui furent délivrés, et le lendemain de son départ, don Alonzo, l'ambassadeur, n'ayant pas encore eu le temps de quitter l'Angleterre, le traité avec la France fut signé par le protecteur.

Déloyauté de Cromwell.

Traité de paix.

Il était stipulé dans cet acte que les hostilités maritimes cesseraient entre les deux nations, et que les relations d'amitié et de commerce seraient rétablies. Dans un article séparé ou secret, il fut convenu que Barrière, agent du prince de Condé, et neuf autres Français seraient exclus à perpétuité du territoire de la république, et que Charles Stuart, son frère le duc d'York, Ormond, Hyde et quinze autres adhérents du prince exilé, seraient de même exclus du royaume de France. Cromwell proposa une alliance plus intime avec la France, et ce nouveau projet fut ajourné par l'ambassadeur, dont les instructions se trouvèrent insuffisantes pour aller aussi loin.

Louis exécute le traité.

Au moment où ce traité fut signé, Charles d'Angleterre vivait à Paris, auprès de la reine Henriette sa mère, d'une pension mensuelle de 6,000 francs que lui payait Louis XIV. Il dut en coûter au cœur de ce monarque d'ordonner l'éloignement d'un fils dont la présence était si nécessaire à une mère veuve et exilée; mais le traité lui en faisait une obligation à laquelle il se soumit avec la plus grande loyauté. Charles partit pour Cologne le 12 mars avec l'assurance que là, comme à Paris, le gouvernement de France lui conserverait la pension nécessaire à son existence.

1655.

Cromwell veut devenir roi.

Le traité fut à peine signé, que le protecteur voulut devenir roi. Les communes ne se laissèrent pas prendre, cette fois-ci, à sa pieuse hypocrisie, et une violente opposition décida l'ambitieux républicain à déclarer publiquement, mais à son extrême regret, qu'il renonçait au titre de roi, « parce qu'il ne « pouvait pas l'accepter sans commettre un péché. »

1657.

Cette déclaration mit fin à une honteuse comédie.

1658. Alliance intime.

Jaloux de contracter une alliance plus intime avec Louis XIV, le protecteur renouvela la proposition faite à notre ambassadeur lors de la résignation du traité de paix, et réussit à obtenir ce qu'il désirait, mais seulement pour la durée d'une année. Nos alliés devaient, par suite de cette intimité, nous aider à chasser les Espagnols des Pays-Bas, de Mardick et de Dunkerque, mais à condition que ces deux places seraient cédées à l'Angleterre immédiatement après leur réduction.

En conséquence, 6,000 Anglais, moitié à la solde du roi, moitié à celle du protecteur, débarquèrent à Calais le 15 mai. On s'empara de Mardick après trois jours de siége; Dunkerque et Gravelines furent préservées contre les armées alliées au moyen des écluses dont l'eau inonda la contrée. Mardick reçut une garnison, en partie anglaise et en partie française, sous le commandement de sir John Reynolds.

En février, le traité d'alliance offensive entre la France et l'Angleterre fut renouvelé pour une autre année, et le siége fut mis devant Dunkerque. Ce ne fut qu'après une sanglante bataille gagnée par Turenne et le général anglais Morgan que cette place fut forcée d'ouvrir ses portes au roi de France.

Conformément aux clauses du dernier traité, la ville de Dunkerque fut remise à l'armée anglaise, et Cromwell, dans son insatiable orgueil, crut posséder la porte par laquelle il se promettait secrètement d'accomplir l'envahissement de la France, son intime et fidèle alliée. Il se repentit d'avoir aidé les Français et offrit d'unir ses forces à celles de l'Espagne, pourvu que le siége de Calais fût la première tentative de l'armée combinée.

Il avait trahi l'Espagne pour obtenir de la France la cession de Dunkerque; il se proposait maintenant de trahir la France pour s'emparer de Calais. Quel ami et quel allié que le gouvernement anglais en 1658!

La mort vint mettre obstacle à la réalisation de ce criminel projet; Cromwell mourut le 3 septembre 1658, après s'être assuré que sa place était marquée « avec le Christ, à la droite « du Père. » — « Répondez-moi, dit-il à Sterry, l'un des chape- « lains qui l'assistaient, est-il possible de déchoir de l'état de « grâce? » — « Cela n'est pas possible, » répliqua Sterry. — « Alors, s'écria le mourant, je suis en sûreté, car je sais que « j'ai été jadis en état de grâce. » Pénétré de ce consolant espoir, il pria pour les autres, et, selon l'expression du grave Thurloe, « il monta au ciel, embaumé par les larmes du peu-« ple et sur les ailes des prières des saints. »

Cromwell est trop connu pour qu'il nous soit permis d'en esquisser un portrait si souvent tracé par les historiens et par les poètes. Ce qu'il y eut de plus grand chez lui, ce fut l'ambition aidée d'une sombre hypocrisie. Pour lui la dissimulation était la perfection de la sagesse ; elle lui tint lieu de génie. Toute sa conduite ne fut qu'artifice et déception. Catholiques, royalistes et niveleurs subirent, à des degrés différents, les impitoyables persécutions « de ce favori de Dieu, dési-« gné par le Saint-Esprit, honoré des communications du « ciel. »

Reproches de la France à Cromwell.

La France n'eut pas à se louer de la loyauté de ce saint d'une si singulière espèce. En 1651, il cherche à attirer en Irlande une partie de la population française. En 1654, Louis XIV lui propose de faire un traité de paix, et pour réponse il offre de l'argent à d'Estrades pour obtenir qu'il lui livre traîtreusement la ville de Dunkerque. Quand ses propositions sont rejetées avec le mépris qu'elles méritent, il prête des auxiliaires aux Espagnols, et il nous enlève une flottille pour donner à nos ennemis le temps et les moyens de s'emparer de Gravelines et de Dunkerque. Louis XIV lui fait de nouvelles propositions; elles sont verbalement acceptées, et, en attendant qu'elles soient signées, la marine anglaise capture nos bâtiments et nos vaisseaux. Le jour de la signature est arrêté; Cromwell promet la sienne chaque jour, et, bien loin de la donner, fait naître difficultés sur difficultés, attendant l'occasion de nous faire un peu plus de mal. En 1655, le traité de paix est enfin signé; Louis XIV l'exécute avec loyauté, et Cromwell, notre intime allié, se prépare à s'unir aux Espagnols pour nous enlever Calais. Sa fourberie nous a valu la mort de 40,000 hommes, la perte de 300 bâtiments, de Gravelines et de Dunkerque; son dernier regret a été de nous laisser Calais.

RICHARD CROMWELL. (1658 A 1660.)

Richard succéda à son père en qualité de protecteur de la république, suivant une délibération du conseil, aussi facilement qu'un fils de roi eût pu hériter de la couronne de ses ancêtres, tellement les Bretons, nés libres, s'étaient vite assouplis à la servitude; mais Richard, dont la main était moins habile, dont l'ambition était moins grande que la main et l'ambition de son père, ne fit pour ainsi dire que passer au pouvoir. Deux ans suffirent pour user un gouvernement qui n'avait dans le pays d'autre appui que celui des anarchistes toujours prêts à céder devant l'argent ou devant les honneurs.

Dès l'année 1660, Charles fut rappelé de son exil et remonta sur le trône d'Angleterre.

Ainsi finit, après onze ans de guerres civiles et de massacres, une république destinée à devenir plus tard le modèle de la république française, cette autre sanglante dérision de la liberté nationale.

CHARLES II. (1660 A 1685.)

Roi de France: Louis XIV.

Après avoir consacré une année à rétablir, autour du trône et dans les diverses administrations, les usages, la discipline et la régularité qu'avait fait disparaître le dernier gouvernement, Charles s'occupa des affaires extérieures de son royaume. Hen-

Alliance de l'Angleterre et de la France.

riette, sa plus jeune sœur, épousa Philippe, frère unique de Louis XIV, et, pour donner une plus grande intimité à cette alliance, il fut convenu que le roi de France paierait au roi d'Angleterre une première somme de 50,000 livres sterling, et une autre de 2,000,000 en cas de guerre avec l'Espagne. Charles devint ainsi le pensionnaire de Louis. Les subventions du gouvernement français ne suffisant pas à couvrir les dépenses de sa cour, Charles céda Dunkerque et Mardick à Louis XIV pour le prix de 5,000,000 de livres sterling. A partir de ce moment, l'Angleterre, irritée de la perte de deux places dont la possession flattait l'orgueil national, se prépara à une résistance dont les suites devaient être funestes à la tranquillité publique.

La mort de Philippe, roi d'Espagne, vint troubler l'harmonie qui existait entre les deux monarques. Par suite de cet événement, et suivant une coutume fidèlement observée dans les Pays-Bas, la Flandre et plusieurs autres provinces appartenaient à la reine de France, Marie-Thérèse, fille de Philippe. L'Angleterre voulut s'opposer à ce que Louis recueillît cette riche succession, et Louis, pour se ménager un appui, fit alliance avec les Hollandais, alors ennemis déclarés des Anglais; il en prévint Charles et lui signifia que, si la paix n'était pas promptement conclue avec la Hollande, il prendrait parti contre lui dans la guerre. Cet avis ayant été dédaigné, Louis XIV déclara la guerre à un souverain assez injuste pour lui contester un droit de succession consacré par un usage immémorial, sans autre motif que celui de s'opposer, par jalousie, à la prospérité de la France.

Malgré cette déclaration, Louis prit peu de part aux sanglantes luttes qui eurent lieu sur mer entre les flottes anglaises, commandées par le prince Rupert, et les flottes hollandaises sous les ordres de l'amiral Ruyter; ses menaces se bornèrent à donner quelques encouragements aux catholiques d'Irlande, auxquels le protestantisme avait enlevé leurs richesses territoriales, et que la crainte d'être assassinés ou vendus avait forcés à chercher un refuge en France.

Il eût été facile à la France de détruire la marine anglaise dans un moment où la Hollande, toute puissante sur mer, était animée contre elle de la haine la plus sincère, dans un moment où l'Irlande, réduite au désespoir, faisait un dernier effort pour s'arracher, pauvre et sanglante, des serres de ses atroces tyrans. Louis trouva plus généreux d'employer son influence pour obtenir des Hollandais qu'ils missent fin aux hostilités dont l'Angleterre avait tant à souffrir; lui-même se rapprocha d'un ennemi dont il avait naguère secouru la misère. Voyons quelle fut la reconnaissance de l'Angleterre.

1667.

Conduite généreuse de Louis XIV.

Nous avons dit que Louis XIV réclamait la Flandre comme lui revenant légitimement du chef de sa femme; l'Espagne lui en disputa la possession, et Turenne en fit la conquête. Le pape et la Hollande offrirent leur médiation; Louis l'accepta et proposa de consentir à un armistice de trois mois, pendant lequel l'Espagne se déterminerait pour l'un de ces deux partis : l'abandon à la France de la Flandre et des conquêtes déjà faites, ou leur échange soit contre le Luxembourg, soit contre la Franche-Comté, avec Aire, Saint-Omer, Douai, Cambrai et Charleroy. L'Espagne laissa passer les trois mois sans se décider; le roi de France envahit la Franche-Comté. Charles d'Angleterre intervint, et, détachant la Hollande de notre alliance, fit avec elle un triple traité dont voici les principales dispositions :

1668.

Alliance de l'Angleterre avec l'Espagne et la Hollande.

1° Alliance offensive et défensive contre la France.

2° *Contraindre* la France à faire la paix avec l'Espagne.

Louis XIV eut un sourire de dédain pour cette convention et n'hésita pas à braver les puissances alliées. L'Espagne, fai-

1668.

Paix d'Aix-la-Chapelle.

— 288 —

blissant la première, se décida enfin à faire son choix : elle céda à la France les villes conquises en Flandre, et la paix fut rétablie par le traité d'Aix-la-Chapelle.

Subsides demandés et accordés.

La tranquillité générale fut à peine rétablie que Charles, toujours besogneux et prodigue, oubliant ses derniers torts vis-à-vis de Louis XIV, chercha à se rapprocher de lui afin d'en obtenir les subsides qu'il lui avait promis autrefois. Buckingham ouvrit une négociation avec la duchesse d'Orléans, sœur du roi. Charles, dans sa conversation avec le résident français, s'excusa d'avoir formé la triple alliance, et exprima formellement le désir de contracter avec Louis une alliance plus étroite, une amitié plus intime. Après avoir reçu avec froideur ces premières offres, le roi de France se montra moins irrité, se laissa entraîner et promit de l'argent aux Anglais.

Retour de Charles au catholicisme.

A cette époque, il se passa quelque chose d'extraordinaire dans l'esprit de Charles : ce monarque déclara qu'à l'exemple de son frère Jacques, son intention était de revenir au catholicisme, qu'il reconnaissait pour être seul la religion de Jésus-Christ. En conséquence, sir Richard Bellings se rendit à la cour de France, y fit connaître les dispositions de son maître,

Nouvelle demande d'argent.

et sollicita Louis de donner une somme considérable pour mettre le roi en état de réprimer toutes les insurrections que pourrait provoquer sa conversion ; il offrit même la coopération de l'Angleterre dans l'invasion projetée de la Hollande, à condition d'un subside annuel pendant la durée des hostilités.

Conseils de Louis XIV à Charles II.

Louis accorda de nouveaux secours au roi d'Angleterre et lui donna d'excellents conseils. Il lui représenta qu'une déclaration prématurée pourrait mettre en danger sa couronne et sa personne ; que les neuf dixièmes de ses sujets étaient ennemis de la foi catholique ; que la discorde religieuse agissait avec la fureur et la rapidité d'un volcan, etc., etc. Certes, de pareils conseils ne sont ni d'un ami déloyal, ni d'un roi fanatique ; il y avait à les donner du désintéressement et de la sagesse.

Plusieurs historiens anglais ont écrit que Charles ne parla de son retour au catholicisme que pour tromper le roi de France et en obtenir des sommes plus importantes. Si cette imputation était vraie, Charles mériterait d'être couvert de mépris ; nous aimons mieux croire qu'il était sincère, et ajouter que dans cette circonstance, imitant un grand nombre de ses prédécesseurs, il tendit humblement la main au roi de France pour mendier la récompense d'une bonne action faite ou à faire.

Quoi qu'il en soit, le traité suivant fut conclu entre les deux monarques : 1° Le roi d'Angleterre se déclarerait catholique à l'époque qui lui paraîtrait la plus convenable ; il s'unirait ensuite à Louis dans une guerre contre la république hollandaise, à l'époque choisie par le roi très-chrétien. 2° Pour mettre le roi d'Angleterre en état de réprimer les insurrections que sa conversion pourrait occasionner, le roi de France lui accorderait un aide de 2,000,000 de livres, en deux paiements, et l'assisterait aussi avec une force armée de 6,000 hommes. 3° Louis observerait le traité d'Aix-la-Chapelle. 4° Si de nouveaux droits à la monarchie espagnole venaient à échoir au roi de France, le roi d'Angleterre l'aiderait de tout son pouvoir à faire valoir ces droits. 5° Les deux princes feraient la guerre aux Provinces-Unies, et aucun d'eux ne conclurait de paix ni de trêve avec elles sans l'avis et le consentement de son allié. 6° Le roi de France se chargerait de toute la guerre sur terre en recevant de l'Angleterre une force auxiliaire de 6,000 hommes. 7° Sur mer, Charles fournirait cinquante vaisseaux de guerre, et Louis trente ; la flotte combinée serait placée sous le commandement du duc d'York, et, pour mettre le

1671.

Traité entre l'Angleterre et la France.

roi d'Angleterre en état de supporter les frais de l'armement maritime, il recevrait annuellement pendant la guerre la somme de 3,000,000 de livres du roi de France. 8° Sur les conquêtes qui pourraient être faites, Sa Majesté Britannique se contenterait de Walcheren, de Sluys et de l'île de Cadsand, et, dans des articles séparés, on pourvoirait aux intérêts du prince d'Orange. 9° Pour unir plus étroitement les intérêts et les affections des sujets des deux couronnes, un traité de commerce, déjà projeté, serait promptement conclu.

De ces diverses clauses, Charles ne fut fidèle qu'à celle relative à la guerre de Hollande ; il resta protestant et reçut les subsides. De son côté, Louis fut satisfait, parce que son but était bien moins de voir Charles changer de religion que de l'entraîner à sa suite dans la guerre contre les Etats. Toutefois l'Angleterre, à qui l'abaissement de la Hollande allait préparer la domination des mers, ne s'engagea dans la lutte qu'après s'être assurée, par un troisième traité, que les sommes promises par la France lui seraient exactement payées. La campagne fut sanglante : sur mer, les Anglais se battirent en héros et triomphèrent de la flotte hollandaise ; sur terre, les Français s'établirent aux portes mêmes d'Amsterdam.

Cette fidélité aux alliances et aux traités, à laquelle on nous avait peu habitués, faillit être ébranlée. Le résultat des hostilités n'ayant pas immédiatement apporté à l'Angleterre tous les avantages qu'elle en attendait, les communes crièrent à la trahison et réclamèrent contre un traité dont la France, disaient-elles, était seule appelée à profiter. Buckingham, Arlington et Saville se rendirent à la Haye, où ils assurèrent les Etats des dispositions pacifiques de leur souverain, et de là ils se hâtèrent d'aller au camp du monarque français, à Heeswick, où ils signèrent un nouveau traité obligeant les deux rois à agir de concert et à ne jamais conclure la paix que d'un commun consentement. A la suite de ces trompeuses négociations, le gouvernement anglais eut le déplaisir de voir ses propositions rejetées par la Hollande, et se trouva condamné, par la force des choses, à demeurer fidèle à l'alliance française. Une fidélité de cette nature ne pouvait être durable, et le premier revers de nos armes devait déchirer un pacte qui cessait d'être une profitable spéculation ; ce fut ce qui arriva l'année suivante.

1673.

Sur mer, les Anglais n'avaient pas obtenu des avantages décisifs ; sur terre, la fortune s'était montrée moins favorable aux Français. Charles se rapprocha donc de la Hollande, et signa, le 6 février, un traité d'alliance avec le prince d'Orange. L'insuccès de ses armes et de celles de la France n'avait pas seul déterminé le roi d'Angleterre à abandonner son plus fidèle allié. Pendant l'automne, Louis lui avait refusé une avance d'argent, et ce refus l'avait placé dans une fausse position vis-à-vis de son parlement ; sa nouvelle alliance lui rapportait 800,000 couronnes que les Hollandais s'engageaient à lui payer, et contre cette somme il n'hésita pas à changer de camp : la loyauté passait après l'argent.

1674.

Charles traite avec la Hollande moyennant une somme de 800,000 couronnes.

La défection soldée de l'Angleterre n'empêcha pas la France de lutter avantageusement contre ses ennemis et de faire la conquête de la Franche-Comté. Tandis que Louis triomphait, Charles dépensait en vaines prodigalités les 800,000 couronnes de la Hollande, retombait dans les mêmes embarras sans pouvoir attendre de nouvelles ressources de la part d'un allié dont la guerre avait épuisé les trésors. Le roi de France pouvant seul faire l'aumône à sa détresse, Charles ne craignit pas d'implorer encore sa générosité : pour vendre sa neutralité, il demanda 400,000 livres sterling, se rabattit à 300,000 pistoles, accepta 500,000 écus, et se montra aussi heureux d'avoir vendu à la France ce que les Hollandais lui avaient acheté à beaux deniers comptants, qu'il l'avait

Charles implore de nouveau la générosité de Louis.

été lorsqu'il avait vendu à ces derniers ce que la France lui avait précédemment payé. Indigne tripot d'argent où la dignité royale se livrait au plus offrant et dernier enchérisseur ! Encore les derniers marchés n'étaient-ils pas plus sûrs que les premiers. Jacques, frère du roi, héritier présomptif de la couronne, ayant embrassé le catholicisme, les protestants zélés conspirèrent contre lui en faveur de Guillaume, prince d'Orange, dévoué aux idées de la Réforme ; la flotte hollandaise, arrivée à l'embouchure de la Tamise, devait effrayer le peuple de Londres et le soulever ; le roi, entraîné par les menaces des conjurés, renoncerait de nouveau à l'alliance récemment contractée avec la France. Ce plan reçut un commencement d'exécution dans le parlement même : les conspirateurs insistèrent sur le rappel des troupes anglaises alors au service de la France, et conseillèrent une union immédiate avec l'Espagne et la Hollande, afin d'affaiblir la puissance de Louis XIV. Pour déjouer ces projets, Charles eut recours à un moyen jusque là infaillible : après avoir, comme on l'a vu, obtenu de la France des sommes considérables en échange de son prétendu retour au catholicisme, il ressuscita contre les catholiques les plus cruelles dispositions de la législation anglaise : tout natif qui avait pris les ordres dans l'Eglise de Rome quitterait le royaume dans l'espace de six semaines, sous peine de mort ; tout sujet qui oserait assister à la messe, soit dans la chapelle de la reine, soit dans une des chapelles appartenant aux ambassadeurs étrangers, subirait une année d'emprisonnement et paierait une amende de 100 marcs, dont le tiers serait donné comme récompense au dénonciateur ; tout papiste ou réputé tel qui oserait entrer dans les palais de Whitehall ou de Saint-James, ou dans tout autre lieu où la cour se trouverait, serait mis à la Tour, s'il était pair, et dans une des prisons ordinaires, s'il était au-dessous du rang de pair; et enfin, puisque toutes les permissions pour des endroits séparés de culte avaient été révoquées, on appliquerait rigoureusement les lois pour la suppression des conventicules. En vertu d'un mandat royal, l'évêque de Londres conduisit la princesse Marie, fille de Jacques, à l'église, et lui conféra le rit de la confirmation en dépit de l'autorité de son père.

Cette fois les chefs de la conspiration n'appuyèrent pas des mesures qu'ils auraient eux-mêmes proposées, si elles n'avaient pas été de nature à rendre au roi sa popularité compromise, en flattant la haine anglaise contre tout ce qui est France ou catholicisme.

Au milieu de tous ces revirements politiques, la guerre continuait entre la France d'une part, l'Espagne et la Hollande de l'autre. Chacune des parties belligérantes, cherchant à gagner le roi d'Angleterre, fit à ce monarque les offres qu'elle pensait capables de le décider en sa faveur. Les alliés lui proposèrent un subside plus considérable que celui qu'il aurait reçu de la France et se chargèrent de s'emparer de Dunkerque pour le lui remettre. Louis se borna à lui promettre, pour prix de sa neutralité, le même subside qu'il avait précédemment reçu. Il faut le reconnaître, ce fut en vain que les alliés s'adressèrent à la pauvreté ou à l'ambition de Charles; éclairé par l'expérience, accusé d'ingratitude et de désertion par Ruvigny, ministre de France à Londres, ce monarque fit avec Louis un nouveau traité dans lequel il fut convenu que le roi de France paierait une pension annuelle au roi d'Angleterre, que les deux souverains s'obligeraient à ne contracter d'engagement avec d'autres puissances que d'un consentement mutuel, et que chacun d'eux prêterait à l'autre une aide efficace, en cas de rébellion dans leurs royaumes respectifs.

Propositions des parties belligérantes.

Charles demeure fidèle à l'alliance française.

Traité d'alliance.

Par cet acte, Charles était devenu le pensionnaire de Louis, et s'était engagé à suivre, dans ses relations avec les puissances étrangères, les avis du maître dont il recevait l'argent. Ce qu'il y a d'extraordinaire, c'est que plusieurs membres du parlement se rendirent coupables de la même vénalité en mettant leurs voix à l'encan, disposés qu'ils étaient à les vendre et à se vendre eux-mêmes aux divers souverains de l'Europe.

<small>Déloyauté du commerce anglais.</small>

Tandis que roi et parlement se vendaient à l'envi l'un de l'autre, le commerce anglais, dans le but de remplir aussi ses coffres, couvrait traîtreusement de son pavillon les vaisseaux ou les cargaisons de la Hollande et de l'Espagne. Dans le cours de sept mois, cinquante-trois voiles anglaises avaient été capturées et emmenées dans les ports de France, et nous avions pu nous assurer cent fois que les couleurs de notre alliée protégeaient nos ennemis. Les Anglais, pris en flagrant délit de déloyauté, osèrent se plaindre : Charles en écrivit à la cour de France, et Louis, pour ne pas créer de nouveaux embarras à ce monarque, donna l'ordre que les vaisseaux saisis fussent rendus aux armateurs et aux réclamants. La nation anglaise se montra peu sensible à des actes dont elle ne comprenait pas la délicate générosité. Epouvantées des succès de nos armes dans les Pays-Bas espagnols, les communes poussèrent un cri de guerre général et promirent l'appui du parlement si le roi voulait unir ses armes à celles des alliés. Il est probable que Charles aurait cédé à cet entraînement de la haine, si les chambres eussent voté le don de 600,000 livres qu'il demandait pour être en état de prendre part à la guerre: mais cette somme lui ayant été refusée, il continua à recevoir la pension de la France et ajourna le parlement. Toutefois, cette royale concession fut encore mise à prix, marchandée et vendue; Charles demanda que sa pension fût portée à 200,000 livres sterling et accepta celle de 150 à 160,000 livres, c'est-à-dire environ 2,000,000 de notre monnaie. Il se repentit

<small>1677.
Générosité de Louis XIV.</small>

<small>Le parlement contre la France.</small>

<small>Fidélité de Charles mise à prix d'argent.</small>

<small>Supercherie de Charles.</small>

de son acceptation, rétracta sa parole, et déclara à Barillon, ministre de France à Londres, qu'il n'avait pas su la différence de la valeur de ces deux sommes. Las de toutes ces misères, et pour en finir avec l'importune mendicité du roi d'Angleterre, Louis accorda ce qu'on lui demandait, et consentit même à ce que l'augmentation de la pension datât du commencement de l'année courante. Jamais on ne vit tant de bassesse aux pieds de plus de grandeur ! Pour mettre le comble à toutes ces hontes, on vit Charles s'unir au prince d'Orange et proposer à Louis XIV de renoncer à ses conquêtes pour acheter la paix. Lui, pensionnaire de la France, depuis longtemps habitué à lui tendre une main suppliante, se portait maintenant comme arbitre et parlait de déchirer le traité qui l'avait fait vivre. *Désintéressement de Louis.* *Charles s'unit au prince d'Orange.*

Dans le cabinet français, Colbert était pour la paix, Louvois se prononça pour la guerre, et, pour toute réponse aux ignominieuses propositions de l'Angleterre, l'armée française entra en campagne, bien qu'on fût alors au mois de novembre. Le 4 décembre, l'Angleterre, oubliant que son dernier écu était une aumône de la France, s'engagea avec l'Espagne et la Hollande à nous déclarer la guerre si nous n'acceptions pas les conditions qu'elle voulait nous imposer. La chambre vota un crédit pour l'entretien d'une flotte de 90 voiles et d'une armée de 30,000 hommes. Après ce succès parlementaire, Charles fit réitérer ses propositions au roi de France, en lui déclarant qu'il considérerait l'investissement de toute ville espagnole par les Français, avant d'avoir reçu une réponse, comme une déclaration de guerre contre l'Angleterre. Mais Louis, habitué à considérer son frère d'Angleterre comme un commis à sa solde, méprisa ses menaces, investit Namur, Mons, Ypres, et s'empara de Gand. A cette nouvelle, la fureur britannique ne connut plus de bornes : on prohiba l'importation des denrées françaises ; un comité pria le roi de déclarer la guerre sans dé- *La France continue la guerre.* *Colère du parlement contre la France.*

lai, de congédier les envoyés français et de rappeler ses commissaires du congrès de Nimègue. Tous ces préparatifs, conséquence d'une colère aussi aveugle qu'impuissante, n'ayant point retardé les triomphes de la France, les alliés informèrent Charles qu'ils consentaient à céder Tournay et même Valenciennes, si Louis XIV voulait renoncer à ses dernières conquêtes. Le roi d'Angleterre, convaincu que Louis accepterait avec plaisir cette proposition, la lui fit transmettre avec la demande d'une pension de 600,000 livres pour chacune des trois années suivantes.

Comme on le voit, il s'agissait encore d'un droit de commission à payer au monarque anglais. Il avait trompé la France en l'abandonnant d'abord, en faisant ensuite cause commune avec ses nombreux ennemis, et quand la France était triomphante, il venait à elle, et, d'une voix hypocrite, lui demandait une espèce de courtage pour les *bons et loyaux services* qu'il lui avait rendus !

Ces propositions venaient trop tard : les exigences du gouvernement français s'élevaient à mesure que la victoire lui livrait les places et les provinces de l'ennemi. Louis refusa sans hésitation, et répondit qu'il céderait Gand, mais qu'il garderait Ypres. Charles, humilié, déçu d'un refus qu'il était loin de prévoir, proposa de conclure une quadruple alliance entre l'Angleterre, l'Empire, l'Espagne et la Hollande. Cette dernière puissance, lasse de toutes ses défaites, refusa d'entrer dans la coalition, et, faisant une paix séparée, accepta les conditions offertes par la France. Louis se trouva donc en présence de l'Angleterre, de l'Espagne et de l'Empire.

Abandonné par le prince d'Orange, contrarié dans ses projets par la chambre qui refusa de voter des subsides « aussi « longtemps que le royaume ne serait pas à l'abri de l'in- « fluence du *papisme*, » Charles écrivit une lettre conciliante à Louis, et entama avec lui une négociation secrète, dont le résultat fut celui-ci : les Etats accepteraient les conditions offertes à Nimègue, et le roi d'Angleterre recevrait de la France une somme de 600,000 livres sterling (15,000,000 de francs).

1678.

En vérité, l'Angleterre s'est toujours montrée complètement désintéressée quand elle a paru faire alliance avec nous. Il est vrai que Charles s'était engagé à réduire l'armée anglaise du faible chiffre de 6,000 hommes, et qu'il ne le fit pas.

La paix allait être signée à Nimègue lorsque Louis XIV, incapable d'abandonner ses alliés, déclara qu'il ne rendrait à l'Espagne les six villes qu'elle réclamait que lorsque l'empereur aurait restitué les places qu'il avait enlevées au roi de Suède. Charles, qui allait d'une alliance à l'autre suivant le prix que ses voisins mettaient à la sienne, ne comprit pas ce qu'il y avait de vraiment beau dans cette loyauté, voulut n'y trouver qu'une orgueilleuse obstination, et déclara immédiatement la guerre.

Nouvel obstacle à la paix.

Charles déclare la guerre.

Les Etats ne se fièrent pas à cette courageuse résolution, et, le 14 juillet, signèrent la paix avec la France sans stipuler aucune condition en faveur de l'Espagne.

Les Etats signent la paix.

Quoique ce traité leur eût été officiellement signifié le 15 juillet, le roi d'Angleterre et le prince d'Orange n'hésitèrent pas à présenter la bataille aux Français le 19. Les deux armées se rencontrèrent dans les environs de Mons ; 10,000 Anglais ou Espagnols y perdirent la vie ou la liberté.

Bataille de Saint-Denis.

Charles, aveuglément orgueilleux de se trouver à la tête d'une armée nombreuse, avec une somme de 800,000 livres à sa disposition, se crut assez fort pour donner une leçon à son frère de France, et, ne tenant aucun compte du traité de paix signé par la Hollande, envoya des troupes en Flandre, fit sommer les Etats de s'unir à lui, et encouragea les Espagnols à tenter de nouveau le sort des armes. Tous ses efforts furent inutiles : les Etats respectèrent les conventions qu'ils venaient de conclure, l'Espagne se

Charles veut continuer la guerre.

Charles est abandonné de ses alliés.

20

soumit aux conditions imposées par Louis XIV, l'Empire suivit son exemple, et, malgré les guerrières velléités de l'Angleterre, l'Europe mit fin à la guerre qui depuis six ans régnait des bords de la Baltique à ceux de la Méditerranée.

Les puritains révoltés, les complots sans cesse renouvelés, l'hostilité soutenue du parlement, ne tardèrent pas à jeter Charles dans de nouveaux embarras pécuniaires où il puisa le courage de recourir encore à Louis XIV. Il offrit des excuses que la France accepta, et il reçut en échange la promesse d'une pension de 600,000 livres pendant trois ans; n'ayant plus besoin d'argent, il prorogea le parlement, dont l'opposition le jetait dans des inquiétudes toujours renaissantes.

Du mois d'octobre 1679 aux derniers jours de l'année 1680, on n'entendit parler en Angleterre que d'intrigues et de conspirations. Les papistes devaient dominer la nation si Jacques, devenu catholique, succédait à Charles II, son frère; il fallait donc l'éloigner du trône et appeler à sa place, selon les uns le bâtard Monmouth, selon les autres Guillaume, prince d'Orange. Avec les papistes, une invasion des Français était à craindre; il était donc urgent de se préparer à une lutte sanglante et prochaine. Au milieu de toutes ces complications, le roi, cédant aux exigences de la position que lui faisaient les partis, conclut avec l'Espagne et le prince d'Orange un traité par lequel les parties contractantes s'engageaient à maintenir la paix de Nimègue, et à s'entr'aider de toutes leurs troupes en cas d'agression de la part de Louis XIV; Jacques, duc d'York, fut éloigné de Londres.

Quelques mois après avoir signé cet acte, le malheureux Charles tourna de nouveau ses regards vers le roi de France, et sollicita sa protection contre des sujets que leur prétendu respect pour la couronne n'empêchait pas de lui enlever son autorité. Toujours aussi généreux que Charles était ingrat, Louis consentit à lui payer un subside de 2,000,000 de livres pour l'année courante et de 500,000 couronnes pour les deux années suivantes, à la condition qu'il se dégagerait graduellement de l'alliance espagnole et ne se laisserait point entraîner à des mesures incompatibles avec son présent engagement. *Nouveau traité avec la France.*

Charles promit tout afin de recevoir les trésors que lui prodiguait la France en échange d'une parole aussi facilement violée qu'elle était facilement donnée. La mort lui refusa le temps d'ajouter une infidélité de plus aux nombreuses infidélités dont il s'était rendu coupable pendant son règne. Il mourut le 6 février 1685, après avoir tenu la promesse, faite depuis plusieurs années, d'embrasser le catholicisme. *Mort de Charles.*

Spirituel et bienveillant par caractère, Charles devint dissimulé par politique. Son système de dissimulation fut, au reste, partagé par les patriotes, ses adversaires ; tous le mirent en pratique et cherchèrent à se tromper mutuellement. Sous son règne, les arts firent des progrès, le bien-être du peuple s'accrut, et, malgré ses vices personnels et ses honteuses transactions pécuniaires, ses sujets ne cessèrent pas de lui conserver une sincère affection. *Son caractère.*

La France, pour régler avec lui, n'a qu'à compter les sommes qu'elle lui a données en échange de services fort douteux et en retour de promesses trop souvent trahies. *Griefs de la France.*

En 1660, Charles fait avec la France un traité d'alliance qui nous coûte 2,500,000 livres sterling. En 1666, Charles fait alliance avec les Hollandais, nos ennemis. En 1667, nous aurions pu détruire la marine anglaise ; non seulement nous ne le faisons pas, parce que nous avions le droit de mépriser une puissance que l'Europe comptait pour peu de chose encore, mais nous avons la bonhomie d'intervenir auprès de la Hollande prête à la foudroyer et à la détruire. En 1668, Charles fait alliance avec l'Espagne qui nous dispute nos droits sur la Hollande. Contrairement aux désirs de l'Angleterre, nous faisons, en 1668, la paix d'Aix-la-Chapelle, et nous promettons une pension au souverain de la fière Bretagne. La même année, ce souverain protestant nous fait dire qu'il va devenir catholique, et, pour prix d'une douteuse conversion, nous demande de l'argent que nous lui donnons bénévolement. En 1671, l'Angleterre fait avec nous un nouveau traité qui nous coûte 2,000,000 de livres sterling. En 1672, l'Angleterre négocie secrètement avec la Hollande et cherche à nous tromper en envoyant des ambassadeurs au camp de Louis XIV. Dédaigné par la Hollande, Charles nous demeure fidèle un instant; mais, en 1674, la Hollande lui offre 800,000 couronnes, et il nous trahit. Nous sommes vainqueurs, la Hollande se soumet, et Charles nous demande, avec la paix, 400,000 livres sterling dont nous lui faisons l'aumône. La même année, Charles, qui avait reçu de l'argent pour devenir catholique, condamne à mort ceux de ses sujets qui osent aller à la messe. Le roi d'Angleterre fait avec nous un nouveau traité d'alliance, moyennant une nouvelle pension que lui paiera la France. Nous donnons des sommes immenses aux membres les plus influents du parlement, et les négociants anglais prêtent leurs vaisseaux aux Espagnols et aux Hollandais, nos ennemis. Louis XIV pardonne tout, et le parlement soulève la population contre la France. Charles nous demeure fidèle, mais il nous vend sa fidélité 600,000 livres sterling. Parce qu'il croit y trouver quelques sacs d'écus à gagner, Charles nous abandonne et s'unit au prince d'Orange. La Hollande et l'Espagne sont battues; alors Charles se jette à nos pieds et tend la main pour recevoir encore 600,000 livres sterling. Louis méprise son humiliante proposition; il nous quête des ennemis qui sont vaincus, et on le voit nous tendre encore des mains suppliantes pour obtenir 600,000 livres sterling;

il les reçoit, nous déclare la guerre, et nous livre, après la paix faite avec la Hollande, une bataille où il est vaincu ; ses alliés l'abandonnent, et il vient nous demander la paix en mendiant une pension de 600,000 livres sterling pendant trois ans. En 1680, il s'allie avec l'Espagne, et, en 1681, il nous supplie de venir à son aide et de lui accorder un subside de 2,000,000 de livres sterling, plus une pension de 500,000 couronnes ; nous lui en faisons l'aumône, et la mort le délivre de la tentation de nous trahir encore.

Total des aumônes payées au roi. . . 272,000,000 fr.
Au parlement et aux ministres. . . . 60,000,000
Total général. . . . 332,000,000

Total des trahisons : dix.

Les déloyales alliances de l'Angleterre, sous le règne de Charles II, nous ont coûté assez cher pour que nous en connaissions la valeur.

CHAPITRE VIII.

Depuis JACQUES II (1685) jusqu'à GEORGES Ier (1714).

Roi de France.
Louis XIV.

Les premiers jours du règne du nouveau souverain s'ouvrirent, malgré ses croyances religieuses, sous les plus heureux auspices : « Je ferai, dit-il en montant sur le trône, tous mes « efforts pour maintenir le gouvernement, tant de l'Etat que « l'Eglise, tel qu'il est établi à présent par les lois. » Plus tard, le fanatisme protestant trouva qu'il était trop indulgent pour les papistes, dont le sang ne coulait plus avec la même abondance sur les échafauds ; il conspira contre le pouvoir légitime et donna la couronne au prince d'Orange, qui avait épousé la fille de Jacques. Qui eut tort ou raison dans cette circonstance ? Il ne nous appartient pas de le décider. Tout ce qu'il nous est permis de dire, c'est que la chute et l'exil du souverain furent l'ouvrage d'une rébellion suscitée par des hommes ennemis de la liberté de conscience, dont les successeurs prêchent aujourd'hui la même doctrine et suivent, en matière religieuse, le même système d'oppression.

Le traité de Nimègue, une trêve de dix-huit ans conclue à Ratisbonne, laissaient l'Espagne et la Hollande réunies contre la grandeur de la France. Jacques avait à se décider entre des nations toujours prêtes à prendre les armes. Louis XIV lui envoya 500,000 livres sterling; il les reçut avec reconnaissance, demanda les arrérages dus à son prédécesseur, et, de plus, un subside semblable pour lui-même pendant les trois années suivantes. En Angleterre, les souverains se succédaient depuis longtemps sans renoncer à la générosité de la France, qui avait pris la mauvaise habitude de les nourrir. Louis s'étonna de cette demande; on en appela à sa pitié. Il accorda une somme de 2,000,000 de livres sterling, tout en ne faisant pas grand cas des protestations de fidélité dont on le comblait. Ses pressentiments le trompaient peu, car cette main solliciteuse signa, quelques mois plus tard, un traité d'alliance avec les Etats-Généraux. Instruit bientôt de cette déloyauté, Louis conseilla à Barillon, son ambassadeur à Londres, de surveiller les opérations ultérieures du cabinet anglais et d'empêcher, par tous les moyens possibles, la conclusion de pareils traités avec ses ennemis; ses instructions étaient pleines de sagesse, et ses prévisions ne furent que trop tôt réalisées. L'ambassadeur espagnol proposa le renouvellement du dernier traité, celui de la triple alliance. Jacques, oubliant que Louis venait de remplir ses coffres, allait adhérer aux conseils de l'Espagnol, quand Sunderland l'en détourna et lui fit prendre la résolution de ne contracter aucun engagement de nature à faire éclater la guerre. Dans cette circonstance, Jacques était un ingrat qui trahissait son bienfaiteur, son ministre était un spéculateur dont les bons conseils donnés à son maître coûtaient à Louis XIV une pension annuelle de 60,000 livres sterling; cette pension fut doublée plus tard pour récompenser Sunderland de ce qu'il contraignait son maître à ne pas mépriser ses engagements.

Pendant que le roi d'Angleterre hésitait entre la trahison et

Louis XIV lui envoie 500,000 liv. sterling.

Arrérages dus à Charles II.

Demande d'un subside.

Jacques s'allie avec les Etats-Généraux.

Il se prépare à renouveler contre nous la triple alliance.

Sunderland le détourne de ce projet; à quel prix?

la fidélité, le prince d'Orange préparait contre lui un armement destiné à lui ravir sa couronne. Louis, mieux instruit que Jacques, lui en donna avis en lui proposant, avec une chevaleresque loyauté, de réunir les deux flottes anglaise et française pour empêcher la descente projetée. Malheureusement pour lui, l'infatué monarque fut sourd à tous les conseils et poussa l'aveuglement jusqu'à soupçonner que les avertissements de Louis étaient autant d'artifices employés pour l'attirer dans une alliance, avant l'ouverture des hostilités entre la France et l'Allemagne. Jacques agissait en aveugle, et Louis, pour le protéger jusqu'à la fin, fit reprocher au prince d'Orange tous ses préparatifs de guerre, avec la déclaration qu'étant l'allié de Jacques, il considérerait comme une cause légitime de guerre le premier acte d'hostilité commis contre l'Angleterre. Ce langage aurait dû éclairer le monarque anglais et lui faire connaître ses véritables amis ; au lieu de cela, son orgueil s'offensa de cette loyale protection, et, subissant la loi de son inqualifiable obstination à ne rien voir, il fit enfermer à la Tour le ministre dont l'habileté savait plaider sa cause auprès de la cour de France.

Les historiens anglais se demandent si Louis XIV agissait dans l'intérêt de Jacques ou dans son intérêt personnel. Il est facile de leur répondre que, dans la lutte qui se préparait entre lui et l'Allemagne, le roi de France devait naturellement désirer avoir un ennemi de moins à combattre, lors même qu'un ennemi de plus n'aurait pas pu lui arracher la victoire; mais qu'avant tout son dessein était de faire respecter le souverain auquel obéissait l'Angleterre. Ce double but était bien avouable, et le rôle de protecteur que se donnait la France était une noble mission dont s'applaudissaient alors tous les esprits que n'aveuglaient pas de ridicules préjugés.

La campagne d'Allemagne venait de s'ouvrir, nous faisions

le siége de Philipsbourg, et nous contenions en même temps l'impatiente ambition de Guillaume. Bien loin de le comprendre, Jacques eut la maladresse de déclarer qu'il regardait ce siége comme une violation de la paix de Nimègue, et qu'il allait joindre ses forces à celles de l'Espagne et de la Hollande. Nous le protégions, et il nous menaçait! Il fut bientôt forcé de reconnaître tout ce qu'il y avait de périls dans sa position : Guillaume préparait sa descente en Angleterre, les Etats ordonnaient un jeûne et des prières pour obtenir un vent favorable; la fille de Jacques assistait, dans un temple de la Haye, à un service composé de trois longs sermons, entrecoupés de prières d'égale durée, pour obtenir de Dieu le détrônement du père le plus affectionné. Louis, ne pouvant pas demeurer spectateur indifférent des dangers qui menaçaient un allié même infidèle, conseilla à Jacques, par des messages réitérés, de marcher en personne contre les envahisseurs et de leur offrir la bataille avant que l'esprit de désaffection ne se fût répandu parmi ses troupes. Jacques n'en fit rien. Guillaume publia un manifeste dans lequel, agissant en maître, il ordonna le désarmement de tous les catholiques, attendu qu'ils étaient amis de la France; ce prince n'avait pas encore volé la couronne de son beau-père que déjà, en haine de la France, il se faisait le persécuteur du catholicisme. Les conspirateurs s'emparèrent de Londres, le pillage et le massacre furent à l'ordre du jour, et Jacques, se souvenant que, suivant la maxime de son père, il n'y avait pas loin de la prison d'un roi à son tombeau, monta, le 24 décembre, à bord d'un bâtiment qui, après deux jours d'une périlleuse traversée, vint s'arrêter à Ambleteuse, d'où le monarque fugitif, accompagné de sa femme et de son fils, se rendit au château de Saint-Germain. Louis, oubliant toutes ses fautes, l'y accueillit avec des témoignages de sympathie et des marques de munificence dignes d'un grand roi et d'une grande nation. Un des palais du roi lui fut accordé pour résidence ; ses besoins et ceux de la reine furent prévenus, et on lui rendit les mêmes honneurs que s'il eût été en possession des deux trônes de la Grande-Bretagne et de l'Irlande. Son règne était fini, sa famille ne devait plus porter la couronne; Guillaume d'Orange montait sur le trône d'où il venait de chasser son malheureux beau-père.

Causes de sa chute.   L'Angleterre ne peut raisonnablement reprocher à Jacques II que le crime d'être retourné à la foi de ses pères et d'avoir publié un édit de tolérance en faveur des catholiques. Il a usé pour lui de la liberté de conscience, il n'a pas voulu opprimer celle de ses sujets. Si nous joignons à cela son aveugle imprévoyance dans la direction des affaires intérieures de son royaume et son incroyable confiance dans les protestations de fidélité que lui prodiguaient le parlement et les ministres de l'Eglise réformée, nous connaîtrons les causes qui le renversèrent du trône.

La France a le droit de lui faire des reproches beaucoup plus graves. En 1686, Louis XIV lui fait parvenir 500,000 livres sterling ; cette somme ne lui paraissant pas suffisante, Jacques ose réclamer les arrérages dus à son prédécesseur et solliciter pour lui-même la pension payée à Charles II. Quand toutes ces demandes lui sont accordées, il fait alliance avec les Etats-Généraux, et, poussant plus loin l'ingratitude, il pense à ressusciter la coalition formée autrefois contre nous et brisée par nos victoires. Sunderland, son ministre, s'efforce de le retenir dans le chemin de l'honneur, et nous rend ce service moyennant une pension de 60,000 livres sterling, payables d'avance par semestre, et plus d'une fois doublée pour reconnaître les services qu'il nous rendait en conseillant au roi d'être fidèle à ses serments. En 1687, Guillaume prépare une descente en Angleterre: Louis propose à Jacques de réunir les deux flottes pour prévenir les malheurs dont est menacée la famille des Stuarts; Jacques a l'insigne folie de se persuader que le puissant roi de France veut le tromper afin d'obtenir son alliance ou sa neutralité. Louis XIV rit de ces soupçons au lieu de s'en indigner, et il intervient hautement auprès du prince d'Orange en faveur de l'Angleterre. Pour reconnaître ce service, le monarque fait jeter en prison le ministre dont l'habile politique a pu obtenir cette intervention; non content de cette folie, il nous menace d'une déclaration de guerre. L'insurrection vient mettre fin à cette incroyable obstination en chassant les Stuarts de Londres. Bannis et poursuivis, ces infortunés, oubliant l'ingratitude (1) dont ils se sont rendus coupables, prennent le chemin de la France, où ils sont reçus avec une grandeur et une attention qu'il n'appartenait à aucune autre nation d'imiter. Pour s'en faire une idée bien exacte, il suffit de lire trois lettres écrites à cette époque, l'une par la reine d'Angleterre, la seconde par le roi, et la troisième par l'un des seigneurs attachés à la cour :

« Sire,

« Une pauvre reine, fugitive et baignée dans ses larmes, n'a
« point eu de peine à s'exposer aux plus grands périls de la
« mer pour venir chercher de la consolation et un asile auprès
« du plus grand roi et du plus généreux monarque du monde.
« Sa mauvaise fortune lui procure un bonheur que les nations
« les plus éloignées ont ambitionné. La nécessité n'en diminue
« rien, puisqu'elle en a fait le choix, et que c'est par une es-
« time singulière qu'elle veut lui confier ce qu'elle a de plus
« précieux en la personne du prince de Galles, son fils. Il est

---

(1) Ce règne de trois ans nous a coûté 86,400,000 francs, et il nous a valu trois trahisons !

« encore trop jeune pour en partager avec elle sa juste recon-
« naissance ; elle est tout entière dans mon cœur, et je me fais
« un plaisir, au milieu de tous mes chagrins, de venir à l'om-
« bre de votre protection.

« LA REINE D'ANGLETERRE. »

« Monsieur mon frère,

« Comme j'espère que la reine ma femme et mon fils ont dès
« la semaine passée mis pied à terre en quelques uns de vos
« ports, j'espère que vous me ferez le plaisir de les protéger,
« et sans que malheureusement je fus arrêté en chemin, j'y
« aurais été moi-même pour vous le demander pour moi-
« même aussi bien que pour eux. Votre ambassadeur vous ren-
« dra compte du mauvais état de mes affaires, et vous assurera
« aussi que je ne ferai jamais rien contre l'amitié qui est entre
« nous.

« Etant très-sincèrement, monsieur mon frère,
« votre bon frère.

« JACQUES, ROI.

« A Whitehall, ce 17-27 décembre 1688. »

« A Versailles, le 7 janvier 1689.

« S..., le 7 du courant, l'entrevue du roi et du roi d'An-
« gleterre s'est faite en Saint-Germain-en-Laye... Il (Louis XIV)
« a ordonné qu'on le tînt averti quand le roi d'Angleterre com-
« mençait à entrer dans la cour, et dès qu'on le lui est venu
« dire, il a quitté la reine et est venu jusqu'environ au milieu
« de la salle des gardes. Et lorsque le roi d'Angleterre a paru
« au haut du degré, il a avancé vers la porte... Dès que le roi
« d'Angleterre l'a aperçu, il a commencé à s'abaisser, et, en
« approchant de Sa Majesté, il s'est abaissé si bas que le roi a

« eu de la peine à l'embrasser... Incontinent le roi l'a mené
« dans la chambre de la reine d'Angleterre, lui donnant la droite
« sur lui. Sa Majesté l'a présenté en même temps à la reine,
« en lui disant : « Madame, voilà un gentilhomme de votre con-
« naissance que je vous amène... » Peu de temps après, ils se
« sont séparés. Le roi d'Angleterre a fait une démonstration
« de vouloir reconduire le roi, et Sa Majesté lui a dit : « Mon-
« sieur, je crois que ni vous ni moi ne savons guère le cérémo-
« nial de ces occasions, parce qu'elles sont fort rares, et ainsi
« je crois que nous ferons bien, autant que nous pourrons, d'en
« supprimer la cérémonie et l'embarras. C'est encore aujour-
« d'hui chez moi. Si vous voulez venir chez moi demain à Ver-
« sailles, je vous ferai les honneurs, et après-demain je re-
« viendrai vous voir ici, et comme ce sera chez vous, vous en
« userez comme vous voudrez. »

« Le roi d'Angleterre avait avec lui deux de ses enfants na-
« turels... On a donné au roi et à la reine des valets de cham-
« bre, des huissiers, et toutes sortes d'autres officiers, de même
« que le roi a des gardes du corps, des cent-suisses, des gardes
« de la prévôté, mais il n'y a point de gardes d'infanterie.
« Jamais toilette ne fut plus propre, plus magnifique ni plus
« abondante, et tout ce qu'on peut imaginer pour tous les be-
« soins et la propreté la plus exquise des femmes, que celle
« qu'a trouvée la reine d'Angleterre pour elle. Le roi a donné
« au roi d'Angleterre, pour son entretien, celui de la reine et
« du prince de Galles, 50,000 écus par mois. »

C'était, nous le croyons, faire les choses avec autant de dé-
licatesse que de grandeur.

Nous n'avons donné ces différentes citations, malgré leur
longueur, que pour avoir le droit d'établir la différence qui
existe entre l'hospitalité donnée par la France aux souverains

fugitifs de l'Angleterre et l'hospitalité donnée par l'Angleterre à Jean II, à Marie Stuart, et, plus tard, au glorieux passager du *Bellérophon*. Certes, la lettre de Marie d'Este à Louis XIV est pleine de nobles sentiments, les larmes d'une mère n'y abaissent en rien la dignité d'une reine ; mais il y a loin de ces sentiments à ceux dont sont empreintes les déchirantes lettres de Marie Stuart à Elisabeth. Les uns sont des félicitations sur l'honneur de secourir de royales adversités, c'est un orgueil que le malheur n'abaisse pas ; les autres sont une touchante prière invoquant la tendresse d'une vieille amitié, c'est un cœur qu'a brisé l'affliction. Et cependant la dernière couche de Marie Stuart fut, en Angleterre, une poignée de paille sur un échafaud, son dernier courtisan fut un bourreau, tandis que Marie d'Este put, chaque soir de sa vie, s'endormir au milieu des délices de la cour de France. Quant au passager du *Bellérophon*, nous le retrouverons expirant enchaîné sur un rocher désert.

Roi de France :
Louis XIV.

GUILLAUME III. (1689 A 1702.)

Après une honteuse comédie de quinze ans, quand cette masse d'hommes ambitieux et corrompus, dévoués à tous les vices et méprisés de la nation, furent devenus les maîtres, Guillaume monta sur le trône de son beau-père. La révolution anglaise, l'une des pages les plus hideuses de l'histoire moderne, n'a été faite qu'en haine de la France, dont la grandeur, exploitée par des hommes incapables de reculer devant la honte ou devant le scandale, raviva dans l'esprit des populations indignement trompées des rivalités et des jalousies qui allaient s'affaiblissant, et que nous avons vues couvrir le monde de débris, de ruines et de sang. A partir de ce moment, l'Angleterre rentra dans sa politique d'opposition aux succès de la France, politique dont elle n'est point sortie depuis cette époque, où elle a déployé, avec la haine la plus violente, la plus opiniâtre énergie.

Le premier soin de Guillaume fut de lancer la France dans une guerre générale, en ameutant contre elle les puissances qu'elle avait vaincues sur tous les champs de bataille. Alors s'éleva ce patriciat britannique qui consiste à occuper le peuple au dehors pour le distraire des affaires du dedans, à lui donner en pâture la haine de la France pour l'étourdir sur sa misère et sur son asservissement. « Depuis 1688, a dit un his« torien anglais, la guerre contre la France semble être de« venue une partie de la constitution. »

Guillaume proposa au parlement d'entrer dans la ligue européenne contre Louis XIV ; sa proposition fut acceptée avec enthousiasme, parce que, suivant les paroles d'un fougueux orateur, « le *droit de pavillon*, attaché à la couronne d'An« gleterre, avait été disputé par le roi de France. » Quand on lui apprit le vote de la chambre, Guillaume, dont la haine était satisfaite, s'écria avec une indécente joie : « Je commence donc « à régner ! » Coalition contre la France.

C'est à ce souverain qu'il faut remonter pour trouver l'origine de ces désastreuses guerres que la nation anglaise s'est plue à nous susciter sur le continent, dans le but avoué de nous détruire. C'est aussi de lui que date ce système politique, sorti de l'école de Machiavel, dont tout le mérite consiste à parler beaucoup des vertus dont on a les défauts, à courir après la fortune en lui sacrifiant même l'honneur, à tarifer la gloire comme une balle de coton. Haine de Guillaume contre la France.

Le résultat de cette politique fut que l'Angleterre, l'Allemagne et l'Espagne nous déclarèrent la guerre. Pour entrer dans

Affaires d'Irlande.

Siège de Limerick.

Capitulation violée.

Révoltante persécution contre les catholiques.

la ligue de manière à nous faire le plus de mal possible, il fallait achever l'asservissement de l'Irlande que soulevait son affreuse misère. On assiégea Limerick, et cette place se rendit sous condition que les vaincus, en prêtant serment à Guillaume, conserveraient leurs lois, leurs propriétés et leur culte. Cette capitulation fut violée. L'Irlande retomba plus rudement que jamais sous la main de ses tyrans ; on proscrivit ses prêtres et sa religion; on la réduisit à la misère en mettant à ses travaux agricoles, à ses efforts industriels les entraves les plus révoltantes ; on la livra à ce système implacable de spoliation, de mépris, d'iniquité persévérante, dans lequel les terres sont possédées par une aristocratie qui n'habite pas le territoire, les impôts payés pour un clergé étranger, ennemi et le plus riche du monde (1), l'autorité exercée par un pouvoir qui regarde toujours l'Irlande comme un pays conquis. Pour satisfaire sa haine contre la France, il fallait arracher le dernier lambeau de liberté avec le dernier morceau de pain à cette province dont les aspirations étaient catholiques et françaises ; on ne s'arrêta ni devant la turpitude, ni devant la férocité.

Louis XIV vainqueur propose la paix.

Guillaume le refuse.

Victoire de Nerwinde.

Vainqueur sur terre et sur mer, Louis XIV fait des propositions de paix ; Guillaume insiste auprès de ses alliés pour qu'elles soient rejetées. Il faut, suivant son système, profiter de l'union où pour la première fois se trouve l'Europe pour abattre l'ennemi commun. La France lui répond par la bataille de Nerwinde, où il fut complètement battu. Aussi dit-on qu'en

---

(1) Le clergé protestant d'Irlande se compose de 22 prélats et de 886 ministres ayant à gouverner moins de 500,000 protestants perdus au milieu de 8,000,000 de catholiques ; il possède pourtant un revenu de plus de 8,000,000 de livres sterling, ou de 182,000,000 de francs. En France, le clergé, par 500,000 habitants, n'a de revenu que 425,000 francs.

voyant la maison du roi s'élancer, après dix heures de combat, sur son régiment de réfugiés, il tourna bride en s'écriant : « Oh! l'insolente nation! » Nous étions insolents comme la victoire, et lui, qui se sauvait à toute bride, n'avait que l'insolence d'un vaincu dévoré par un orgueil humilié.

Vaincus sur terre à la bataille de la Marsaille, sur mer à la bataille du cap Saint-Vincent, les Anglais voulurent s'en venger et s'efforcèrent de brûler Saint-Malo, qui leur avait capturé 262 bâtiments de guerre et 3,300 bâtiments marchands. Obligés de fuir devant nos armées, ils crurent relever leur honneur en détruisant un port qu'ils savaient être sans garnison ; mais ils comptaient sans l'héroïsme des habitants, et là encore ils virent échouer leurs projets incendiaires. *Victoire de la Marsaille. Les Anglais tentent de brûler Saint-Malo.*

Sur ces entrefaites, Charles II, roi d'Espagne, vint à mourir, et, par son testament, institua le duc d'Anjou, petit-fils de Louis XIV, son héritier universel. Le testament fut accepté; le duc d'Anjou prit le nom de Philippe V et monta sur le trône d'Espagne. Guillaume s'irrita de voir « cette insolente « nation, » qu'il aurait voulu réduire, étendre sa puissance et son commerce aux Pays-Bas, en Amérique et dans l'Inde. La colère de Guillaume n'empêcha pas Louis XIV de chasser les Hollandais des Pays-Bas et de s'établir dans les places qu'ils occupaient. Les Anglais crurent nous voir menacer Londres de nos ports d'Ostende et d'Anvers, et, dans un moment de délire, nous demandèrent « d'abandonner la succession es- « pagnole à l'empereur d'Allemagne, de retirer nos troupes « des Pays-Bas, de livrer les places de la Belgique aux garni- « sons hollandaises, d'abandonner Nieuport et Ostende à l'An- « gleterre, etc., etc. » Louis XIV rejeta dédaigneusement ces ridicules propositions, et, d'après les conseils du parlement anglais, les puissances du continent renouvelèrent contre nous l'alliance de 1688. *Mort du roi d'Espagne. Le duc d'Anjou monte sur le trône d'Espagne. Orgueilleuses exigences de l'Angleterre.*

Coalition contre la France.

Toujours animé de la même haine, Guillaume était au bord du tombeau quand il fit signer à la Haye le traité dit de la grande alliance, dont le but était « de procurer à l'empereur « une satisfaction raisonnable touchant la succession d'Espagne, « de nous enlever la Flandre espagnole, d'assurer les domai- « nes, provinces, commerce et navigation de la Grande-Bre- « tagne, d'empêcher la réunion des deux royaumes de France « et d'Espagne sous le même gouvernement, surtout que nous « ne nous missions en possession des Indes espagnoles, ni que « nous pussions jamais y aller sous prétexte de trafic ou tout « autre motif semblable ; de donner à l'Angleterre et aux États- « Généraux *la faculté de s'approprier ceux des territoires et « villes des Espagnols dans les Indes dont ils pourraient s'em- « parer.* » Ne soutenaient-ils pas bien les intérêts de cette suc- cession que l'on nous disputait ? On ne voulait pas nous la laisser : c'eût été une injustice ; mais il était équitable de s'en emparer, ou du moins d'en arracher les plus riches lambeaux ! C'est pour défendre ce système odieux que plusieurs millions d'hommes ont perdu la vie au milieu des flots ou dans les vas- tes solitudes du Nouveau-Monde.

Odieuse politique de l'Angleterre.

Nous n'avions fait aucun pas, nous n'avions prononcé au- cune parole contre l'Angleterre, il n'y avait donc de notre part aucune provocation ; mais nous étions vainqueurs des ennemis que l'or et les intrigues nous suscitaient sur le continent, nous devenions riches et forts, il y en avait assez pour humilier et désespérer une nation dont les souverains étaient naguère à notre solde. Guillaume proposa au parlement d'approuver le traité de la grande alliance, et le parlement répondit : « Tous « les vrais Anglais ont tenu toujours pour certain que la sûreté « de leur religion, de leurs libertés et de leurs droits, que leur « honneur, leur commerce, dépendaient principalement des « mesures qui doivent être prises contre l'accroissement du

« pouvoir de la France... Aussi nous sommes prêts à soutenir
« la réputation du nom anglais en nous engageant dans la
« glorieuse cause du maintien des libertés de l'Europe. »

Il est donc bien entendu que tout bon Anglais doit désespérer de sa religion, de sa fortune, de son honneur et de sa liberté, si le pouvoir de la France prend de l'accroissement, et que tout bon Anglais doit désespérer de sa religion, de sa liberté, de sa fortune et de son honneur, si la France obtient le premier rang dans le monde ; que, dans ce cas, il est du devoir de tout bon Anglais de courir aux armes pour protéger les libertés de l'Europe. Pour tout bon Anglais, l'Europe ne s'étend pas au-delà des limites de son île ; l'Europe, c'est lui ! Aussi ce pays si généreux fit-il d'énormes sacrifices : on imposa toutes les terres, tous les revenus, toutes les pensions, tous les gains, profits et salaires, toutes les marchandises, tous les capitaux.

Au moment où la guerre allait devenir universelle, Guillaume succomba devant un souffle de la mort ; il ne lui fut pas donné d'insulter plus longtemps à la grandeur de la France. L'Angleterre accepta cet héritage de haine, et Louis XIV enjamba la tombe de Guillaume pour courir à de nouvelles victoires.

Nous n'avons à reprocher à Guillaume aucune infidélité, sa haine contre nous était furieuse mais loyale ; il voulait nous détruire, son orgueil s'irritait de nos succès, son or ameutait contre nous l'Europe entière. Nous avons triomphé de l'Europe, et nous avons passé devant l'Angleterre en souriant de son orgueil, que nos soldats étouffaient sous les plis de leurs victorieux drapeaux. La devise de Guillaume fut celle-ci : « Haine à mort à la France ! » Cette devise ne couronne-t-elle plus le léopard ? La suite de cette histoire nous l'apprendra.

ANNE. (1702 A 1714.)

Roi de France.
Louis XIV.

A partir du règne de la reine Anne, les souverains d'Angleterre s'effacent devant le parlement ; ils portent encore la couronne, mais leur main est dépouillée du sceptre. Ce fait admis, nous n'aurons plus que dans quelques rares occasions à signaler la haine des monarques contre la France ; ce sera la haine de la nation elle-même, exprimée par le parlement, qui conduira l'astucieuse politique dont nous aurons à nous plaindre. Cette révolution dans l'esprit du gouvernement de ce pays fut tellement complète, que, malgré le caractère bienveillant de la reine, le parlement déclara « qu'il seconderait « de tous ses efforts Sa Majesté et ses alliés dans la poursuite « des mesures déjà concertées pour abaisser la puissance de « la France. » La guerre fut déclarée.

Le parlement déclare la guerre.

Parmi nos plus furieux adversaires, nous comptions le fameux Marlborough et le prince Eugène de Savoie, qui, dès les premières opérations, nous firent perdre la ligne de la Meuse, les duchés de Gueldre, de Clèves et de Juliers, bientôt après l'électorat de Cologne. Sur mer, la flotte alliée, forte de deux cents voiles, assiégea Cadix, échoua sur ce point, se tourna contre la flotte des Indes qu'une escadre française venait de conduire à Vigo, s'empara de cette place, nous força à brûler nos vaisseaux et s'empara de cent vingt bâtiments chargés d'immenses richesses.

Pertes de la France.

1703.

La joie fut grande en Angleterre ; en France, la douleur doubla le courage. Aussi, l'année suivante, notre marine fit-elle une guerre d'escadres aussi brillante que profitable. Malheureusement ces succès n'empêchèrent pas la diplomatie anglaise de nous enlever, à l'aide de perfides insinuations, l'alliance du Portugal, et de faire de ce royaume une espèce de colonie anglaise. Quelques mois plus tard, l'Angleterre s'empara de Gibraltar, et, par cette conquête, obtint la domination sur la Méditerranée. La même année, nous perdons l'Allemagne, l'or de la Grande-Bretagne soulève contre nous la Catalogne et l'Aragon, nous sommes vaincus à la bataille de Turin, et nous évacuons l'Italie; enfin les Pays-Bas nous échappent après la sanglante bataille de Ratisbonne.

<small>1704. L'alliance du Portugal nous est enlevée. 1705. L'Angleterre est maîtresse de Gibraltar. Soulèvement de la Catalogne. Suite de nos pertes.</small>

Attristé mais non abattu en présence d'une coalition dont l'Angleterre était l'âme, Louis XIV fait des propositions de paix. Par qui sont-elles insolemment rejetées? par le cabinet de Saint-James abusant d'une supériorité numérique achetée aux dépens de la fortune de l'Angleterre. Pour les faire accepter, il aurait fallu que Louis XIV s'engageât à chasser son petit-fils d'Espagne, à céder l'Alsace et la Flandre. Louis refusa, fut vaincu à Malplaquet et proposa de renoncer à l'Alsace pour qu'on laissât le royaume de Naples au duc d'Anjou. L'Angleterre refusa, encore. Plus les forces de l'Europe nous faisaient subir de défaites, plus nos concessions étaient grandes, plus l'Angleterre se montrait implacable. A ses yeux, nous serions trop puissants tant que, maîtresse de nos ports de mer, elle ne se serait pas emparée de nos plus riches colonies. Elle était courageuse et fière derrière les baïonnettes de l'Europe.

<small>Propositions de Louis XIV. Refus de l'Angleterre. Ses prétentions. Nouvelles propositions. Nouveau refus.</small>

Les victoires d'Almanza, de Brihueya et de Villa-Viciosa nous rendirent l'Espagne et décidèrent le parlement à songer à une transaction pacifique. Ce fut en vain que, pour empêcher la paix, les whigs excitèrent des insurrections en répandant des proclamations animées d'une haine implacable contre la France, la paix fut signée à Utrecht, le 11 avril 1713, par toutes les parties qui avaient pris part à la guerre, sauf l'empereur et

<small>1710. 1713.</small>

l'Empire, qui traitèrent bientôt après à Rastadt et à Bade, quand l'or anglais cessa de solder leurs armées.

Par le traité d'Utrecht, Philippe céda à l'Angleterre Gibraltar et Minorque, Louis XIV lui abandonna la baie d'Hudson, l'Acadie, Terre-Neuve et Saint-Christophe ; il démolit le port et les fortifications de Dunkerque. Nous n'y gagnâmes qu'une chose, c'était de n'avoir plus de Pyrénées ennemies. L'Espagne fut assez heureuse pour conserver ses possessions de l'Inde, tant enviées des Anglais. Ces conditions étaient certes assez belles pour satisfaire l'ambition de tout bon Anglais. Philippe était reconnu comme roi d'Espagne, mais on lui enlevait Gibraltar ; la coalition était abandonnée, mais Louis XIV cédait quatre de nos colonies. La France et l'Espagne, qui n'avaient rien fait pour provoquer l'Angleterre, payaient assez cher une paix si généreusement octroyée. Toutefois, les whigs crièrent à la trahison parce que nous n'étions, disaient-ils, ni assez ruinés, ni assez humiliés. La reine était mourante ; ils tourmentèrent ses derniers moments pour obtenir d'elle un dernier appel aux armes. La mort appela cette princesse elle-même et la délivra de ces fanatiques dont l'insatiable haine ne pouvait se reposer tant que la France posséderait un vaisseau sur la mer et une place d'armes sur la terre.

1714.

Le règne d'Anne fut l'âge d'or de la littérature anglaise ; la France n'a aucun reproche à lui adresser. Mais combien de malheurs nous sont venus de la nation que nous avions naguère si loyalement protégée, ou, pour mieux dire, du parlement, dont les membres les plus influents avaient pendant de si longues années sollicité et obtenu de Louis XIV de riches pensions, d'éblouissantes aumônes ! Nous n'avions plus rien à leur donner ; il fallait bien que, le poignard sur la gorge, ils nous demandassent la bourse ou la vie !

En résumé, pendant ce règne de douze ans, l'Angleterre

nous a fait perdre la ligne de la Meuse, l'Allemagne, deux cent cinquante vaisseaux, l'alliance du Portugal, l'Italie, les Pays-Bas, quatre colonies et les richesses du port de Dunkerque. L'Espagne, notre alliée, s'est vu enlever Gibraltar et Minorque. Sur vingt champs de bataille, où elle nous a opposé les nations à sa solde, nous avons perdu 100,000 hommes. Que de ruines, de pleurs et de sang pour donner satisfaction à une aveugle jalousie, pour se venger de la gloire d'une nation dont le cœur est sans crainte parce que son épée est sans reproche !

CHAPITRE IX.

Depuis GEORGES Ier (1714) jusqu'à GEORGES III (1760).

Rois de France :
Louis XIV.
Louis XV.

Anne étant morte sans postérité, son frère Jacques III aurait dû monter sur le trône, si la constitution anglaise eût été respectée par ceux-là mêmes qui l'avaient imposée à la nation. Mais quand les partis savent-ils assez se vaincre pour ne pas mettre les constitutions au service de leurs passions? Jacques appartenait à cette famille des Stuarts dont le cœur inclinait vers la France; il importait donc aux whigs de le priver des droits que lui donnait la loi fondamentale du royaume en appelant l'électeur de Hanovre à s'emparer de la couronne.

Il n'était pas possible que Georges, le roi favori des anarchistes, épousant leurs passions, ne voulût pas trouver sa force dans les haines contre la France, et qu'il ne cherchât pas l'occasion de troubler la paix établie par le traité d'Utrecht. A peine fut-il assis sur le trône qu'il convoqua un nouveau parlement devant lequel il blâma cette convention dans les termes les plus amers et les plus injurieux. « Tous les malheurs du « royaume, disait-il, s'étaient accrus depuis que l'Angleterre « avait posé les armes. » Les pairs et les communes furent de l'avis du roi. On se mit à examiner les pièces du traité d'Utrecht; on demanda à Louis XIV la démolition de Mardick. Le vieux roi s'indigna de cette audace, et, prêt à descendre dans la tombe, se retourna pour vaincre encore des ennemis habitués à fuir devant lui. Au moment où l'Angleterre violait ainsi le traité d'Utrecht, elle ordonnait à son ambassadeur à Paris d'exciter le duc d'Orléans à faire en France une révolution de 1688 (1). Le prince prêta l'oreille à ces perfides conseils, et la semence ainsi répandue porta son fruit plus tard. Dans le but de paralyser ces criminels projets, Louis XIV prépara une descente en Angleterre. Georges et sa faction étaient dans les plus vives alarmes; nous allions nous venger d'un gouvernement sans honneur et sans foi, lorsque la mort du grand roi vint briser l'épée de la France et ajourner sa gloire.

La politique si grande et si nationale de Louis XIV fut abandonnée par le duc d'Orléans, régent de France, pour une politique de bassesse, d'égoïsme et de trahison, où la nation, ses intérêts, son avenir et sa dignité furent livrés à l'Angleterre dans le but de donner à ce prince la régence d'abord et le trône ensuite si Louis XV venait à mourir. Ainsi, les intérêts de Georges et ceux du duc d'Orléans étaient les mêmes, et tous les deux se trouvaient dans le même cas : le premier à l'égard du prétendant Jacques, le second à l'égard de Philippe, roi d'Espagne, en supprimant la tête du royal enfant. Aussi se prêtèrent-ils un mutuel appui, mais avec cette différence que le roi d'Angleterre, stipulant pour ses intérêts personnels, n'oublia point les intérêts de son royaume, tandis que le duc d'Orléans sacrifia la France à son ambition et à celle de sa famille.

Politique de Georges et du duc d'Orléans.

J'éprouve une véritable honte à faire le récit des intrigues, des déloyautés et des crimes de l'un, des bassesses, des lâchetés et des trahisons de l'autre; je voudrais que ma plume se brisât! Alors, au lieu d'écrire, je prendrais cette fange et la jetterais

---

(1) Epoque de la révolution d'Angleterre.

au visage... de qui? au visage de ceux qui nous ont trompés et volés, au visage de ceux dont la main cherche encore à se glisser dans la nôtre pour la presser peut-être, peut-être aussi pour en arracher quelques diamants, ou, à défaut de diamants, une poignée d'or. Je ne sais pourquoi, au moment où cette main nous est tendue, mon cœur a froid, mon âme s'attriste. Est-ce pressentiment de l'avenir? est-ce souvenir du passé? Les leçons du passé ont été bien amères; l'avenir est-il autre chose que « la glace d'une nuictée? » Malheur à qui s'y fie!

Malgré nos répugnances, continuons à fouiller dans l'histoire; peut-être nous sera-t-il utile un jour de ne nous être pas laissés vaincre par ce qu'elle va nous offrir d'abaissements et de perversités.

Brême et Verden.

Georges double ses Etats héréditaires par l'acquisition frauduleuse de Brême et de Verden, qui appartenaient à la Suède depuis le traité de Westphalie. Charles XII ose réclamer ces duchés; on envoie une escadre anglaise dans la Baltique pour aider contre lui les Danois et les Prussiens. Charles XII, spolié et menacé, fait alliance avec Philippe V, auquel l'Angleterre conteste injustement ses droits sur le Milanais, Naples et les Pays-Bas. L'Angleterre et la Hollande s'unissent par un traité;

Honteuse promesse.

la France, entraînée par le régent auquel Georges a promis le trône de Louis XIV pour prix de son amitié, la France, rouge de honte, apporte sa signature à ce traité qui la jette, brisée et mutilée, sous les pieds de son ennemie. Georges et le régent s'engageaient à maintenir de tous leurs efforts la paix d'Utrecht, se garantissaient mutuellement *leurs droits* aux trônes de France et d'Angleterre, et stipulaient le nombre d'hommes et de vaisseaux qu'ils devaient mutuellement fournir dans le cas de l'invasion par l'Espagne d'un des deux royaumes. Ainsi, pour favoriser l'élévation au trône du duc d'Orléans, la France s'engageait à maintenir un traité que des revers inouïs l'avaient forcée de conclure, à soutenir une maison (celle de Hanovre) élevée contre elle et sa naturelle ennemie, à tourner ses armes contre l'Espagne dont l'union avec elle avait été achetée par tant de sang et de trésors. En récompense de tant de complaisance, de tant de dévouement pour son ennemie, il semble qu'elle devait s'attendre à des dédommagements ; ce fut au contraire la France qui donna des avantages à l'Angleterre. Ainsi elle consentit à démolir Mardick, Mardick que Louis XIV avait fait construire pour remplacer Dunkerque, « Mardick, disaient les Anglais eux-mêmes, pour lequel la « France aurait dû faire la guerre et non une ligue pour le « détruire. » De plus, le régent s'engagea à chasser de France, et même de Lorraine et d'Avignon, le prétendant avec tous ses partisans, jacobites ou tories. Enfin Louis XV se contenta, dans le traité, du titre de roi très-chrétien, laissant à Georges celui de *roi de France*.

Démolition de Mardick.

Inhospitalité.

Le cardinal Albéroni, premier ministre d'Espagne, avait, depuis cinq ans, merveilleusement rétabli la marine de son pays. Si la France, enfin débarrassée du joug ignominieux de la régence, venait à joindre ses vaisseaux à ceux de l'Espagne, l'empire de la mer échappait à l'Angleterre ; il fallait donc se se hâter de détruire la marine espagnole. Une flotte anglaise pénètre dans la Méditerranée ; Philippe demande des explications sur la destination de cette flotte, on lui répond hypocritement qu'il s'agit de protéger la neutralité de l'Italie. Non content d'ajouter foi à cette réponse, Philippe déclare s'en rapporter à l'arbitrage de l'Angleterre pour sa querelle avec l'empereur.

Odieuse perfidie.

Pendant que le roi d'Espagne se confie ainsi à la loyauté de Georges, devenu l'arbitre de son choix, celui-ci fait avec le régent, son inséparable compère, un nouveau traité pour garantir à l'empereur Naples, Milan et les Pays-Bas, lui donner

Déloyauté.

la Sicile en échange de la Sardaigne qui fut cédée au duc de Savoie, et lui faire promettre l'investiture des duchés de Parme et de Toscane en faveur d'un fils de Philippe V. Ainsi, sous prétexte d'une médiation amicale, cinq ans après une guerre qui avait pour but de mettre l'Italie sous son influence, la France garantissait la possession de cette péninsule à la maison d'Autriche.

Dans ce traité, Georges commettait deux crimes à la fois : il entraînait le régent dans une guerre désastreuse pour nos intérêts, en faisant des promesses que son intention n'était pas de tenir, et il se jouait de la bonne foi de Philippe V, dont il avait accepté l'arbitrage.

Noble réponse du roi d'Espagne. Au lieu d'accepter ce traité, Philippe s'empara de la Sardaigne et de la Sicile. Aux menaces de Georges il répondit « qu'aucune puissance n'avait rien à voir dans sa querelle avec « Charles VI ; qu'il ne pouvait croire que, sous le masque « d'une médiation, l'Angleterre voulût se livrer à une agression « odieuse contre une puissance avec laquelle elle était en pleine « paix ; que d'ailleurs la France ne serait pas assez insensée « pour le laisser faire et le souffrir. »

Destruction d'une flotte espagnole. Mais le gouvernement britannique n'a jamais reculé devant un attentat au droit des gens, quand il s'est agi de l'empire de la mer. Par ses ordres, Byng attaqua à l'improviste la flotte espagnole en vue de Syracuse, la battit complètement, lui prit ou brûla vingt-trois vaisseaux. A cette nouvelle, Albéroni s'écria : « C'est une action déshonorante pour le nom anglais. Le mi« nistère britannique a défendu la prétendue neutralité de « l'Italie, non par une médiation amicale, mais par la violence « et la mauvaise foi. »

Après cet acte d'odieuse piraterie, on déclara la guerre à l'Espagne. Le régent de France, dont le sens moral était perverti, s'empressa d'imiter l'Angleterre et de concourir avec elle à l'anéantissement de la marine espagnole. On vit une armée autrichienne, soldée par la France, transportée en Sicile sur des vaisseaux anglais. La nation française s'irritait d'une guerre qu'elle flétrissait avec raison du nom de guerre civile. En Angleterre, on commençait à s'apercevoir que Georges se servait des vaisseaux du royaume pour agrandir ses Etats d'Allemagne. La paix devenait une nécessité pour tous. Philippe V, désespéré de compter la France au nombre de ses ennemis, adhéra à la quadruple alliance, mais sous la condition expresse que Gibraltar et Minorque lui seraient rendus. Après la signature du traité, Georges nia qu'il eût fait cette promesse et garda ces deux importantes positions. Que lui importaient une fourberie et un vol de plus ou de moins ?

Après la mort de Charles XII, les Danois, les Prussiens, les Russes et les Hanovriens se ruèrent sur les provinces de la Suède pour se les disputer. Au milieu de cette mêlée des races du nord, Georges courait le danger de perdre Brême et Verden, dont il s'était emparé au commencement de son règne ; seul, il n'espérait pas réussir à sauver ces deux provinces, sur lesquelles il n'avait aucun droit ; mais le régent ne devait pas se montrer insensible aux témoignages d'amitié, aux flatteuses promesses de *son frère* d'Angleterre. On lui offrit d'interposer la médiation de la France et de l'Angleterre, sous condition que la Suède lui abandonnerait les deux duchés. Le régent s'empressa de donner son assentiment, ne s'apercevant pas que son concours ne lui était demandé que dans un intérêt personnel et qu'il s'agissait bien moins du rétablissement de la paix que de la consécration d'une coupable spoliation.

Les millions et les menaces de la France forcèrent le Danemark et la Prusse à faire la paix. Georges obtint ce qu'il voulait, et, contrairement à ses engagements, retira sa flotte de la Baltique, laissant la malheureuse Suède se débattre

1719. Guerre civile entre la France et l'Espagne.

Fourberie.

Duplicité.

Lâche parjure.

seule contre la Russie. Les Russes détruisirent quatorze cents villes ou villages avec leurs habitants, dépouillèrent la Suède de quatre provinces; le régent se réjouit imbécilement d'avoir si bien servi les intérêts de son bon frère ; la France pleura cette ignominie, un cri d'indignation s'éleva dans toute l'Europe, mais Georges conserva les deux duchés.

Coalition contre l'Angleterre.

Toutes ces turpitudes, tous ces vols à main armée, finirent cependant par éclairer les rois sur l'insatiable ambition et sur la déloyale politique de l'Angleterre. L'Espagne et l'Autriche, divisées encore sur la question de l'Italie et des Pays-Bas, firent entre elles un traité offensif et défensif; la Prusse et la Russie adhérèrent à ce traité. Georges trembla, et, pour calmer ses craintes, chercha encore l'appui de la France qu'il trompait depuis si longtemps. Le régent était mort avant d'avoir pu monter sur le trône à la place de son royal pupille; la tombe s'était ouverte pour ensevelir les dépouilles d'une honteuse débauche et les odieux mystères d'une conspiration ourdie contre la gloire et le bonheur de la France. Louis XV, à peine sorti du berceau, portait le nom de roi; le cardinal Fleury se trouvait à la tête des affaires. Plus habile et plus national que ses prédécesseurs, ce ministre subit comme eux, quoique avec plus de discernement et moins de servilité, l'ascendant de l'An-

Traité d'alliance avec l'Angleterre.
1725.

gleterre; il signa avec elle un traité offensif et défensif, auquel donnèrent leur adhésion la Hollande, la Suède et le Danemark. La guerre allait devenir universelle, quand le cardinal Fleury, que les récentes traditions de la politique française entraînaient du côté de l'Angleterre, se redressa tout à coup, épouvanté qu'il était du renouvellement de la guerre civile. Au lieu d'ordonner à notre flotte de se réunir à la flotte anglaise, il interposa

Congrès de Soissons.
1727.
Mort du roi Georges.

sa médiation, obtint une suspension d'armes et réunit un congrès à Soissons. Sur ces entrefaites, la mort vint frapper Georges, que ce revirement dans les idées du gouvernement français remplissait des plus cruelles alarmes. Le duc d'Orléans l'attendait dans sa tombe pour rendre compte aux pieds de Dieu des crimes dont l'un et l'autre s'étaient rendus coupables envers les nations dont ils trafiquaient, tantôt à prix d'or, tantôt à force de vols, pour satisfaire l'ambition de l'un et la débauche de l'autre. Toutefois, de ces deux usurpateurs l'Anglais fut le plus coupable : il trompait et spoliait l'Europe entière; d'Orléans, trompé comme les autres, ne trompait que la France, et n'avait d'autre désir que celui d'enlever la couronne à Philippe d'Espagne, héritier de Louis XV, si ce dernier, d'une santé débile, venait à mourir le premier.

On dit que Georges, détesté de l'Angleterre au commencement de son règne, finit par acquérir l'amour et l'estime de la nation à force de tolérance et de loyauté. Dans ce cas, ses titres à l'affection anglaise furent des titres à la haine de l'Europe.

Dans le compte que nous avons le droit de lui demander au nom de la France, nous n'oublierons pas les griefs de l'Espagne, parce qu'à cette époque ce royaume, gouverné par un prince français, auquel Georges faisait une guerre injuste, et dont il détruisait la marine uniquement pour affaiblir notre puissance, était pour nous une propriété de famille. Ainsi que le disaient les hommes éclairés du temps, nous faisions une véritable guerre civile quand, séduits par de perfides promesses, le régent unissait nos armes à celles de la Grande-Bretagne pour enlever à Philippe V ses vaisseaux et ses provinces.

Résumé.

Nous lui reprocherons donc : 1° la violation du traité d'Utrecht par la demande de la destruction de Mardick ; 2° ses coupables intrigues pour entraîner le duc d'Orléans dans une conspiration contre la branche aînée de sa royale famille ; 3° les déloyales promesses qu'il fit au régent pour l'entraîner à lui sacrifier les intérêts de la France ; 4° l'injuste acquisition de

Brême et de Verden aux dépens de la Suède, notre alliée ; 5° le refus de reconnaître à l'Espagne les droits qu'elle possédait sur l'Italie et les Pays-Bas ; 6° la démolition de Mardick, après la mort de Louis XIV ; 7° la fourberie avec laquelle il trompa l'Espagne sur la destination de sa flotte d'Italie ; 8° la déloyauté avec laquelle, acceptant l'arbitrage que lui offrit l'Espagne, il traita secrètement pour dépouiller ce royaume des provinces qu'il revendiquait ; 9° la perte de notre influence en Italie et l'abandon de ce pays à la maison d'Autriche ; 10° la destruction, sans déclaration de guerre, de la flotte espagnole brusquement attaquée en vue de Syracuse ; 11° l'or arraché à la France pour solder une armée autrichienne destinée à donner la Sicile à l'Allemagne ; 12° le déloyal refus de rendre Gibraltar et Minorque, malgré la promesse qu'il en avait faite à l'Espagne ; 13° de s'être servi de la France pour traiter avec le Danemark et la Prusse, qui menaçaient de lui enlever Brême et Verden, et d'avoir eu, une fois son but accompli, la lâche cruauté de retirer sa flotte de la Baltique et de laisser les Russes détruire en Suède quatorze cents villes ou villages dont ils égorgèrent les habitants. Le régent s'était chargé d'obtenir la paix du Danemark et de la Prusse ; il tint sa parole. Georges devait, pour sa part, garantir la Suède contre la Russie ; ses soldats, les bras croisés, l'arme au pied, purent, de leurs vaisseaux, entendre les cris des victimes implorer la protection qu'il leur avait promise. Le dernier acte politique de sa vie fut un odieux mensonge fait à la France, un épouvantable crime commis contre l'humanité.

GEORGES II. (1727 A 1748.)

Roi de France:
Louis XV.

A son avénement au trône, le nouveau souverain déclara que son intention était de persévérer dans la politique de son père. Le congrès, alors réuni à Soissons, traînait en longueur, et les puissances commençaient à craindre qu'il ne fût sans résultat, lorsque l'Espagne, abandonnant subitement l'Autriche, conclut à Séville un traité de paix avec la France et l'Angleterre.

Cette époque fut pour l'Europe une époque de crises, de mouvements et de transformations, de luttes et de combats. Les querelles n'étaient pas apaisées d'un côté qu'il en surgissait ailleurs de plus sérieuses et de plus graves. Ainsi, l'Espagne et l'Empire lui-même venaient de traiter et de se mettre d'accord, quand la succession au trône de Pologne fit éclater une nouvelle guerre. L'Autriche et la Russie commençaient à ambitionner les provinces de ce malheureux royaume. Le devoir des nations, d'accord avec leurs intérêts, était de le protéger contre l'ambition de ses puissants voisins; le cardinal Fleury le comprit et demanda, pour remplir cette mission, le concours de l'Angleterre son alliée. On a de la peine à le dire et à le comprendre, l'Angleterre refusa d'intervenir sous prétexte que, n'ayant rien à gagner à cette intervention, elle devait ménager la Russie et l'Autriche.

1733.
Premières menaces de l'Autriche et de la Russie contre la Pologne.

La France veut intervenir.

L'Angleterre refuse son concours.

Il est donc bien constaté que la mort de la Pologne doit être considérée comme l'œuvre de l'égoïste Angleterre. En présence d'un refus qui le plaçait dans un dangereux isolement, Fleury se rapprocha de l'Autriche et signa avec elle le traité de Vienne, par lequel la Lorraine était assurée à la France,

La France traite avec l'Autriche.

22

et les royaumes de Naples et de Sicile donnés à un fils de Philippe V.

Après s'être montrée sourde à notre appel, l'Angleterre s'offensa de cet arrangement ; ses murmures éclatèrent avec violence ; elle se récria sans mesure contre une alliance que son étroite et tortueuse politique nous avait mis dans l'obligation de contracter, et nous rompîmes bientôt avec elle.

La paix d'Utrecht n'avait accordé à l'Angleterre que le droit d'envoyer annuellement un seul vaisseau en Amérique, car alors sa puissance maritime n'existait pas encore. Nous touchons à son origine. Au moyen de ce vaisseau, le commerce britannique avait réussi, malgré la vigilance du gouvernement espagnol, à établir avec le Nouveau-Monde un négoce de contrebande très-actif et très-fructueux. Les bâtiments contrebandiers furent arrêtés, visités et saisis par les garde-côtes espagnols : c'était justice. Au lieu d'être le premier à condamner des actes évidemment contraires aux stipulations du traité, le gouvernement anglais se récria contre le gouvernement de Madrid. Pitt, qui commençait alors à se faire connaître dans le parlement, s'écria que « l'honneur national était flétri, que les « marchands de Londres avaient condamné la convention d'U- « trecht, etc., etc. » Bref, la guerre fut déclarée à l'Espagne, et d'un seul coup se trouvèrent violés les traités d'Utrecht et celui récemment conclu à Valladolid. Le cardinal Fleury, suivant en cela la véritable politique française, se rangea du côté de la justice, déclara à l'Angleterre qu'il défendrait le pavillon espagnol. Par ses ordres, Dunkerque sortit de ses ruines, Cherbourg fut fortifié.

La mort de Charles VI alluma sur le continent une guerre qui suspendit pour quelques jours la guerre maritime dont l'Europe était menacée. La France, la Bavière, l'Espagne, la Prusse, la Pologne et la Sardaigne refusèrent de reconnaître

Marie-Thérèse comme héritière de l'empire d'Autriche, et portèrent au trône impérial l'électeur de Bavière. Georges, feignant de croire que l'avénement de l'électeur était un danger pour ses possessions de Hanovre, mais ne voulant en réalité que continuer son système d'opposition à la politique de Louis XV, fit alliance avec Marie-Thérèse, lui envoya des subsides et prépara une armée de 25,000 hommes : c'était violer le traité de Westphalie et faire violence aux électeurs, qui n'avaient pas encore choisi entre les deux prétendants. Pour faire respecter les traités et la liberté des élections, la France fit marcher ses troupes sur l'Allemagne, et Georges parut abandonner son alliée pour signer avec nous un traité de neutralité pour son électorat.

L'Angleterre est opposée à la France.

Violation du traité de Westphalie.

Convention relative au Hanovre. 1741.

Par cette convention, l'Angleterre devenait étrangère aux événements de l'Allemagne et devait laisser Marie-Thérèse se défendre contre les partisans de l'électeur de Bavière ; elle n'en fit cependant rien. Les succès de la France et la puissance de la marine espagnole réveillèrent son orgueil et sa jalousie ; on la vit oublier ses engagements d'hier et prendre à la guerre continentale la part la plus active et la plus déloyale. 40,000 Anglais, Hanovriens ou Hessois entrèrent dans les Pays-Bas ; des subsides furent envoyés à Marie-Thérèse, trois flottes parurent dans la Méditerranée, et Pitt chercha à former de nouvelles coalitions contre la France.

Violation de cette convention.

N'oublions pas que nous étions en pleine paix avec l'Angleterre quand elle se livrait à toutes ces violences.

Honteuses défections achetées par l'Angleterre.

Entraînés par l'or britannique, les Etats-Généraux, la Sardaigne, la Prusse et la Saxe nous abandonnèrent pour défendre la cause de Marie-Thérèse. Les vaisseaux anglais forcèrent le roi de Naples à garder la neutralité la plus complète, et causèrent les plus grands dommages à notre commerce ainsi qu'à celui de l'Espagne.

Par suite de cette défection, l'armée française abandonna les Pays-Bas ; mais avant de passer la frontière, elle se donna le plaisir de battre les Anglais à Dettingen et de forcer Georges lui-même à prendre la fuite en abandonnant ses blessés à la générosité française. En apprenant aux coalisés que la France avait encore assez de forces pour lutter seule contre leurs efforts réunis, cette victoire décida les princes coalisés à conclure à Worms un traité dans lequel Georges, les Etats-Généraux, Marie-Thérèse et le roi de Sardaigne s'engagèrent à enlever l'Italie aux Bourbons, à ruiner Gênes, notre fidèle alliée, etc., etc. L'Angleterre, qui pensionnait déjà Marie-Thérèse, les Hanovriens et les Hessois, dut encore donner des subsides au roi de Piémont. En même temps qu'il nous poursuivait sur le continent avec cette haineuse opiniâtreté, Georges résolut de bloquer dans le port de Toulon la flotte franco-espagnole ; une bataille fut livrée par l'amiral Mathews, la victoire fut indécise, et la mer demeura libre devant les flottes alliées. L'Océan nous appartenait encore.

Répétons qu'à ce moment il n'existait aucune déclaration de guerre entre les deux nations.

Au traité de Worms la France répondit par le traité de Francfort, conclu entre elle, Charles VII et les rois de Prusse et de Suède. Alors, mais alors seulement, la guerre fut déclarée entre la France et l'Angleterre.

Les forces de l'Europe étant ainsi partagées, la victoire se serait probablement déclarée pour la France, si elle ne se fût pas effrayée devant la tombe de Charles VII, que la mort venait de nous enlever. Son fils renonça à notre alliance. Louis XV proposa un accommodement que l'Angleterre rejeta. Vainqueurs à Fontenoy des Anglo-Hanovriens, nous eûmes la douleur de voir la Prusse nous abandonner à son tour et nous laisser seuls contre l'Europe passée à la solde de l'Angleterre.

Qui poussait à la guerre contre la justice et malgré nos pacifiques propositions? L'Angleterre. Qui payait la défection de nos alliés? L'Angleterre. Le prix de tant de sacrifices faits à la haine du nom français fut, à la fin, l'empire usurpé de la mer.

Le successeur de Charles VII, aussi aveugle que l'avait été le régent lorsqu'il se détacha de l'alliance espagnole, crut sans doute qu'en renonçant à la nôtre il obtiendrait de l'Angleterre la paix qu'il désirait avec tant d'ardeur; mais il ne connaissait pas son nouvel allié. Avec cent trente vaisseaux de ligne, cent bâtiments inférieurs et d'innombrables corsaires, l'Angleterre ravagea les colonies espagnoles, bombarda les ports des Génois et s'empara du cap Breton, possession qui la rendait maîtresse absolue de Terre-Neuve et lui donnait l'espoir de nous chasser un jour de l'Amérique. Nous sommes bien loin de l'unique vaisseau permis par le traité d'Utrecht! *Défection de l'Espagne.* *L'Angleterre ravage les colonies espagnoles.*

Dans son isolement, le gouvernement français eut assez de courage et assez de calme pour ne pas désespérer du salut de la patrie, et, bien que l'Angleterre eût à sa solde un empereur, deux rois, trois électeurs et sept autres princes, il se défendit contre cette coalition et la fit trembler. Nous avions de nouveau fait la conquête des Pays-Bas et nous menacions la Hollande; nos corsaires bravaient la marine anglaise et lui enlevaient dans une seule année plus de quatre cents bâtiments. Dans les Indes, La Bourdonnaye et Dupleix s'emparaient de Madras, mettaient en déroute une escadre anglaise et allaient se rendre maîtres des possessions britanniques; malheureusement pour elle, la France détourna un instant son attention de la guerre maritime pour porter ses forces sur le continent, où ne se trouvait pas alors le véritable but des hostilités. A Lawfeld, nous fûmes vainqueurs des Anglo-Hollandais. Berg-op-Zoom tomba en notre pouvoir. Nous assiégeâmes Maëstricht. Sur mer, dix-sept vaisseaux anglais enle- *La France en présence de la coalition.* *1746.* *1747.*

vèrent six vaisseaux français et trente bâtiments marchands qu'ils rencontrèrent vers le cap Finistère ; les richesses capturées sur ces bâtiments furent triomphalement promenées dans les rues de Londres. Rien n'égala le scandale de ce triomphe, sinon la ridicule petitesse des triomphateurs. L'Angleterre comptait encore, même sur mer, plus de défaites que de victoires, et elle osait offrir en pâture à son orgueil les premiers succès que lui donnait, plus qu'elle ne les obtenait, la coalition de l'Europe entière contre une nation qui, depuis un demi-siècle, n'avait pas eu le temps de poser les armes.

<small>Ridicule triomphe à Londres.</small>

Trop longtemps les nations du continent crurent ne poursuivre que l'ambition française, dont on leur disait qu'elles avaient tout à craindre, et l'or qu'elles recevaient était le prix de l'asservissement qu'une perfide alliée leur préparait sur toutes les mers. Aveugles, qui ne se doutèrent pas qu'après la destruction des marines française et espagnole, l'Angleterre ne rencontrerait plus aucune marine capable de lutter avec la sienne, et qu'en devenant maîtresse de l'Océan, elle prenait le sceptre du Nouveau-Monde ! L'Angleterre et la France étaient seules à comprendre le résultat de cette fatale coalition ; aussi la France s'efforçait-elle de la rompre à force de victoires sur le continent, tandis que l'Angleterre se hâtait d'en profiter en multipliant ses attaques sur mer.

<small>Aveugle politique des cabinets de l'Europe.</small>

Une flotte marchande de quarante vaisseaux, revenant de Saint-Domingue, fut prise et dispersée à la hauteur du cap Ortégal par l'amiral Fox. Une autre, escortée par quatorze vaisseaux, attaquée en face de Belle-Isle, réussit à s'échapper, mais perdit six vaisseaux de son escorte. Dans les Indes, l'amiral Boscawen reprit Madras et assiégea Pondichéry. Sur le continent, au contraire, la victoire était à nous; la France, tenant la Hollande au bout de son épée, la forçait à pousser des cris d'angoisse dont son ingrate alliée se montra

<small>Vaisseaux français capturés ou dispersés.</small>

<small>Désespoir de la Hollande. L'Angleterre l'abandonne lâchement.</small>

peu touchée. Maintenant que le chemin de la fortune était ouvert devant elle, l'Angleterre allait-elle s'en détourner pour porter du secours à la Hollande? Avait-elle épuisé ses trésors au profit de l'Europe? L'Europe avait eu la folie de le croire; mais le moment venu, l'Angleterre, cette loyale amie, laissa les nations de l'Europe s'égorger sur les champs de bataille; elle les y précipita pour achever plus tranquillement de dévorer les colonies comme une proie dont elle avait faim. La Russie elle-même, jusque là étrangère aux affaires du midi de l'Europe, se laissa entraîner par la politique anglaise et jeta 30,000 de ses sauvages soldats sur le sol allemand. C'est là que nous les rencontrâmes pour la première fois. On peut dire que l'Angleterre, qui venait de nous refuser son concours en faveur de la Pologne, a poussé les Russes sur le chemin de Varsovie et qu'elle leur a montré celui du Rhin. A la vue de ces hordes barbares, il n'y eut en Europe qu'un cri d'indignation contre l'égoïsme d'une nation capable de recruter dans le Caucase et sur les rives du Don des auxiliaires ou plutôt des bandes de ravageurs. La France menaça de démolir Maëstricht, dont elle venait de s'emparer, si les Moscovites faisaient un pas de plus. Pour cette fois, l'indignation universelle eut raison de l'absurde obstination de la Grande-Bretagne ; la paix fut conclue à Aix-la-Chapelle. La France, abandonnant toutes ses conquêtes, n'obtint que les duchés de Parme et de Plaisance pour un Bourbon d'Espagne ; l'Angleterre restitua ce qu'elle avait pris, mais elle laissait à peine quelques vaisseaux à ses ennemis, et la paix n'était pour elle qu'une trêve pendant laquelle elle allait se préparer à une seconde guerre plus désastreuse pour nous que la première.

Quelques années nous suffirent pour régénérer notre marine et compléter nos établissements de la Louisiane et du Canada ; l'Angleterre s'effraya de cette prospérité qu'elle croyait impossible, son orgueil s'en irrita, et, malgré la paix récemment conclue, chercha l'occasion d'une nouvelle rupture. Tous les historiens anglais avouent que la guerre n'eut qu'une cause réelle, « l'accroissement rapide de la marine française, qui de« vait être considéré par la Grande-Bretagne comme une me« nace. » Elle commence par se plaindre de Dupleix, dont le génie lui fait ombrage ; Louis XV a le tort de rappeler ce grand homme, et, pour donner une plus ample satisfaction à d'injustes réclamations, ordonne à son successeur de signer une suspension d'armes entre les deux compagnies des Indes, sacrifiant ainsi à son amour de la paix la compagnie française à la compagnie anglaise. La principale condition de ce traité fut que ni l'une ni l'autre de ces deux compagnies n'interviendrait dans les querelles des princes du pays. Nous verrons comment cette condition fut remplie par nos voisins d'outre-Manche. Désolée sans doute de ne pas trouver dans cette difficulté, si vite aplanie, l'occasion qu'elle recherchait de recommencer les hostilités, l'Angleterre ranima en Amérique des querelles commencées depuis cinq ans, et qui avaient pour but la possession de quelques Antilles et les limites de l'Acadie et de la Nouvelle-Angleterre. Les îles Sainte-Lucie, Saint-Vincent, la Dominique, Tabago, étaient depuis un siècle communes et indivises entre les deux nations. Georges II s'en déclara souverain unique. L'Acadie, cédée à l'Angleterre par les traités d'Utrecht et d'Aix-la-Chapelle, était une presqu'île dont les limites semblaient fixées par la nature ; les Anglais prétendirent l'étendre jusqu'au Saint-Laurent. Les Français avaient découvert le Mississipi et établi des forts sur l'Ohio pour unir le Canada à la Louisiane, isoler les Anglais des Indiens et les resserrer entre les Apalaches et la mer. Le gouvernement britannique prétendit que l'Ohio appartenait à ses colonies de la Nouvelle-Angleterre ; il donna l'ordre de chasser les Français de ses rives et y fit construire un fort. Un officier français fut envoyé auprès de la garnison de ce fort pour demander des explications ; il fut assassiné avec son escorte par les soldats anglais.

Il y avait assurément des raisons suffisamment graves pour faire perdre patience à la nation la moins jalouse de son honneur. Le gouvernement français, poussé à bout, commença des armements et se prépara à faire passer 3,000 hommes et neuf vaisseaux dans le Canada. Le ministère anglais entendait nous dépouiller sans qu'il nous fût possible de nous défendre ; aussi déclara-t-il que ses flottes avaient l'ordre de courir sus à tout vaisseau français qui porterait des renforts dans l'Amérique. La cour de Versailles répondit en ordonnant à ses marins de ne pas se défendre et en se plaignant à toute l'Europe des procédés insolents de l'Angleterre ; elle offrit de négocier, et néanmoins fit partir des renforts pour le Canada. Le gouvernement britannique envoya quatre corps d'armée en Amérique pour surprendre les colonies françaises ; il fit sortir dix-huit vaisseaux à la poursuite de l'escadre du Canada ; il lança ses corsaires sur toutes les mers pour surprendre les marchands français qui naviguaient sur la foi des traités. Deux frégates de l'escadre du Canada furent ainsi attardées et prises par la flotte de Boscawen, et, en moins d'un mois, plus de trois cents bâtiments de commerce furent capturés par une piraterie si odieuse, que les ministres n'osèrent ni les vendre ni les partager entre les armateurs, et qu'ils les laissèrent pourrir sous le séquestre. Cependant il n'y eut pas une seule parole prononcée dans le parlement contre cette violation du droit des gens, et l'on est tellement habitué en Angleterre à considérer comme permis et légitime tout ce qui regarde l'empire de la mer, que les historiens anglais avouent naïvement le motif de cette infâme mesure. « C'était, disaient-ils, pour enlever à la

1754.
Armements de la France.

Insolence du ministère anglais.

Loyale réponse de la France.

Honteuse conduite de l'Angleterre.

1755.

« France ses gens de mer au moment de la guerre qu'on *vou-*
« *lait* déclarer. » En effet, ce coup de main priva la marine française de douze mille matelots, et ce ne fut pas une des moindres causes des désastres qu'elle éprouva dans cette guerre.

<small>Nouvelles alliances de l'Angleterre.</small>

Au Canada comme en Allemagne, les troupes anglaises, une fois sur le terrain d'un champ de bataille, ne tenaient nulle part contre nos troupes. Aussi l'Angleterre, pour nous retenir en Europe, fit-elle de nouvelles alliances sur le continent, et mit-elle à la disposition de son gouvernement d'immenses subsides destinés à solder les troupes des nations assez peu clairvoyantes pour nous faire une guerre de destruction.

Nous ne saurions trop rappeler que toutes ces choses se faisaient en pleine paix.

<small>Généreuse conduite de la France.</small>

Toutes ces rencontres sur mer avaient laissé entre nos mains une frégate anglaise ; nous la rendîmes à l'Angleterre pour lui témoigner nos pacifiques dispositions ; le cabinet de Londres la reçut avec plaisir, et refusa de nous entendre quand nous

<small>Criante injustice de l'Angleterre.</small>

demandâmes les réparations qui nous étaient dues pour tant de bâtiments traîtreusement capturés. La France fit alors quelque chose de semblable à ce qui fut fait plus tard par l'empereur Napoléon : elle bannit les sujets anglais de son territoire, confisqua leurs vaisseaux qui se trouvaient dans ses

<small>Menaces d'une descente.</small>

ports, lança de tous côtés des corsaires et menaça la Grande-Bretagne d'une invasion. La peur se répandit dans l'île, le gouvernement appela à son secours les stipendiés de la Hesse, de Hanovre et de la Hollande ; mais cette dernière puissance, soupçonnant enfin les véritables intentions de son alliée, déclara qu'elle voulait garder la neutralité.

<small>1756.
Prise de Minorque.</small>

Au lieu de tenter une invasion, la France se borna à s'emparer de Minorque en présence d'une flotte anglaise honteusement mise en déroute.

Un changement considérable se fit alors dans l'esprit des cabinets de l'Europe : Louis XV s'allia avec l'Autriche, l'Empire, la Suède et la Russie ; l'Angleterre avait pour elle la Prusse, le Hanovre et la Hesse ; l'Espagne, l'Italie et la Hollande étaient neutres. Le résultat de ce nouvel état de choses fut une espèce de blocus continental formé contre l'Angleterre. La Belgique, Hambourg et les ports de la Baltique furent fermés à ses vaisseaux.

Nouvel esprit des cabinets de l'Europe.

Blocus continental.

En Angleterre, cette mesure énergique faillit amener une révolution. Le peuple s'irritait contre le poids toujours croissant des impôts et contre la cherté des grains ; mais Pitt aurait tout accepté pour nous faire la guerre, même la famine. Les troupes allemandes imposèrent silence aux Anglais mourants de faim ; ces fiers insulaires subissaient chez eux la servitude des esclaves pour acheter la gloire et le bénéfice des pirates, et encore durent-ils passer par d'humiliantes défaites. Dans le Canada, leurs escadres furent incendiées sur les lacs par les indigènes qui les avaient en horreur. Dans l'Inde, nous devînmes maîtres de Calcutta. En Europe, vingt vaissseaux de guerre et 15,000 hommes vinrent honteusement échouer devant Rochefort qu'ils voulaient ruiner ; quarante voiles, dont dix-huit vaisseaux, et 20,000 hommes eurent le même sort devant Saint-Malo et le Hâvre. Le féroce Cumberland, à la tête des Hanovriens, se fit battre à Hastembeck, et fut forcé, à Closter-Seven, de signer une capitulation par laquelle ses troupes devaient rester dans leurs foyers, le Hanovre et Brunswick être occupés par les Français. Frédéric de Prusse était lui-même battu à Kollin, et Georges renvoyait Pitt de son ministère, « parce que, disait-il en parlant de ce ministre et de « ses amis, il ne se croirait jamais roi tant qu'il serait entre « les mains de ces coquins. »

Mécontentement du peuple en Angleterre.

Succès de nos armes.

Capitulation de Closter-Seven.

Renvoi de Pitt.

La situation de l'Angleterre était pleine de dangers ; pendant trois mois personne n'osa accepter la succession vacante, et Pitt reprit son portefeuille.

Le retour de Pitt aux affaires fut le signal de nouvelles hostilités. Cet homme d'Etat fit donner à Frédéric un million de subsides ; 54,000 soldats, 60,000 marins et 58,000 auxiliaires allemands furent enrôlés de gré ou de force. Il déclara ouvertement qu'il ne reconnaissait pas la convention de Closter-Seven, fit reprendre les armes aux troupes du Hanovre, de Brunswick, de Hesse, leur adjoignit 20,000 Anglais. Le parlement vota de nouveaux subsides pour les troupes auxquelles on ordonnait le parjure.

Nous dûmes à cette infamie dont l'Angleterre couvrit de nouveau son nom de perdre le Hanovre et notre puissance coloniale, c'est-à-dire la cause européenne et la liberté des mers. Une escadre française escortant cinquante bâtiments de transport chargés de troupes pour l'Amérique, poursuivie par une flotte ennemie, s'enfuit dans la Charente, et notre expédition fut manquée. Deux autres flottes anglaises portant 20,000 hommes, n'osant attaquer Saint-Malo, détruisirent Saint-Servan, deux vaisseaux et quatre-vingts bâtiments marchands qui étaient sur les chantiers ; elles prirent ensuite Cherbourg, pillèrent la ville, détruisirent le port et les bassins qu'on venait de creuser, ainsi que vingt-sept bâtiments qui s'y trouvaient. Après ces criminels exploits, elles s'enhardirent à attaquer Saint-Malo, dont les habitants les repoussèrent, et, pour se venger du courageux patriotisme de cette ville, elles débarquèrent à Saint-Cast 12,000 hommes qui dévastèrent le pays. Les milices bretonnes accoururent, et, après un sanglant combat, jetèrent à la mer cette armée de malfaiteurs ; 3,000 d'entre eux restèrent prisonniers. Bien qu'ils ne méritassent aucune indulgence, on les traita avec une clémence telle, que les Anglais en furent étonnés. « Elle est d'autant plus louable, di-

« sent leurs historiens, que les Anglais, dans cette expédition,
« s'étaient honteusement rendus coupables de pillage, d'in-
« cendie et d'autres excès. »

Notre générosité, dont les Anglais s'étonnaient, ne nous valut pas un instant de repos, et, sans y arrêter un moment sa pensée, le gouvernement britannique nous enleva nos établissements du Sénégal, du Fort-Duquesne et de Louisbourg, dans le Canada, et, dans l'Inde, ceux de Chandernagor et de Calcutta. Le soubab du Bengale, notre allié, marcha contre eux avec 50,000 hommes. Battu à Plassey, il fut assassiné par Mir-Jaffier, l'allié des Anglais, qui le laissèrent prendre possession des Etats de *leur victime*, moyennant un don de 2,000,000 de livres sterling et la concession de territoires tellement vastes, qu'une grande partie du Bengale se trouva sous leur domination. Ils demandèrent et obtinrent le prix du sang : le sang pour eux est aussi une marchandise. Aucun soldat français ne se trouvant plus devant eux depuis l'anéantissement de notre marine, il ne leur fut pas difficile de s'emparer de Mazulipatnam et de forcer le soubab du Décan, notre allié, à nous interdire l'entrée de ce pays.

L'Angleterre nous enlève nos établissements du Sénégal, du Canada et du Bengale.

Assassinat d'un soubab notre allié.

Prix du meurtre.

Perte de Mazulipatnam.

Le comte de Lally, récemment débarqué dans l'Inde, put bien, à force d'héroïsme, prendre Gondelour et le fort Saint-David ; mais ces succès n'étaient pas de nature à nous rendre ce que nous avions perdu. Sa devise était celle-ci : « Plus « d'Anglais dans l'Indoustan ! » Cette devise d'un homme de cœur lui coûta peut-être la vie.

Le comte de Lally.

Quand, à force de mensonges et de déloyautés, l'Angleterre nous eut réduits à l'impuissance, elle songea aux autres nations pour les ruiner à leur tour. L'Espagne s'était renfermée dans une absurde neutralité; l'Espagne vit des corsaire anglais s'emparer de plusieurs de ses vaisseaux et créer, malgré elle, des établissements dans sa colonie de Honduras. La Hollande

Conduite de l'Angleterre vis-à-vis de l'Espagne et de la Hollande.

se laissait, depuis cinquante ans, traîner à la remorque de l'Angleterre comme une chaloupe derrière un vaisseau de ligne; la Hollande vit l'Angleterre s'arroger le droit de visiter ses bâtiments et de les confisquer. Elle avait des possessions dans l'Inde et voulut leur envoyer quelques renforts; mais l'Angleterre, son amie et sa bonne alliée, tomba à l'improviste sur ceux de ses bâtiments qui traversaient paisiblement le Gange et détruisit tout, hommes, vaisseaux et munitions. Les Etats-Généraux n'opposèrent que des plaintes à cet acte d'éternelle infamie ! La France, qui avait perdu soixante-quatre vaisseaux, dont vingt-neuf de premier rang, pendant qu'elle n'en avait pris que douze à ses ennemis, voulut se venger de ses défaites par une descente en Angleterre. Trois escadres, sous les ordres de M. de Conflans, formées à Brest, à Lorient et à Rochefort, devaient se réunir à une flotte partie de Toulon, pendant qu'une quatrième escadre, partant de Dunkerque, inquiéterait les côtes de l'Ecosse et de l'Irlande. La flotte de Toulon était commandée par M. de La Clue; le fameux Thurot, marin intrépide, avait sous ses ordres la flotte de Dunkerque.

Projet de descente en Angleterre.

1759.

La flotte de Toulon fut dispersée par une tempête en passant devant le détroit de Gibraltar ; sept de nos vaisseaux luttèrent contre quatorze vaisseaux anglais ; trois furent pris, un fut brûlé, les autres s'échappèrent.

La flotte de l'Océan, observée par une flotte de vingt-trois vaisseaux et six frégates, sortit néanmoins du port, rencontra l'ennemi près de Belle-Isle, accepta le combat, perdit six vaisseaux livrés aux flammes ; sept autres se réfugièrent dans la Vilaine, le reste rentra à Rochefort. Les Anglais perdirent deux vaisseaux. Thurot, avec l'escadre de Dunkerque, parcourut pendant plusieurs mois l'Océan Atlantique, débarqua en Irlande, s'empara de Carrick-Fargus, y délivra des prisonniers français, se rembarqua et perdit la vie en se battant héroïquement contre trois vaisseaux de ligne ; ses quatre petits navires tombèrent au pouvoir des ennemis.

1759.

Nos troupes, réduites à quelques poignées d'hommes, ne furent pas plus heureuses dans les colonies : au Canada, nous perdîmes Québec ; dans l'Inde, Lally se vit obligé de se renfermer dans Pondichéry. Lord Chatam ordonna d'armer les sauvages contre les Français et fit avec eux un traité dans lequel ils s'engagèrent à massacrer et à scalper nos prisonniers. En Allemagne, Frédéric triomphait des 100,000 hommes que nous avions envoyés pour contrebalancer par nos victoires du continent nos défaites maritimes et nos pertes coloniales.

Les sauvages payés pour scalper les Français.

L'Angleterre se réjouissait de nos désastres, et elle avait raison, car nos désastres étaient l'œuvre de ses nombreuses perfidies ; l'enthousiasme était au comble chez elle, le monde entier était dupe de ses artifices : que lui importait une honte dont elle avait le bénéfice ? Il n'y avait plus en Europe d'autre marine que la marine anglaise. Ce fut au milieu de cette gloire de mauvais aloi que la mort vint frapper Georges II ; il mourut enseveli dans un suaire d'ignominie, béni par son peuple, maudit par la justice et l'humanité. Libre aux Anglais d'admirer sa sévère loyauté, l'Europe ne partage pas son admiration, et la France ne saurait oublier ce qu'elle doit de malheurs à la haine de cet homme et au machiavélisme de son atroce politique.

1760.

Mort de Georges II.

1° En 1733, il refuse de nous aider à défendre la Pologne contre les premiers appétits de la Russie et de l'Autriche. 2° En 1735, il s'irrite et il irrite son peuple contre nous, parce qu'abandonnés par lui dans les affaires de la Pologne, nous avons traité sans sa permission avec l'Autriche. 3° Il viole le traité d'Utrecht en autorisant les marchands de Londres à faire la contrebande dans les colonies espagnoles. 4° Il refuse ouver-

Résumé des griefs sous Georges II.

tement de se conformer à ce traité, bien qu'il fût revêtu de sa signature. 5° Il déclare la guerre à l'Espagne, contrairement au traité de Valladolid. 6° En 1740, dans la question de la succession à l'empire, il viole le traité de Westphalie. 7° Il fait avec la France une convention par laquelle il s'engage à demeurer étranger aux affaires de l'Allemagne si la France lui garantit ses possessions du Hanovre ; cette garantie lui est donnée, et néanmoins il met au service de Marie-Thérèse 40,000 Anglais, Hanovriens ou Hessois, de riches subsides et trois flottes. Pour être plus fidèle à la parole qu'il nous a donnée, il forme contre nous une nouvelle coalition. 8° Sa haine le détermine à refuser d'entendre nos propositions de paix, bien qu'elles lui soient aussi avantageuses qu'il lui était raisonnablement permis de l'espérer. 9° Il fait ravager les colonies espagnoles, parce que l'Espagne conserve la neutralité entre lui et nous, bien que ses intérêts lui fissent une obligation de s'unir à nous contre lui. 10° Nos vaisseaux sont capturés en pleine paix, et il a la bassesse de faire promener dans les rues de Londres des dépouilles dont il devrait être humilié. 11° Il pousse les Russes sur l'Europe, et, le premier, enseigne à ces barbares une route qu'ils ont suivie depuis et qu'il leur tarde de suivre encore. 12° En 1748, il fait la paix à Aix-la-Chapelle, et la même année il cherche frauduleusement à la rompre. 13° Il se plaint injustement de Dupleix ; Louis XV lui sacrifie ce grand homme. Il demande que la compagnie française des Indes soit immolée à la compagnie anglaise ; la compagnie française est aussitôt immolée, à la condition que ni l'une ni l'autre n'interviendra dans les différends qui divisent ou pourront diviser les princes du pays. 14° Pour reconnaître tant de condescendance, il franchit les frontières depuis longtemps établies entre ses possessions et les nôtres. 15° D'autres possessions étaient indivises entre lui et nous ; il s'en déclare l'unique souverain. 16° Les rives de l'Ohio nous appartiennent; il prétend qu'elles sont à lui, et ses soldats massacrent un officier français et son escorte qui se présentent à eux en parlementaires pour demander des explications. 17° Quand nous armons une flotte pour défendre nos droits méconnus, il nous répond en donnant à ses pirates l'ordre de courir sus à nos vaisseaux. 18° Il fait enlever plus de trois cents bâtiments du commerce français naviguant sur la foi des traités. 19° La France lui rend et il reçoit les captures que nous avons faites sur les Anglais, mais il garde celles que sa marine a faites sur la nôtre. 20° En 1756, le duc de Cumberland signe une capitulation à Closter-Seven, et l'année suivante cette convention est effrontément violée. 21° En 1758, cet insolent mépris des traités entraîne pour nous la perte du Hanovre et celle de plusieurs colonies, la destruction de Cherbourg, de Saint-Servan et de cent neuf bâtiments en construction dans ces deux ports. 22° Nous traitons avec humanité 3,000 prisonniers anglais, et Georges nous enlève nos établissements du Sénégal, du Bengale et du Canada. Ses amis assassinent un prince indien demeuré fidèle à la France; ce loyal Georges partage avec les meurtriers les Etats de la victime. 23° Il s'empare de Mazulipatnam. 24° En 1759, il paie les sauvages pour massacrer et scalper nos prisonniers. Ces spoliations, ces cruautés, ces barbaries avaient lieu sans déclaration de guerre. S'il n'y a pas assez de ces vingt-quatre crimes pour nous faire abhorrer Georges II, roi d'Angleterre, c'est que sans doute nous sommes encore la généreuse nation qui sait tout pardonner parce qu'elle se croit assez forte avec la gloire et l'honneur.

CHAPITRE X.

GEORGES III (1760 à 1783.) — Ire Partie.

Rois de France :
Louis XV.
Louis XVI.

Singulière déclaration du nouveau roi d'Angleterre.

A la fin du dernier règne, il ne nous restait presque rien à perdre, et cependant, en montant sur le trône, Georges III déclara « qu'il ne poserait pas les armes avant d'avoir réprimé « l'ambition, les usurpations injurieuses et les dangereux desseins de la France. »

En lisant cette déclaration, ne serait-on pas tenté de croire que le nouveau souverain de la Grande-Bretagne avait perdu le sens moral à force d'orgueil, ou qu'il croyait que son peuple l'avait perdu à force de haine? L'Angleterre parlait de notre ambition quand elle venait de ravager, d'égorger et de piller sur les deux continents pour satisfaire la sienne; elle parlait de nos injurieuses usurpations quand nous avions renoncé à nos conquêtes d'Allemagne, et qu'elle nous avait enlevé nos colonies après avoir détruit notre marine et notre commerce; elle criait *au voleur* après avoir volé notre fortune. Ce qu'elle nous avait laissé, c'était ce que nous estimions le plus, ce qu'elle estimait le moins : c'était l'honneur! Elle parlait de nos dangereux desseins quand, tombés au dernier degré de faiblesse et d'épuisement, nous osions à peine donner signe de vie pour n'exciter chez elle ni crainte ni colère.

Pour trouver à ces étranges paroles un sens raisonnable, il faut supposer que, dans le dessein de se populariser dès les premiers jours de son règne, Georges voulut jeter la France en pâture à John Bull, comme on lui jetait de temps en temps le papisme : deux mots et deux choses qui, en Angleterre, ont le privilége du succès, comme en France les mots de gloire et de liberté ; seulement nous nous laissons entraîner par l'affection et nos voisins par la haine.

Au surplus, Georges prouva dans cette circonstance qu'il connaissait bien sa nation, car le commerce anglais fut complètement de son avis. Ses succès sur la mer détruisaient notre marine, son unique rivale, et lui donnaient le monopole des marchés étrangers, que désormais il alimenterait seul et aux conditions qu'il lui plairait d'imposer. Cet avantage, dit l'historien Smolett, devant cesser lorsque la France pourrait reprendre sans danger ses relations commerciales, il était, *comme il sera toujours*, de l'intérêt de l'Angleterre d'être en guerre avec cette puissance infatigable, pourvu que la guerre soit bornée à des opérations maritimes. Nous jeter à terre, avoir l'œil sur nous et châtier le plus léger de nos mouvements comme un crime de lèse-Bretagne, telle est la foi politique de l'Angleterre ; jamais ce principe ne reçut une plus complète application que sous le règne de Georges III.

Véritable politique de l'Angleterre vis-à-vis de la France.

Le duc de Choiseul, alors premier ministre, ne pouvant pas souffrir que la nation fût plus longtemps sans commerce et sans crédit, proposa à Charles III, qui venait de monter sur le trône d'Espagne, de s'unir à la France afin d'avoir plus de force contre leur ennemi commun. Charles, ne comprenant pas mieux que son prédécesseur le danger qu'il y avait pour tous de laisser notre marine, dans l'état où elle se trouvait

Proposition du duc de Choiseul au roi d'Espagne.

alors, lutter seule contre la marine anglaise, refusa de prendre part à la guerre. Cependant, la position devenant de plus en plus désastreuse, il fallait en sortir à tout prix, même en sacrifiant nos plus légitimes prétentions.

Propositions au gouvernement anglais.

Choiseul, dont le cœur haïssait l'Angleterre en proportion du mal qu'elle nous faisait, surmonta sa répugnance, se rapprocha de notre ennemie, et, pour en obtenir la paix, offrit de lui céder le Canada, le Sénégal, Tabago, Minorque, etc., sous condition que les prises faites avant la guerre seraient restituées. On ne croirait pas, si les documents officiels étaient muets à cet égard, que Pitt traita cette proposition d'arrogante et de présomptueuse. Nous offrions, presque à deux genoux, d'abandonner nos plus riches colonies, et nous étions des arrogants parce que nous demandions quelque chose de ce qu'on nous avait volé!

Insolence de Pitt.

Ce fanatique osa bien dire, dans cette circonstance, « qu'il ne ferait de concessions que lorsqu'il verrait « les Français prendre la Tour de Londres l'épée à la main. » C'était, dans son esprit, une guerre à mort entre les deux nations, et sa haine lui disait que la France resterait sur le champ de bataille.

Nouvelles négociations de M. de Choiseul.

Choiseul ne perdit pas tout espoir, et, pour déterminer le cabinet de Saint-James par des considérations d'intérêt personnel, il l'entretint du mécontentement de l'Espagne, en raison des insultes qu'elle avait éprouvées pendant la guerre ; il parla d'un mémoire dans lequel Charles III proposait sa médiation aux deux puissances. Une pareille ouverture pouvait être écoutée sans honte, et du moins méritait-elle d'être poliment accueillie. Pitt la regarda comme une injure ;

Nouvelle insolence de Pitt.

il qualifia le mémoire d'*infâme*, et déclara que « le roi d'An- « gleterre ne souffrirait jamais que l'Espagne vînt à se mêler « des négociations de paix, et que de même il n'entendait pas « que la France eût en aucun temps le droit de se mêler des « discussions entre l'Angleterre et l'Espagne. »

Cette insolente prétention décida la conclusion du pacte de famille, par lequel tous les princes de la maison de Bourbon faisaient une alliance perpétuelle, s'ouvraient réciproquement leurs ports et leurs frontières, et formaient de tous les peuples qu'ils gouvernaient une seule nation, ou, pour mieux dire, une seule famille.

1761. Pacte de famille.

Quand l'Angleterre avait refusé de recevoir le Canada en échange de la paix, c'est qu'elle prévoyait que cette colonie serait bientôt sa proie, et qu'elle préférait une conquête violente à une bénévole concession. Les débris de nos troupes, resserrés dans Montréal, furent obligés de capituler et d'abandonner cette magnifique possession. Dans l'Inde, Lally, dont la résistance fut héroïque, évacua Pondichéry, seul reste de deux cents lieues de côtes que possédait naguère Dupleix. Belle-Isle, sur la côte de Bretagne, tomba au pouvoir des Anglais, qui se crurent, par suite de ce coup de main, revenus au temps des conquêtes en France ; ce n'était qu'une illusion, mais elle était si douce que tout bon Anglais lui souriait et la caressait.

Perte du Canada, de Pondichéry et de Belle-Isle.

Cependant Pitt, ne recevant plus aucune communication soit de la France, soit de l'Espagne, soupçonna l'existence du pacte de famille, et demanda à l'Espagne des explications qui lui furent données, et dont il fut assez peu satisfait pour proposer au conseil de ruiner la marine et les colonies espagnoles, au moment où la France n'avait plus un vaisseau de ligne. « afin d'apprendre à « l'Europe à ne plus oser se mêler des affaires de la Grande-« Bretagne. » Ainsi deux nations ne pouvaient plus traiter ensemble « sans se mêler des affaires de la Grande-Bretagne ! » Les rois de France et d'Espagne ne pouvaient plus, sous peine de mort, s'écrire sans que leurs lettres fussent ouvertes et contrôlées par la Grande-Bretagne ! Cette folle prétention ayant été rejetée par tous les ministres, Pitt insista sur le danger qu'il y avait pour l'Angleterre à ne pas abaisser davantage la mai-

Pitt soupçonne l'existence du pacte de famille.

Folle proposition faite au conseil.

son de Bourbon. Le conseil persista dans sa résolution, et Pitt quitta les affaires.

Le nouveau ministère, effrayé de ce qu'il entendait dire du pacte de famille, voulut à son tour avoir des explications précises et les demanda à l'Espagne, en la menaçant d'une guerre immédiate si elle ne se hâtait pas de les lui fournir. A cette espèce d'intimidation qu'on était loin d'attendre d'un conseil dans lequel on soupçonnait peu de vigueur et peu d'unité, le cabinet de Madrid répondit que « cette demande inconsidérée « et menaçante, dictée par l'esprit de hauteur et de désordre « qui, pour le malheur de la terre, régnait toujours au plus « haut degré dans le gouvernement britannique, était une in- « sulte au roi... Le roi d'Espagne ne veut pas souffrir qu'un « voisin, un allié, un parent, un ami, coure plus longtemps « le risque de recevoir des lois telles que le vainqueur le plus « insolent en prescrirait à peine de semblables. »

A la suite de cette réponse, et quoiqu'elle ne contînt rien d'agressif ni de menaçant, l'Angleterre enleva à l'Espagne l'île de Cuba, les Philippines, douze vaisseaux et 100,000,000 de livres sterling. La France, pour avoir osé chercher un allié, fut condamnée à perdre la Martinique, la Grenade, Tabago, Sainte-Lucie, etc., etc.

Malgré tant de succès, le roi Georges commençait à incliner vers la paix, et son premier ministre, lord Bute, partageait ses dispositions : la plus grande difficulté était de vaincre les préjugés de la populace excitée par les déclamations de Pitt. On imagina que le meilleur moyen d'y réussir était d'obtenir des alliés des concessions de nature à satisfaire amplement les esprits les plus jaloux de l'honneur national. Dans le traité de Paris, le gouvernement anglais se fit céder le Canada, le cap Breton, le golfe et le fleuve Saint-Laurent, la Grenade, Saint-Vincent, la Dominique, Tabago, la rivière de Sénégal, la Floride et Minorque; Pondichéry et Chandernagor nous étaient rendus, mais à la condition qu'ils ne seraient pas fortifiés, que nous n'aurions plus de troupes dans l'Inde, et que le port de Dunkerque serait encore une fois démoli.

Toutefois ces concessions ne satisfirent pas un parti décidé à vouloir la guerre tant que l'Espagne et la France posséderaient un pouce de terrain sur le sol de l'Amérique. Pitt, malade de la goutte, se fit porter par ses amis au parlement, où il déclara « qu'il ne laisserait passer aucun jour sans combattre, « avec tout ce qu'il lui restait de forces, une paix qui obscurcis- « sait toute la gloire de la guerre. » Ces furibondes déclamations avaient le privilége d'entraîner après elles toute la population anglaise. *Déclamations de Pitt contre la paix.*

Cette guerre à outrance, tant préconisée comme le palladium de l'honneur national, allait cependant produire des fruits bien amers; déjà couraient dans les vastes savanes de l'Amérique du Nord un souffle d'indépendance, des plaintes et des murmures, signes avant-coureurs d'une révolte sur le point d'éclater contre la domination de la métropole. En aguerrissant contre nous les sauvages, on leur avait donné le sentiment de leurs forces, et les vaincus, réfugiés au milieu des vainqueurs du désert, leur inspirèrent de la haine pour leurs oppresseurs. Pitt voulut voir, dans la récente insurrection de l'Amérique, la main des Bourbons exerçant sa vengeance : « Craignez, s'écria-t-il dans le parlement, redoutez la maison « de Bourbon ! » Pitt se trompait, l'insurrection américaine fut l'œuvre de la tyrannie de l'Angleterre. La France, pour intervenir, attendit que le germe d'indépendance se fût développé; alors elle se vengea de l'Angleterre, non pas au profit de la servitude, selon l'usage de sa *loyale* ennemie, mais au profit de la liberté.

A la veille de perdre ses colonies de l'Amérique, l'Angleterre se préparait une riche compensation dans l'Inde. On se rappelle que, par le traité passé entre les deux compagnies (1753), la Grande-Bretagne et la France s'étaient interdit le droit d'intervenir dans les affaires des princes indiens. L'Angleterre, qui ne s'était pas conformée à cette clause alors que notre marine était puissante, se garda bien de la respecter lorsqu'elle n'eut plus rien à craindre d'aucune puissance européenne. Mir-Jaffier, ce prince dont l'indigne trahison lui avait donné à Plassey la victoire et une partie du Bengale, veut secouer le joug du vainqueur, naguère son servile protégé, aujourd'hui son implacable maître. La compagnie des Indes le renverse, met à sa place Mir-Cossim, son parent, et se fait céder tout le Bengale. Les Anglais violent le traité conclu avec Cossim; chassé à son tour du Bengale, il se réfugie auprès du Grand-Mogol, Shah-Allum. Coupable d'avoir donné asile à son voisin, le Grand Mogol est attaqué et battu. Etourdi de sa défaite, il se réfugie dans le camp de ses ennemis, croyant y trouver une noble hospitalité ; il s'estime heureux de conserver sa vie et sa liberté en plaçant tout son empire sous la protection de la compagnie des Indes, laquelle acquit un revenu de 2,000,000 de livres sterling (48,000,000 de francs). Une armée de 8 ou 10,000 aventuriers n'aurait pas suffi pour opérer toutes ces révolutions, mais les intrigues et les perfidies dont la compagnie usait à son aise, la stupidité des princes indiens, une série d'obscures, fastidieuses et dégoûtantes trahisons, lui ont donné l'empire de l'Inde.

Il se trouva cependant un homme d'une assez grande énergie pour s'opposer à cet asservissement de son pays : Hyder-Aly, aventurier musulman, autrefois initié par les Français aux secrets de la politique européenne, s'empara de Mysore, s'allia à plusieurs princes demeurés fidèles au souvenir de la France, força l'Angleterre à rendre une partie des provinces occupées par elle dans l'Indoustan. Il en résulta pour la compagnie des dépenses qui jetèrent la perturbation dans son administration, et, pour y faire face, on recourut aux rapines et aux violences; toutes les récoltes furent accaparées, et 3,000,000 d'Hindous moururent de faim. En Angleterre, personne n'éleva la voix contre ce forfait incroyable, le plus grand dont l'histoire fasse mention. Après avoir payé les sauvages pour scalper nos soldats dans le Canada, l'Angleterre livrait aux horreurs de la faim les paisibles populations de l'Inde, dont tout le crime consistait à regretter la douceur de notre administration. A cette époque déjà les Anglais se donnaient pour les amis de l'humanité! *Trois millions d'Hindous sont condamnés à mourir de faim.*

Nous avons vu que le ministre Choiseul, humilié de nos défaites, attendait le moment de reprendre la guerre maritime; l'occasion se présenta bientôt. L'Angleterre disputa à l'Espagne la possession de l'île de Falkland que nous lui avions cédée en vertu d'un traité. L'Espagne demanda notre assistance. Le cabinet anglais trembla, et, pour échapper au danger, ne trouva pas d'autre moyen que celui d'étendre son drapeau sous les pieds d'une prostituée! La comtesse Dubarry reçut une pension de Georges pour la récompenser de ce qu'elle avait, par de honteux moyens, obtenu le renvoi de M. de Choiseul; encore cet or, tombant chaque année de la main d'un roi d'Angleterre dans celle d'une courtisane, ne fut-il pas perdu, puisque la guerre n'eut pas lieu et que l'Espagne perdit Falkland. *Armements de la France et de l'Espagne. Ile de Falkland. Pension payée à la Dubarry par l'Angleterre.*

Puisque nous marchons d'ignominies en ignominies, occupons-nous de la Pologne, cette autre victime d'une politique impitoyablement égoïste. Une fois déjà l'Angleterre avait refusé de se joindre à nous pour défendre ce royaume sourdement menacé par la Russie et par l'Autriche. M. de Choiseul comprit si bien le danger, que, se trouvant seul pour le con- *1770. Nouvelles affaires de Pologne.*

jurer, il poussa les Turcs contre la Russie, espérant que cette dernière puissance, occupée à se défendre, ne songerait plus à ses projets d'envahissement; mais, chose incroyable! l'Angleterre prêta son appui à la Russie afin de s'ouvrir un débouché dans l'empire moscovite. Déjà, en 1699, elle avait fait conclure la paix de Carlowitz, qui donna aux Russes leur premier port sur les mers méridionales et porta le premier ébrèchement à l'empire ottoman. Aujourd'hui Choiseul fait observer à l'Angleterre que les projets de la Russie, hostiles à la Pologne, à la Turquie et à la Suède, menacent l'équilibre européen; non seulement le cabinet de Londres se refuse à aider la France dans ses négociations en faveur de ces trois Etats, mais il entrave tous les efforts qu'elle fait pour leur salut, et se montre favorable à la puissance envahissante. Ainsi, une flotte russe étant partie de la Baltique pour attaquer les Turcs dans la Méditerranée, elle s'arrêta en Angleterre pour s'y recruter de matelots, d'officiers, même d'un amiral; et ce fut par eux que la flotte ottomane fut détruite à la bataille de Tchesmé.

Pour ouvrir à son commerce un débouché qu'elle aurait eu quelques jours plus tard, l'Angleterre sacrifie à la Russie la Suède et la Pologne, elle lui procure un port enlevé à l'empire ottoman et une victoire.

La politique de M. de Choiseul fut acceptée par M. d'Aiguillon, son successeur, mais avec moins d'énergie et de persistance dans la volonté. Les armements continuèrent en faveur de la Pologne et de la Turquie; mais le ministère anglais notifia au ministère de Versailles qu'il ne souffrirait pas qu'aucune nation étrangère intervînt dans la querelle. Nos armements demeurèrent dans nos ports, la Pologne subit son premier démembrement, et l'Angleterre eut la honte d'avoir couvert les trois spoliateurs de ce royaume; seulement, pour satisfaire sa haine contre la France, ce rôle lui allait si bien qu'elle le continua malgré la honte dont elle se couvrait. Louis XV, indigné du partage de la Pologne, voulut s'en venger sur l'Autriche en se jetant sur les Pays-Bas. L'Angleterre força Louis XV à renoncer à une vengeance que tout le monde comprenait, en le menaçant de s'unir à la ligue des trois souverains du Nord. Restait la Suède à secourir contre la Russie. N'ayant pas pu sauver la Pologne, Louis XV voulut protéger la Suède et prépara une flotte à Brest; aussitôt l'Angleterre déclara que « si une flotte française paraissait dans la Balti- « que, elle serait suivie d'une flotte anglaise. » D'Aiguillon protesta vainement contre des démonstrations amicales toujours accompagnées de menaces, il fallut arrêter l'armement de Brest. Le désir qu'avait le gouvernement français de protéger la Suède était tellement sincère, qu'en même temps qu'il subissait cette violence à Brest, il préparait une autre flotte à Toulon; l'Angleterre lui déclare que « l'interdiction faite à la « France d'envoyer une flotte dans la Baltique existait égale- « ment pour la Méditerranée; que si la flotte française met- « tait à la voile, la flotte anglaise suivrait immédiatement son « exemple, et qu'enfin l'Angleterre ne pouvait consentir à ce « que la France eût une flotte dans l'une ou l'autre des deux « mers. » La France se soumit !

La France protége la Suède.

Menaces de l'Angleterre.

Brest et Toulon.

Injurieuse prétention de l'Angleterre.

Il résulta de cet étrange despotisme si orgueillement imposé, si humblement accepté, que, pour obtenir un traité de paix, la Turquie abandonna la Crimée à la Russie, c'est-à-dire les clefs de la mer Noire et de la mer d'Azof. Qui aurait dit alors que, moins d'un siècle plus tard, l'Angleterre, adoptant une politique opposée, marcherait avec la France pour s'emparer de cette même Crimée et détruire ces mêmes ports dont elle enrichissait alors si généreusement la Russie, au détriment de l'empire ottoman? Les cent mille hommes que nous

1774.

Funeste résultat de la politique de l'Angleterre.

y avons laissés, les cinq cents millions que nous y avons dépensés, n'avons-nous pas le droit d'en demander compte à l'Angleterre, puisqu'ils ont été immolés et sacrifiés pour détruire un état de choses créé par elle, malgré nos conseils, malgré nos prières, ou plutôt en haine de nos conseils et de nos prières? Notre campagne de Crimée est une sanglante critique de la politique anglaise au dix-huitième siècle ; elle a pu faire le mal sans nous et contre nous, elle a été impuissante à réparer le mal sans nous suivre et sans s'appuyer sur notre main. D'où vient cela, sinon de ce que l'Angleterre ne fait jamais le bien pour le bien, tandis qu'elle éprouve pour le mal une naturelle et douce inclination?

Cependant les événements se pressaient en Amérique ; les Etats-Unis s'étaient donné un congrès ; Washington bloquait les troupes anglaises dans Boston et tournait ses regards vers la France, seul pays où la gloire, en frappant le sol de son pied, fasse naître des légions de héros. L'Angleterre n'ignorait pas que notre marine était rétablie et que nous avions de sanglantes injures à venger ; elle tremblait de nous voir traiter avec les Etats-Unis, et lord Chatam lui conseillait de nous déclarer la guerre, « quand même elle n'aurait pas quatre « vaisseaux dans ses ports. »

Toutes ces violences furent en pure perte. Franklin se rendit en France, où l'enthousiasme fut au comble. Lafayette partit pour l'Amérique. Louis XVI donna secrètement deux millions au congrès et lui promit des secours plus efficaces. Dans le parlement, Chatam, plus furieux que jamais, s'écria « que « nous étions des insolents, et que, l'Amérique eût-elle raison, « il fallait nous châtier pour avoir donné aux Américains un « secours insultant, etc., etc. »

La France passa outre à cette colère et signa avec les Etats-Unis un traité d'alliance et de commerce, lequel ne devait avoir d'effet offensif et défensif que dans le cas d'une guerre entre la France et l'Angleterre. Il était facile de prévoir que la signature de ce traité ferait bientôt naître les hostilités entre ces deux puissances. Le vieux Pitt, malade, mourant, sortit de son lit et se fit porter à la chambre par ses enfants : « Mylords, dit-« il, je suis vieux et malade, la tombe s'ouvre pour me rece-« voir... Peut-être est-ce la dernière fois que vous m'entendez « dans cette enceinte... Souffrirez-vous que ce puissant royaume « soit humilié devant la maison de Bourbon?... S'il faut dé-« clarer la guerre, qu'attend-on pour se décider?... » Sans se laisser ébranler par ces éloquentes déclamations, le duc de Richmond exprima la pensée qu'il n'y avait pas lieu à une rupture de la paix. Chatam, indigné, voulut répondre, mais le paroxysme de la colère le mit dans l'impossibilité de prononcer une seule parole; les forces lui manquèrent, il tomba en défaillance. Emporté hors de la salle, il mourut quelques jours après, étouffé par la haine de la France et par le désespoir de la retrouver debout et menaçante, lui qui avait fait égorger tant de millions d'hommes pour l'anéantir ! Son âme, véritablement anglaise, résumait en elle toute l'orgueilleuse haine de la Grande-Bretagne. Son fils recueillera ce monstrueux héritage, et nous le verrons sacrifier sa vie à la continuation de l'œuvre de destruction si bien commencée par son glorieux père.

Mort de Chatam.

Quoi qu'il en soit, le vieux Chatam dut se réjouir dans sa tombe, car son dernier vœu fut exaucé : l'Angleterre déclara la guerre à la France. Les secours fournis à l'Amérique n'avaient rien eu d'officiel, la cour de Versailles tenant à donner satisfaction à l'opinion publique fortement prononcée en faveur de l'indépendance américaine, sans se livrer à aucun acte de nature à fournir à l'Angleterre de sérieux motifs de mécontentement. Ces ménagements n'ayant pas atteint leur but,

Déclaration de guerre.

le gouvernement de France mit en mer deux flottes : la première, forte de trente-deux vaisseaux, sortit de Brest, rencontra une flottille anglaise d'égale force entre les îles d'Ouessant et les Sorlingues, accepta la bataille et fit essuyer à ses ennemis des pertes égales à celles qu'elle eut elle-même à supporter. La deuxième flotte, forte de douze vaisseaux et commandée par le comte d'Estaing, partit de Toulon, se dirigea en Amérique, entra dans la Delaware, fit évacuer Philadelphie, fut dispersée par une tempête et se retira à la Martinique pour y attendre de nouveaux renforts. Parce que nous n'avions pas obtenu tout ce qu'ils désiraient, les Américains crièrent à la trahison. Il en est presque toujours de même des nations secourues ; combien de fois avons-nous éprouvé leur ingratitude, après avoir sacrifié pour elles notre sang et nos trésors! Notre crime était de n'avoir pas mis aveuglément notre épée au service d'une ambition folle quelquefois, souvent injuste.

Depuis que Louis XVI avait relevé notre marine, il n'était pas facile à l'Angleterre de nous vaincre sur mer sans recourir à la vieille tactique qui consistait à nous distraire de la guerre maritime en nous suscitant des guerres continentales. L'occasion se présenta d'employer ce stratagème, et Georges ne manqua pas de s'en servir.

L'électeur de Bavière mourut, l'électeur palatin et l'empereur se disputèrent sa succession ; l'Angleterre se donna le mérite de les exciter l'un contre l'autre en paraissant les appuyer tous les deux. La France soutint la cause de l'électeur, l'Autriche invoqua le traité de 1756 pour obtenir l'appui de la France. Si M. de Vergennes, alors premier ministre, fidèle aux traditions laissées par ses prédécesseurs, se fût laissé entraîner dans cette circonstance, c'en était fait des Etats-Unis ; mais il se borna à engager la Russie à offrir sa médiation en lui dévoilant la déloyauté de la politique anglaise. Pour se venger de ce désappointement, l'Angleterre nous prodigua les plus grossières injures. « La France, s'écria-t-elle dans son impuissante « colère, la France a eu l'effronterie, qu'on a peine à comprendre, « de conserver la confiance et l'amitié de l'Angleterre, de ser- « vir les vues et les intérêts de la Prusse, et de rompre les liens « de l'Angleterre et de la Russie. »

Injures de l'Angleterre.

Là ne devaient pas se borner les déceptions de l'Angleterre : l'Espagne, se décidant à unir sa marine à la nôtre, fit assiéger Gibraltar, et trente vaisseaux, armés par elle, durent se joindre, dans la Manche, à notre flotte commandée par d'Orvilliers. Soixante-six bâtiments et 40,000 hommes, rassemblés sur les côtes de Normandie, menacèrent la Grande-Bretagne d'une invasion. Le plus grand effroi gagna nos voisins, et, si nous eussions pu débarquer, nous allions nous emparer de la Tour de Londres l'épée à la main. Pitt aurait frémi en voyant se réaliser une prédiction qu'il jetait comme une dérision à la face de la France. Malheureusement d'Orvilliers perdit du temps, une épidémie ravagea sa flotte, et nous restâmes à Brest. Cette fois encore l'Angleterre en fut quitte pour la peur.

Flottes de France et d'Espagne.

Projet de descente en Angleterre.

Le comte d'Estaing, dominant la mer des Antilles, aurait pu se rendre maître de la Jamaïque, s'il eût osé attaquer les Anglais; mais il craignit un échec et se contenta de reprendre Saint-Vincent et la Grenade.

A Londres, l'exaspération était au comble; les agitateurs déclamaient contre la maison de Bourbon, devenue maîtresse de l'Océan; l'opposition en appela au peuple, et celui-ci, devenu juge dans une cause qu'il ne connaissait pas, en appela à la révolte brutale et stupide, et se vengea de nos victoires en se ruant sur les papistes. 80,000 hommes répandus dans les rues de Londres brûlèrent les maisons des dissidents, incendièrent les chapelles des ambassadeurs catholiques, pillè-

Exaspération du peuple anglais.

Pillage et incendie des maisons des catholiques.

rent le domicile des habitants dont la loi était suspecte, ouvrirent les prisons pour rendre à la liberté, quels que fussent leurs crimes, ceux des détenus qui professaient le protestantisme, et démolirent les maisons des magistrats connus par leur tolérance religieuse. La force armée intervint le troisième jour, étendit sur la place 5.000 de ces forcenés, et termina ce hideux brigandage, où se peint toute la dégradation sociale de la population anglaise.

Nous ne faisons à l'Angleterre un crime de ces sanglantes saturnales que parce que les catholiques furent victimes de la haine dont nous honoraient leurs bourreaux, et qu'il est juste de considérer comme nos compatriotes ceux dont le sang a payé notre gloire. Nous avions, nous, une plus noble vengeance à exercer : les Américains étaient battus, Washington déclarait que sa cause était perdue s'il ne recevait un prompt secours ; Louis XVI envoya sept vaisseaux, dix millions et 6.000 hommes d'élite sous les ordres de Rochambeau.

Perdant l'espoir de résister seule désormais à une nation capable de faire de pareils sacrifices après de si grands désastres, l'Angleterre fit sommation à la Hollande de lui fournir les secours. Cette puissance ayant persisté à garder la neutralité, ses vaisseaux marchands furent confisqués ; un convoi escorté par des vaisseaux de guerre devint la proie de la marine anglaise. Pour n'être pas insulté et pillé par l'Angleterre, il fallait se joindre à elle et nous faire une guerre d'extermination.

Le moment, pour avoir de telles exigences, était mal choisi : les cours de l'Europe se lassaient de soutenir une ambition dont le but, maintenant connu de tous, était de nous détruire d'abord, pour opprimer ensuite les autres nations. D'accord avec la France, Catherine II, prenant le rôle de protectrice des mers, publia une déclaration de principes sur la liberté de la navigation qui pouvait se résumer ainsi : « Le pavillon « couvre la marchandise ; tous les bâtiments neutres escortés « par un vaisseau de guerre sont affranchis de toute visite ; un « port n'est bloqué que lorsqu'il a devant lui une force suffi- « sante pour le fermer. » La France, l'Espagne, la Prusse, le Danemark, la Suède, l'Autriche et les Deux-Siciles s'empres- sèrent d'adhérer à cette déclaration et armèrent des vaisseaux pour la faire respecter. L'union de ces puissances prit le nom de neutralité armée ; il va sans dire qu'aux yeux de l'Angle- terre l'Europe commit un crime en se coalisant contre elle, et que la France dépassa tous ses droits, parce qu'elle était de- venue l'âme de la coalition. « C'est à la France, dit un histo- « rien anglais, à ses intrigues, à son désir de nous susciter « des ennemis, que cette ligue est entièrement due ; elle vou- « lait déjouer nos opérations en mettant nos droits en ques- « tion et en faisant élever contre eux des prétentions exorbi- « tantes. » Leurs droits étaient ceux des corsaires et des pi- rates ; ne devaient-ils pas être respectés ? Les prétentions de l'Europe étaient de sauvegarder son honneur et sa liberté sans toucher à l'honneur et à la liberté de l'Angleterre ; n'é- taient-elles pas bien exorbitantes ?

Neutralité ar- mée.

Singuliers droits des An- glais.

La Hollande n'avait commis aucune injustice en conservant sa neutralité, ses vaisseaux avaient cependant été capturés ; elle ne fut pas plus coupable en se joignant à l'Europe entière pour demander la liberté des mers, et cette fois, toujours sans déclaration de guerre, ses colonies furent attaquées. L'amiral Rodney surprit Saint-Eustache, le dévasta, y prit cent cinquante bâtiments, et expédia pour l'Angleterre, sur trente-deux vais- seaux, son butin estimé 50 millions ; c'était ce que les Anglais appelaient leurs droits. Heureusement pour la Hollande, une escadre française, commandée par Lamothe-Piquet, enleva cette riche proie en vue de l'Angleterre. Notre marine triomphait alors

Violences commises par l'Angleterre contre la Hol- lande.

Triomphes d notre marine.

de la marine anglaise : six vaisseaux, commandés par Suffren, poursuivirent l'amiral Johnstone ; vingt-un vaisseaux, sous les ordres du comte de Grasse, battirent la flotte de l'amiral Hood, forte de dix-huit vaisseaux, reprirent Saint-Eustache et Tabago, et, se portant dans la baie Chesapeake, concoururent au plan que Washington et Rochambeau avaient conçu pour cerner l'armée de Cornwallis dans la presqu'île d'York-Town.

1781.

Grâce à cet habile concours, Cornwallis fut obligé de capituler avec 7,000 hommes, treize vaisseaux de guerre, cinquante bâtiments marchands et un matériel immense.

Pendant les deux années qui suivirent, l'Océan fut tour à tour témoin de nos victoires et de nos défaites, de nos victoires plus souvent que de nos défaites. L'Inde se souleva ; son roi Tippoo-Saïb, assiégé par les Anglais dans Gondelour, fut délivré par Suffren, qui, pour la quatrième fois, triomphait, avec peu de ressources, des puissantes flottes de la marine anglaise.

En Angleterre, l'Irlande se souleva contre la brutale oppression de l'absurde législation protestante. Le ministère subit un changement, et la nouvelle administration se hâta de conclure la paix. Dans un premier traité, l'indépendance des Etats-Unis fut reconnue ; dans un second, signé à Versailles le 21 janvier, l'Angleterre rendait à la France Tabago, Sainte-Lucie, le Sénégal et ses établissements de l'Inde ; elle abolissait la clause du traité d'Utrecht relative à la démolition du port de Dunkerque ; elle rendait à l'Espagne Minorque et la Floride. L'Angleterre avait réussi, pendant cette guerre, à voir sa dette s'élever de 130,000,000 de livres à 240,000,000.

1783.

Le règne de Georges III a été si long, les crimes et les griefs dont il s'est rendu coupable vis-à-vis de la France ont été si nombreux, que, pour plus de clarté, nous avons jugé convenable d'en faire trois chapitres, dont le premier se termine à l'année 1783, le second renferme notre période républicaine, et le troisième est formé du règne de Napoléon Ier.

Pour clore la première partie, il nous reste à donner la nomenclature des griefs qui lui appartiennent :

1° En 1760, Georges nous déclare une guerre à mort, quoique nous soyons en paix. 2° La même année, l'Angleterre déclare qu'il est de son intérêt de ne nous laisser aucun repos. 3° Nous faisons les plus humbles propositions ; Pitt les rejette avec la dernière insolence. 4° Nous faisons de nouvelles instances ; le même Pitt nous enjoint de nous taire et d'obéir. 5° La marine anglaise nous enlève le Canada, Pondichéry et Belle-Isle en Bretagne. 6° Une alliance est contractée entre l'Espagne, la France et Naples ; aussitôt Pitt propose à son gouvernement de nous exterminer pour châtier cette insolence. 7° Pitt est renversé ; son successeur, adoptant sa politique, enlève à l'Espagne Cuba, les Philippines, douze vaisseaux et 1,000,000 de livres sterling, à la France la Martinique, la Grenade, Tabago, Sainte-Lucie, etc. 8° En 1763, Georges conclut à Paris un traité de paix par lequel nous consentons aux plus lourds sacrifices; Pitt excite la fureur des populations contre nous en s'écriant, dans le parlement, que ce traité, qui nous ruine, est une honte pour l'Angleterre, parce qu'il ne nous ruine pas assez complètement. 9° Quand l'Amérique se soulève contre la tyrannie de la métropole, Pitt accuse injustement les Bourbons de France d'avoir fait naître cette insurrection. 10° Par le traité passé entre elles, les deux compagnies s'étaient engagées à demeurer étrangères aux querelles des princes indiens ; la compagnie anglaise ne cesse de semer entre eux des discordes et des animosités dont elle profite pour se rendre maîtresse de leurs Etats. 11° Plusieurs provinces de l'Inde demeurent fidèles à notre souvenir ; 3,000,000 de leurs habitants sont condamnés à mourir de faim. 12° L'Angleterre enlève Falkland à l'Espagne et paie une pension à la Dubarry pour obtenir le renvoi de M. de Choiseul. 13° La Russie et l'Autriche se préparent à égorger la Pologne pour s'en partager les lambeaux; nous voulons défendre ce malheureux pays, l'Angleterre nous menace si nous faisons un pas. 14° La Turquie est convoitée par le czar, notre gouvernement veut protéger la Turquie, l'Angleterre nous défend de faire marcher un seul homme. 15° Nous voulons conserver à la Suède son indépendance ; l'Angleterre lève son bâton sur nos têtes, et nous tombons à genoux. 16° Par suite de ce coupable système, la Russie s'empare de la Crimée et devient maîtresse de la mer Noire et de la mer d'Azof. 17° Pitt meurt en exhalant contre nous un dernier souffle de haine et de malédiction. 18° Georges nous déclare la guerre parce que nous avons fourni des secours à l'Amérique insurgée, tandis que notre gouvernement n'en a officiellement fourni aucun. 19° A la mort de l'électeur de Bavière, l'Angleterre sème des divisions entre l'empereur et l'électeur palatin, afin de nous susciter une guerre sur le continent, et, parce que nous savons échapper à ce piége, elle nous prodigue les plus grossières injures. 20° Pour se venger de nos victoires, le peuple anglais, excité par les déclamations de ses orateurs, massacre les catholiques de Londres, pille et brûle leurs maisons. 21° Parce que les Hollandais veulent demeurer neutres, l'Angleterre confisque leurs vaisseaux et leurs colonies.

CHAPITRE XI.

GEORGES III (1783 à 1802). — IIe Partie.

Roi de France :
Louis XVI.
La République.

La paix avec l'Angleterre ne donnait aucune sécurité ; violer les traités en même temps que le droit des gens comptait parmi les droits qu'il n'était permis à personne de contester à la Grande-Bretagne.

Traité de commerce entre la France et l'Angleterre.

Pitt, le fils de celui qui avait exhalé son dernier souffle en nous maudissant, était au pouvoir ; à l'âge de vingt-quatre ans, il fut assez fort pour supporter presque à lui seul le fardeau de l'administration des trois royaumes, dans un temps où les hommes les plus expérimentés avouaient sans rougir leur insuffisance. L'un de ses premiers actes fut de faire approuver les clauses d'un traité de commerce avec la France, malgré l'opposition de Fox, qui prétendait que « les rapports com« merciaux des deux peuples affaibliraient les sentiments de « rivalité nécessaires à la prospérité de l'Angleterre. » Trop heureuses eussent été les nations européennes, si ce jeune ministre eût apporté dans les questions politiques la même modération que dans les questions commerciales ! mais il n'en fut pas ainsi.

La révolution de l'Amérique avait exercé chez nous une immense influence sur l'opinion publique; elle inspira un violent désir de tout changer, et fit naître les premiers symptômes de ce fanatisme politique auquel la France dut autant de malheurs que de gloire. Par suite de cette nouvelle disposition des esprits, des troubles se manifestèrent sur quelques points du royaume, Pitt les fomenta avec de l'or afin d'agiter la France et de lui enlever par ce moyen l'ascendant qu'elle avait conquis pendant les dernières guerres. Il y avait à peine quelques mois que l'Europe était en paix, et déjà, par de déloyales manœuvres, le cabinet de Londres réussissait à semer partout la discorde; il fit alliance avec Frédéric-Guillaume, roi de Prusse. Catherine II, devenue l'alliée de l'empereur Joseph II, avait envahi la Crimée, poussé à la révolte plusieurs provinces turques, et manifesté hautement le dessein de détruire l'empire ottoman. La France, appelée par la Turquie, au lieu d'offrir des secours, proposa d'intervenir auprès de la Russie devenue son alliée. L'Angleterre, dont l'astucieuse politique n'avait excité Catherine à cette guerre que pour nous mettre dans la nécessité de rompre avec Saint-Pétersbourg ou avec Constantinople, suivant que nous soutiendrions ou que nous abandonnerions la Porte, s'empressa de substituer, dans cette dernière cour, son influence à la nôtre, et d'exciter le sultan à prendre les armes, lui promettant l'appui de la Suède et de la Prusse, l'assistance même de ses vaisseaux. La Turquie, séduite par de perfides conseils, déclara la guerre, ne reçut aucun des secours promis et n'éprouva que des défaites. Sans attacher, pour notre propre compte, un grand prix à l'alliance ottomane, nous dûmes nous résigner à compter un allié de moins. Pendant que les Turcs, indignement trompés, se faisaient battre par les Russes, l'Angleterre et la Prusse conspiraient sourdement contre nous en Hollande.

Joseph II ayant voulu s'emparer de la navigation de l'Escaut, le cabinet français sut le contraindre à abandonner ses injustes prétentions et fit alliance avec les Provinces-Unies ; aussitôt l'Angleterre fomenta des désordres dans le pays et souleva la populace contre la bourgeoisie. Les Etats demandèrent notre appui ; le roi de Prusse, d'accord avec le cabinet de Londres, s'empara d'Amsterdam, et la Hollande subit de nouveau la tyrannie britannique.

Injustes prétentions de l'Autriche contre la Hollande soutenues par Pitt.

Il est bien évident que les Provinces-Unies avaient le droit de résister à l'empiétement de l'empereur d'Autriche ; il n'est pas moins certain que l'Angleterre n'avait aucun intérêt à faire consacrer cette iniquité ; mais, en prêtant nos armes à un peuple injustement attaqué, nous prenions chez lui une influence qu'il fallait à tout prix empêcher de s'établir. Pour nous enlever une alliance, tous les moyens étaient bons aux yeux de Pitt ; ce principe était détestable. Promettre à la Turquie d'intervenir contre la Russie, avec laquelle Georges était allié, c'était déloyal ; promettre une intervention avec l'intention de ne pas intervenir, c'était trois fois déloyal. L'Angleterre trouvait cependant mauvais de nous voir donner notre appui, loyalement et sans arrière-pensée, à un allié menacé d'une injuste spoliation. Toute autre nation aurait pu nous imiter sans irriter une ombrageuse susceptibilité ; mais la France !

Pourquoi Pitt se déclare pour l'Autriche.

Trois actes détestables.

En même temps que Pitt confondait toutes les notions du juste et de l'injuste, il travaillait, par de sourdes manœuvres, à réchauffer contre nous la vieille haine du peuple anglais ; la révolution qui s'opérait chez nous en était le prétexte, le motif réel était de profiter de nos troubles pour nous susciter une guerre dans laquelle nous devions, suivant son opinion, nécessairement succomber. Toutefois, il s'avança lentement et avec prudence dans une voie où les whigs ne paraissaient pas disposés à le suivre ; bien qu'il partageât les sentiments des

1789. Pitt profite de nos troubles pour exciter contre nous l'Angleterre et l'Europe.

cabinets du continent, bien qu'il eût contribué à la formation de la coalition de la Prusse et de l'Autriche, bien qu'il eût encouragé nos discordes par ses intrigues et par son or, il feignit d'abord de ne vouloir pas prendre les armes; ce ne fut qu'après la conquête de la Belgique par nos troupes que commencèrent les actes d'une sérieuse hostilité.

L'Angleterre, qui depuis longtemps payait les souverains de l'Europe pour les réunir contre le peuple français, trouva mauvais que le peuple français en appelât aux peuples de l'Europe contre les souverains. Elle, qui naguère se réunissait à la Prusse pour nous forcer à laisser la Hollande subir les spoliations autrichiennes, s'attendrissait maintenant sur les dangers dont notre conquête de la Belgique menaçait cette même Hollande! Ce pays n'était pas menacé, l'Angleterre n'était pas attaquée, nous étions en Belgique pour répondre aux insolentes provocations de la Prusse et pour nous défendre, ce qui était assurément notre droit; et cependant l'exercice de ce droit détermina le cabinet de Londres à mettre l'embargo sur ceux de nos vaisseaux qui achetaient des blés en Angleterre, à faire saisir une frégate française dans les mers de l'Inde, et à forcer le stathouder de Hollande à entrer dans la coalition. Arriva le 21 janvier, jour de déplorable mémoire dont Pitt exploita l'horreur après s'être obstinément refusé à faire la moindre démarche pour sauver la royale victime. Comme si la tête de Charles 1er n'était pas tombée sous la hache du bourreau! Comme si un grand nombre de lords n'avaient pas été les héritiers des familles régicides, auxquelles ils devaient leurs titres de noblesse et leurs places et leur fortune! L'Angleterre avait encore les mains couvertes du sang de son roi quand elle s'irritait du martyre de Louis XVI; mais cette colère et cette pitié ne servirent qu'à dissimuler la joie que lui causait la mort d'un Bourbon auquel elle devait la perte de l'Amérique.

Nos vaisseaux marchands sont saisis.

1793.
Mort de Louis XVI.
Hypocrite douleur de Pitt.

et dont la sagesse, en rétablissant notre marine, lui enlevait l'empire des mers; l'Angleterre couvrait sa satisfaction sous le voile d'une hypocrite indignation, afin de pouvoir, au nom de la vertu, précipiter l'Europe sur la France.

Alors eut lieu contre nous la première des cinq coalitions que pendant vingt ans la République et l'Empire ont rencontrées et vaincues sur mille champs de bataille. Ce sera pour nous une profitable leçon de reconnaître, dans les temps modernes comme au moyen-âge, la même ambition et la même déloyauté remuant et bouleversant le monde pour nous ensevelir sous des ruines. *Première coalition.*

La Prusse, l'Autriche et la Sardaigne se montrèrent les plus empressées à recevoir les subsides anglais; le Portugal, le roi de Naples et le pape ne furent pas libres de garder la neutralité; les princes de Bade, de Hesse et de Bavière se mirent à la solde de Pitt, et la Russie, pour prix de son alliance, reçut la permission de démembrer une seconde fois la Pologne. Cette pauvre Pologne fut une fois encore livrée au couteau moscovite afin de payer nos ennemis; comment la France n'aurait-elle pas des entrailles pour la Pologne? *L'Angleterre sacrifie encore la Pologne.*

Avant d'aller plus loin, nous dirons que de tous les efforts que l'Angleterre fit alors contre nous il n'y en eut pas un dont le but fût le rétablissement des Bourbons; elle se souciait peu de cette famille, elle ne l'aimait nullement et la redoutait beaucoup. Elle se servit de tous les partis et de toutes les oppositions pour affaiblir et ruiner la nation. Les royalistes contre la république, les républicains contre l'empire, ont tour à tour et sans le savoir servi ses intérêts et concouru à l'accomplissement de ses projets. Cela posé, nous ne verrons derrière les partis secourus ou encouragés par le cabinet de Londres, ni le roi, ni la république, ni l'empereur, mais la France, à laquelle l'Angleterre aurait voulu, au prix de tout son or et de *Conduite générale de Pitt pendant la révolution.*

la moitié de son sang, arracher sa glorieuse couronne et sa vaillante épée.

Armements de l'Angleterre.

Pitt ne se borna pas cette fois à donner aux coalisés des conseils et des encouragements, il leur envoya 35,000 hommes sous le commandement du duc d'York ; il fit partir cinq escadres avec ordre de s'emparer de nos colonies ; il attisa des troubles en France en favorisant l'accaparement des denrées et

Accapareurs, incendiaires et assassins à la solde de l'Angleterre.

même en payant des incendiaires ; il promit des secours aux insurgés de la Vendée ; il déclara, par une mesure nouvelle dans les annales de la guerre, tous les ports français en état de blocus, et ordonna de confisquer les navires neutres qui y por-

Les Anglais incendient Toulon.

teraient des vivres ; enfin l'insurrection girondine lui livra Toulon, dont il fit un monceau de ruines.

Protestation de la Convention ; ses mesures.

La Convention répondit à cet acte de sauvagerie en dénonçant à tous les peuples et même au peuple anglais la conduite d'un gouvernement assez barbare pour prendre à sa solde des assassins et des incendiaires ; elle déclara Pitt l'ennemi du genre humain, prohiba l'entrée en France de toute marchandise anglaise, ordonna l'arrestation de tous les sujets britanniques.

L'Angleterre, qui savait comment on fait mourir de faim une population de 3,000,000 d'hommes, avait décrété la famine en France ; c'était le moins que la France refusât de recevoir les dentelles et la soie de qui la voulait priver de pain.

Victoires de nos armées.

La réponse de la Convention fut suivie des victoires de Roxpeede, de Hondschoote, de Wattignies et de Weissembourg. Napoléon Bonaparte, alors âgé de vingt-quatre ans, couronna toutes ces victoires par la prise de Toulon. Avant de

Cruauté des Anglais à Toulon.

se retirer, les Anglais résolurent de brûler l'arsenal, les chantiers et les vaisseaux qu'ils ne pourraient pas prendre... Chaque vaisseau anglais vint à son tour s'approvisionner à l'arsenal, qui fut enfin incendié : vingt vaisseaux ou frégates parurent tout à coup en flammes au milieu de la rade. Aussitôt plus de 20,000 individus, hommes, femmes, vieillards, enfants, portant ce qu'ils avaient de plus précieux, vinrent sur les quais, tendant les mains vers les escadres et implorant un asile pour se soustraire à l'armée victorieuse. Pas une seule chaloupe ne se montrait à la mer pour secourir ces Français assez imprudents pour mettre leur confiance dans l'étranger et lui livrer le premier port de leur patrie. Cependant l'amiral espagnol Langara, plus humain que l'Anglais, ordonna de mettre des chaloupes à la mer... Les malheureux habitants se précipitaient en fureur et sans ordre dans ces chaloupes; on voyait des mères cherchant leurs enfants, des épouses, des filles cherchant leurs maris ou leurs pères, errant sur les quais aux lueurs de l'incendie (1). Hood, témoin de ce drame épouvantable, fut assez barbare pour demeurer impassible. Les Anglais considérèrent cet acte d'une odieuse cruauté comme une brillante victoire. Ils avaient violé le droit des gens, traîné l'humanité dans le sang, forfait à l'honneur, et, du milieu de cette honte, ils avaient le courage de parler de leur gloire ! Ils pouvaient bien détruire et voler notre flotte, mais la victoire nous demeurait avec l'honneur sur le champ de bataille. Pour nous arracher ce double prestige, il fallait plus de génie et plus d'intrépidité que pour incendier une ville qui s'était livrée à ses bourreaux quand elle croyait recevoir des amis.

Pitt comprit qu'il en était ainsi et ne marchanda pas avec les sacrifices : l'armée de terre s'accrut de 140,000 hommes, la marine de 110,000 ; on leva des milices, on enrôla des volontaires, on solda 40,000 étrangers. La Prusse reçut 150,000 livres par mois pour tenir sur pied 62,000 hommes, la Suède

<small>Subsides fournis à la coalition.
Nouveaux efforts de l'Angleterre.</small>

---

(1) Thiers, *Histoire de la Révolution française*, t. III.

en reçut 200,000 pour entrer dans la coalition ; le zèle de l'Autriche, de la Hollande et du Piémont fut ravivé ; Naples, Gênes et Florence durent forcément abandonner leur neutralité ; la Russie fut libre d'égorger la Pologne, pourvu que sa flotte contraignît le Danemark à entrer dans les vues de l'Angleterre ; le ministère anglais ordonna à ses vaisseaux d'enlever tous les bâtiments destinés pour la France et fit saisir sur les navires américains des matelots pour garnir ses flottes.

Victoires de la France. Ces immenses préparatifs ne répondirent pas à l'espoir de l'Angleterre : la France battit les coalisés à Courtray, à Turcoing et à Fleurus ; elle acquit la Belgique et força les Anglais à se retirer en Hollande et les Autrichiens sur le Rhin. La lutte *Perte de l'Inde et des Antilles.* entre les deux marines nous fit perdre la Corse, nos établissements de l'Inde et la plupart des Antilles. Dans le golfe de Gascogne, vingt-six vaisseaux français, résistant à trente-huit vaisseaux anglais, réussissent à ouvrir le passage à un convoi chargé de grains, fort de deux cents voiles, que le peuple, dévoré par la détresse, attendait pour soulager sa faim.

1794. Sous la République, les chances de la guerre étaient les mêmes que sous la monarchie ; nous trouvions sur le continent des compensations à nos pertes coloniales. La Hollande, où le duc d'York fut battu à la tête de 80,000 hommes, vint nous consoler de la perte de l'Inde. Malgré la Prusse et l'Au- *1795. Conquêtes sur le continent.* triche, nous nous établîmes sur la rive gauche du Rhin ; une partie du Piémont, de la Catalogne et de la Navarre fut occupée par nos armées. En présence de tous nos succès et de tou- *Trois puissances renoncent à la coalition.* tes leurs défaites, la Hollande, la Prusse et l'Espagne renoncèrent à la coalition. La France n'eut plus devant elle que l'Angleterre et l'Autriche. Dans le parlement, Pitt s'était écrié « que traiter avec la France, c'était ébranler la constitution *Pitt. Fox et Sheridan.* « britannique. » Fox et Sheridan avaient répondu en accusant Pitt « d'exciter une guerre infâme, d'adopter un principe

« anti-social. » Ils nous avaient justifiés en soutenant que la violence des Français ne s'était déclarée que lorsque l'Angleterre avait montré la coupable intention de leur ravir la liberté, d'exciter la guerre civile chez eux.

Le parlement, dévoué à la haineuse politique de Pitt, vota 128,000 hommes pour la mer, 207,000 pour la terre, sans compter les volontaires et les troupes étrangères ; quatre millions et demi de subsides furent donnés à l'Autriche ; on approuva les plans du ministre pour faire une grande expédition dans la Vendée.

Vote du parlement. 1795.

Le peuple de France n'était pas le seul à souffrir, celui de l'Angleterre supportait difficilement le poids des impôts, l'inaction complète du commerce et l'extrême cherté des grains ; il y eut des émeutes au milieu desquelles des voix crièrent : « La « paix ! du pain ! A bas Pitt ! à bas Georges ! » Mais le gouvernement aurait sacrifié la moitié du royaume pour écraser la France, comment se serait-il arrêté devant les cris d'une populace qu'il méprisait ? On passa outre, et la guerre continua.

Emeutes en Angleterre.

Désespéré de n'avoir à nous opposer que les armées de l'Autriche, Pitt songea au parti qu'il pourrait tirer de la Vendée pour créer, à l'intérieur, au gouvernement français des ennemis aussi redoutables que ceux dont il venait de triompher à l'extérieur. Au moyen de ses intrigues avec le marquis de Puisaye, l'Angleterre, chassée du continent depuis la conquête de la Hollande, recouvrait un champ de bataille au cœur même de la France, et composait ses armées avec des Français. Ses promesses, ses excitations et ses déloyautés aboutirent, en fin de compte, à Quiberon ! Le résultat de cette terrible affaire est connu. Hoche et Sombreuil furent héroïques ; des deux côtés on fit assaut d'intrépidité, des deux côtés aussi se trouvaient des Français. Les plus coupables étaient assurément les Anglais qui n'intervenaient que par haine, tandis que les sol-

Quiberon.

dats de la république et ceux du roi se battaient loyalement, les uns pour ce qu'ils croyaient être la liberté, les autres pour ce qui était assurément la fidélité, tous pour l'honneur. Quant au rôle de l'Angleterre, il fut ce qu'il devait être, d'une rare cruauté. La plupart des émigrés étaient les officiers de cette marine qui avait tant humilié l'Angleterre dans la guerre des Etats-Unis. Pitt fut accusé d'avoir dirigé l'expédition de telle façon que l'extermination de ces glorieux débris de la puissance navale de la France fût assurée. Ce ministre ayant cru devoir se justifier en disant dans le parlement qu'au moins le sang anglais n'avait pas coulé : « Non, s'écria Sheridan, non, « le sang anglais n'a pas coulé, mais l'honneur anglais a coulé « par tous les pores. »

Les colonies de la Hollande sont envahies par l'Angleterre.

Pitt se consola de cette honte en capturant cinq vaisseaux de ligne et soixante-neuf autres bâtiments hollandais, en s'emparant du cap de Ceylan, de Cochin, de Malacca, d'Amboyne et de la Guyane hollandaise. Tous nos efforts pour défendre les possessions de nos alliés ne réussirent qu'à reprendre Saint-Eustache et Sainte-Lucie.

Hypocrite proposition de paix.

Avant de commencer la campagne de 1796, le ministère anglais, voulant donner une apparence de satisfaction à l'opinion publique, avait astucieusement chargé son agent en Suisse, Wiclam, d'adresser des questions insignifiantes au ministre de France, Barthélemy, dans le but de demander si la France était disposée à la paix, et sur quelles bases elle était résolue à traiter. Pitt ne voulait que gagner du temps et tromper. Le Directoire n'en fut pas dupe ; il répondit franchement qu'il voulait traiter sur les bases seules de la constitution, c'est-à-dire qu'il entendait garder la Belgique, devenue territoire français. C'était là ce qu'attendait l'astucieux

Reprise des hostilités.

ministre. Les négociations furent rompues, et, pour recommencer les hostilités ; la Grande-Bretagne ne trouva que la trop complaisante Autriche, occupées qu'étaient alors la Prusse et la Russie à organiser les provinces qui leur étaient échues dans le partage de la Pologne.

L'Autriche est vaincue à Montenotte, Millesimo et Lodi ; en Allemagne, nos succès sont les mêmes qu'en Italie. Le Directoire renouvelle avec l'Espagne le pacte de famille, négocie avec la Turquie et Venise pour conclure un traité de quadruple alliance, et prépare contre l'Irlande une expédition malheureusement dispersée par la tempête.

1796. L'Autriche est battue.

Les préliminaires de Leoben nous dédommagent de ce contre-temps par la soumission de l'Autriche qui se détache de l'alliance de l'Angleterre, seule aujourd'hui pour lutter contre nous. La position de Pitt était devenue trop difficile pour qu'il ne cherchât pas, par des propositions de paix, à procurer quelque temps de relâche aux ressorts trop tendus de la puissance anglaise. Le Directoire accueillit favorablement les ouvertures qui lui furent faites, et les négociations s'ouvrirent à Lille. L'Angleterre offrit de rendre à la France toutes ses colonies ; mais elle prétendait garder sur les Espagnols la Trinité, sur les Hollandais le Cap et Ceylan. Le gouvernement de France, incapable de sacrifier à ses intérêts ceux de ses alliés, voulut que la Hollande et l'Espagne recouvrassent toutes leurs colonies ; l'Angleterre s'y refusa, et les négociations furent rompues. Une descente en Angleterre, de nouveau projetée, fut placée sous les ordres du vainqueur de l'Italie.

1797. Leoben.

Pitt propose la paix.

Conférences de Lille. 1797.

La France demeure fidèle à ses alliés.

Rupture des négociations.

Cette menace paraissait d'autant plus vraisemblable que, l'Autriche venant de signer la paix à Campo-Formio, le général devenait entièrement libre d'accepter cette difficile et importante mission ; toutefois le courage de Pitt n'en fut point ébranlé. Il est probable cependant qu'il eût succombé devant ce danger, devenu plus pressant par la révolte générale de l'Irlande, si l'ambitieuse imagination du jeune général

Projet de descente en Angleterre.

— 376 —

ne l'eût entraîné vers un projet plus brillant, mais d'une réalisation plus douteuse que le projet du Directoire. La conquête de l'Egypte, des batailles au désert séduisirent le génie de Bonaparte par un brillant mirage auquel il ne sut pas résister.

<small>Expédition d'Egypte. 1798.</small>

Ce nouveau projet nous valut de brillants faits d'armes et d'héroïques actions. Notre renommée, dans l'Orient, grandit de toutes les hauteurs des Pyramides; notre gloire parut emprunter un rayon à la mystérieuse gloire des Pharaons; mais l'expédition, destinée à ruiner la puissance des Anglais dans l'Inde, avorta par une nouvelle victoire des maîtres de la mer; heureusement commencée à Malte, elle fut ensevelie à Aboukir.

<small>1798.

Deuxième coalition.</small>

Non seulement l'Egypte nous échappa, mais l'Angleterre, toujours habile à nous susciter des ennemis, profita de cette circonstance pour former contre nous une seconde coalition. La Russie consentit à recevoir annuellement un subside de 1,125,000 livres sterling ; la Turquie se détermina à nous déclarer la guerre ; l'Autriche se montra disposée à reprendre les armes; le roi de Naples reçut en triomphe Nelson, le vainqueur d'Aboukir, et commença les hostilités. La fortune, se décidant contre ce monarque, voulut qu'il fût chassé de sa capitale, et la république parthénopéenne fut proclamée à Naples. Mais, trahis à notre tour par la victoire, nous fûmes obligés de reculer devant la coalition. La royauté, ramenée sur les vaisseaux de Nelson, nous accorda une capitulation que l'amiral Nelson refusa de reconnaître quoiqu'elle fût revêtue de la signature royale. « Acte déplorable, dit un historien anglais, « tache indélébile sur la mémoire de cet amiral et sur l'hon« neur de l'Angleterre. Il serait inutile de chercher à déguiser « la vérité, il serait impie de vouloir la justifier. » Cette perfidie fut suivie d'horribles exécutions dont Nelson ensanglanta

<small>Violation de la capitulation de Naples.

Exécution à bord du vaisseau de Nelson.</small>

même son propre vaisseau. 30,000 personnes furent incarcérées, et pendant six mois l'échafaud fut en permanence.

Non content de cette violation d'un traité, le ministère anglais envoya 40,000 Anglo-Russes, soutenus par une flotte entière, dans la presqu'île du Helder, afin de forcer la flotte hollandaise, sous les ordres de l'amiral Story, à se déclarer contre nous pour le prince d'Orange. Ce dernier demeura fidèle à son serment, et dix-neuf bâtiments hollandais, dont les équipages étaient gorgés de l'or de la Grande-Bretagne, eurent la lâcheté d'oublier leur patrie et de forcer le noble Story à se rendre prisonnier. Le pays fut indigné de cette félonie, et les Anglais, battus par le général Brune, perdant la tête au milieu de nombreux combats, demandèrent à traiter, signèrent à Alkmaar une capitulation honteuse, par suite de laquelle le duc d'York se rembarqua avec toutes ses troupes. L'Angleterre rendit à la France 8,000 prisonniers et garda la flotte hollandaise, c'est-à-dire le fruit d'une infâme trahison excitée et payée par elle. Cette fois encore elle eut le bénéfice de la déloyauté.

Anglo-Russes.

Trahison achetée par les Anglais.

Capitulation d'Alkmaar. 1799.

L'Angleterre ne rend pas la flotte hollandaise.

Pendant que nous nous défendions en Europe contre les intrigues plus que contre les armes de l'Angleterre, le marquis de Wellesley, plus tard lord Wellington, continuait dans l'Inde les perfides manœuvres de son gouvernement. Tippoo-Saïb, notre allié, fut contraint, par la trahison des siens, d'ouvrir ses ports aux Anglais et de leur donner des sommes énormes. L'argent était toujours pour eux la première clause de leurs conventions, la gloire venait au second rang. Séringapatnam fut emporté d'assaut; Tippoo-Saïb se fit tuer dans un combat, épargnant à ses fiers ennemis le crime d'un régicide, et son empire fut partagé entre les Anglais et leurs sauvages complices.

Wellesley dans les Indes.

Les Anglais et les sauvages.

Partage entre eux des Etats de Tippoo-Saïb, notre allié.

La même idée de haine continuait à peser sur l'Irlande; la population murmurait dans ses fers et en appelait à la France

Appel de l'Irlande à la France.

pour les briser. Pour empêcher ses cris de nous arriver, Pitt ne laissa à la presse irlandaise que la liberté de nous injurier et de nous calomnier. Dans ce pays de liberté, le gouvernement muselait la presse afin de museler la nation.

<small>Bonaparte premier consul.</small>

Il venait de s'opérer en France un merveilleux changement : Bonaparte, revenu miraculeusement de l'Egypte, revêtu de la dignité de premier consul, avait rétabli l'ordre en rappelant la victoire. Désireux de faire cesser les guerres qui, depuis longtemps, ensanglantaient la terre et remplissaient les mers d'épouvante, vainqueur partout et ne craignant pas de s'abaisser en plaidant la cause de l'humanité, il écrivit au roi d'Angleterre une noble et simple lettre dans laquelle il lui proposait

<small>Proposition de paix au roi d'Angleterre.</small>

de faire la paix. « Appelé, sire, par le vœu de la nation fran« çaise à occuper la première magistrature de la république, « je crois convenable, en entrant en charge, d'en faire direc« tement part à Votre Majesté.

« La guerre qui, depuis huit ans, ravage les quatre parties « du monde, doit-elle être éternelle? N'est-il donc aucun « moyen de s'entendre?

« Comment les deux nations les plus éclairées de l'Europe, « puissantes et fortes plus que ne l'exigent leur sûreté et leur « indépendance, peuvent-elles sacrifier à des idées de vaine « grandeur le bien du commerce, la prospérité intérieure, le « bonheur des familles? Comment ne sentent-elles pas que la « paix est le premier des besoins comme la première des « gloires?...

« Votre Majesté ne verra dans cette ouverture que mon dé« sir sincère de contribuer efficacement, pour la seconde fois, « à la pacification générale, par une démarche prompte, toute « de confiance, et dégagée de ces formes qui, nécessaires peut« être pour déguiser la dépendance des Etats faibles, ne décè« lent dans les Etats forts que le désir mutuel de se tromper.

« La France, l'Angleterre, par l'abus de leurs forces, peuvent
« longtemps encore, pour le malheur de tous les peuples, en
« retarder l'épuisement. Mais, j'ose le dire, le sort de toutes
« les nations civilisées est attaché à la fin d'une guerre qui
« embrase le monde entier. »

Georges aurait dû se hâter d'accueillir une proposition que la noblesse de ses principes rendait digne des temps antiques; mais il aurait fallu qu'il conspirât pour le bonheur de l'humanité, tandis qu'il ne conspirait que contre notre puissance. Sa réponse, négative et désobligeante, ne fut pas même adressée au premier consul. La France se vengea de cet outrage par les victoires de Marengo et de Hohenlinden. *Réponse négative.*

Victoires de Marengo et de Hohenlinden.

1801.

Haletant, n'en pouvant plus sous le poids de ses défaites, l'empereur d'Autriche signa le traité de Lunéville. *Traité de Lunéville.*

Tandis que l'Autriche traitait à Lunéville, l'Angleterre se préparait à nous envoyer des hommes dont les horribles desseins allaient épouvanter le monde. Georges Cadoudal, dont les mains regorgent de l'or anglais, revient de Londres et dirige les pillards de diligences ; la Normandie, l'Anjou, le Maine, la Bretagne, le Poitou, treize départements du centre et du midi étaient tellement infestés de brigands qu'il n'était plus possible d'y parcourir les routes sans s'exposer à être pillé ou assassiné. Trois complices, arrivés avant Georges, disposent un baril de poudre sur le passage du premier consul, y mettent le feu ; la mitraille déchire la façade des maisons voisines, une quantité de morts et de mourants encombrent les rues d'alentour, le consul est épargné. Pour atteindre un seul homme, on ne recule pas devant la satanique idée de faire sauter un quartier de Paris. D'où viennent les coupables? de l'Angleterre. Qui paie les coupables? l'Angleterre. *Machine infernale.*

A cette époque, les puissances maritimes secondaires eurent lieu de se repentir de la facilité avec laquelle elles avaient *Asservissement des marines secondaires* subi le joug de l'Angleterre ; dominées par cette odieuse tyrannie, n'osant pas se réunir à nous, leurs anciens protecteurs, pour faire respecter les principes conservateurs de la liberté des mers posés en 1780, on les vit se laisser visiter, insulter, confisquer par la marine anglaise. Dans cette cause, qui était celle de toutes les nations, nous nous levâmes seuls, et, protestant au nom de l'Europe entière contre un humiliant servage, nous déclarâmes aux neutres « que nous les traite-« rions de la même façon, qu'ils souffriraient que les Anglais « en usassent à leur égard. » Nous voulions les forcer à respecter leur honneur national.

Par suite de cette déclaration, la mer fut livrée à la force brutale et sauvage. Quand les neutres eurent, à force de souffrances, compris qu'ils avaient eu tort d'abdiquer leur indépendance au profit de l'Angleterre, Bonaparte les invita à revenir aux principes de 1780, et déclara que la république y revenait elle-même. Alors la Suède et le Danemark proclamèrent de nouveau que le pavillon couvre la marchandise ; la Russie et la Prusse adhérèrent à cette déclaration. A cette époque une flottille danoise qu'escortait une frégate fut enlevée par les Anglais. Le Danemark demanda réparation. Le ministère britannique répondit « que tous les neutres devaient « se soumettre à la visite du dernier des corsaires anglais. Re-« noncer au droit de visite, disait Pitt, c'est souffrir que la « France ressuscite sa marine et son commerce. Jamais l'An-« gleterre ne se départira de ces *droits indispensables*... » Cette réponse fut suivie des plus terribles menaces.

Cette fois les puissances ne s'effrayèrent pas de la jactance de l'Angleterre; elles mirent un embargo sur ses bâtiments et lui déclarèrent la guerre. Les Prussiens envahirent le Hanovre: la Russie proposa de s'allier avec nous pour ruiner son empire dans l'Inde. La grande question de la liberté des mers ailait être vidée ; Pitt s'en effraya, son courage faillit, et il donna sa démission.

Démission de Pitt.

En Angleterre, les ministres se succèdent sans que le droit ait quelque chose à gagner. Copenhague était le centre de la quadruple alliance, c'était donc là qu'il fallait l'attaquer. Une flotte anglaise apparut devant cette ville, et, avec des forces trois fois plus considérables que celles dont les Danois pouvaient disposer, fut réduite à proposer un armistice qui fut accepté. Pendant que ces tristes événements avaient lieu, l'empereur de Russie, l'allié de la France, mourait assassiné par des conspirateurs dont faisait partie l'ambassadeur d'Angleterre. Les souverains que n'effrayaient pas les menaces de la Grande-Bretagne devaient tomber sous le couteau des assassins !

Les Anglais devant Copenhague.

Assassinat de Paul Ier.

L'ambassadeur anglais parmi les conspirateurs.

Le premier effet de ce crime fut un traité de paix entre Alexandre, fils et successeur de Paul Ier, et les meurtriers de son père ; le second fut de déterminer par la peur le Danemark, la Suède et la Prusse à se soumettre aux chevaliers du poignard, en reconnaissant le droit de visite.

Soumission des neutres.

Ce crime, dont les fatales suites faisaient échouer ses projets d'émancipation européenne, inspira au premier consul le projet d'effectuer une descente en Angleterre. Alors eut lieu le camp de Boulogne.

Projet de descente.

Kléber avait remplacé Bonaparte en Egypte ; sa position lui paraissant désespérée, ce général entama des négociations pour l'évacuation d'une contrée où nous avions stérilement cueilli de si nombreux lauriers.

Convention entre Kléber et Sidney-Smith.

Pendant que des pourparlers avaient lieu entre les envoyés français, le commodore Sidney-Smith et le grand-vizir, 80,000 musulmans aussi sauvages que fanatiques, traînant avec eux une artillerie de campagne façonnée pour eux par les Anglais, et dont l'horrible état-major comptait plusieurs officiers anglais, se portèrent à El-Arisch, dont ils se rendirent maîtres malgré l'héroïsme de nos soldats ; une partie de la garnison fut massacrée.

Après cet épouvantable forfait, quand les victimes eurent été enlevées et leur sang balayé, on fit une convention par laquelle l'armée française devait quitter l'Egypte avec armes et bagages, et recevoir du commodore Sidney des passeports afin de pouvoir traverser les croisières anglaises.

L'Angleterre refuse d'exécuter la convention.

L'évacuation étant commencée, l'amiral Keith refusa de reconnaître la convention et voulut que les Français se rendissent à discrétion. « Il faut que cette armée sans foi, « dirent les ministres au parlement, serve d'exemple ; l'in-« térêt du genre humain demande sa destruction. » Ainsi notre armée, dont plusieurs détachements avaient abandonné leurs positions pour exécuter la convention, était une armée sans foi; la loyauté sans doute était du côté de l'Angleterre violant une convention revêtue de signatures! Pour comble d'opprobre, on invoquait l'humanité pour demander l'extermination de ces héros si audacieusement trompés ! Sidney demeura étranger à cette infamie.

Assassinat de Kléber.

Kléber répondit à cet ignominieux refus par de nouvelles victoires.

Héliopolis.

A Héliopolis, 10,000 Français mirent en déroute 80,000 ennemis. Parmi les richesses abandonnées sur le champ de bataille, nous trouvâmes des pièces de canon avec cette devise : *Honni soit qui mal y pense ;* témoignage certain de l'intervention très-active des Anglais dans cette guerre.

Massacre des chrétiens au Kaire.

Si la déloyauté du gouvernement anglais nous valut une éclatante victoire, elle n'en coûta pas moins cher à l'humanité. Encouragés, excités par la politique de Pitt, les Turcs se révoltèrent au Kaire; repoussés ou contenus par la garnison française, ces hordes de sauvages s'en vengèrent sur les

malheureux chrétiens qu'ils avaient sous la main. « Ils com-
« mencèrent par massacrer une partie des habitants du quar-
« tier européen ; ils tuèrent plusieurs négociants, pillèrent
« leurs maisons, et enlevèrent leurs filles et leurs femmes. Ils
« recherchèrent ensuite ceux des Arabes qui étaient accusés
« de vivre avec les Français et de boire du vin avec eux ; ils
« les égorgèrent, et firent, comme de coutume, succéder le
« pillage au massacre. Ils empalèrent un Arabe qui avait été
« chef des janissaires sous les Français, et qui était chargé de
« la police du Kaire ; ils traitèrent de même celui qui avait
« été secrétaire du divan institué par le général Bonaparte.
« De là ils passèrent au quartier des Cophtes. Ceux-ci, comme
« on le sait, descendent des anciens habitants de l'Egypte, et
« ont persisté dans le christianisme, malgré toutes les domi-
« nations musulmanes... Leurs richesses étaient grandes... On
« voulait punir en eux les amis des Français et piller sur-
« tout leurs maisons. Heureusement leur chef se défendit
« bien et parvint à les sauver (1). »

La révolte de la population du Kaire nous coûta plus de
3,000 hommes ; plus de 5,000 chrétiens furent massacrés, les
femmes furent enlevées, les maisons furent pillées et brûlées.
Tel fut le résultat de l'inexécution de la convention d'El-
Arisch. En présence de tant de sang répandu, de tant de
chrétiens immolés par sa faute, l'Angleterre n'eut pas une
larme à répandre, pas une obole à donner, pas une consolation à offrir !

Nous devons à tous ces malheurs ajouter la mort de Kléber.
Les ennemis de ce grand homme, ou plutôt ceux de la France,
demeurant fidèles à leur devoir, le firent assassiner. Avec Kléber, nous perdîmes l'Egypte.

(1) Thiers, *Hist. du Consulat*, t. II, p. 55.

Menou, son successeur, signa une dernière convention pour l'évacuation de cette magnifique conquête.

<small>1802. Traité de paix entre la France et l'Angleterre à Amiens.</small>

Au moment même où se signait cette convention, la France et l'Angleterre signaient des préliminaires de paix qui, cinq mois plus tard, furent suivis d'un traité définitif. L'Angleterre rendit à la France et à ses alliés toutes leurs colonies, excepté la Trinité et Ceylan. L'Egypte fut restituée à la Turquie, l'île de Malte à l'ordre de Saint-Jean ; la France garda toutes ses autres possessions. La dette de l'Angleterre s'éleva à 540 millions de liv. sterl. (treize milliards et demi de francs). L'aristocratie anglaise déclara que ce traité « était l'arrêt de mort de la pa« trie. » Les ministres se justifièrent en disant « que la né« cessité les avait forcés à choisir la paix comme le moindre « des maux; qu'au surplus il avait été accordé à regret et par « forme d'épreuve. » Sur les bords de la Tamise, on entendit les ouvriers crier : *Vive Bonaparte!*

Pendant cette seconde période de son règne, Georges s'est rendu coupable, vis-à-vis de la France, d'un grand nombre de griefs dont plusieurs furent de véritables crimes.

1° En 1784, alors que les troubles révolutionnaires commençaient à se manifester, Pitt récompense les perturbateurs pour les encourager à augmenter parmi nous le désordre et l'anarchie. 2° Pour nous faire perdre l'alliance de la Russie ou celle de la Turquie, Pitt promet à cette dernière puissance des secours qu'il n'a pas l'intention de lui donner et la pousse à déclarer la guerre à Catherine II. 3° Quand l'Autriche veut s'emparer de la navigation de l'Escaut, nous prenons fait et cause pour le droit en défendant la Hollande ; l'Angleterre se déclare pour l'Autriche et sacrifie les Provinces-Unies par haine contre notre intervention. 4° En 1789, Pitt, heureux de voir éclater une révolution parmi nous, en profite pour nous faire des ennemis en Europe. 5° Pitt fait saisir nos vaisseaux marchands tranquillement occupés, sur la foi des traités, à acheter des blés dans les ports de l'Angleterre. Une frégate est saisie dans l'Inde, et la Hollande est menacée de pareils traitements, si elle ne se déclare pas contre nous. 6° En 1793, Pitt refuse de dire un mot ou de faire un pas en faveur du malheureux Louis XVI, et, quand la tête de ce monarque a roulé sur l'échafaud, il pleure et s'irrite, et de ses larmes hypocrites fait naître contre nous la première coalition. 7° Pour acheter l'alliance de la Russie, Pitt abandonne au czar l'infortunée Pologne. 8° Tandis qu'il prend à sa solde les incendiaires, les accapareurs et les insurgés, il défend aux neutres de nous fournir les vivres dont nous avons besoin. 9° Toulon, considérant l'Angleterre comme dévouée à la cause royaliste, se livre à l'amiral Hood, et cet amiral fait incendier Toulon. 10° Bonaparte reprend cette ville ; avant de se retirer, les Anglais la mettent au pillage, brûlent ses chantiers et son arsenal ; ils partent, abandonnant à la vengeance des vainqueurs 20,000 personnes leur tendant vainement les bras pour trouver place sur les vaisseaux qu'ils nous volaient. 11° Pitt offre des subsides à toutes les nations assez oublieuses de la justice pour nous courir sus, et, ne pouvant entraîner les Etats-Unis, fait saisir les matelots sur leurs bâtiments afin de garnir ses flottes. 12° La marine anglaise nous enlève la Corse, nos établissements de l'Inde et la plupart des Antilles. 13° Quand, en 1795, Fox et Sheridan l'accusent, en plein parlement, d'exciter contre nous une guerre infâme, Pitt répond que traiter avec la France serait ébranler la constitution anglaise. 14° Le parlement, partageant la haine de Pitt, vote un subside de 4,500,000 livres sterling en faveur de l'Autriche. 15° Le peuple anglais crie dans les rues de Londres : « La paix et du pain ! » La haine de Pitt contre nous le décide à fermer son cœur aux cris déchirants du peuple. 16° Pitt fait débarquer à Quiberon les plus habiles officiers de notre marine, appartenant à l'émigration, moins pour renverser la république que pour les exposer à une mort certaine ; ce fut pour lui un holocauste d'agréable odeur. 17° La Hollande persiste à vouloir conserver sa neutralité ; il lui fait enlever cinq vaisseaux, soixante-neuf bâtiments et six de ses colonies. 18° Il propose hypocritement, dans l'intention de tromper tout le monde, une paix dont il ne veut pas. 19° En 1796, l'Autriche est plusieurs fois battue, et Pitt, en 1797, fait de nouvelles propositions de paix aussi fausses que les premières. 20° Pendant que Bonaparte est en Egypte, l'Angleterre forme contre nous une sourde coalition composée de la Russie qui reçoit un subside mensuel de 1,125,000 livres sterling, de la Turquie, de l'Autriche et de Naples. 21° En 1798, le roi de Naples signe avec nous une capitulation indignement violée par Nelson : 30,000 personnes sont incarcérées, une foule d'autres sont cruellement assassinées sur le vaisseau même de l'amiral. 22° En 1799, Story, amiral hollandais, demeure fidèle à ses serments ; l'Angleterre achète les équipages, et Story est traîtreusement livré aux Anglais avec la flotte hollandaise. 23° Dans les Indes, Wellesley traite avec les sauvages ; notre allié Tippoo-Saïb est trahi ; les Anglais partagent ses Etats avec les traîtres qu'ils ont généreusement payés avec l'argent de la victime. 24° Bonaparte, premier consul, fait de loyales propositions de paix, qui sont dédaigneusement rejetées. 25° En 1801, toutes les nations de l'Europe proclament la liberté des mers ; Pitt rejette cet équitable principe pour ne pas voir notre marine sortir de ses ruines. 26° L'Angleterre couvre d'or les assassins qui passent en France pour faire éclater la machine infernale au milieu de Paris ; Georges Cadoudal reçoit une pension. 27° La Russie fait partie de l'alliance générale : l'empereur est assassiné par des conspirateurs dont fait partie l'ambassadeur anglais. 28° Le roi de Danemark, notre allié, n'a pris part à aucune hostilité contre l'Angleterre, et sa capitale est néanmoins bombardée. 29° Kléber fait avec Sidney une convention qui est violée par l'amiral Keith. 30° Kléber triomphe des Turcs ; ses victoires sont sans doute un crime, il est assassiné.

Déloyautés, trahisons, vols, incendies, famines, assassinats, tous les crimes se trouvent réunis dans cette période de dix-huit ans.

CHAPITRE XII.

GEORGES III. (1802 à 1815.) — 3ᵉ Période.

La République. L'Empire.

Le ministère anglais ne veut pas sérieusement la paix.

Les ministres anglais avaient dit que le traité d'Amiens n'avait été accordé qu'à titre d'épreuve; c'était déclarer assez hautement qu'ils ne le considéraient que comme un acte provisoire qu'ils se proposaient de déchirer bientôt. Si l'aristocratie avait un instant douté de la parole du gouvernement, les faits ne tardèrent pas à lui donner toute la satisfaction qu'il pouvait désirer. Ce fut en vain que le ministre Addington, le plus ardent défenseur du traité d'Amiens, chercha, de bonne foi, à maintenir la paix récemment conclue : vaincu par l'ascendant de Pitt, par les récriminations du haut commerce, par les déclamations de la presse, par les outrages chaque jour renouvelés contre la personne et la famille du premier consul, il se trouva dans une position qui n'était plus tenable. Bonaparte demanda l'expulsion des écrivains coupables; sans l'accorder et sans la refuser, Addington tergiversa, et l'enthousiasme qu'avait fait naître la paix tomba pour faire place à des relations bienveillantes encore, mais point assez intimes pour promettre une longue durée.

Fausse position du ministre Addington.

Le premier consul profita de l'interruption des hostilités pour relever notre marine et recouvrer nos colonies. Tant que ses efforts parurent impuissants, l'aristocratie anglaise n'en conçut aucun ombrage; mais quand elle vit la partie espagnole de Saint-Domingue se réunir à la partie française, la Louisiane accroître nos possessions, un dépit manifeste s'empara de son esprit, et le commerce anima de sa haine la haine de la presse britannique; les gazettes de Londres recommencèrent à traîner dans la boue le premier consul et son gouvernement et la France.

Prospérité de la France.

Haine et jalousie de l'aristocratie anglaise.

Il y avait mieux que cela : le gouvernement anglais continuait à payer Georges Cadoudal et à fournir d'abondants secours aux sicaires qui, de Jersey, descendaient clandestinement en France pour y exciter le feu de la guerre civile. Le parlement lui-même partagea ces basses jalousies : « Comment! dit-« on, des flottes françaises franchissent librement les mers! Le « ministère est coupable de haute trahison. La conservation « d'une paix qui laisse à chaque nation la liberté de régler à « son gré son commerce, est une conspiration européenne « contre la puissance anglaise; la guerre seule, en nous ren-« dant une navigation exclusive, nous délivre d'une concur-« rence qui est notre ruine. »

L'Angleterre, Georges Cadoudal et ses complices.

La liberté des mers, selon la politique anglaise.

Le gouvernement, trop faible pour résister à cette recrudescence de haine, cherchait des motifs simulés pour reprendre les armes, et les trouva bientôt en recourant, suivant une ancienne habitude, aux inspirations de la mauvaise foi. Sous prétexte que la France faisait des agrandissements, qui cependant étaient étrangers aux stipulations du traité d'Amiens, il refusa d'exécuter ce traité en gardant Malte, le Cap et Gorée, malgré les plus vives réclamations de Bonaparte; il protégea les hommes qui préparaient des assassinats contre lui; il se refusa à désavouer ceux de ses agents qui ranimaient dans

Le ministère refuse de rendre Malte.

Violation du traité d'Amiens.

Nouvelles intrigues dans les cours de l'Europe.

toutes les cours de l'Europe les haines contre la France : « Oi-
« seaux de mauvais augure, disait le consul, qui allaient por-
« ter partout le signal du carnage et de la dévastation. » Ce
fut en vain que Fox lui-même fit entendre dans le parlement
ces paroles de paix : « La puissance de la France est plus
« grande que je ne le souhaiterais, mais est-ce là un motif
« pour rallumer la guerre? La guerre n'est pas le cri du peu-
« ple anglais, c'est un cri qu'une coalition de grands seigneurs,
« de journalistes, d'agioteurs lui suppose, pendant que le vœu
« de la nation est le maintien de la paix. » Ce fut en vain que
Fox mit son éloquence au service de la vérité, ce fut en vain
que Bonaparte voulut négocier sur les nouvelles difficultés,
lord Withworth, ambassadeur en France, demanda subitement
ses passeports et quitta Paris. Le jour même de son départ et
avant qu'il pût être connu à Londres, le ministère anglais ordonna de saisir dans tous les ports les vaisseaux français ou alliés de la France, et envoya des escadres à la poursuite de
ceux qui naviguaient sur la foi des traités; douze cents bâtiments furent ainsi pris, et ce brigandage rapporta plus de
deux cents millions. Bonaparte répondit à cette violation du
droit des gens en ordonnant d'arrêter tous les sujets mâles de
la couronne britannique qui se trouvaient en France et de les
retenir comme otages jusqu'à la paix; 7,000 Anglais furent
ainsi arrêtés et restèrent prisonniers jusqu'en 1814, leur gouvernement ayant constamment refusé pour eux toute proposition d'échange, sous prétexte que leur arrestation était *contraire au droit des gens*. Là ne se bornèrent pas les justes représailles du premier consul : les ports de France furent fermés aux marchandises anglaises et aux bâtiments qui avaient
touché dans un port britannique. Le royaume de Naples et la
Toscane continuèrent à être occupés par nos armées, afin de
fermer l'Italie aux Anglais; nos troupes entrèrent dans le Ha-

novre et devaient l'occuper aussi longtemps que les Anglais garderaient Malte; les projets de descente en Angleterre furent repris et préparés avec une nouvelle activité.

De son côté, le ministère anglais arma pour sa défense quatre cent soixante-neuf bâtiments de guerre, sept cent quatre-vingts bâtiments de flottille, 125,000 hommes de marine, 180,000 hommes de troupes de terre, 280,000 hommes de la levée en masse. Si les efforts du gouvernement anglais se fussent bornés à ces préparatifs, il eût mis la loyauté au service d'une guerre injuste; mais il n'en fut pas ainsi : il prépara une troisième coalition des puissances continentales; il chercha à renverser le gouvernement français par une conspiration qui avait pour but l'assassinat de Bonaparte. Les meurtriers furent transportés en France sur les bâtiments de l'Etat; la complicité ministérielle fut démontrée par les lettres de Drake et de Spencer-Smith, ambassadeurs d'Angleterre à Munich et à Stuttgardt, desquelles il résultait que ces ministres payaient et dirigeaient des assassins contre le premier consul, ainsi que des moteurs de guerres civiles qui, entre autres moyens de succès, devaient faire sauter les magasins à poudre. Pour calmer l'indignation de l'Europe, le ministère rappela Drake et Spencer-Smith; mais il les justifia en plein parlement, avoua leurs principes et déclara qu'ils avaient agi *suivant le droit des gens*. « Tout gouver« nement sage, dit-il, se doit à lui-même et au monde en gé« néral de profiter de tout mécontentement qui existe dans le « pays avec lequel il peut se trouver en guerre, et par consé« quent de prêter aide et assistance aux projets des mécon« tents. »

Préparatifs de l'Angleterre.

Assassins soldés par l'Angleterre.

Affreux principes du ministère.

L'Angleterre avait besoin d'admettre cette affreuse doctrine pour justifier tous ses crimes. Les plus profonds scélérats pourraient-ils prêcher un plus atroce principe?

Arrivé à cette extrémité, Addington fit place à Pitt, et la guerre succéda immédiatement à la paix.

Par qui le traité d'Amiens fut-il rompu ?

Lequel, de Bonaparte ou de Georges, avait violé le traité d'Amiens? Le premier avait, il est vrai, augmenté sa puissance, relevé sa marine et recouvré quelques unes de nos colonies; mais aucun de ces actes ne lui était interdit par le traité. Le second, au contraire, conservait en son pouvoir des possessions que le traité lui faisait une obligation d'abandonner. L'Europe d'alors et l'Europe d'aujourd'hui sont d'accord pour flétrir la déloyauté anglaise.

1804. Le premier consul devient empereur.

Ce fut au milieu de ces crimes projetés, de ces injures prodiguées et de ces spoliations exécutées, que la France posa la couronne impériale sur la tête du premier consul. Bien loin de calmer l'Angleterre, le rétablissement du trône français ne fit que l'irriter davantage en augmentant ses alarmes. Au lieu de voir un gage de paix dans le retour aux idées monarchiques, elle eut le mauvais esprit de n'y trouver qu'un principe subversif du système héréditaire consacré par les siècles ; elle parut du moins penser ainsi ; mais au fond le véritable motif de son irritation fut la certitude que, sous le nouveau gouvernement, la France reprendrait dans le monde la force et la dignité que de basses intrigues et de criminelles colères lui avaient fait perdre.

Brigandage commis contre l'Espagne.

L'Espagne fut, malgré sa neutralité, la première victime de la vengeance britannique. Le bruit courut qu'il se faisait un armement au Ferrol, et ce bruit était fondé ; mais l'Espagne n'avait-elle pas le droit de s'armer dans un moment où tout lui faisait prévoir une conflagration universelle? Toutefois cette simple mesure de précaution servit à justifier, dans le cabinet de Londres, les plus odieuses violences. Ordre fut donné à une escadre anglaise d'attaquer quatre galions qui arrivaient d'Amérique, et qui portaient quatre millions de piastres; les galions furent enlevés et conduits à Londres. Il n'y eut qu'un cri d'horreur en Angleterre contre un brigandage si odieux que les historiens anglais n'ont osé l'excuser, eux qui sont ordinairement si indulgents pour les crimes politiques de leur gouvernement : « Vous avez conquis des trésors, dit-on « dans le parlement ; mais il n'est point de trésors qui puissent « laver la tache que le sang innocent des Espagnols a faite « à nos armes. »

1804.

Pitt répondit à ces accusations en donnant l'ordre « de cou- « ler bas tous les navires espagnols au-dessous de cent ton- « neaux, d'envoyer les autres à Malte, d'incendier les rades et « les ports de l'Espagne. »

C'était un système de destruction appliqué à une nation que la neutralité aurait dû protéger, s'il y avait eu une chose sacrée pour le cabinet britannique.

Tranquille dans son camp de Boulogne, maître du continent qu'il dominait, entouré du prestige de la gloire, mais attristé d'un acharnement qu'il prévoyait devoir coûter la vie à des générations entières, Napoléon fit des propositions de paix dans une lettre directement adressée au roi Georges. Les propositions de l'empereur furent aussi dédaigneusement rejetées que celles du consul, et Fox en témoigna son indignation en accusant le ministère de tromper la nation : « Nous sommes en- « gagés dans la lutte, dit-il, par un orgueil mal entendu et une « avidité de domination que nous devrions au moins dissi- « muler. » Fox avait raison, l'obstination du gouvernement anglais à rejeter toutes les tentatives du gouvernement de France pour arriver à conclure la paix ne servit qu'à prouver une fois de plus que Pitt, méprisant la justice autant que l'humanité, voulait, quoi qu'il en coûtât de larmes et de sang, ruiner entièrement la France, sinon l'anéantir à l'aide de l'Europe indignement trompée par de honteuses intrigues.

Napoléon propose la paix.

Georges rejette les propositions.

Nouvelle coalition.

Du moment où Napoléon fut bien convaincu de l'inutilité de ses pacifiques démonstrations, il ne lui resta plus qu'à hâter ses préparatifs de descente. La mer se couvrit de vaisseaux : trois flottes françaises sortirent de Toulon, de Brest et de Rochefort ; huit flottes anglaises devaient garder les côtes, stationner dans la Manche et courir aux Antilles. Il était probable qu'un jour ou l'autre, au milieu de ces évolutions si nombreuses et si compliquées, une flotte française réussirait à tromper la surveillance de l'Angleterre et à la surprendre par un mouvement inattendu, et qu'alors, trouvant un passage, elle jetterait une armée sur le sol anglais. La conquête devenait alors facile à réaliser. Mais Napoléon se vit dans la nécessité de lever le camp de Boulogne pour résister à une nouvelle coalition qui lui opposait 500,000 hommes sans compter les troupes maritimes. Chacune des puissances coalisées dut recevoir de l'Angleterre un subside annuel de 15,000 livres sterling par 10,000 hommes, à la condition que les opérations des armées alliées seraient contrôlées et surveillées par des agents anglais, et que toutes ses prétentions maritimes seraient reconnues.

L'Autriche entra immédiatement en Bavière, accepta une capitulation à Ulm et nous ouvrit les portes de Vienne. Russes et Autrichiens, réunis en Moravie, se firent écraser à Austerlitz. L'Autriche signa la paix à Presbourg, et la Russie reprit honteusement la route de Pologne. La coalition n'existait plus, l'Allemagne nous appartenait ; mais nous venions d'être battus à Trafalgar, et l'Angleterre demeurait maîtresse de l'Océan. Toutefois Trafalgar ne put consoler Pitt d'Austerlitz ; à vrai dire, son triomphe sur la mer n'empêchait pas le cabinet de Saint-James de se trouver sans alliance, et son isolement le mettait dans l'impossibilité d'exercer aucune influence sur les affaires de l'Europe : il allait régner sur l'Océan et obéir sur le continent.

Cette pensée effraya Pitt ; il désespéra du succès ; il trembla sur le sort qu'il avait préparé à l'Angleterre, et mourut en disant : « Moi aussi j'ai été tué à Austerlitz... O mon pays !... »

1806.
[Mort de Pitt

Napoléon, jugeant ce ministre, émit une opinion dont l'exactitude a été confirmée par l'opinion de l'histoire : « Pitt, « dit l'empereur, a été le maître de la politique européenne ; « il a tenu dans ses mains le sort moral des peuples ; il en a « mal usé, il a incendié l'univers. Cette conflagration univer- « selle de vingt-cinq ans, ces nombreuses coalitions qui l'ont « entretenue, le bouleversement, la dévastation de l'Europe, « les flots de sang des peuples qui en ont été la suite, la dette « effrayante de l'Angleterre qui a payé toutes ces choses, le « système pestilentiel des emprunts sous lesquels les peuples « demeurent courbés, le malaise universel d'aujourd'hui, tout « cela est de sa façon : la postérité le reconnaîtra ; elle le si- « gnalera comme le génie du mal. »

Opinion d
Napoléon su
ministre.

Toutefois la politique déloyale de cet homme d'Etat lui sur-vécut ; si les successeurs qu'on lui donna ne furent, sous le rapport du talent, que *sa petite monnaie*, selon l'opinion de l'aristocratie anglaise, ils n'en poursuivirent pas avec moins de violence l'application de ses principes politiques.

Fox, devenu ministre de la Grande-Bretagne, aurait dû, pour demeurer fidèle à ses antécédents, faire cesser, une guerre qu'il avait si souvent condamnée comme étant souve-rainement injuste. Pour atteindre le but constant de l'opposi-tion dont il était le chef, il aurait dû employer une opiniâtreté égale à celle que son prédécesseur avait mise au service de la guerre ; mais soit que son opposition n'eût pas été sincère, soit que le pouvoir, une fois conquis, présente les objets sous un nouvel aspect, toujours est-il que Fox montra peu d'empres-sement dans les négociations qui furent alors entamées. Il exi-gea que la France perdît la plus grande partie de ses conquê-

Fox, dev
ministre, co
nue la polit
de Pitt.

tes, et que la Russie fût comprise dans le traité à intervenir; Napoléon refusa d'accepter de pareilles conditions, et, sans que les négociations fussent interrompues, les hostilités continuèrent avec le même acharnement. La France venait de conquérir Naples, de créer la confédération du Rhin et de donner le Hanovre à la Prusse. L'Angleterre visitait et confisquait les neutres, faisait la presse des matelots sur leurs navires, déclarait en état de blocus tous les ports situés entre Brest et Hambourg, et décidait que les neutres ne pourraient plus porter leurs chargements que dans les ports anglais. Pour faire la guerre à l'Angleterre, nous ne portions préjudice à personne, nous respections les droits des nations européennes, tandis que l'Angleterre, pour soutenir sa criminelle obstination, foulait aux pieds la justice et l'humanité.

La mort de Fox vint augmenter ces difficultés; les négociations furent rompues, et la quatrième coalition se forma; la Prusse, assez mal inspirée pour en faire partie, fut battue à Iéna, et Napoléon, maître de Berlin, répondit au blocus établi contre lui par un blocus continental contre l'Angleterre. « Considérant, dit-il dans son décret, que l'Angleterre
« n'admet pas le droit des gens suivi universellement par les
« peuples policés, qu'il est naturel d'opposer à l'ennemi les
« armes dont il se sert,... nous avons résolu d'appliquer à
« l'Angleterre les usages qu'elle a consacrés dans sa législa-
« tion maritime, et d'en faire un principe fondamental de l'em-
« pire jusqu'à ce que l'Angleterre ait reconnu que le droit des
« gens sur la mer est un et le même sur terre et sur mer; qu'il
« ne peut s'étendre ni aux propriétés privées, ni à la personne
« des individus étrangers à la profession des armes, et que le
« droit de blocus doit être restreint aux places fortes réelle-
« ment investies par des forces suffisantes,... les îles britanni-
« ques sont déclarées en état de blocus, etc., etc. »

À qui faut-il attribuer cette violence faite à la liberté individuelle, à la liberté commerciale et à la liberté des peuples, sinon à l'Angleterre qui venait, par son exemple, d'en faire une nécessité, à l'Angleterre qui venait de refuser la paix si noblement sollicitée? Et cependant elle poussa un cri de rage quand elle eut connaissance de ce décret; considérant cette mesure, dont elle était la seule cause, comme une déclaration de guerre à mort, elle confia la direction des affaires aux plus ardents disciples de Pitt.

Les premières victimes de cette colère furent les catholiques, dont l'émancipation, demandée par de nombreuses pétitions, fut outrageusement rejetée; la seconde victime fut la Turquie, alors en guerre avec la Russie. Le cabinet britannique envoya une flotte dans la Méditerranée avec sommation au sultan de congédier l'ambassadeur français, etc., etc. Tout le monde sait que, par son courage et son énergie, Sébastiani força la flotte anglaise à repasser les Dardanelles.

Nous avions renoncé à la possession de l'Egypte, l'Angleterre voulut s'en emparer et se laissa battre par l'armée du pacha. Les Russes, fidèles à la parole donnée à Georges, nous attaquèrent à Eylau, dont la sanglante bataille consterna la coalition; à Friedland, où la coalition vaincue s'agenouilla devant Napoléon et sollicita sa clémence. La paix, signée à Tilsitt, contenait cette condition que, « si l'Angleterre s'obstinait « à refuser la paix, l'Europe la contraindrait à céder, car le « monde ne devait pas être éternellement troublé par elle. » Ce fut à force de loyauté que Napoléon décida la Russie à faire avec lui une alliance intime : « Soyez, dit-il à Alexandre, mon « médiateur auprès du cabinet de Londres... Je ne songe plus à « Malte. Que la Grande-Bretagne garde son île en compen- « sation de ce que j'ai acquis depuis la rupture de la paix d'A- « miens ; mais qu'elle rende à son tour les colonies de l'Espa-

« gne et de la Hollande, et à ce prix je lui restitue le Hanovre.
« Ces conditions ne sont-elles pas justes ? Puis-je abandonner
« mes alliés ? Et quand je sacrifie mes conquêtes sur le conti-
« nent, une conquête comme le Hanovre, pour recouvrer les
« possessions lointaines de mes alliés, est-il possible de con-
« tester ma loyauté et ma modération ? »

Opinion d'Alexandre sur la loyauté de l'Angleterre.

Alexandre, partageant la manière de voir de Napoléon, mit le plus grand empressement à travailler à la réconciliation de la France et de l'Angleterre. Sa conviction était que de la paix entre ces deux puissances dépendait la paix générale, et que les prétentions britanniques étaient d'une criante injustice :
« il avait, disait-il, commis l'erreur de croire à la loyauté de
« l'Angleterre, mais il était bien revenu de cette illusion ; qu'il
« n'y avait que deux armées en Europe qui méritassent d'être
« comptées, l'armée russe et l'armée française ; qu'il était
« inutile de les faire battre pour servir la cause d'une puis-
« sance perfide et égoïste comme la Grande-Bretagne, et qu'il
« valait mieux les unir dans un but de paix et de grandeur :
« de paix, si le cabinet de Londres voulait enfin se désister de
« ses prétentions maritimes ; de grandeur, s'il obligeait l'Eu-
« rope à continuer encore la même vie de tourments et de
« sacrifices. »

Langage hypocrite du ministre anglais.

Les ministres anglais, héritiers de la fourberie de Pitt, répondirent hypocritement à Alexandre qu'ils étaient prêts à faire la paix, mais que, ne voulant pas être dupes de la mauvaise foi de la France, ils désiraient savoir sur quelles bases la Russie avait mission de traiter.

Barbare expédition de l'Angleterre contre le Danemark.

Pendant que le cabinet britannique nous accusait de *mauvaise foi* et qu'il se montrait zélé pour le rétablissement de la paix, il préparait contre le Danemark une entreprise que le monde entier considéra dès lors et ne cessera jamais de considérer comme une infamie.

Pour dissimuler ce qu'il y avait d'atroce dans l'expédition projetée, le gouvernement anglais allégua l'existence d'une stipulation qui tendait à soumettre le Danemark à la coalition continentale. Or, cette allégation était fausse, car le Danemark avait ostensiblement apporté un soin extrême à maintenir sa neutralité. Bien loin d'avoir traité avec la Russie et la France, son gouvernement venait de protester encore une fois de son désir de conserver la neutralité. L'Angleterre ne l'ignorait pas; mais que lui importait la vérité quand l'humanité même ne lui était rien ?

Vers les derniers jours de juillet, une expédition composée de vingt-cinq vaisseaux de ligne, quarante frégates, trois cent soixante-dix-sept bâtiments de transport, portant 28,000 hommes, partit des divers ports de la Manche, prit la direction de Copenhague et jeta l'ancre dans la rade d'Elseneur, près de la forteresse de Kronembourg, restée silencieuse devant une attaque si déloyale. Malgré son habitude des choses injustes, le gouvernement de Londres eut encore assez de pudeur pour ne pas tirer le premier coup de canon sans avoir adressé au prince régent une sommation de nature à lui faire connaître qu'il désirait s'emparer des villes, des arsenaux et de la marine du Danemark. C'est bien le moins que par politesse, avant de piller et d'égorger un homme, on le prévienne qu'il n'a plus que quelques heures à vivre ! Voici en quels termes l'Angleterre s'acquitta de ce dernier devoir : « Des stipulations secrètes ayant « appelé le Danemark à faire partie de la coalition, l'Angleterre « se trouvait dans la nécessité de prendre ses précautions pour « que les forces navales de ce royaume et le passage du Sund « ne tombassent pas au pouvoir des Français ; il *fallait* en con- « séquence qu'on livrât à l'armée anglaise la forteresse de Kro- « nembourg, le port de Copenhague et la flotte elle-même. » Du reste, l'Angleterre *promettait* de garder le tout en dépôt

Fausses allégations de l'Angleterre.

Charitable avis de l'Angleterre au Danmark.

pour le compte du Danemark, qui serait remis en possession de ce qu'on allait lui enlever dès que le danger serait passé.

Noble réponse du prince régent.

En vain le prince régent opposa-t-il à cette perfide agression la conduite loyale du Danemark, qui, non content de n'avoir pris aucune précaution contre les Anglais, les avait toutes prises contre les Français; on lui répondit avec une insolente fami-

Cruel principe de l'Angleterre.

liarité « que la guerre était la guerre, qu'il fallait se résigner « à ses nécessités et *céder au plus fort quand on est le plus « faible.* » Cette nécessité permit aux Anglais de piller une flotte et un arsenal réputé fort riche. Copenhague fut bombardé pendant trois jours et trois nuits au moyen de fusées à la Con-

Incendie de Copenhague.

grève. 2,000 individus, hommes, femmes, enfants, vieillards, perdirent la vie; la moitié de la ville fut livrée aux flammes, les plus beaux monuments devinrent des ruines, l'arsenal fut dévasté. Pour sauver ce que l'incendie avait épargné, on

Capitulation.

capitula, en cédant aux Anglais la forteresse de Kronembourg, la ville de Copenhague et l'arsenal, avec faculté de les occuper pendant six semaines, temps jugé nécessaire pour équiper la flotte danoise et l'amener en Angleterre.

Pillage.

Comment cette capitulation fut-elle respectée? « En pré-
« sence d'une population au désespoir, qui voyait ses habita-
« tions ravagées, qui comptait dans son sein des milliers de
« victimes, mortes ou mourantes,... les matelots anglais, des-
« cendus en grand nombre à terre, se ruèrent sur l'arsenal
« avec une brutalité inouïe ;... officiers et matelots déployè-
« rent une activité extraordinaire à mettre à flot tout ce que
« Copenhague renfermait de bâtiments en état de naviguer.
« On y comptait seize bâtiments de ligne, un vingtaine de bricks
« et frégates capables de servir, avec le gréement déposé dans
« des magasins fort bien tenus. En quelques jours ces quarante
« et quelques bâtiments étaient gréés, équipés et sortis des
« bassins. Le zèle destructeur des marins anglais ne se borna pas

« à cet enlèvement. Il y avait deux vaisseaux en contruction,
« ils les démolirent; tout ce qui se trouvait dans l'arsenal de
« bois, de munitions navales, fut transporté à bord de l'escadre
« danoise ou de l'escadre anglaise. Ils prirent jusqu'aux ou-
« tils des ouvriers et détruisirent tout ce qu'ils ne purent en-
« lever (1). »

Le Danemark périssait pour n'avoir pris aucune précaution contre l'Angleterre et pour en avoir trop pris contre la France. Amis et ennemis, également indignés de cette barbarie, reconnaissaient que la France avait bien raison de vouloir réunir toutes les nations contre un despotisme maritime intolérable, despotisme qui, une fois établi, n'admettrait de pavillon que le pavillon anglais, ne souffrirait de trafic que celui des produits anglais, et finirait par fixer à sa volonté le prix des marchandises ou exotiques ou manufacturées. Il fallait donc s'entendre pour tenir tête à l'Angleterre, pour lui arracher le sceptre des mers et l'obliger à rendre au monde le repos dont il était, à cause d'elle, privé depuis quinze années. (Thiers.) *L'Angleterre est nuisible au repos du monde.*

En Angleterre même, cet attentat fut considéré par les gens honnêtes, éclairés et impartiaux, malgré un ministère indigne, malgré un parlement abaissé, malgré les serviles passions du peuple, comme un acte de criminelle lâcheté envers une puissance inoffensive et désarmée. « Il était difficile, dit un histo-
« rien anglais, de violer plus impudemment le droit des na-
« tions et les lois de l'équité. » L'Europe entière en fut indignée. Tout le monde avait raison, car cet acte était le meurtre commis par quelques bandits sur un faible voyageur arrêté la nuit au coin d'une forêt déserte. *Opinion de la nation anglaise.*

A cette indignation que tout le monde partageait, l'Angleterre eut l'insigne folie de répondre en décrétant un blocus *Mesure barbare du gouvernement anglais.*

(1) Thiers, *le Consulat et l'Empire*, t. VIII, p. 198.

contre tout le monde; elle déclara « que tous les ports du con- « tinent d'où le pavillon britannique se trouvait exclu étaient « bloqués; que toute communication était interdite avec eux; « que les bâtiments des puissances neutres, amies ou alliées « étaient assujettis non seulement à la visite des croiseurs an- « glais, mais encore à une station obligée en Angleterre et à « une imposition sur leur chargement. »

Napoléon, parlant au nom du monde civilisé, rendit à son tour un décret dont la violence trouve une facile justification dans les violences si cruellement exercées contre l'Europe par le cabinet de Saint-James. Alors arrivèrent les guerres du Portugal et de l'Espagne, où nous trouvâmes encore l'Angleterre étroitement unie aux juntes d'insurrection, leur fournissant, en moins de six mois, 3,200,000 fusils, 200 canons et une nombreuse armée. « Dès ce moment, dit le docteur Hughes, « toutes les forces de la Grande-Bretagne furent employées « non pour la cause de la liberté,... mais pour restaurer Fer- « dinand VII, l'un des plus misérables monarques qui aient « jamais déshonoré un trône. »

Espagne et Portugal.

Sir Arthur Wellesley débarqua en Portugal, et nos troupes restèrent en France.

Inutiles tentatives en faveur de la paix.

A Erfurth, Napoléon et Alexandre écrivirent en commun au roi Georges pour l'engager à mettre fin à la guerre; leurs propositions reçurent une réponse froidement négative : il fallait se battre encore, se battre toujours! Cette opiniâtreté sans nom et sans raison nous condamnait à de continuelles victoires.

1809. Cinquième coalition.

Une cinquième coalition se formait contre nous : il en était temps pour l'Angleterre; quelques jours encore, et son orgueil humilié ne conservait pas même l'espoir d'une lointaine revanche.

Opinion des Etats-Unis sur la politique anglaise.

De leur côté, les Etats-Unis, indignement spoliés et trom-

pés par leur primitive patrie, malgré la neutralité qu'ils s'obstinaient à observer, en appelèrent « à la justice éternelle des
« principes odieux interpolés dans la loi des nations par l'An-
« gleterre. Qu'on ouvre l'histoire d'Angleterre, disait le prési-
« dent de la république au congrès, on ne rencontrera que
« des guerres destructives, des expéditions de pirates, des in-
« trigues corruptrices, des stratagèmes perfides, des révoltes
« excitées, des traités interrompus, la tyrannie, le massacre,
« la cruauté, l'intolérance, l'usurpation, et tout cela pour mo-
« nopoliser le commerce du monde. Depuis douze ans elle
« pille nos voisins, et trois mille de nos concitoyens sont ses
« prisonniers. »

Malheureusement toutes ces accusations, trop bien fondées, se bornèrent à de vaines déclamations; la marine américaine demeura dans l'inaction, et nous fûmes obligés de lutter une fois encore contre l'Autriche, soutenue par un subside de cinq millions de livres sterling, et par l'espoir certain d'obtenir, au premier succès, la coopération de la Prusse et de la Russie. En nous donnant Vienne pour la seconde fois, la bataille de Wagram nous donna le droit de dicter les conditions de la paix. *Subside payé à l'Autriche.* *Wagram.*

Pendant que, sur le continent, les peuples, pour la centième fois soulevés par l'or et les intrigues de l'Angleterre, tombaient pour la centième fois à nos pieds, la marine britannique nous enlevait Cayenne, la Martinique, Gorée et les îles Ioniennes; elle brûlait, avec les fusées à la Congrève, une escadre française abritée dans la rade de l'île d'Aix; elle répondait par l'incendie à des victoires noblement et loyalement achetées. Nous n'avions cependant ni moins de gloire, ni moins de puissance. Avoir épuisé tous ses trésors, avoir mis en activité tous les ressorts de la fourberie, avoir inondé de sang les deux hémisphères, et ne pas atteindre son but, c'é- *La France perd Cayenne, etc.*

tait une honte de plus à supporter, et, pour l'éviter, le gouvernement anglais fit les plus grands efforts qu'il eût encore faits; le désespoir commandait à la haine.

Expédition de Flessingue.

Une flotte anglaise composée de quarante-six vaisseaux et trente-six frégates, de cent autres bâtiments de guerre, de quatre cents transports, portant 30,000 hommes de marine et 40,000 hommes de débarquement, fit voile pour l'île de Walcheren, et investit Flessingue dans le but de détruire Anvers et de fermer l'Escaut. Il ne nous était pas possible d'avoir partout de puissantes armées; nos troupes étaient alors à Berlin, à Vienne, à Madrid et à Lisbonne ; quelques bataillons seulement gardaient la Belgique. Il suffit de cette poignée d'hommes sans ressources et sans artillerie pour résister à ce formidable armement; 100,000 hommes de gardes nationales, de troupes de ligne et de gendarmerie, rassemblés à la hâte, venus au pas de course, sauvèrent Anvers et forcèrent les Anglais à se retirer, après avoir perdu 10,000 hommes et dépensé 25,000,000 de livres sterling.

Folie de Georges.

Le peuple s'irrita, les ministres furent changés, le roi Georges devint fou ; mais l'aristocratie, persistant dans son système de coalition contre la France, donna la régence au prince de Galles et continua la guerre. Au-dessus de la folie du roi et de la faim du peuple, les laissant dédaigneusement rire ou pleurer, planait la haine implacable et sanglante qui ne recule ni devant les souffrances, ni devant les sacrifices, pas même devant le crime!

1810.
Barbarie de Wellington en Portugal.

La guerre continua donc avec une fureur nouvelle. Anglais et Français se trouvaient en Espagne où le sort devait fixer la victoire. Wellington, obligé d'abandonner Coïmbre à l'approche de Masséna, ordonne aux Portugais, sous peine de mort, de déserter les villes et les villages, de couper les routes et d'enterrer les vivres. Poussés par les soldats anglais qui tuaient impitoyablement ceux qui résistaient ou qui tombaient épuisés de faiblesse, 500,000 individus se rejetèrent sur Lisbonne, où la plupart moururent de faim. C'était appliquer aux Portugais le système suivi contre les malheureux Indiens : les uns soumis, les autres amis, avaient à choisir entre les baïonnettes anglaises et la famine. Quelle horreur !

L'armée française partagea bravement son pain avec la population; quand il n'y eut plus rien, les Français, harassés et affamés, abandonnèrent la place et se retirèrent avec l'honneur d'avoir obéi à la voix de l'humanité.

A quelques jours de là, Wellington montra la même cruauté envers les Espagnols, que l'Angleterre cependant s'était donné la mission de protéger contre la France. Il entre dans Ciudad-Rodrigo ; la place est pillée et incendiée par les vainqueurs, qui s'y livrent à tous les excès. Badajoz est emporté d'assaut, et les infamies qui s'y commettent sont de telle nature qu'un historien anglais s'en exprime ainsi : « La plume s'arrête ; elle se refuse à décrire les horribles scènes d'épouvantable barbarie qui ternirent la gloire britannique lorsque cette malheureuse ville fut au pouvoir des assiégeants. »

1812.
Barbarie contre les Espagnols.

Vainqueurs à Smolensk et à Borodino, ne trouvant à Moscou qu'un vaste incendie au lieu de la paix que nous cherchions, laissant la plus grande partie de notre armée ensevelie sous la glace ou sous la neige, nous vîmes encore l'or et la haine de l'Angleterre former contre nous une sixième coalition. Le cabinet de Saint-James prit à sa solde 30,000 Suédois, jeta des proclamations en Allemagne, soudoya les sociétés secrètes, donna des subsides à la Prusse, et, pour prix des efforts qu'il lui demandait, offrit l'Italie à l'Autriche. L'aristocratie anglaise avait enfin réussi à former contre la révolution française une coalition universelle ; sa joie était grande, et sa main distribuait partout d'immenses trésors. Elle donnait annuellement

Sixième coalition

L'Angleterre offre l'Italie à l'Autriche.

Subside annuel de cent trente millions. trois millions à la Russie, deux millions à l'Autriche, un million à la Suède, deux millions à l'Espagne; elle allait encore solder les princes de la confédération du Rhin à mesure qu'ils trahissaient Napoléon; enfin elle força l'allié fidèle de la France, *Coupable conduite du Danemark.* le Danemark, à entrer dans la ligue, à lui fournir 10,000 hommes, à recevoir 400,000 livres de subsides, et à céder la Norwége à la Suède.

1814. 500,000 soldats étrangers, ainsi recrutés par l'Angleterre, franchirent un jour le Rhin, et les souverains alliés, réunis à *Traité de Chaumont.* Chaumont, conclurent un traité par lequel ils faisaient alliance offensive et défensive pour vingt ans, et s'engageaient, en poursuivant la guerre avec toutes leurs ressources, à ne jamais faire de paix séparée.

Retour de l'île d'Elbe. Le 31 mars, Paris ouvrit ses portes. Le 30 mai, un traité de paix conclu dans cette capitale accordait à l'Angleterre Maurice, Tabago, Sainte-Lucie, le Cap, Malte, les îles Ioniennes, etc., c'est-à-dire l'empire incontesté des mers.

Grossières injures. Napoléon reçut en souveraineté l'île d'Elbe; l'Angleterre le fit appeler *brigand* et *scélérat*, parce qu'il avait voulu placer la France au-dessus d'elle, et il se trouva des Français qui eurent le triste courage de mêler leurs voix à cet odieux concert d'injures.

1815. Waterloo. Une île de quelques arpents d'étendue pouvait-elle contenir le géant dont les pas avaient mesuré l'univers? Napoléon rentra en France après une année d'exil, et retrouva la coalition sous les armes. 160,000 hommes, sous les ordres de Wellington, se rendirent en Belgique; 120,000 Prussiens, commandés par Blücher, et devant se réunir à l'armée anglaise, furent battus à Ligny par 120,000 Français. Pour triompher de la coalition, il suffisait à Napoléon d'empêcher la jonction des deux armées formant ensemble une masse de 280,000 hommes; Grouchy fut chargé d'arrêter la marche des

Prussiens, et Napoléon se jeta sur les Anglais. Alors s'alluma sur le plateau de la Haie-Sainte un combat presque sans exemple : pendant deux heures notre cavalerie parcourut les rangs ennemis, culbutant ou rompant la plupart des carrés de l'infanterie anglaise. Tout était en désordre et en confusion dans le centre de l'armée ennemie, sans qu'il lui fût possible de se développer. La division Licton était anéantie, et, selon l'aveu même des ennemis, vers sept heures du soir, Wellington ne comptait pas 30,000 hommes dans les rangs de son armée lorsque les Prussiens vinrent le dégager. Les uniformes rouges des Anglais allaient reteindre leur pourpre au sang des Français !

Les étrangers entrèrent une seconde fois dans Paris ; Davoust fit avec Wellington une capitulation que les vainqueurs ne respectèrent pas. Le maréchal Ney fut victime de cette déloyauté ; quoiqu'il se fût rendu coupable d'une insigne trahison à l'égard de la cause royale, il se trouvait protégé, comme tant d'autres, par les termes formels de la capitulation. Napoléon se rendit à Rochefort, d'où il écrivit au prince régent cette noble et sublime lettre : « Altesse Royale, en butte aux « factions qui divisent mon pays et à l'inimitié des plus gran-« des puissances de l'Europe, j'ai terminé ma carrière politi-« que, et je viens, comme Thémistocle, m'asseoir au foyer du « peuple britannique. Je me mets sous la protection de ses « lois, que je réclame de Votre Altesse Royale comme du plus « puissant, du plus constant et du plus généreux de mes en-« nemis. « NAPOLÉON.

« Rochefort, 13 juillet 1815. »

Capitulation de Paris.

Mort du maréchal Ney.

Napoléon à Rochefort.

Le 15 juillet, sans attendre la réponse du prince régent, mais ne doutant pas qu'elle ne fût ce qu'elle devait être, aussi

Aveugle confiance de Napoléon.

élevée, aussi noble que sa lettre, Napoléon se fit conduire à bord du vaisseau *le Bellérophon;* le 30 juillet, lord Keith délivra au requérant l'acte qui le confinait à Sainte-Hélène. « C'est « pis que la cage de Tamerlan, » dit Napoléon.

Napoléon prisonnier.

Cette violation du droit des gens et du respect de l'hospitalité était révoltante. Si vous recevez le jour dans un navire *quelconque,* pourvu qu'il soit *sous voiles,* vous êtes *Anglais de naissance;* en vertu des vieilles coutumes de Londres, les *flots* sont réputés *terre d'Albion.* Et un navire anglais n'était point pour un suppliant un autel inviolable ; il ne plaçait point le grand homme qui embrassait la poupe du *Bellérophon* sous la protection du trident britannique.

Coutumes anglaises.

L'empereur protesta en ces termes contre l'oubli des lois de l'honneur : « Je proteste solennellement ici, à la face du
« ciel et des hommes, contre la violence qui m'est faite, con-
« tre la violation de mes droits les plus sacrés, en disposant
« par la force de ma personne et de ma liberté. Je suis venu
« librement à bord du *Bellérophon.* Je ne suis pas prisonnier,
« je suis l'hôte de l'Angleterre. J'y suis venu à l'instigation
« même du capitaine, qui a dit avoir des ordres du gouver-
« nement de me recevoir et de me conduire en Angleterre
« avec ma suite, si cela m'était agréable. Je me suis présenté
« de bonne foi pour venir me mettre sous la protection des
« lois d'Angleterre. Aussitôt assis à bord du *Bellérophon,* je fus
« sur le foyer du peuple britannique. Si le gouvernement, en
« donnant des ordres au capitaine du *Bellérophon* de me rece-
« voir ainsi que ma suite, n'a voulu que me tendre une em-
« bûche, il a forfait à l'honneur et flétri son pavillon. Si cet
« acte se consommait, ce serait en vain que les Anglais vou-
« draient parler désormais de leur loyauté, de leurs lois et de
« leur liberté. La foi britannique se trouvera perdue dans
« l'hospitalité du *Bellérophon.* J'en appelle à l'histoire : elle

Protestation de Napoléon.

« dira qu'un ennemi qui fit vingt ans la guerre au peuple an-
« glais vint librement, dans son infortune, chercher un asile
« sous ses lois. Quelle plus éclatante preuve pouvait-il lui don-
« ner de son estime et de sa confiance? Mais comment répon-
« dit-on en Angleterre à une telle magnanimité? On feignit de
« tendre une main hospitalière à cet ennemi; et quand il se
« fut livré de bonne foi, on l'*immola*.

« NAPOLÉON. »

Cette protestation demeura sans réponse. Transféré sur le *Northumberland*, on mit à la voile le 16; le 17, passant en vue du cap La Hogue, Napoléon fit ses adieux à la France : « Adieu, « terre des braves! adieu, chère France! Quelques traîtres de « moins, et tu serais encore la grande nation et la maîtresse « du monde! » Trois mois après, le 18 octobre, il descendit, pour ne plus la quitter, sur la terre meurtrière de Sainte-Hélène. Aigle, on lui donna un rocher à la pointe duquel il est demeuré au soleil jusqu'à sa mort, et d'où il était vu de toute la terre.

<small>Napoléon à Sainte-Hélène.</small>

Il avait pour promenoir une arène de douze milles; des sentinelles entouraient cet espace, et des vigies étaient placées sur les plus hauts pitons. Le lion pouvait étendre ses courses au-delà, mais il fallait alors qu'il consentît à se laisser garder par un bestiaire anglais. Le souverain généralissime qui avait cité le monde à son étrier était appelé à comparaître deux fois le jour devant un hausse-col!

<small>Captivité.</small>

Pour gouverneur de l'île on choisit un bourreau du nom de sir Hudson-Love, le fidèle exécuteur des hautes-œuvres de l'Angleterre! Les tortures de chaque instant ont tué Napoléon plus encore que les rigueurs et l'insalubrité du climat. Au mois de juin 1818, le docteur O'Meara demandait, en raison de l'état du *patient*, l'avis d'un autre médecin; le 28 octobre, le même docteur écrivait la lettre suivante au secrétaire de l'a-

<small>Hudson-Lowe</small>

27

Lettres du docteur O'Meara.

mirauté : « Je pense que la vie de Napoléon Bonaparte est en
« danger s'il réside plus longtemps dans un climat tel que ce-
« lui de Sainte-Hélène, surtout si les périls sont aggravés par
« la continuité de ces contrariétés et de ces violations aux-
« quelles il a été jusqu'à présent assujetti, et dont la nature
« de sa maladie le rend particulièrement susceptible d'être
« affecté.

« O'Meara,
« *Dernier chirurgien de Napoléon.* »

Dans une autre lettre du mois de juin 1828, M. O'Meara disait au comte Bathurst : « Votre Seigneurie me rendra la jus-
« tice de se rappeler que la crise actuellement arrivée a été
« prédite par moi et officiellement annoncée à l'amirauté à
« mon retour de Sainte-Hélène, en 1818. Un temps bien court
« a trop malheureusement justifié une opinion que le simple
« bon sens suffisait pour faire prononcer, et que la probité la
« plus vulgaire obligeait de divulguer. Cette opinion était que
« *la mort prématurée de Napoléon était aussi certaine, sinon*
« *aussi prochaine, si le même traitement était continué à son*
« *égard, que si on l'avait livré au bourreau.* »

O'Meara demande à retourner à Sainte-Hélène.
Il est refusé.

O'Meara, dont la France n'admirera jamais trop le caractère, demanda à retourner à Sainte-Hélène, même à ses frais, afin de continuer ses soins au malheureux *patient*. Lord Bathurst refusa.

Lettre de Bertrand à Hudson-Lowe.

Au mois de septembre 1820, le comte Bertrand écrivit à lord Liverpool pour demander que l'empereur fût changé de climat et lui faire connaître le besoin qu'il avait des eaux minérales. Hudson-Lowe *refusa de faire passer cette lettre à son gouvernement, sous le vain prétexte que le titre d'empereur était donné à Napoléon.* La veille de sa mort, au milieu d'atroces douleurs, la victime avait encore assez de force pour murmurer des plaintes que l'histoire a recueillies et qu'éternellement elle jettera à la face du gouvernement anglais : « Aucun remè- « de ne peut me guérir, mais ma mort sera un baume salutaire « pour mes ennemis. J'aurais désiré de revoir ma femme et mon « fils ; mais que la volonté de Dieu soit faite. Il n'y a rien de ter- « rible dans la mort ; elle a été la compagne de mon oreiller « pendant ces trois semaines, et à présent elle est sur le point « de s'emparer de moi pour jamais. — Les monstres me font- « ils assez souffrir ! Encore s'ils m'avaient fait fusiller, j'aurais « eu la mort d'un soldat. — J'ai fait plus d'ingrats qu'Auguste ; « que ne suis-je comme lui en situation de leur pardonner ! »

Derniers moments de Napoléon.

Enfin, le samedi 5 mai, à sept heures du matin, sa voix mourante invoqua Dieu, appela son fils, et prononça le nom de *France*. Onze heures plus tard, douze salves d'artillerie apprirent à l'Océan que Napoléon n'existait plus. Avant de quitter la terre, il légua l'opprobre de sa mort à la maison régnante d'Angleterre. Fox se chargea de répéter, au sein du parlement, la malédiction du *patient :* « Le monde, dit-il, porte le deuil « du héros, et ceux qui ont contribué à ce grand forfait sont « voués aux mépris des générations présentes aussi bien qu'à « ceux de la postérité. »

Sa mort.

Il résulte de tous les ouvrages qui ont été publiés sur le séjour de Napoléon à Sainte-Hélène que jamais tyrannie plus basse, plus odieuse, plus mesquine, n'a été exercée sur aucun homme, depuis le retour de la civilisation en Europe. Napoléon était allé chercher l'hospitalité du peuple anglais, il fut condamné à aller porter à une extrémité du monde les fers de la Grande-Bretagne. A l'aspect de cette grande infortune qui venait noblement lui demander une place à son foyer, cette puissance, toute puissante *alors*, improvisa une loi extraordinaire. Elle fit de son hôte désarmé un prisonnier de guerre, d'un voyageur un captif, nomma un geôlier et lui

Opinion générale sur la captivité de Napoléon.

abandonna Napoléon. La grande majorité du peuple anglais a sans doute pris pour lui l'injure que son gouvernement crut devoir faire légaliser par l'Europe. Mais ce gouvernement cruel, en souffrant que l'eau, l'air, la terre, les aliments, les subsistances et les soins sanitaires fussent mesurés et retranchés graduellement au dominateur déchu, a ravalé sa politique à la geôle d'une maison de force, à la destruction lente du prisonnier. La mort de Napoléon fut un lâche assassinat.

Ne nous étonnons pas de la cruauté avec laquelle l'Angleterre traita le maître du monde : c'était la France qu'elle crucifiait en la personne du représentant de sa gloire. Au surplus, si le captif, dont le front était ceint de la triple couronne du génie, de la victoire et du malheur, fut condamné à la torture sur un rocher désert, ses soldats, prisonniers comme lui de la nation anglaise, furent condamnés à souffrir une longue agonie sur des pontons où régnaient des êtres aussi pervers, aussi barbares que sir Hudson-Lowe, d'infamante mémoire.

Prisonniers françois en Russie et en Angleterre.

Rien ne servant mieux à faire apprécier la justice et l'humanité d'un peuple que la comparaison de la conduite de son gouvernement avec la conduite d'un autre gouvernement, qu'il me soit permis de mettre en présence le sort de nos prisonniers en Russie avec le sort de nos prisonniers en Angleterre. Les Russes passent généralement parmi nous pour être des hommes à demi sauvages, tandis que les Anglais sont considérés comme le type de la civilisation. Voyons comment, en face du malheur, se conduisirent les prétendus barbares et les hommes dont on vante l'humanité.

Ce que je vais dire est extrait de pièces authentiques ; il ne sera donc permis à personne d'y voir autre chose que la plus froide et la plus impartiale vérité.

Parmi nos prisonniers de Russie, la plupart, ayant quelque membre gelé, trouvèrent place dans les hôpitaux, où les suivit la sollicitude d'Alexandre ; les autres, en plus petit nombre, furent dirigés sur des provinces éloignées qu'ils n'atteignirent qu'au milieu des plus grandes souffrances et des plus cruelles privations. La rapacité du soldat, l'intempérie de l'air et les horreurs de la famine ajoutèrent encore aux souffrances et aux privations ; mais le gouvernement russe était étranger à tous ces supplices. Partout il y a dans les masses des individus sans cœur et sans entrailles, c'est une des hontes de la société ; mais que peuvent des crimes individuels contre un gouvernement qui les condamne et dont les actes publics sont une vivante protestation en faveur de l'humanité ?

A Nowogorod, les prisonniers faisaient tous les travaux des galériens pour gagner une demi-ration d'un pain grossier ; mais cette ignoble tâche leur était imposée par des gouverneurs désireux de détourner à leur profit la solde accordée par Alexandre. Bien d'autres brutalités, un grand nombre d'autres spoliations arrachèrent d'amères larmes à nos malheureux compatriotes. Pauvres soldats, brisés de fatigue, décimés par la mitraille, le froid et la faim, sauriez-vous nous dire les tortures du cœur au souvenir de la patrie absente ?

Pendant que les individus, placés loin du gouvernement, donnaient carrière à leur brutale rapacité, que se passait-il dans les régions plus élevées de la société russe ? Plus nous nous approcherons du trône, plus nous rencontrerons la douceur et la pitié qui consolent.

Le général en chef Rimskoï-Rosakoff, gouverneur de la Lithuanie, organisa un service régulier dans les hôpitaux de Wilna ; il fit donner aux malades et aux blessés tous les secours dont ils avaient besoin, chercha par tous les moyens à adoucir le sort des soldats et des officiers, et secourut plus d'un de ces derniers par des avances d'argent. Le général Driessen, gouverneur de la Courlande, constamment humain, affable et attentif au bien-être des prisonniers, adopta la mesure de les distribuer dans les villages de son gouvernement, où tous, accueillis et secourus par les habitants bons et hospitaliers, trouvèrent à leur malheureux sort l'adoucissement qui pouvait le leur rendre supportable. L'empereur Alexandre donna les ordres les plus précis pour que les prisonniers fussent traités avec les égards et les soins dus au malheur. Le grand-duc Constantin faisait soigner sous ses yeux, et jusque dans ses appartements, les officiers malades, qu'il allait chercher lui-même dans les hôpitaux ; il les visitait dans leurs lits, et les consolait par des expressions de bonté et d'intérêt. Il sauva d'un bâtiment incendié deux officiers qu'il arracha des flammes en chargeant l'un sur ses épaules, tandis que son valet de chambre emportait l'autre. Il brava, pour suivre les impulsions de son cœur généreux, une épidémie mortelle dont il fut lui-même atteint. Plus d'un officier français, arraché par son humanité active des bras de la mort, lui doit son existence.

Les prisonniers arrivent à Smolensk ; le général commandant la place donne de l'argent aux popes ou curés grecs pour les recevoir et les nourrir. Chaque matin on donnait aux officiers du pain et du lait, le soir du pain et de la volaille ; les soldats recevaient du pain et des légumes.

A Wiessmar, les blessés sont reçus à l'hôpital, où des chirurgiens pansent leurs blessures irritées par les fatigues d'une longue marche.

A la Moskowa, où tant de victimes avaient récemment payé tant de gloire, le commandant de Moscou en ruines se hâte de faire visite aux prisonniers, de s'apitoyer sur leurs maux et de leur annoncer qu'ils finiraient à Kolomna, lieu de leur destination.

Arrivés dans cette petite ville, les officiers sont invités à dîner chez le commandant, où ils sont accueillis par la bourgeoisie ;

là, ils apprennent que l'empereur leur accorde un rouble de traitement par jour (1) et le droit de circuler librement jusqu'à une certaine distance de la place. D'autres prisonniers furent conduits jusqu'à Astrakan, ville de 40,000 habitants, située à quatre cent quarante lieues de Saint-Pétersbourg, où ils n'arrivèrent qu'après avoir horriblement souffert ; mais du moins y trouvèrent-ils des adoucissements à leurs maux. La plupart d'entre eux y exercèrent librement des professions lucratives ; les plus mal partagés purent y gagner journellement six sous de France, plus un grand verre d'eau-de-vie, ce qui était plus que suffisant pour leur nourriture dans un pays où la livre de viande ne coûtait alors qu'un sou.

En résumé, les souffrances de nos prisonniers en Russie doivent être attribuées à l'intempérie du climat et à la sauvage cupidité de quelques individus. Le gouvernement d'Alexandre avait ordonné des mesures pleines d'humanité ; les plus grands seigneurs et la population éclairée entrèrent complètement dans les vues du souverain. Ceux qui offensèrent l'humanité n'en connaissaient peut-être pas le nom et se cachèrent pour éviter les châtiments dus à leur coupable désobéissance. Ceux-là du moins étaient en révolte contre le gouvernement et contre la civilisation.

Le contraire arriva dans la Grande-Bretagne : les tortures imposées aux prisonniers français furent le résultat des atroces mesures prises par le gouvernement. Des témoignages de compassion s'échappèrent de quelques âmes d'élite, comme il y en a partout, en Angleterre comme ailleurs ; mais la pitié se cacha pour n'être pas réputée trahison, les larmes coulèrent en secret pour ne pas irriter les bourreaux titrés dont les mains s'enrichissaient des dépouilles de la mort.

Tortures des prisonniers en Angleterre.

(1) Cinq francs de notre monnaie.

Pour l'Angleterre comme pour la Russie, je n'exposerai que des faits constatés par l'histoire.

Les pontons étaient, dans les rades de Portsmouth, Plymouth et Chatam, de vieux vaisseaux de ligne désarmés, grillés à tous les sabords, et dans lesquels on avait entassé huit à neuf cents prisonniers, officiers, sous-officiers et soldats; les officiers supérieurs étaient internés dans de petits villages où, sur leur parole d'honneur, on leur permettait de se promener dans une circonférence déterminée.

La position de ces derniers, supportable en apparence, était cependant des plus cruelles : pour être parqués dans de misérables masures, les captifs payaient annuellement une somme supérieure à la valeur de l'immeuble; les paysans anglais trouvaient ainsi le moyen de faire une excellente spéculation sur les victimes que leur livrait le gouvernement.

Si la promenade était permise à ces malheureux depuis six heures du matin jusqu'à six heures du soir, en revanche il leur était défendu de s'écarter de la grande route, d'entrer dans aucun champ et de pénétrer dans aucun chemin de traverse; en cas de contravention à ces barbares dispositions, tout habitant était autorisé à courir sus au prisonnier comme à une bête féroce, à le terrasser, à s'en emparer mort ou vif par quelque moyen que ce fût.

Une prime d'une livre sterling étant accordée pour chaque dénonciation ou arrestation, les sentiments les plus vils, richement récompensés par l'administration, ne manquèrent pas de se multiplier; chaque habitant voulut gagner son salaire en faisant la chasse aux prisonniers. Non contents de faire la garde dans les champs et sur les routes, les paysans se mirent à la recherche des moyens les plus ingénieux pour accroître leur ignoble butin : la curiosité, la bonté, la colère des promeneurs furent tour à tour exploitées. Les compliments, les invitations, les voix caressantes et sympathiques réussissaient souvent à attirer les victimes hors de la grande route, soit pour presser une main qu'on leur tendait, soit pour accepter une hospitalité qu'on leur offrait; tombés dans les ignobles piéges de John Bull, ils étaient à l'instant percés par des fourches ou des serpes, ou assommés à coups de bâton.

Leurs corps étaient apportés au village; les assassins recevaient immédiatement la prime. Un historien assure que, sans exagérer la vérité, d'après les données les plus authentiques, on peut évaluer à plus de 1,000 le nombre des officiers supérieurs tués, blessés, assassinés durant les premières années de la mise en vigueur de cet abominable réglement.

Mais ceux-là du moins mouraient en plein air et sous les rayons du soleil, tandis que les prisonniers des pontons mouraient exténués, affamés, asphyxiés, empoisonnés. Qu'on se figure 800 prisonniers confinés jour et nuit, pour un temps dont il était impossible d'entrevoir le terme, dans les entreponts d'un vaisseau, où chacun n'avait pour se mouvoir et se coucher qu'un espace de 2 mètres de long sur 60 centimètres de large, et pour se nourrir que 120 grammes de pain gluant, un peu de mauvaise viande ou de morue avariée, quelques décagrammes de légumes secs ou de pommes de terre; qu'on se représente ces malheureux rationnés d'eau et d'air, ne pouvant monter sur le pont que trois fois par jour, ayant à subir sans cesse les vexations de détail de misérables agents subalternes qui renchérissaient encore sur la tyrannie des chefs! Dans les faux ponts, dont la hauteur était au-dessous de la taille ordinaire d'un homme, l'administration anglaise avait établi deux rangs superposés de hamacs, dont le premier touchait au plafond, et dont le second rasait le plancher!

Une société de médecine de Londres s'exprima ainsi sur l'insalubrité des pontons : « Les créatures dont la constitu-

« tion sera assez robuste pour supporter cinq ans le régime
« de ces prisons, ne pourront plus espérer pour le reste de leur
« vie qu'une santé languissante. »

A son arrivée, le prisonnier, entièrement dépouillé de ses vêtements, était condamné à prendre, surtout en hiver, un bain d'eau glacée. Ses habits consistaient en une chemise, un pantalon et un gilet de couleur jaune-orange, le tout marqué en noir d'un T et d'un O d'une dimension colossale ; ces lettres étaient les initiales du Transport-Office, comme si le gouvernement anglais eût eu peur que la postérité n'osât pas le rendre responsable de tant d'infamie ! Pour reposer ses membres fatigués, on lui donnait un mauvais hamac, une couverture de laine et un matelas de bourre pesant au plus deux à trois livres.

L'hospitalière Angleterre accordait à nos infortunés compatriotes les aliments rigoureusement nécessaires pour qu'ils ne mourussent pas trop vite de faim ; mais voici venir les fournisseurs anglais, suivons-les dans leurs hideuses spéculations. La qualité du pain était si mauvaise que, malgré les tourments de la faim, les prisonniers étaient obligés de le refuser ; la plus légère faute, la plus modeste plainte contre ces ignobles vautours, entraînait pour le prisonnier la suppression, pendant plusieurs jours, d'un tiers et même de deux tiers de la ration. Pour soutenir les forces du patient, la colonie captive décrétait une retenue générale sur toutes les rations.

Au fond des cachots flottants où ils gémissaient, nos prisonniers se livraient à quelques travaux, afin de se procurer l'argent dont ils étaient privés : les uns sculptaient les os et en faisaient de petits vaisseaux ou des jeux d'échecs ; les autres tressaient des cheveux et en faisaient des bracelets ; ceux-ci fabriquaient des bretelles et des bourses, ceux-là des chapeaux de paille.

Les marchands anglais spoliaient effrontément les travailleurs. Pour se procurer les matières premières, on vendait ses couvertures et son hamac, et alors, pour ne pas succomber au froid, il fallait se coucher serrés les uns contre les autres sur le plancher de la batterie ; mais quand il fallait paraître sur le ponton pour assister au comptage de chaque soir, si le froid était rigoureux, si la bise était aiguë, il devenait nécessaire de se procurer, ne fût-ce que pour une heure, quelques lambeaux capables d'abriter, tant bien que mal, une affligeante nudité. Le prisonnier vendait alors, pour dix centimes chaque, sa ration du lendemain et même celle du surlendemain, s'exposant à mourir de faim pour ne pas mourir de froid. On voyait ces malheureux, les traits amaigris, la figure hâve, cherchant avec soin sous les bancs, dans les angles, et se précipitant avec avidité sur les immondices et les rebuts jetés par les autres prisonniers ; ils ne reculaient ni devant les pelures crues des pommes de terre, ni devant les feuilles des poireaux ; les trognons de choux et les têtes de harengs étaient pour eux de magnifiques trouvailles.

Les malades étaient transportés sur un navire consacré à l'emploi d'hôpital : là régnaient les médecins anglais, et la mort faisait faction au chevet du lit des malades.

Il serait difficile de se faire une idée de la façon barbare dont les Français étaient traités à bord de cet hôpital, écrit l'un des prisonniers de Porstmouth, malade lui-même et transporté sur le vaisseau-hôpital : « Je ne citerai, pour ne pas
« révolter la conscience publique, car il y a des cruautés que
« la plume se refuse à tracer, qu'un seul fait entre mille de
« même nature qui se passa sous mes yeux.

« Un jour, pendant la visite, un jeune chirurgien français,
« s'adressant au médecin anglais, lui demanda de vouloir bien
« faire donner du vin à l'un de ses camarades, aspirant de ma-

« rine, horriblement affaibli par la maladie, afin de lui rendre
« un peu de force. — « Etes-vous fou, animal, lui répondit
« brusquement l'Anglais, pour oser me faire une semblable
« demande? Redonner des forces à ses ennemis! Allons
« donc ! vous déraisonnez ! »

« Je crois, en mon âme et conscience, que le Transport-Office
« et les médecins étaient tacitement d'accord pour faire mou-
« rir le plus grand nombre possible de Français. »

Le prisonnier assez heureux pour être pauvre ne mourait pas toujours à l'hôpital; mais, soumis pendant sa convalescence à une diète absolue, il ne tardait pas à mourir d'atonie. Il n'en sortait jamais s'il possédait quelque joyau de prix. Pour s'approprier cet objet, les Anglais, médecins et infirmiers, ne reculaient pas devant le dernier degré de l'ignominie; pour peu que le malade perdît connaissance, il était arraché de son lit et porté dans la cabane aux morts, où il était dépouillé. Ce fait, qui se renouvelait chaque jour, n'était pas permis mais toléré. Belle tolérance que celle qui couvrait de telles horreurs! Tolérance de vautour affamé !

Ainsi les paysans assassinaient les officiers supérieurs qu'ils attiraient dans leurs tanières; les médecins et les infirmiers assassinaient dans l'hôpital les simples officiers, sous-officiers et soldats sur un lit d'hôpital. Et quand une malheureuse jeune femme, venant de la terre de France, débarquait en Angleterre pour verser une larme sur les chaînes de son mari prisonnier, il se trouvait des médecins anglais et un gouverneur anglais qui se la disputaient pour la flétrir! Non, je ne voudrais pas être Anglais ! A l'Angleterre les richesses! à la France la gloire!

Si nous récapitulions la troisième période du règne du roi Georges, nous dirions, sans crainte et sans haine, ce que l'histoire répétera pendant tous les siècles :

1° Pitt, le haut commerce anglais et la presse anglaise se déshonorent en prodiguant au premier consul de dégoûtants outrages et de cyniques injures. 2° Le gouvernement expédie de Jersey, sur ses propres vaisseaux, une bande de sicaires richement payés pour exciter parmi nous la guerre civile. 3° Le parlement considère la liberté européenne comme une trahison contre l'Angleterre. 4° Le ministère viole le traité d'Amiens en refusant d'évacuer Malte. 5° Il accorde sa protection aux conspirateurs chargés d'assassiner le premier consul. 6° Au moment où le premier consul renouvelle ses propositions de paix, l'ambassadeur anglais quitte Paris. 7° Avant toute déclaration de guerre, le ministère anglais nous fait enlever douze cents bâtiments naviguant sur la foi des traités. 8° Drake et Spencer-Smith, ambassadeurs anglais à Munich et à Stuttgardt, paient et dirigent des assassins contre Napoléon. 9° Le parlement reconnaît que le droit d'assassinat fait partie du droit des gens. 10° Sans respect pour la neutralité qu'elle s'obstine à conserver, l'escadre anglaise enlève à l'Espagne et conduit à Londres quatre galions arrivant d'Amérique avec un chargement de quatre millions de piastres. 11° Des voix généreuses se font entendre dans le parlement contre cet acte de brigandage; Pitt leur répond en donnant l'ordre de couler bas, de capturer et d'incendier tous les navires espagnols. 12° Napoléon, empereur, fait des propositions de paix que Georges ne daigne pas écouter. 13° L'Angleterre forme contre nous une nouvelle coalition qu'elle prend à sa solde. 14° Fox, devenu ministre, fait à l'empereur des propositions de paix inacceptables. 15° Les pirates anglais confisquent les neutres et font la presse sur leurs vaisseaux. 16° Napoléon est dans la nécessité d'établir le blocus continental; l'Angleterre se venge contre les catholiques en leur refusant l'émancipation, et contre la Turquie en ordonnant à sa flotte de franchir les Dardanelles. 17° Alexandre offre la paix à l'Angleterre, l'Angleterre fait une réponse pleine d'hypocrisie. 18° Tandis qu'elle proteste de son amour pour la paix, elle s'empare de Copenhague sans défense; elle détruit les monuments, égorge la population, brûle et enlève les vaisseaux, malgré la capitulation qu'elle vient de signer. 19° Le ministère anglais décrète que tous les vaisseaux du monde, même ceux de ses amis, devront être visités par les croiseurs de la Grande-Bretagne, faire une station dans ses ports et lui payer une imposition. 20° Napoléon et Alexandre proposent la paix, Georges répond à cette nouvelle ouverture par la formation d'une nouvelle coalition. 21° L'Angleterre fait une descente à Flessingue et se retire honteusement. 22° En Portugal, Wellington place la population de Coïmbre dans la cruelle alternative de tomber sous les baïonnettes anglaises ou d'aller mourir de faim à Lisbonne. 23° Wellington, maître de Ciudad-Rodrigo, laisse ses troupes mettre cette ville à feu et à sang. 24° L'Angleterre réussit à former contre nous une sixième coalition en prodiguant son or, en offrant à l'Autriche de lui abandonner toute l'Italie. 25° Le Danemark, notre fidèle allié, se voit contraint, pour échapper à de nouvelles spoliations, à entrer dans la coalition. 26° Wellington signe avec Davoust la capitulation de Paris, et le maréchal Ney est fusillé. 27° Napoléon écrit à Georges et se livre noblement à l'Angleterre, qui lâchement l'envoie mourir à Sainte-Hélène. 28° Napoléon, à Sainte-Hélène, est une victime dont le gouvernement britannique est le bourreau. 29° Nos officiers supérieurs prisonniers en Angleterre sont assommés par les paysans anglais. 30° Les autres prisonniers meurent de froid et de faim sur les pontons, ou bien ils sont systématiquement sacrifiés à la haine dans les hôpitaux. 31° Ceux dont le tempérament est assez fort pour survivre à tant de tortures, sont nuitamment portés dans la chambre des morts pour y être dépouillés de leurs bijoux et de leur bourse

Dans la première période de ce long règne, nous avons compté vingt et un crimes ou délits contre la France et ses alliés, la seconde nous en a présenté trente, il s'en trouve trente et une dans la troisième ; c'est donc un total de quatre-vingt-deux déloyautés, trahisons, incendies, spoliations et assassinats.

Le cœur se soulève à l'idée de toutes ces horreurs ; on voudrait ne pas y croire, mais elles sont écrites en lettres de feu et de sang sur les rivages de toutes les mers, sur les murailles de cent villes et sur la poitrine de deux millions d'hommes, elles sont écrites sur le rocher de Sainte-Hélène. Le monde les oubliera quand la vague de l'Océan, devenue muette, cessera de porter jusqu'au ciel la dernière protestation de la victime : « Je lègue l'opprobre de ma mort à la maison ré-« gnante d'Angleterre ! »

Parmi nos lecteurs, si nous en trouvons, les uns, consultant leurs souvenirs historiques, le cœur brisé par la même main qui si longtemps et si souvent brisa le cœur de la France, nous accuseront d'avoir laissé dans l'oubli bien des crimes et bien des larmes ; les autres, surpris, effrayés en présence de tant de crimes exhumés de leurs sanglants suaires, arrachés à la poussière où ils dorment à côté de nos pères qu'ils ont immolés, demanderont à connaître les sources où nous avons puisé nos documents. Quelques uns peut-être exprimeront le regret de ce que l'auteur, au lieu de terminer son travail sur le rocher de Sainte-Hélène, n'a pas écrit sa dernière page à Rome, à Paris ou à Turin, en recueillant, sur cette route d'un demi-siècle, les dernières déloyautés jetées sur nos rivages par les derniers flots de l'Océan.

Il est de notre devoir de donner aux uns et aux autres les explications qu'ils ont le droit de nous demander.

Nous avouerons franchement aux premiers que, si nous

n'avons pas tout dit, c'est que nous ne savions pas tout. Il y a en nous, le lecteur peut le croire, plus d'ignorance que de mauvais vouloir. Si nous avions pu consulter les archives de l'Etat ou seulement celles des anciennes provinces de la Bretagne, de l'Anjou, du Maine, de la Guienne ou de la Normandie, nous aurions assurément découvert et mis à jour d'autres colères assises sur d'autres ruines, d'autres haines déchirant d'autres poitrines; mais ces trésors historiques ne se trouvant pas à notre disposition, force nous a été de nous borner à consulter notre modeste bibliothèque. Si nous avons exposé sous leur véritable jour les faits dont nous avons pu nous occuper, si nous avons réussi à soulever un coin du voile derrière lequel se cachent silencieuses tant de générations anglaises dont les habits rouges sont teints du sang français, nous avons accompli notre tâche.

Nous dirons aux seconds : Ne craignez aucune exagération de notre part, d'abord parce qu'elle n'est pas possible, et puis parce que, nous défiant de nous-même et des sentiments patriotiques des écrivains français, nous avons surtout consulté les historiens anglais; de telle sorte que nous aurions pu intituler notre ouvrage : *l'Angleterre jugée par elle-même*. Anderson, Bacon, Blakstone, Goldsmith, Godwin, Hume, Lingard, Kéralio, Daniel, Mézeray, Châteaubriand et Thiers nous ont fourni les éléments constitutifs de notre histoire. Pour ne rien cacher à nos lecteurs, nous avouerons sans détour qu'il nous est arrivé de transcrire sans scrupule les passages qui nous ont paru les plus propres à donner sa véritable couleur à chacun des plus importants épisodes de ce drame de neuf siècles.

Quant à ceux de nos lecteurs qui auraient eu de la satisfaction à nous voir aborder l'histoire des dernières années, nous leur demanderons de quelle utilité il eût été pour eux de trouver dans notre livre des faits que tout le monde connaît. A qui donc aurions-nous appris quelque chose si nous eussions consacré quelques pages aux déloyautés anglaises dont la France eut à gémir sous les règnes de Louis XVIII, de Charles X et de Louis-Philippe? Faudrait-il aussi, jetant un regard sur le jour d'hier, interroger un livre encore ouvert? Quelques lignes suffiront pour l'histoire d'un demi-siècle :

Pourquoi, lorsqu'en 1823 nous entrâmes en Espagne pour y rétablir notre vieille influence, trouvâmes-nous l'Angleterre hostile à cette expédition, sinon parce que l'Angleterre devine instinctivement ce qui peut être pour la France utile ou glorieux afin de s'y opposer, désastreux ou fatal afin d'en presser la réalisation? La tribune et la presse protestèrent avec la même énergie et prodiguèrent à notre gouvernement les plus grossières injures. A la chambre des communes, on déclara que, si le canon retentissait sur la Bidassoa, il serait impossible à l'Angleterre de demeurer neutre. Articles de journaux, brochures et discours pleuvaient; les expressions n'étaient pas ménagées contre la France; tout ce que la grossièreté la plus populacière et la crédulité la plus ignare pouvaient vomir était lancé sur Châteaubriand, alors ministre des affaires étrangères. Comme compensation aux succès de nos armes dans la péninsule, Canning offrit au peuple anglais l'espoir d'une guerre prochaine, et alors, dit-il, « nous verrons se ranger sous « nos bannières, pour prendre part à la lutte, tous les mécon- « tents et tous les esprits inquiets du siècle, tous les hommes « qui, justement ou injustement, ne sont pas satisfaits de la « condition actuelle de leur patrie. » Ainsi le gouvernement anglais, dirigé par le plus honnête homme du royaume, se donnait pour auxiliaires les passions et les malheurs des hommes; il apercevait ses succès dans le bouleversement de la société, sa puissance dans la confusion et le chaos.

L'Angleterre s'opposa à la guerre d'Espagne parce que « cette France qu'elle croyait avoir mutilée pour des siècles par « le traité de 1815, était sur le point de se rendre maîtresse « d'un pays où l'Angleterre devait seule dominer. »

Le 20 octobre 1827, la bataille de Navarin délivra la Grèce de l'oppression ottomane. Français, Russes et Anglais contribuèrent à ce triomphe, qui rappelait à la vie un peuple près de rendre le dernier soupir. En France, cet événement fut considéré comme le gage certain de l'affranchissement de la Grèce. Le ministère anglais, pris au dépourvu par une victoire qu'il n'avait ni préparée ni désirée, répudia les lauriers de Navarin, en qualifiant cette victoire, en plein parlement, d'événement funeste. La liberté d'un peuple est-elle quelque chose pour l'Angleterre, quand elle ne rapporte pas quelques belles guinées à recueillir, quelques beaux vaisseaux à capturer ou quelque riche colonie à spolier?

Si nous parlions des événements de 1830, peut-être pourrions-nous montrer la main de l'Angleterre faisant jouer et manœuvrer les acteurs de la fameuse comédie de quinze ans, nous expédiant le vieux Lafayette, cet artisan de révolutions avortées, le père des « monarchies républicaines. » Quand tous ces ouvriers de désordre, secrètement soldés, encouragés, dirigés par elle, travaillaient intrépidement à la démolition du trône des Bourbons, l'Angleterre contemplait, dans une indicible joie, les progrès de son œuvre de destruction.

La conquête d'Alger fut peut-être pour Charles X ce que l'émancipation de l'Amérique avait été pour Louis XVI. La pensée de Charles X fut de conserver sa conquête. A peine cette pensée fut-elle connue que l'Angleterre se hâta de demander des explications par une dépêche altière, qui cachait mal sa crainte et son embarras. Charles X écrivit à la marge de la dépêche : « La France a pris Alger en ne consultant que

« sa dignité ; pour le conserver ou le rendre, je ne consulterai
« que son intérêt. »

Un roi de France parlant si haut et si ferme ne pouvait que mériter la colère de nos voisins et tomber un jour ou l'autre devant ce principe anglais : « Nous lèverons l'étendard de la « révolte, et nous appellerons à nous tous les hommes qui, « *justement ou injustement*, ne sont pas satisfaits du gouverne- « ment de leur patrie. »

N'avons-nous pas vu, sous le règne de Louis-Philippe, la politique anglaise recourir à toutes les intrigues pour nous arracher cette colonie, notre gloire et notre orgueil? N'est-ce pas entraîné, aveuglé par des promesses ou par des menaces, que le nouveau gouvernement de France entra en négociation, par les soins d'un juif de confiance, avec Hussein, le dernier dey, alors à Livourne, dans le but de le faire rentrer dans son ancienne possession, moyennant une indemnité secrète de dix à douze millions? Le dey offrit la moitié de cette somme ; on continua de négocier. La France laissa éclater son indignation, et les négociations furent interrompues. Quand le maréchal Clauzel, après son échec de Constantine, jetait à Louis-Philippe le défi suivant : « Oui, je vous accuse de ne pas vou- « loir garder Alger, et jusqu'à ce que vous soyez venu le « jurer de manière à ce que personne n'en puisse douter, « *même les puissances étrangères*, je dirai que vous travaillez « secrètement à cet abandon. » Le gouvernement de France restait muet, parce que les engagements pris avec l'Angleterre ne lui permettaient pas de faire le serment demandé sans s'exposer à de terribles révélations. La France a protesté contre ce honteux trafic, et la terre d'Afrique lui est restée comme l'un des plus beaux fleurons de sa couronne.

Qui de nous a oublié le traité de quadruple alliance conclu par les soins de l'Angleterre le 15 juillet 1840, dans le but de régler sans nous, hors de nous et malgré nous la question d'Orient?

Quelqu'un en France a-t-il oublié l'affaire de Taïti, la protestation de l'Angleterre contre notre domination dans ce pays, le missionnaire-pharmacien-accoucheur Pritchard, dont les intrigues soulevèrent les naturels contre nous et réussirent à faire massacrer une partie de nos soldats? Ne parlons pas des 25,000 fr. que, pour récompenser l'infamie de cet homme, les menaces de l'Angleterre arrachèrent insolemment à la couardise d'un souverain.

Depuis 1848, de combien de déloyautés n'avons-nous pas été témoins? Notre gloire de Crimée méconnue, la générosité de nos soldats oubliée; une opposition sans cesse renaissante au sein du congrès de Paris; la possession de Périm hautement avouée, contrairement aux conventions les plus récentes; à propos de l'achèvement du port de Cherbourg, les cris, les menaces et les injures; une protection, des faveurs même, accordées aux conspirateurs réfugiés sur le sol britannique, d'où ils insultent impunément à la France et à son gouvernement; une inviolable protection accordée aux assassins dont les mains préparent des machines infernales et les font éclater sous les pas d'un empereur et d'une impératrice auxquels l'Angleterre vient de prodiguer les plus nombreux témoignages d'estime et d'amitié! Quand la France indignée, révoltée, se lève et demande justice contre des monstres à face humaine, il se trouve que son alliée n'a pas de justice à rendre et qu'à ses yeux il n'y a ni crime ni coupable!

Des ingénieurs français, une compagnie française, font les plus grands efforts pour ouvrir un canal à travers l'isthme de Suez et relier ainsi la Méditerranée à la mer Rouge. Toutes les nations de l'Europe forment des vœux pour le prompt achèvement de cette prodigieuse entreprise, mais l'Angleterre s'oppose à sa réalisation ; son or et ses intrigues, également prodigués autour du gouvernement égyptien, réussiront peut-être à lui conserver le monopole du commerce des Indes, de même qu'en 1844 elle a déjà su faire avorter le projet de la création d'un chemin de fer à travers l'isthme.

Pour arracher l'Italie à la domination autrichienne, nous venons de faire une glorieuse campagne ; l'Angleterre n'a dépensé ni un homme, ni un schelling, et cependant que d'intrigues secrètes pour faire le vide dans un pays où elle espère dominer à force de désordre ! Que d'entraves apportées au bon vouloir, aux généreuses dispositions de l'empereur Napoléon en faveur de la justice et de la raison ! Nous avons triomphé en face du monde par notre courage, l'Angleterre recherche un hypocrite triomphe par de sourdes et déloyales insinuations.

La Savoie enfin, Nice, le Chablais et le Faucigny demandent à grands cris à faire partie de la famille française ; le souverain de ce pays consent à la réalisation de ce vœu ; les puissances de l'Europe respectent le vœu des populations et la détermination du roi. D'où vient l'opposition ? de l'Angleterre ! Elle seule refuse un consentement dont on n'a que faire ; elle seule, par ses orateurs dans le parlement et par la presse dans le public, soulève contre nous des colères et des haines. C'est elle qui, par ses agents, encourage et soutient d'injustes prétentions chez un peuple dont nous sommes les plus fidèles alliés. Si la guerre éclatait quelque part en Europe contre la France, ce serait l'Angleterre qui l'aurait allumée en prenant cordialement notre main ; elle finirait ainsi comme elle a commencé, s'il faut s'en rapporter à Gildas : *Angli, nec in bello fortes, nec in pace fideles.* « Les Anglais ne « sont ni redoutables dans la guerre, ni fidèles pendant la paix. »

Après avoir constaté, l'histoire en main, que, pendant une

vie de huit siècles, l'Angleterre a trompé la France cinq cent quatre-vingt-quatorze fois, qu'elle a incendié cinq mille sept cent quatorze villes, bourgs ou villages, et plus de trois mille vaisseaux ; qu'elle a pillé quatre-vingt mille cités ou bourgades et cent fois ravagé les champs de la Normandie, de la Bretagne, du Languedoc, de la Picardie, de la Guienne et de la Flandre ; qu'elle nous a très-déloyalement capturé sept mille bâtiments, qu'elle nous a volé plusieurs milliards et nous a enlevé nos plus riches colonies ; que, par suite de ses injustices, déloyautés et perfidies, elle nous a détruit ou fait détruire quatorze millions d'hommes sur les champs de bataille, et qu'elle en a assassiné quatre millions par le fer, le feu, le poison ou la famine ; qu'elle a fait mourir de faim trois millions d'Indiens coupables seulement de nous être demeurés fidèles, et tout cela pour donner une cruelle satisfaction à un criminel orgueil honteusement servi par d'odieux parjures, que nous reste-t-il à faire ? A clore silencieusement ce livre et à pleurer en secret sur les maux de cette vieille et noble terre de France ; à fermer le livre d'une lamentable histoire pour mêler d'amères larmes au sang et aux larmes de nos aïeux. C'est le parti le plus sage ; mais avant de nous envelopper dans ce manteau de deuil, nous voulons achever notre œuvre, et si nous pleurons au lieu de nous irriter, si la tristesse doit nous être un apaisement contre la vengeance, du moins voulons-nous montrer au monde qu'en France le cœur est au-dessus de la haine, comme la magnanimité domine les outrages, les parjures et les ruines.

Ne faisant donc qu'un seul trône des fers du roi Jean, du bûcher de Jeanne d'Arc, de l'échafaud de Marie Stuart et du rocher de Sainte-Hélène ; plaçant ce trône sur les cendres de cinq mille bourgades et de trois mille vaisseaux incendiés, au milieu de quatre-vingt mille cités ou villages ravagés, nous évoquerons les dix-huit millions de victimes égorgées, et quand chacune d'elles, portant fièrement notre vieil étendard déchiré, se sera rangée autour de ce trône, le plus élevé de l'univers, les générations actuelles, oubliant leurs discordes pour ne penser qu'à leur commune patrie, pressant de leurs mains brûlantes les mains glacées des générations un instant dépouillées de leurs suaires, la France, en habits de deuil, prendra place sur le trône, et, le front orné de sa couronne abritée sous les plis du drapeau national, la main sur la garde de son épée, ses regards fixés sur son implacable ennemie, elle lui dira :

« Félonne et cruelle vassale, tu pensais avoir ravi ma cou-
« ronne et noyé dans son sang la race des Francs ; quand mes
« rois t'ont demandé l'hospitalité, tu leur as donné des fers ;
« quand mes reines t'ont demandé un asile, tu leur as donné
« l'échafaud ; quand une bergère de vingt ans, l'effroi de tes
« capitaines, est tombée entre tes mains sanglantes, tu lui as
« préparé un bûcher ; quand rois, consuls ou empereurs ajou-
« taient un bijou à mon diadème, tu leur as envoyé des assas-
« sins ; quand mes enfants, unis par le cœur, n'avaient d'autre
« rivalité que celle d'ajouter à la gloire et au bonheur de leur
« mère, tu as semé parmi eux, pour les désunir et mettre dans
« leurs mains des armes parricides, de honteux trésors ; cent
« fois ton or corrupteur et tes trompeuses promesses ont armé
« contre moi des nations dont j'étais l'amie, la mère ou la pro-
« tectrice. Ah ! tu m'as bien souvent cru morte, bien souvent
« tes marchands des bords de la Tamise se sont réjouis en ver-
« sant sur moi d'hypocrites et douceureuses larmes ; combien de
« fois ils se sont disputé les riches broderies de mon manteau,
« les magnifiques diamants de ma couronne ! Les aveugles ! ils
« m'ont laissé mon épée ; et regarde : ma couronne est plus
« brillante que jamais, as-tu envie de la prendre ? mon trône

« ne fut jamais plus solidement assis, as-tu envie de t'y as-
« seoir? mes enfants, au nombre de quarante millions, m'en-
« vironnent et me défendent, veux-tu les appeler en champ
« clos? Une vengeance aujourd'hui me serait bien facile, et
« cependant je lui préfère la paix ; ne soyons pas amies, soyons
« d'accord. Napoléon, l'illustre martyr, t'a légué l'opprobre
« de sa mort, garde cet héritage avec tes richesses, laisse-moi
« ma vieille loyauté avec ma gloire ; je place mon épée entre
« ton héritage et le mien. »

FIN.

TABLE DES MATIÈRES.

Préface I
Avant-propos VII

CHAPITRE PREMIER.

Depuis l'origine de l'Angleterre, l'an 54 avant J.-C., jusqu'à Guillaume le Conquérant, l'an 1066 après J.-C.

Les Gaulois refusent à César les renseignements qu'il demande sur la Bretagne. Etablissement des Bretons dans l'Armorique. Anglo-Saxons. Des prêtres gaulois portent le christianisme en Bretagne. Le roi de Kent épouse Berthe, fille de Charibert. Les Bretons prennent le goût des arts à la cour de Charlemagne. Conquête de l'Angleterre par Guillaume de Normandie. 1

CHAPITRE II.

Depuis Guillaume le Conquérant (1066) jusqu'à Richard Cœur-de-Lion (1189).

Guillaume s'empare du Maine et assiége Dol. Il ne tient pas la parole donnée à son fils Robert. Robert se retire en France. Le roi de France protége Robert. Horribles vengeances de Guillaume. Résumé du règne. — Guillaume le Roux. Il s'empare de Saint-Valery. Perfidie de Conan, bourgeois de Rouen. Traité de paix. Double parjure de Guillaume. Jugement des barons. Résistance de Guillaume. Première croisade. Robert cède pour cinq ans la Normandie à Guillaume. Fâcheuses conséquences de cette cession. Injustes prétentions de Guillaume sur le Vexin français. Résumé du règne. — Henri Ier, successeur de Guillaume, usurpe la Normandie. Convention de Gisors. La convention est violée. Guerre civile en France excitée par le roi d'Angleterre. Nouveau traité violé. Coupables intrigues du roi Henri. Les prétentions de l'Angleterre sur la Normandie allument une nouvelle guerre civile. Trompeuses promesses du roi Henri. Combat de Brenneville. Clémence du roi Louis. Traité de paix. Cruauté de Henri. Violation du traité. Coalition contre la France. Mauvaise foi de Henri à l'égard du duc d'Anjou. Résumé du règne. — Etienne. Henri, duc de Normandie, se révolte contre la France. — Henri II. Traité de paix. Alliance intime. Déloyauté du roi d'Angleterre vis-à-vis de Geoffroy son frère. Le roi Henri s'empare de Cahors. Ordres barbares. Traité de paix. Violation du traité, félonie récompensée. Nouveau traité. Déloyauté de Henri. Sa soumission. Traité. Violation du traité. Déloyauté de Henri envers son fils. Ravages en Guienne et en Normandie. Henri aux genoux du pape. Trêve de Tours. Criminelle passion de Henri pour la princesse Alix. Traité de paix. Violation du traité. Henri s'empare de Châteauroux et du comté de la Marche. Henri lève une armée contre Philippe-Auguste. Nouveau traité. Déloyauté du gouvernement anglais. Philippe propose la paix. Henri l'accepte sans se conformer aux conditions. Croisade. Ravages de Richard dans le Languedoc. Traité de paix. Henri viole le traité. Nouvelles hostilités. Traité. Résumé du règne 16

CHAPITRE III.

Depuis Richard Ier Cœur-de-Lion (1189 à 1199) jusqu'à Henri III.

Croisade. Mauvais procédé de Richard vis-à-vis de Philippe. Mensongère promesse de Richard. Traité de paix. Richard refuse de quitter la Sicile. Honteuse conduite de Richard. Conquête de Chypre par Richard. Mauvaise foi de Richard. Querelles. Siége de Saint-Jean d'Acre. Richard insulte Léopold d'Autriche. Déloyauté de Richard. Départ de Philippe. Richard trahit les croisés. Richard vend Chypre à Lusignan. Départ de Richard. Traité entre Philippe-Auguste et Jean-sans-Terre. Massacre de la garnison d'Evreux. Représailles. Trêve. Propositions de Philippe-Auguste. Refus de Richard. Il pousse les barons à la guerre. Hostilités. Trêve. Félonie de Richard. Incendies et pillages. Conférences de Verneuil. Mauvaise foi de Richard. Meurtres, incendies, pillages.

Paix de Gaillon. Violation du traité. Mort de l'empereur Henri VI. Richard se déclare pour Othon. Hostilités. Guet-apens de Richard. Incendie d'Evreux. Richard ravage le Beauvoisis. Trêve de cinq ans. Cupidité de Richard. Sa mort. Résumé du règne. — JEAN-SANS-TERRE. Traité de paix. Jean-sans-Terre à Paris. Enlèvement de la comtesse de la Marche. Jean est cité devant les pairs. Insolente réponse. Mensongères promesses. Jean s'empare de l'Anjou. Serment faussé. Ordres barbares. Captivité du prince Arthur. Meurtre. Jean est cité devant les pairs. Il est condamné à mort. Guerre en Anjou et en Bretagne. Trêve de deux ans. Thomas Becket. Haine de l'Angleterre pour le roi Jean. Sa déposition. L'Angleterre se déclare vassale de la France. Louis de de France, roi d'Angleterre. Jean implore le secours des Maures d'Espagne. Il donne l'Angleterre au pape. Guerre en Flandre. Désastre de Dam. Jean-sans-Terre excite à la révolte le comte de Flandre. Incendie de Lille. Jean-sans-Terre forme une coalition contre la France. Bouvines. Trêve de cinq ans. Duplicité de Jean-sans-Terre. Révolte de la nation anglaise. La couronne est offerte au prince Louis. Son départ pour l'Angleterre. Il est couronné. Mort du roi Jean. Résumé du règne 42

CHAPITRE IV.

Henri III (1216 à 1272).

HENRI III. Les barons anglais trahissent le roi Louis. Trêve de quatre ans. Injustes réclamations de l'Angleterre. Guerre dans le Poitou et la Guienne. Trêve de quatre ans. Violation de la trêve. Guerre en Bretagne et dans le Poitou. Trêve d'un an. Violation de la trêve. Nouvelle trêve. Nouvelle violation. Henri prête secours au duc de Bretagne révolté. Incendies, pillages. Henri se fait déclarer suzerain de la Bretagne. Félonies, déloyautés. Sentence du baronnage. Trêve. Violation. Serment du roi Henri. Révolte en Angleterre. Arbitrage de Louis IX. Coupables intrigues du roi Henri. Révolte du comte de la Marche. Secours de l'Angleterre. Incendies, ravages, poison. Guerre en Saintonge. Taillebourg. Guerre en Languedoc. Henri demande une trêve. Trêve de cinq ans. Croisade. Richard d'Angleterre excite des révoltes en France. Traité de paix. Mort du roi Henri. Résumé du règne. — EDOUARD Ier. Meurtre d'un Normand par un Anglais. Déni de justice. Représailles. Massacres et incendies à la Rochelle. Réclamation de Philippe. Injustice d'Edouard.

Edouard est cité devant la cour. Félonie d'Edouard. Coalition contre la France. Guerre en Guienne. Ravages. Les Anglais trompent les Gascons. Subsides de l'Angleterre au comte de Flandre révolté. Guerre de Flandre. Trêve. Inutiles négociations. Hostilités. Traité de paix. Mort d'Edouard. Résumé du règne. — EDOUARD II. Injustes plaintes d'Edouard. Le fort de Montpezat. Massacre de la garnison. Duplicité d'Edouard. Perfidie. Guerre. Trêve. Traité de paix. Mort d'Edouard. Résumé du règne. — EDOUARD III. Traité de paix. Premières prétentions des rois d'Angleterre sur le trône de France. Edouard refuse de faire hommage pour la Guienne. Sa soumission. Conventions entre les deux rois. Robert d'Artois. Tentative de régicide. Il est bien reçu à Londres. Duplicité d'Edouard. Coalition soldée par l'Angleterre. Edouard et Artevelle. Invasion en Flandre. Artevelle propose à Edouard de prendre le titre de roi de France. Prorogation de la trêve. Déloyauté d'Edouard. Les naufragés de Rouen sont pillés à Douvres. Déni de justice. Ridicule plainte d'Edouard. Injustice des Anglais. Invasion de la France. Incendies et ravages. Fuite d'Edouard. Il prend le titre de roi de France. Défection du comte de Hainaut. Incendies. Bataille de l'Ecluse. Les coalisés devant Tournay et Saint-Omer. Les Français sont vainqueurs. Edouard demande la paix. Trêve. Mort du duc de Bretagne. Edouard soutient les injustes prétentions de Montfort. Le trésor de Limoges. Double déloyauté. Guerre en Bretagne. Siége d'Hennebon. Carnage des assiégeants. Combat naval de Quimperlé. Trêve. Violation de la trêve. Rencontre à Guernesey. Robert d'Artois s'empare de Vannes. Artevelle vend la Flandre aux Anglais. Les Anglais en Bretagne. Trêve. Violation de la trêve. Edouard paie des conspirateurs et des traîtres. Les Anglais en Guienne. Parjure du duc de Bretagne. Secours d'Edouard à l'usurpateur de la Bretagne. Edouard prend terre à la Hogue. Pillages et incendies. Les communes de Picardie. Meurtres et pillages. Crécy. Calais. Trêve. Violation de la trêve. Combat des Trente. Guines. Saint-Omer. Trêve. Injustes réclamations de Charles de Navarre. Assassinat du connétable de France. Charles fait alliance avec Edouard. Violation de la trêve. Nouvelle trêve accordée par le roi Jean. Fourberie d'Edouard. Invasion de la Gascogne. Ravages à Saint-Omer. Honteuses intrigues auprès du Dauphin. Secours d'Edouard au roi de Navarre. Prise de Verneuil. Guerre en Gascogne. L'Auvergne et le Berry. Poitiers. Edouard refuse une trêve. Le prince de Galles l'accorde pour deux ans. Hostilités en Bretagne. Marcel, prévôt des marchands, introduit les Anglais dans Paris. Violation de la trêve. Révolte des Parisiens contre les Anglais. Nouvelle conspiration de Marcel. Honteux traité entre Edouard et Charles de Navarre. Rentrée du régent à Paris. Edouard et Charles se partagent la France. Barbarie des Anglais. Fourberie du roi de Navarre. Le roi Jean traite pour sa liberté. Odieuses conditions d'Edouard. La captivité du roi devient plus dure. Pillages. Spoliations en Bourgogne et dans le Nivernais. Paix de Brétigny. Rançon du roi Jean. Nouvelles exigences d'Edouard. Le roi Jean retourne à Londres, où Edouard le laisse mourir en prison. Guerre en Normandie et en Bretagne. Traité avec le roi de Navarre. Vexations du prince de Galles en Guienne. Il est cité devant les pairs. Félonie d'Edouard. Fourberie du gouvernement anglais. Déclaration de guerre. Hostilités en Guienne. Edouard et son fils sont cités devant les pairs. Le prince de Galles incendie Limoges. Arras et Royes sont brûlés. Du Guesclin. Hostilités dans le Poitou. Les habitants de la Rochelle chassent les Anglais. Thouars. Niort. Coupables intrigues d'Edouard. Trahison du duc de Bretagne. Déloyauté d'Edouard. Les Anglais à Calais. Ravages. Hostilités en Guienne. Suspension d'armes. Conférences de Bruges. Trêve. Déloyauté d'un général anglais. Cruauté. Déloyautés diverses. Meurtres et incendies. Violation de la trêve. Excitation à la guerre civile. Mort d'Edouard. Résumé du règne. — Richard II. Reprise des hostilités. Ravages. Montfort livre Brest aux Anglais. Guerre de Flandre. Trêve de trois ans. Ravages et incendies. Trêve de quatre ans. Mort de Richard. Résumé du règne 92

CHAPITRE V.

Depuis Henri IV (1399) jusqu'à Henri VIII (1509).

Henri IV. Traité de paix. Violation du traité. Charles VI. Troubles en France. Henri fournit des secours aux révoltés. Traité de Henri avec les Armagnacs. Réconciliation des ducs de Bourgogne et d'Orléans. Déloyauté de Henri. Ravages en Normandie. Les Anglais se retirent en Guienne. Duplicité de Henri. Sa mort. Résumé du règne. — Henri V. Ses prétentions à la couronne de France. Henri rejette nos propositions de paix. Fourberie. L'archevêque de Bourges. Les Anglais en France. Cruauté du roi. Azincourt. Massacre des prisonniers et des blessés. Plaintes déloyales. Nouvelle trahison du duc de Bourgogne. Henri débarque en Normandie. Ses exigences. Les Bourguignons maîtres de Paris. Massacre des prisonniers. Le Dauphin est sauvé. Double perfidie de Henri. Prise de Rouen. Mariage de Henri avec Catherine de France. Le Dauphin à Bourges. Meaux est saccagé. Charles et Henri à Vincennes. Mort de Henri. Résumé du règne. — Henri VI. Le duc de Bedford est régent de France. Mort de Charles VI. Ravages des Anglais. Siége d'Orléans. Jeanne d'Arc. Epidémies, souffrances et misères. Le siége d'Orléans est levé. Charles VII à Reims. Jeanne est prisonnière et vendue aux Anglais. Femme brûlée vive. Captivité, tortures et supplices de Jeanne. Sacre du roi d'Angleterre à Paris. Armistice. Déloyauté de Henri VI. Trêve de deux ans. Violation de la trêve. Charles est vainqueur. Propositions rejetées par Henri. Guerre en Guienne. Piraterie des Anglais. Henri VI est détrôné. Résumé de son règne. — Edouard IV. Projet d'invasion en France. Edouard est détrôné. Henri retrouve et perd de nouveau la couronne. La reine Catherine captive et sans pain. Violation du traité de 1471. Alliance entre Edouard et Charles le Téméraire. Projet de partager la France. Paix de Perpignan. Mort d'Edouard. Résumé de son règne. — Edouard V. Sa mort et celle de son frère. — Richard III. Henri de Richmond, légitime héritier du trône, se réfugie en France. Richard est détrôné. — Henri VII. Intrigues de l'Angleterre en Bretagne. Duplicité de Henri. Haine de la nation anglaise contre la France. Alliance de Henri et d'Anne de Bretagne. Henri trompe la duchesse. Traité entre Henri et Maximilien d'Autriche. Combat de Dixmude. Traité entre Henri et les rois de Castille et d'Aragon. Traité entre Charles VIII et la duchesse de Bretagne. Traité d'Etaples. Violation du traité. Ligue contre la France. Clause ajoutée au traité d'Etaples. Mort de Henri VII. Résumé du règne 164

CHAPITRE VI.

Depuis Henri VIII (1509) jusqu'à Jacques Ier (1603).

Henri VIII. Déloyauté du nouveau roi. Spoliation du roi de Navarre. Haine de Henri contre la France. Destruction des villes de Térouanne et de Tournay. Traité de paix. Mort de Louis XII. Déloyauté de Henri. Traité. Duplicité de Henri. Serment ridicule. Déloyauté. Camp du Drap d'or. Traité. Perfidie de Henri. Hostilités. Propositions de François Ier. Continuation des hostilités. Incendies et ravages. Nouvelle ligue. L'Angleterre et la trahison du duc de Bourbon. Projets des princes alliés. Campagne de France. François Ier est prisonnier à la bataille de Pavie. Projet d'invasion en France. Traité entre François et Henri. Fourberie de Henri. Luther. Mort de Henri. Résumé du règne. — ÉDOUARD VI. Somerset excite des troubles en Ecosse. Plaintes de Henri II. Somerset offre à Charles-Quint de lui livrer Boulogne. Traité de paix. Mort d'Edouard. Résumé du règne. — MARIE. Elle entretient des espions en France. Elle nous déclare la guerre. Prise de Calais par le duc de Guise. Mort de Marie. Résumé de son règne. — ELISABETH. Elle prend le titre de reine de France. Marie Stuart prend celui de reine d'Angleterre. Traités de paix pour la France et pour l'Ecosse. Violation des deux traités. Congrégation des Saints en Ecosse. Haine de l'Angleterre contre la France. Intrigues d'Elisabeth en Ecosse. Révolte des pieux congréganistes. Hypocrisie d'Elisabeth. Ses intrigues en France. Ses mensonges. Nouveaux traités de paix. Nouvelle révolte des congréganistes protégée par Elisabeth. Marie Stuart quitte la France. Elisabeth veut la capturer en mer. Nouvelles intrigues d'Elisabeth en France. Les révoltés lui livrent le Hâvre et Dieppe. Hypocrisie d'Elisabeth. Ravages des Anglais. Assassinat du duc de Guise. Refus d'Elisabeth de rendre le Hâvre. Traité de paix. Intrigues d'Elisabeth en Ecosse. Honteuse comédie. Violation du traité de 1564. Secours donnés aux rebelles. Pacification. Parjure. Première cause de la Saint-Barthélemy. Elisabeth protége un complot formé contre le roi. Elle excite des révoltes dans le Rouergue. Ses intrigues en Ecosse. Marie Stuart se réfugie en Angleterre. Conduite d'Elisabeth à l'égard de Marie. Lettres de Marie à Elisabeth. Captivité, jugement, supplice. Mort d'Elisabeth. Résumé du règne 213

CHAPITRE VII.

Depuis Jacques Ier (1603) jusqu'à Jacques II (1685).

JACQUES Ier. Traité de paix. Mariage de la princesse Henriette de France avec Charles d'Angleterre. Mort de Jacques. — CHARLES Ier. Les puritains. Sauvage pétition. Première violation des clauses du contrat de mariage de Henriette. Charles s'entend avec les rebelles de France. Rétablissement de la paix. Nouvelle difficulté. Alliance de Charles avec les révoltés de France. Les Anglais. La Rochelle. Manifeste de Buckingham. Proclamation du duc de Rohan en faveur des Anglais. Buckingham abandonne les Rochellois. Nouvelle expédition. Troisième expédition. Traité de paix. Violation du traité. Ordre de couler bas nos vaisseaux. Louis refuse son appui aux révoltés anglais. Persécution. Les covenantaires veulent accuser la reine Henriette. Révolution. Mort de Charles Iᵉʳ. Résumé du règne. — RÉPUBLIQUE. Désastreuse situation de l'Angleterre. Projet de traité. Cromwell tente de s'emparer de Dunkerque. Il nous procure une flottille. Nouvelles propositions de Louis XIV. Vaisseaux français capturés. Mauvaise foi de Cromwell. Traité de paix. Alliance intime. Déloyauté de Cromwell. Sa mort. Résumé. — RICHARD CROMWELL. — CHARLES II. Traité d'alliance. Secours pécuniaires fournis à Charles. Mort de Philippe d'Espagne. Droits de la France sur la Flandre. Mauvais vouloir de Charles. Généreuse conduite de Louis XIV. Alliance de Charles avec l'Espagne et la Hollande. Paix d'Aix-la-Chapelle. Subsides demandés par Charles. Son retour apparent au catholicisme. Nouvelle demande d'argent. Sages conseils de Louis XIV. Traité. Inexécution du traité. Charles négocie secrètement avec la Hollande. Fallacieux traité avec la France. Charles traite avec la Hollande moyennant une somme de quatre millions. Il abandonne les Hollandais et s'allie à la France moyennant cinq cent mille écus. Le parlement veut la guerre. Charles persécute les catholiques. Traité d'alliance moyennant une pension payée à Charles. Déloyauté du commerce anglais. Le parlement contre la France. Charles demeure fidèle au prix de quinze millions. Supercherie de Charles. Son alliance avec le prince d'Orange. Continuation des hostilités. Le parlement contre la France. Charles transmet à Louis les propositions des alliés et demande pour lui quinze millions. Refus de Louis XIV. Quadruple alliance. La Hollande fait la paix. Traité avec Charles au prix de quinze millions. Obstacle à la paix. Traité de Nimègue. Bataille de Saint-Denis, près de Mons. Charles est abandonné de ses alliés. Il demande la paix moyennant une pension. Alliance de Charles avec les Espagnols. Nouveau traité. Mort de Charles. Résumé 260

CHAPITRE VIII.

Depuis Jacques II 1685 jusqu'à Georges Iᵉʳ 1714.

JACQUES II. Louis XIV lui envoie cinq cent mille francs. Il sollicite un nouveau subside. Louis en a pitié et lui accorde cinquante millions. Alliance de Jacques avec les Etats-Généraux. Il est prêt à conclure contre nous une triple alliance. Opposition de Sunderland, son premier ministre. Ce dernier réclame et reçoit de Louis une pension d'un million cinq cent mille francs. Louis prend la défense de Jacques contre Guillaume d'Orange. Charles refuse cet appui et menace la France. Derniers conseils de Louis XIV. Guillaume à Londres. Jacques à Saint-Germain. Généreuse hospitalité de Louis. Résumé. — GUILLAUME III. Coalition contre la France. Haine de Guillaume. Siége de Limerick. Capitulation violée. Révoltante persécution en Irlande. Louis propose la paix. Refus de Guillaume. Victoires de Nerwinde et de la Marsaille. Incendie de Saint-Malo. Mort du roi d'Espagne. Le duc d'Anjou monte sur le trône. Orgueilleuses exigences de l'Angleterre. Coalition contre la France. Odieuse politique de l'Angleterre. Mort de Guillaume. Résumé. — ANNE. Le parlement déclare la guerre. Pertes de la France. L'alliance du Portgal nous est enlevée. Les Anglais à Gibraltar. Louis XV propose vainement la paix. Victoires d'Almanza et de Villa-Viciosa. Paix d'Utrecht. Violentes déclamations des whigs contre le traité. Mort d'Anne. Résumé. 302

CHAPITRE IX.

Depuis Georges Ier (1714) jusqu'à Georges III (1760).

Déloyale politique. Brême et Verden. Honteuse promesse. Démolition de Mardick. Inhospitalité. Odieuse perfidie. Déloyauté. Destruction d'une flotte espagnole. Guerre civile entre la France et l'Espagne. Fourberie. Duplicité. Lâche parjure. Coalition contre l'Angleterre. Le cardinal Fleury. Congrès de Soissons. Mort du roi Georges. Résumé.— GEORGES II. L'Autriche et la Russie menacent la Pologne. La France veut intervenir. L'Angleterre lui refuse son concours. La France traite avec l'Autriche. Rupture avec l'Angleterre. Les Anglais contrebandiers. Pitt déchire le traité d'Utrecht. Violation des traités. Mort de Charles VI, empereur d'Autriche. Succession disputée. L'Angleterre est contre la France. Violation du traité de Westphalie. Convention du Hanovre. Violation de cette convention. Défections achetées par l'Angleterre. Résultat des défections. Ligue de Worms. Traité de Francfort. Mort de Charles VII. Louis XV propose inutilement la paix. Coalition. L'Angleterre ravage les colonies de l'Espagne, sa nouvelle alliée. La France en présence de la coalition. Ridicule triomphe à Londres. Aveugle politique des cabinets de l'Europe. Vaisseaux français capturés ou dispersés. L'Angleterre abandonne la Hollande. Alliance entre l'Angleterre et la Russie. 30,000 Russes se jettent sur le sol allemand. Indignation générale. Paix-d'Aix-

la-Chapelle. Coupables intrigues de l'Angleterre. Concessions de
Louis XV. Traité entre les deux compagnies des Indes. Injuste
querelle de l'Angleterre. Armements de la France. Insolence du
ministère anglais. Honteuse conduite de l'Angleterre. Nouvelles
intrigues de l'Angleterre. Criante injustice. Prise de Minorque.
Nouvel esprit des cabinets de l'Europe. Blocus continental établi
par les Anglais. Capitulation de Closter-Seven. Nos pertes. Destruction de Saint-Servan et de Cherbourg. Ravages et incendies.
Colonies françaises. Assassinat d'un soubab notre allié. Prix du
meurtre. Criminelle conduite de l'Angleterre vis-à-vis de l'Espagne et de la Hollande. Projet de descente en Angleterre. L'Angleterre paie les sauvages pour scalper les Français. Mort de
Georges II. Résumé. 329

CHAPITRE X.

Georges III (1760 à 1783) — Ire Partie.

Singulière déclaration du nouveau roi. Cruauté de la politique de
l'Angleterre. Propositions de paix. Insolent refus de Pitt. Pacte
de famille. Perte du Canada, de Pondichéry, etc., etc. Barbare
projet de Pitt. Provocation du ministère anglais. Traité de Paris.
Furieuses déclamations de Pitt contre la paix. Violation du traité
des deux compagnies. Intrigues de l'Angleterre dans les Indes.
Spoliation du Grand-Mogol. Les Hindous demeurent fidèles à notre souvenir. 3,000,000 d'entre eux meurent de faim. Ile de Falkland. Pension payée à la comtesse du Barry. L'Angleterre pour
la Russie contre la Pologne, la Suède et la Turquie. Tentatives de
la France en faveur de la Pologne. Opposition de l'Angleterre. La
France protége la Suède contre la Russie. Menaces de l'Angleterre. Funeste résultat de la politique anglaise. Evénements de
l'Amérique. Louis XVI fournit des secours et reconnaît l'indépendance des Etats-Unis. Pitt meurt de colère. Déclaration de
guerre. Combat d'Ouessant. Mort de l'électeur de Bavière. Intrigues de l'Angleterre. Injures de l'Angleterre. Projet de descente. Pillage et incendies des maisons des catholiques à Londres. Sommation à la Hollande de se déclarer contre nous. Neutralité de la Hollande. Ses vaisseaux sont confisqués. Neutralité
armée. Singuliers droits des Anglais. Triomphes de notre marine.
Résumé de la première période du règne de Georges 346

CHAPITRE XI.

Georges III (1783 à 1802). — II° Partie.

Traité de commerce entre la France et l'Angleterre. Révolution française. Coupables manœuvres de Pitt. Déloyales intrigues en Turquie et en Russie. Injustes prétentions de l'Autriche sur la Hollande soutenues par Pitt. Trois actes détestables. Pitt soulève l'Europe contre nous. Nos vaisseaux marchands sont saisis. Mort de Louis XVI. Hypocrite douleur de Pitt. Première coalition. La Pologne une troisième fois sacrifiée par l'Angleterre. Conduite générale de Pitt pendant la révolution. Accapareurs, incendiaires et assassins à la solde de l'Angleterre. Incendie de Toulon. Cruauté des Anglais. Subsides fournis à la coalition. Victoires de la France sur le continent. Perte de l'Inde et des Antilles. Déclamations dans le parlement. Quiberon. Invasion des colonies hollandaises. Hypocrite proposition de paix. Reprise des hostilités. Leoben. Conférences de Lille. Rupture des négociations. Expédition d'Egypte. Seconde coalition. Violation de la capitulation de Naples. Horribles exécutions sur le vaisseau de Nelson. Les Anglo-Russes dans la presqu'île du Helder. Trahison des équipages hollandais achetée par les Anglais. Wellesley dans les Indes. Tippoo-Saïb, notre allié, est tué. L'Angleterre partage son empire avec les sauvages. Bonaparte premier consul. Proposition de paix rejetée par le roi Georges. Marengo. Traité de Lunéville. Asservissement des marines secondaires. Les principes de navigation rejetés par Pitt. Les Anglais devant Copenhague. Assassinat de Paul Ier. Projet de descente en Angleterre. L'amiral Keith refuse d'exécuter la convention d'El-Arish. Assassinat de Kléber. Traité d'Amiens. Résumé de la seconde période du règne de Georges III. 365

CHAPITRE XII.

Georges III (1802 à 1815). — III° Période.

Le ministère anglais ne veut pas sérieusement la paix. Haine et jalousie de l'aristocratie anglaise. Georges Cadoudal. Georges refuse de rendre Malte. Nouvelles intrigues dans les cours de l'Europe. Opinion de Fox sur la guerre. Le premier consul cherche à éviter la guerre. Brigandages de la marine anglaise. Assassins soldés par l'Angleterre. Affreux principes. Napoléon empereur. Brigandages contre l'Espagne. Georges rejette les propositions de paix de Napoléon. Nouvelle coalition. Les Français à Vienne. Austerlitz. Paix de Presbourg. Trafalgar. Mort de Pitt. Fox, premier ministre, continue les hostilités. Pirateries des Anglais. Mort de Fox. Quatrième coalition. Blocus continental. Colère de l'Angleterre. Actes coupables. Prétentions de l'Angleterre sur l'Egypte. Eylau et Friedland. Paix de Tilsitt. Napoléon et Alexandre. Langage hypocrite du ministère anglais. Barbare expédition des Anglais contre le Danemark. Fausses allégations. L'Angleterre est nuisible au repos du monde. Mesure barbare du gouvernement anglais. Espagne et Portugal. Inutiles tentatives en faveur de la paix. Cinquième coalition. Opinion des Etats-Unis sur les Anglais. Wagram. Nous perdons Cayenne. Flessingue. Folie de Georges. Barbarie de Wellington en Portugal et en Espagne. L'Angleterre offre l'Italie à l'Autriche. Subside de cent trente millions. Coupable conduite en Danemark. Traité de Chaumont. Retour de l'île d'Elbe. Grossières injures. Waterloo. Capitulation de Paris. Mort du maréchal Ney. Napoléon à Rochefort. Aveugle confiance. Napoléon prisonnier. Protestation. Napoléon à Sainte-Hélène. Captivité. Hudson-Lowe. Lettres du docteur O'Meara. Lettre de Bertrand. Derniers moments de Napoléon. Sa mort. Opinion générale. Prisonniers français en Russie et en Angleterre. Tortures. Résumé de la période du règne de Georges III. Considérations générales 386

FIN DE LA TABLE.

ERRATA.

Page 11, ligne 11, au lieu de : il se trouvait, lisez : elle se trouvait.
— 21. — 30, — collusion, lisez : collision.
— 167, — 19. — de Bourgogne, lisez : de Bretagne.
— 177, — 5, — sang, lisez : rang.
— 255, — 15. — s'alarmer, lisez : s'armer.
— 267. — 19. — elle y a renoncé depuis peu, lisez : elle n'y a renoncé que depuis peu.

www.ingramcontent.com/pod-product-compliance
Lightning Source LLC
Chambersburg PA
CBHW070218240426
43671CB00007B/687

CHATEAUBRIAND

ET

SON GROUPE LITTÉRAIRE

SOUS L'EMPIRE

COURS PROFESSÉ A LIÉGE EN 1848-1849

PAR

C.-A. SAINTE-BEUVE

DE L'ACADÉMIE FRANÇAISE.

TOME SECOND

PARIS

GARNIER FRÈRES, LIBRAIRES-ÉDITEURS

6, RUE DES SAINTS-PÈRES, ET PALAIS-ROYAL, 215.

1861

CHATEAUBRIAND
ET
SON GROUPE LITTÉRAIRE
SOUS L'EMPIRE